Jouw sprongenschema

De sprongetjes van _____
Jouw uitgerekende datum was _____

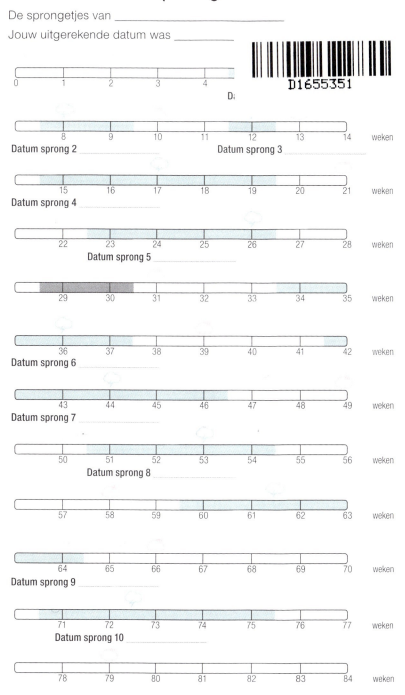

| 0 | 1 | 2 | 3 | 4 |

| 8 | 9 | 10 | 11 | 12 | 13 | 14 | weken
Datum sprong 2 _____ Datum sprong 3 _____

| 15 | 16 | 17 | 18 | 19 | 20 | 21 | weken
Datum sprong 4 _____

| 22 | 23 | 24 | 25 | 26 | 27 | 28 | weken
Datum sprong 5 _____

| 29 | 30 | 31 | 32 | 33 | 34 | 35 | weken

| 36 | 37 | 38 | 39 | 40 | 41 | 42 | weken
Datum sprong 6 _____

| 43 | 44 | 45 | 46 | 47 | 48 | 49 | weken
Datum sprong 7 _____

| 50 | 51 | 52 | 53 | 54 | 55 | 56 | weken
Datum sprong 8 _____

| 57 | 58 | 59 | 60 | 61 | 62 | 63 | weken

| 64 | 65 | 66 | 67 | 68 | 69 | 70 | weken
Datum sprong 9 _____

| 71 | 72 | 73 | 74 | 75 | 76 | 77 | weken
Datum sprong 10 _____

| 78 | 79 | 80 | 81 | 82 | 83 | 84 | weken

Kijk op pagina 25 voor de legenda en uitleg.

Oei, ik groei!

'Van de Rijt en Plooij's werk op het gebied van de ontwikkeling van het kind heeft enorme waarde, voor zowel klinisch gebruik als voor wetenschappelijke toepassing. Niet alleen hebben ze de periodes in kaart gebracht van verwarrend, moeilijk gedrag van kinderen dat ouders zo verontrust. Ze hebben ook laten zien hoe dit gedrag een aankondiging is voor de sprongen in de ontwikkeling en ze hebben de fases in het begripsvermogen van kinderen beschreven. Dit bij elkaar geeft ouders en professionals een goed gefundeerd inzicht in de mentale ontwikkeling van jonge kinderen. En dan hebben Van de Rijt en Plooij ook nog het spel en de communicatie die het beste werken met baby's van verschillende leeftijden beschreven. Dit helpt ouders hun kinderen te begrijpen en op een sensitieve manier contact met hen te leggen. Dit contact tussen ouder en kind is een grote noodzakelijke voorwaarde voor de ontwikkeling van zelfverzekerde, goed aangepaste kinderen. Oei, ik groei! is essentieel leesvoer voor iedereen die met kinderen werkt: kinderartsen, maatschappelijk werkers, psychologen, en natuurlijk, ouders.'

– dr. John Richer, Pediatrische Psychologie,
Oxford University NHS Hospitals Trust Oxford

'Een zeer praktische en onderhoudende kijk op het eerste anderhalve levensjaar van een kind. Van de Rijt en Plooij hebben aandachtig geobserveerd en vonden cruciale periodes in de ontwikkeling van een kind. (...) Geweldig.'

– dr. T. Berry Brazelton, emeritus hoogleraar Harvard Medical School

'Iedereen die met jonge kinderen te maken heeft, zal Oei, ik groei! willen lezen. Dit boek opent de ogen van ouders wat betreft groei, ontwikkeling, veranderend gedrag en emotie van kinderen, aspecten die ouders anders misschien niet zouden opmerken, of verwarrend of stressvol zouden kunnen vinden.'

– dr. Catherine Snow, Harvard Graduate School of Education

Voor onze liefdes, helden en voorbeelden:
Marco, Thomas, Victoria en Sarah

Portret van de eerste auteur, Hetty van de Rijt, getekend door haar kleinzoon Thomas op 12 september 1998, toen hij 23 maanden oud was. Thomas en oma hadden een innige band en gedurende haar laatste zeven jaar was hij het zonnetje in Hetty's door ziekte ingeperkte leven.

Hetty overleed op 29 september 2003. Met haar levenswerk hoopte zij ouders over de hele wereld gerust te stellen en zelfvertrouwen te geven, om zo alle baby's de kans te geven op een *'Smart start for a happy beginning'*.

Oei, ik groei!

De tien sprongen in de mentale ontwikkeling van je baby

Hetty van de Rijt, Frans X. Plooij
en Xaviera Plas-Plooij

FONTAINE UITGEVERS

Oei, ik groei!

A smart start for a happy beginning

Dit boek is een uitgave van Fontaine Uitgevers BV, 's-Graveland, in samenwerking met Kiddy World Publishing, Arnhem
www.fontaineuitgevers.nl

Volledig herziene editie, 71ste druk, 2018
© 1992, 2018 Kiddy World Promotions BV, Arnhem

Alle rechten voorbehouden
Omslagontwerp: Sumedia, Arnhem
Vormgeving binnenwerk: Andrei Andras
Illustraties: Kiddy World Publishing

ISBN 978 90 5956 848 8
NUR 847/854

Niets uit deze uitgave mag worden vermenigvuldigd en/of openbaar gemaakt door middel van druk, fotokopie, microfilm of op welke andere wijze ook, zonder voorafgaande schriftelijke toestemming van de uitgever.

Deze uitgave is met de grootste zorgvuldigheid samengesteld. Noch de maker, noch de uitgever stelt zich echter aansprakelijk voor eventuele schade als gevolg van eventuele onjuistheden en/of onvolledigheden in deze uitgave.

Oei, ik groei! is door Kiddy World Promotions BV gedeponeerd als beschermde merknaam.

WWW.OEIIKGROEI.NL
WWW.OEIIKGROEI.BE

Inhoudsopgave

Voorwoord	11
Achtergrond	13
De mentale ontwikkeling van je baby gaat met sprongen	17
Hoe beleeft je pasgeboren baby zijn wereld?	33

SPRONG 1: De wereld van sensaties
Lief en leed rond 5 weken ofwel ruim 1 maand — 49

SPRONG 2: De wereld van patronen
Lief en leed rond 8 weken ofwel bijna 2 maanden — 65

SPRONG 3: De wereld van vloeiende overgangen
Lief en leed rond 12 weken ofwel bijna 3 maanden — 97

SPRONG 4: De wereld van gebeurtenissen
Lief en leed rond 19 weken ofwel 4½ maand — 129

De top tien van dingen die je echt moet weten! — 169

SPRONG 5: De wereld van relaties
Lief en leed rond 26 weken ofwel 6 maanden — 181

SPRONG 6: De wereld van categorieën
Lief en leed rond 37 weken ofwel 8½ maand — 231

SPRONG 7: De wereld van opeenvolgingen
Lief en leed rond 46 weken ofwel bijna 11 maanden — 269

SPRONG 8: De wereld van programma's
Lief en leed rond 55 weken ofwel bijna 13 maanden — 307

SPRONG 9: De wereld van principes
Lief en leed rond 64 weken ofwel bijna 15 maanden — 347

SPRONG 10: De wereld van systemen
Lief en leed rond 75 weken ofwel ruim 17 maanden — 403

Slaap en sprongetjes	463
Nawoord	493
Aanvullende leeslijst	495
Register	499

Voorwoord

Sommige dingen vergeet je nooit meer. Op nummer één staat: een baby krijgen. Als we zouden beschrijven wat er dan door je heen gaat, dan verval je in talloze clichés. Zoals veel clichés zijn die toch echt heel erg waar! En hoe kloppend die clichés ook zijn, je kunt zo'n emotie met geen woorden goed beschrijven. Zo diep gaat die emotie.

Wij weten allebei nog precies wat we hadden gegeten de avond voor 'het allemaal' begon. Wie we als eerste belden, hoe laat de bevalling precies was. Je vergeet dit nooit meer. Je krijgt een baby, en die baby maakt jou vader of moeder. Voor de eerste keer of nog een keer, het blijft even bijzonder.

Voor ons is *Oei, ik groei!* ook onze baby. We zijn er trots op dat het oorspronkelijke onderzoek (zie Achtergrond op pagina 13) inmiddels zo bekend is dat het door derden is bevestigd. En we zijn er trots op dat we miljoenen ouders over de hele wereld hebben kunnen helpen. Ieder(e) mail, post of bericht van ouders wereldwijd maakt ons nog steeds iedere keer even blij. Net alsof iemand tegen je zegt: wat heb jij toch een leuk kind! En iedere keer dat we een ouder met een vraag kunnen helpen, maakt dat ons intens gelukkig. Inmiddels hebben we zelfs een team van mensen om vragen van ouders te beantwoorden! Dus als je ooit een vraag hebt... we zijn er voor je!

Er is veel veranderd sinds *Oei, ik groei!* in 1992 uitkwam. De slakkenpost is vervangen door sociale media en mail, ouders gaan op een andere manier om met het ouderschap, en vaders zijn nu net zo betrokken bij de opvoeding als moeders. Toen het oorspronkelijke onderzoek begon, werkten vaders en zorgden moeders voor de baby. Uitzonderingen daargelaten natuurlijk. Frans was zo'n uitzondering; toen Hetty haar PhD aan Cambridge University deed, bleef hij twee jaar 's ochtends thuis bij dochter Xaviera, om daarna zijn volle werkdag te draaien tot tien uur 's avonds. Nu spelen vaders en moeders gelukkig gelijke rollen. De manier waarop we met de kraamtijd en borstvoeding omgaan is gelukkig ook enorm veranderd. Vroeger kon het nog voorkomen dat moeders gevraagd werd of ze het misschien lekker vonden voelen als ze hun baby na zes maanden nog borstvoeding gaven... (!) Wat zijn we blij dat dit nu veranderd is en dat je als moeder gewoon je kind op gevraagde (en geen vaste!) tijden kunt voeden, waar je ook maar wilt. En daar waar je je vroeger als ouder aan regels moest houden rondom het 'verplicht even wegleggen van de baby' en andere totaal onnatuurlijk voelende zaken, leven we nu in een tijd die nog nooit in de geschiedenis zo natuurlijk is geweest. En dat geeft ons, deze generatie, een prachtige kans om een nog mooiere band met onze baby op te bouwen en nog mooiere herinneringen daaraan over te houden.

Als je miljoenen boeken hebt verkocht wereldwijd en zo veel in contact staat met ouders dan leer je ook veel. Je leert hoe je de boodschap in dit boek nóg duidelijker kunt presenteren. Dat hebben we gedaan!

In deze volledig herziene editie van *Oei, ik groei!* vind je:
- Alle allernieuwste inzichten in de sprongen;
- Veel meer interactie: kruis aan wat bij jouw baby van toepassing is en ontdek zo patronen in zijn karakter;
- Vernieuwde ontdekkingslijsten: een perfect overzicht van je baby's belangrijkste mijlpalen per sprong;
- Een heel extra hoofdstuk over slaap;
- Manieren om de wereld door de ogen van je baby waar te nemen;
- De tien dingen die je echt moet weten over sprongen.

Nog nooit is *Oei, ik groei!* zo compleet en toegankelijk geweest.

Als vader-en-dochterteam wensen wij jou en je baby heel veel sprongetjesplezier en natuurlijk '*a smart start for a happy beginning*'.

Frans en Xaviera

Achtergrond

Sommige mensen hebben het getroffen: ze vinden elkaar niet alleen in de liefde, maar ook in hun werk. Hetty en ik zijn na het afronden van onze studies pedagogiek, fysische antropologie en gedragsbiologie getrouwd en het grote avontuur aangegaan om in het Gombe National Park, Tanzania, Oost-Afrika, chimpansees te gaan bestuderen onder leiding van Jane Goodall. Eenmaal daar aangekomen met een grote houten kist met apparatuur en een beetje kleding, werd ons duidelijk dat het onderzoek dat we in gedachten hadden niet mogelijk was. Daar sta je dan... Machteloos. En juist dat gevoel van machteloosheid heeft tot de ontdekking van ons leven geleid.

We moesten een ander studieonderwerp kiezen. Toen we eenmaal daar waren, realiseerden we ons dat het Gombe National Park de enige plek op aarde was waar we zó dicht bij chimpanseemoeders en hun baby's konden komen dat we de baby's goed konden observeren. Maar we hadden geen theorie of hypothese voorbereid om te testen. Waar we wel goed in getraind waren was de systematische, directe en betrouwbare observatie van diergedrag in de traditie van onze landgenoot en Nobelprijswinnaar Niko Tinbergen. We besloten de ontwikkeling van het gedrag van chimpanseebaby's te gaan observeren in interactie met hun moeder in de hoop dat we iets interessants zouden vinden. Dat was een ongelofelijk riskante investering van tijd en moeite. Voor hetzelfde geld zouden we na twee jaar met lege handen staan.

Het eerste halfjaar besteedden we om bekend te raken met de chimpansees en hun omgeving. Normaal neemt dat jaren in beslag bij een volkomen onbekende soort. Maar in Gombe was al jaren ervaring aanwezig en die werd overgedragen van de ene onderzoeker op de andere. Gedurende dat halfjaar bouwden we gaandeweg een lijst op van gedragscategorieën, die typerend waren en die herhaaldelijk voorkwamen. Gedurende de laatste anderhalf jaar observeerden we de chimpanseebaby's en hun moeders in

termen van die lijst. Het voordeel van die manier van observeren is dat je er zeker van kunt zijn dat een bepaald gedrag niet is voorgevallen als je het niet geobserveerd hebt. Je kunt uitsluiten dat je een bepaald gedrag of een bepaalde gebeurtenis toevallig hebt gemist. Daardoor weet je ook hoe vaak gedragingen voorkwamen en hoeveel tijd die in beslag namen en hoe dat verandert gedurende de leeftijd.

Toen ons Afrika-avontuur erop zat, zijn we met alle gegevens naar Robert Hinde's laboratorium gegaan (de *Medical Research Council Unit on the Development and Integration of Behaviour*, dat gehuisvest was in de universiteit van Cambridge, Engeland) om daar onze data te analyseren. Uit deze analyses kwamen de eerste aanwijzingen naar boven van wat we nu allemaal kennen als 'sprongetjes'. De gegevens lieten duidelijke regressieperiodes zien: periodes van 'achteruitgang' in zelfstandigheid, waarin baby's zich meer aan de moederchimp vastklampten, meer aan de borst gingen en vaker 'whimpergeluiden' gaven (een soort jammeren). Reeds voor ons onderzoek waren soortgelijke regressieperiodes bij twaalf andere aapsoorten en twee lagere zoogdiersoorten gevonden. Het is dus een heel oud verschijnsel dat minstens 70 miljoen jaar geleden ontstaan moet zijn tijdens de evolutie van het leven op aarde.

De resultaten van onze analyses ondersteunden ook het idee dat er tijdens de biologische ontwikkeling een hiërarchische organisatie wordt opgebouwd in het centrale zenuwstelsel, dat ten grondslag ligt aan de gedragsontwikkeling van in vrijheid levende chimpanseebaby's. Daarop suggereerde de neurobioloog Lex Cools, een goede vriend en collega van de Radboud Universiteit te Nijmegen, om onze bevindingen van wat chimpanseebaby's kunnen in de verschillende stadia van hun ontwikkeling te vergelijken met de waarnemingsniveaus zoals beschreven door de Hierarchical Perceptual Control Theory van William T. Powers. Deze theorie bleek onze bevindingen heel goed te kunnen verklaren. Heel wat onderzoekers hebben deze theorie getest en hun positieve resultaten gepubliceerd in de wetenschappelijke literatuur.

Lezers die geïnteresseerd zijn in deze theorie kunnen een overzicht vinden op onder andere www.pctweb.org.

Nadat we allebei gepromoveerd waren – Hetty in Cambridge en ik in Groningen – gingen we in Nederland mensenmoeders en hun baby's observeren en filmen in hun eigen, huiselijke omgeving. Dat onderzoek toonde duidelijk aan dat ook mensenbaby's op gezette leeftijden door regressieperioden, ofwel moeilijke fases, heen gaan. Bij iedere moeilijke fase maken baby's een sprong in hun mentale ontwikkeling. Iedere keer komt er boven op de reeds bestaande, hiërarchisch georganiseerde waarnemingsniveaus een niveau bij van 'perceptual control systems'.

Toen deze onderzoeksresultaten waren gepubliceerd in wetenschappelijke tijdschriften, schreven Hetty en ik de eerste editie van *Oei, ik groei!*, die uitkwam in 1992. *Oei* is inmiddels een wereldwijde bestseller en in meer dan twintig talen te lezen.

Het oorspronkelijke wetenschappelijke onderzoek bij Nederlandse baby's werd herhaald door onafhankelijke onderzoeksteams in Spanje, Engeland en Zweden, en onze bevindingen werden bevestigd.

Hetty heeft een hoge prijs betaald voor het onderzoek waarmee ze zo veel ouders wereldwijd heeft geholpen. Een ziekte die ze in Tanzania heeft opgelopen, heeft haar in 2003 het leven gekost na een jarenlang gevecht. In *Oei, ik groei!* leeft ze voort.

Frans X. Plooij

Over Xaviera Plas-Plooij

Xaviera is de dochter van Frans en Hetty, en moeder van Thomas, Victoria en Sarah. Toen ze eenmaal moeder was, ontdekte ze de behoefte van bedrijven om ouders écht te snappen en te weten wat ouders nodig hebben. Het consultancybedrijf dat zij oprichtte om de belangen en behoeftes van ouders te vertalen in slimme oplossingen en producten voor bedrijven, werd een groot succes.

Toch werd de wens om het 'life-changing' onderzoek van haar ouders voor iedere ouder wereldwijd toegankelijk te maken steeds groter. Ze wilde dat meer ouders konden profiteren van de kennis over de mentale ontwikkeling van baby's.

Xaviera is het brein achter het aanbieden van de kennis van de sprongetjes via verschillende kanalen. Door Xaviera's passie is het oorspronkelijke boek *Oei ik groei!* uitgegroeid tot een serie internationale bestsellers, verschillende prijswinnende apps, een onlineguide en zelfs een door de British Psychological Society (BPS) geaccrediteerde 'academy voor professionals'.

Samen met Frans heeft Xaviera als vader-dochterteam deze vernieuwde, herziene editie van *Oei, ik groei!* weer van deze tijd gemaakt, zodat ouders nu en in de toekomst kunnen blijven profiteren van de kennis van *Oei, ik groei!*

De mentale ontwikkeling

van je baby gaat met sprongen

OPEENS KAN HIJ VEEL MEER!

Een huilende baby is vreselijk voor iedereen. Je wilt je baby gezond en gelukkig zien. Ouders[1] maken zich regelmatig zorgen over hun baby. Vaak denken ze dat zij de enigen zijn die niet de hele dag blij rondlopen. De enigen die onzeker, angstig, wanhopig of boos zijn als hun baby lastig en niet te troosten is. De enigen die eruitzien als een vaatdoek, uitgeput door slaapgebrek. Zorgen, vermoeidheid, ergernis, schuldgevoel en soms zelfs boze gevoelens wisselen elkaar af. We kunnen je nu al vertellen: je bent zeker niet de enige.

Ook kan het huilen van een baby spanningen tussen de ouders onderling oproepen. Vooral als ze het niet eens zijn over de aanpak van dat huilen. En gratis, goedbedoelde adviezen van vrienden, familie, buren en zelfs vreemden maken alles alleen maar erger. 'Laat maar huilen, dat is goed voor de longen' is niet bepaald een oplossing waar een ouder op zit te wachten. En het probleem bagatelliseren net zomin.

Ons onderzoek

We hebben 35 jaar onderzoek gedaan naar de ontwikkeling van baby's en de reactie hierop van vaders en moeders. Al ons onderzoek hebben we bij ouders thuis gedaan. We hebben hun alledaagse bezigheden geobserveerd. We hebben allerlei vragen gesteld en zijn daar in gesprekken dieper op ingegaan. Zo ontdekten we dat iedereen van tijd tot tijd met dat huilen zit. Sterker nog: normale, gezonde baby's waren verrassend genoeg op dezelfde leeftijd huileriger, lastiger, veeleisender en hangeriger. Kortom, leeftijden waarop zij hun ouders wanhopig konden maken. We kunnen tot op bijna de week nauwkeurig voorspellen wanneer ouders weer zo'n moeilijke fase te wachten staat. Engelse, Spaanse en Zweedse onderzoekers hebben ons onderzoek herhaald en dezelfde resultaten gevonden.

Er is een reden voor die moeilijke fases

Baby's huilen niet voor niets. Ze zijn dan van slag. Hun hersenen veranderen plotseling drastisch en daarmee de manier waarop zij de wereld om hen

---

1 *Het woord 'ouder' is in dit hele boek gebruikt om het leesbaar te houden. Eigenlijk had daar steeds moeten staan: moeder/vader/hoofdverzorg(st)er.*

heen waarnemen. Dit heeft echter ook voordelen. Het opent namelijk de mogelijkheid om nieuwe dingen te leren. Dat is een goede reden voor een feestje. Want het lastig zijn is eigenlijk een teken dat er fantastische vooruitgang geboekt wordt. Baby's hebben daar echter geen boodschap aan. Ze schrikken van zo'n verandering. Het zet hun vertrouwde wereld op zijn kop. Van de ene dag op de andere is alles anders. Het is alsof ze wakker worden op een andere planeet.

De mentale ontwikkeling gaat in sprongen

Iedere ouder die streepjes op de binnenkant van de kastdeur heeft gezet, weet dat kinderen met schokken groeien. Langere tijd gebeurt er weinig tot niets, en dan ineens groeien ze vele millimeters in één nacht.

Ook de mentale ontwikkeling van kinderen verloopt met sprongen. Ouders merken dat hun baby plotseling allemaal nieuwe dingen doet of begrijpt. Hersenonderzoek heeft aangetoond dat zulke sprongen gepaard gaan met veranderingen in de hersenen.

Sprongen in de mentale ontwikkeling gaan niet altijd samen met groeischokken. Die laatste zijn talrijker. Ook tanden komen door op andere tijden dan die waarop baby's een sprong in hun mentale ontwikkeling maken.

Dit boek beschrijft de tien sprongen in de mentale ontwikkeling die iedere baby maakt in zijn eerste twintig maanden. Het boek vertelt hoe je baby's kijk op de wereld met iedere sprong verandert en hoe hij[2] dit inzicht kan gebruiken om nieuwe vaardigheden te ontwikkelen, vaardigheden die hij nodig heeft in zijn verdere ontwikkeling.

[2] *Vanwege de leesbaarheid wordt de baby met 'hij' aangeduid, terwijl daar iedere keer 'zij/hij' zou moeten staan.*

Een sprong:
er gaat een 'nieuwe wereld' open voor je baby!

Bij elk sprongetje dat je baby maakt, krijgt hij er een nieuw waarnemingsvermogen bij. Door dat ene nieuwe vermogen is hij in staat talloze nieuwe dingen waar te nemen, te zien, te horen, te proeven, ruiken en voelen. Alle nieuwe dingen die hij waarneemt, waren allang in zijn omgeving voor de sprong. Hij merkte ze alleen nog niet op, omdat zijn hersenen het nog niet konden verwerken. Doordat hij deze nieuwe dingen ineens wel waarneemt, verandert zijn hele leven… Hij moet als het ware de hele wereld weer herontdekken en daar kan hij jouw hulp goed bij gebruiken!

Tip

Lees net voor je baby de volgende sprong ingaat alvast waar die volgende sprong over gaat. Dan weet je wat er in je baby's waarnemingsvermogen gaat veranderen, en hoe jij deze 'nieuwe wereld' samen met hem kunt gaan ontdekken, en hem kan begeleiden op deze ontdekkingsreis.

Een vader schreef ons ooit het volgende: 'Als ik een sprongetje aan iemand moet uitleggen, dan zeg ik altijd: vergelijk het met een update van je computer. Het komt ineens, je hebt er geen invloed op, maar daarna kan je computer opeens heel veel nieuwe dingen. Zo is het ook met baby's.'

Dit is een heel goede vergelijking! Want:
- Een sprongetje komt opeens, je baby heeft geen invloed op de timing;
- Daarna kan je baby opeens veel meer dingen.
Het is alsof de update gedownload is!

We kunnen de vergelijking nog een stukje doortrekken. De gebruiker van die computer heeft het na zo'n update vaak knap lastig met alle nieuwe functies. Zo heeft je baby het ook heel moeilijk met zijn 'geüpdatete' hersenen die hij plotseling gekregen heeft.

Eerst even een stapje achteruit en dan een grote sprong vooruit

Iedere sprong bestaat uit drie onderdelen: een hersenverandering en twee fases. Daarna volgt een 'makkelijke' periode.

De hersenverandering
Fase 1: De moeilijke fase } sprong
Fase 2: De allemaal-nieuwe-dingenfase

De 'makkelijke' periode

… en dan begint het weer van voor af aan!

De hersenverandering

Helemaal uit het niets, opeens is het daar: het 'nieuwe mentale vermogen'. En de enige die het merkt is je baby. Zijn hersenen zijn opeens in staat nieuwe dingen waar te nemen. Alles verandert. Bijna niets is meer wat het was…

Fase 1: de moeilijke fase

Een sprong maken is heftig voor je baby. Er verandert zo veel voor hem! Daarom is het eerste wat je van de sprong merkt de *moeilijke fase*. Deze fase is het 'visitekaartje' van een sprong. Kenmerkend in deze fase zijn:

de drie H's: Huilerigheid, **H**angerigheid en **H**umeurigheid.

Je baby huilt meer, hangt (bijna letterlijk!) aan je en is niet zichzelf. Dit geldt bij iedere sprong. Daarnaast zijn er kenmerken in deze moeilijke fase die niet bij alle sprongen gelijk zijn en waarvan baby's er soms maar een paar vertonen. Deze kenmerken vind je bij ieder hoofdstuk dat over een sprong gaat terug. Juist doordat je als ouder merkt dat er 'iets aan de hand is', ga je je snel zorgen maken. Sommige ouders vragen zich af of hun baby ziek is. Of

Iedere baby maakt sprongetjes

Alle baby's gaan door deze moeilijke fase heen. Van de makkelijke, rustige baby, tot en met de temperamentvolle baby. Echter, de temperamentvolle baby heeft het er duidelijk moeilijker mee dan de rustige baby. En zijn ouders dus ook. Hij vraagt toch al meer aandacht, maar eist nog een extra portie als zo'n sprongetje zich aankondigt. Hij toont de grootste 'behoefte aan papa of mama', de meeste leergierigheid, en hij heeft tegelijkertijd de heftigste conflicten met zijn ouders.

Hoe heftig een baby de sprong ervaart, kan ook van sprong tot sprong verschillen. De moeilijke fase kan bij de ene sprong dus lastiger zijn dan bij een andere sprong.

ze ergeren zich, omdat ze niet begrijpen waarom hij zo 'vervelend' is. Deze fase is ook de periode van een kleine 'achteruitgang'. Je baby lijkt opeens terug te gaan in zijn ontwikkeling… alsof hij zich babyachtiger gedraagt, dingen ineens niet meer kan, wat minder zelfstandig is dan voorheen. Tel dat op bij de drie **H**'s en je snapt waarom we dit de moeilijke fase van een sprong noemen. Moeilijk voor je baby, en daardoor ook moeilijk voor jou.

Op welke leeftijden beginnen die moeilijke fases?

Gelukkig weet je precies wanneer je baby een sprongetje gaat maken! Er zijn tien sprongen in de eerste twintig maanden. In het begin duren ze korter en volgen ze elkaar sneller op.

Op pagina 24 vind je het 'sprongenschema'. Op de balken staan de weken vanaf de uitgerekende datum (!).

Bereken precies wanneer jouw baby de sprongetjes maakt!

Om het jezelf makkelijker te maken is het fijn om precies te weten wanneer je wat kunt verwachten. Dat gaat eigenlijk heel simpel.

1. Leg het sprongenschema dat je voorin het boek vindt naast de kalender van je computer en tel de weken door.
2. Schrijf de datum onder de balken in het sprongenschema.
3. Je kunt ze ook in je agenda zetten.
4. Sommige mensen vinden het handig om deze pagina uit te knippen en op de koelkast te hangen.

Waarom de uitgerekende datum?

Hersenrijping gaat in hetzelfde tempo, in de buik of buiten de buik. Het is niet eerlijk om van een baby die veel te vroeg geboren is, te verwachten dat hij tijdens de bevalling zijn hersenrijping even een paar weken in de 'fast forward' gooit. En andersom staat de hersenrijping ook niet stil als een baby een paar weken 'te laat' geboren wordt. Als je er zo over nadenkt, dan is het heel logisch dat de sprongen gebaseerd zijn op de uitgerekende datum. Een voorbeeld. Is je baby twee weken te laat geboren, dan komt de sprong twee weken eerder. Is hij vier weken te vroeg geboren, dan komt de sprong vier weken later. Dit verschijnsel wijst erop dat ieder sprongetje sterk verbonden is met de groei van de hersens van een baby.

De geboortedatum is voor de verjaardagen en een stuk taart, de uitgerekende datum zegt wat over de mentale ontwikkeling van je baby.

Je baby's tien lastige fases[3]

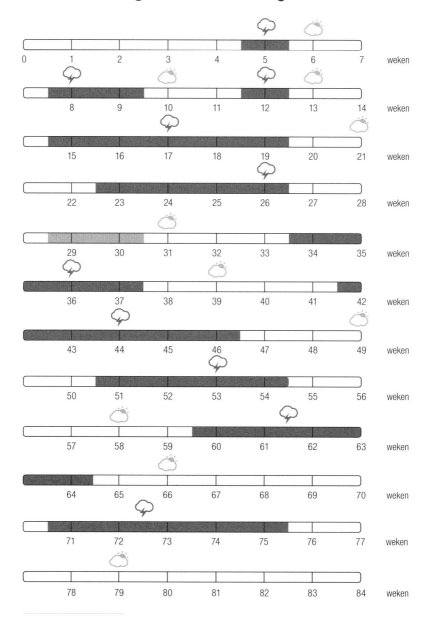

3 *Het is je misschien opgevallen dat de balken van de lastige fases heel lang lijken. Dan hebben we goed nieuws voor je: de balken geven aan dat je baby in die fase lastig kán zijn. Dat hoeft dus niet de hele balk-tijd te duren! Maar in die tijd ga je de lastige fase van de sprong merken. Sommige baby's zitten relatief kort maar krachtig in een lastige fase. Bij andere baby's kabbelt de lastige fase langer door, maar is zij minder heftig. En alle combinaties daarvan en varianten daarop zijn mogelijk. Door te weten wanneer de lastige fase kan optreden, zul je haar ook eerder herkennen en overvalt ze je niet zo.*

- ☐ Je baby maakt nu waarschijnlijk een relatief makkelijke periode door.
- ☒ Huilerigheid, Hangerigheid en Humeurigheid (de drie **H**'s) rond week 29 en 30 zijn niet de tekenen van een ophanden zijnde sprong. Je baby heeft simpelweg ontdekt dat zijn moeder of vader weg kan lopen en hem achter kan laten. Dit is vooruitgang, hoe gek het ook klinkt. Het is een nieuwe vaardigheid: hij leert alles over afstanden.
- ■ Je baby kan nu hangeriger zijn dan je van hem gewend bent.
- ⚡ Rond deze week is de kans groot dat je baby hangerig is.
- ☁ Rond deze week is het zeer waarschijnlijk dat je baby het zonnetje in huis is.

Tip

Voor in dit boek vind je een sprongenschema dat jij volledig persoonlijk kunt maken. Vul de naam van je baby en de uitgerekende datum in en bereken de sprongetjes. Zo kun je de komende 20 maanden zien wanneer jouw baby zijn volgende sprongetje maakt...

Je baby heeft je nodig. Juist nu!

Nu je weet wanneer de sprong eraan gaat komen, begint jouw rol als ouder. Juist omdat er een heel nieuwe wereld voor hem opengaat, zul je snappen dat er geen betere reisleider is dan jij. Wij hopen je met ieder hoofdstuk dat over een specifieke sprong gaat inzicht te geven in dat wat je baby dan waarneemt. De manier waarop hij de wereld ziet, dat wat hem interesseert, dat wat hij dan wil gaan ontdekken. Doordat jij weet wat er in de 'nieuwe wereld' gebeurt, kun je hem helpen om eruit te halen wat de sprong te bieden heeft.

Jij bent tijdens een sprong zijn veilige basis

Tijdens die 'moeilijke fase' staat de wereld van je baby dus even op zijn kop. Hij wil maar één ding en dat is bij jou zijn. Jou kent hij het best. Met jou is hij het langst en intiemst vertrouwd. Hij huilt en ligt het liefst de hele dag in je armen. Als hij ouder is, doet hij alles om bij je in de buurt te kunnen blijven. Hij houdt je soms vast om nooit meer los te laten. Hij wil weer als een kleinere baby worden behandeld.

Kortom, hij zoekt naar het oude vertrouwde.

Fase 2: de allemaal-nieuwe-dingenfase

Omdat je baby plotseling zo hangerig is, ben je bezorgd of misschien wel geïrriteerd. Dat klinkt negatief, maar zowel de ongerustheid als de eventuele 'irritaties' zijn op een bepaalde manier positief: je wilt weten wat er aan de hand is. De zorgen en irritaties maken je scherp. Automatisch ga je beter op je baby letten. En dan merk je opeens dat hij eigenlijk veel meer weet dan je dacht. Dat hij dingen probeert te doen die je nog nooit bij hem hebt gezien. Je zou kunnen zeggen dat je nu ontdekt dat je baby een sprongetje heeft gemaakt in zijn ontwikkeling. Dit is de fase waar we allemaal naar uitkijken: de hij-doet-opeens-allemaal-nieuwe-dingenfase! Deze fase begint rond het einde van de moeilijke fase of juist net na de piek ervan.

Je kunt allemaal-nieuwe-dingen gaan zien vanaf week:
 en

Let op!
In het sprongenschema zie je dat de bliksemschicht (de kans dat je baby in de moeilijke fase zit is daar het grootst) soms gelijk valt met het moment waarop je allemaal nieuwe dingen kunt gaan zien. Dat lijkt misschien gek, maar het is aan de andere kant ook weer heel logisch. Ten eerste moet je in je achterhoofd houden dat de fases niet van dag één op dag twee in elkaar over hoeven te gaan. Het hoeft niet zo te zijn dat je baby tot maandag in de moeilijke fase zit, en dinsdag wakker wordt alsof er niks aan de hand is. Ten tweede is het juist ook logisch dat de piek van frustraties je baby juist zo kan stimuleren dat hij opeens enkele nieuwe dingen kan gaan doen (zijn nieuwe waarnemingsvermogen, de hersenverandering, heeft hij immers al vanaf het begin van deze sprong). Kortom: er is een kans dat je al nieuwe dingen gaat zien tijdens de laatste dagen of week van de moeilijke fase. Dit is echter nog niet de 'waterval' van nieuwe dingen die we bedoelen met de allemaal-nieuwe-dingenfase.

Eindelijk vertrouwd genoeg om de nieuwe wereld te ontdekken
Je baby is de shock van de 'nieuwe wereld' die voor hem openging een beetje te boven. Hij gaat nu deze wereld verkennen, maar wel met jou dicht bij hem. Ieder nieuw vermogen stelt je baby in staat nieuwe dingen te leren. Vaardigheden die hij vóór deze leeftijd nooit had kúnnen leren, hoe vaak je het ook zou hebben geoefend. Je zou ieder nieuw vermogen kunnen vergelijken met een nieuwe wereld die voor hem opengaat. In die nieuwe wereld is er van alles te ontdekken. Sommige dingen zijn volledig nieuw voor hem. Andere dingen herkent hij, maar ervaart hij nu op een andere manier. En dan is het de vraag: welke onderdelen van deze nieuwe wereld gaat hij het eerst verkennen? Jouw baby met zijn aanleg, zijn voorkeur en zijn temperament maakt zijn eigen keuzes. De ene probeert alles even uit, de andere is helemaal weg van één ding. Iedere baby is immers anders. Het is ongelooflijk belangrijk dat je je realiseert dat je baby dus keuzes gaat maken. Wat gaat hij doen met dat nieuwe vermogen? Welke nieuwe dingen gaat hij het eerst doen? En het allerbelangrijkste: een baby doet nóóit álles tegelijkertijd van de mogelijke nieuwe dingen die hij vanaf nu kan gaan doen.

En ook nu heeft hij jou hard nodig
Jij bent in staat om hem datgene aan te reiken wat hij aankan en wat bij zijn persoontje past. Jij kent hem het best. Daarom kun jij, beter dan wie ook, uit hem halen wat erin zit. Niet alleen je baby maakt keuzes, jij verkent als het ware deze 'nieuwe wereld' met je baby mee. Sommige onderdelen zullen je minder interesseren, maar probeer vooral op je baby's interesses te letten! In de hoofdstukken die over een specifieke sprong gaan, lees je alles over de nieuwe wereld die je baby dan ingaat. Hierdoor ben jij goed voorbereid en weet je precies wat voor soort begeleiding en hulp je je baby nu kunt aanbieden. Met jouw hulp leert hij prettiger, beter en uitgebreider.

Let op!
De moeilijke fase is voorbij, en je baby zal niet meer de hele dag aan je hangen. Maar hij is nu wel het liefst heel dicht bij je. Hij wil samen met jou de nieuwe wereld ontdekken of in ieder geval weten dat je in zijn omgeving, dichtbij bent.

Je mag best eisen stellen

Als je baby iets nieuws leert, betekent dat vaak dat hij een oude gewoonte moet afleren. Als hij kan lopen, moet hij niet verwachten dat papa of mama hem nog even vaak draagt. Als hij eenmaal kan kruipen, kan hij zijn eigen speeltjes gaan halen. Na iedere sprong kan hij méér en zal hij ook zelfstandiger zijn. Daarom mag je die zelfstandigheid ook best van hem eisen. Dat klinkt streng, maar het is juist een sleutel naar geluk. Een kind dat merkt dat hij iets zelf kan, groeit in zelfvertrouwen en eigenwaarde.

De makkelijke periode:
even rust na de sprong

Na die periode waarin het 'regent' van de nieuwe dingen die hij kan, komt er even een wat rustigere tijd; een ontspannen tijd. Je blijft natuurlijk nog wel nieuwe dingen zien: een makkelijke, rustigere periode wil niet zeggen dat je baby nu niks leert of nieuws gaat doen. Wel zie je dat je baby zelfstandiger is. Hij is duidelijk niet meer zo aan je aan het hangen en ook al vindt hij het het allerleukst om alles met jou te doen, hij kan ook even zelfstandig spelen als jij even iets moet doen. Soms zie je dat hij die momenten van zelfstandig spelen ook gebruikt om bepaalde dingen weer beter of op een andere manier te leren. Kortom: je baby is het zonnetje in huis. Toch duurt deze periode niet heel lang... Het volgende sprongetje kondigt zich alweer snel aan. Je baby is een harde werker.

'Kwaliteitsuurtjes' zijn onnatuurlijk

Als je baby zelf mag bepalen wanneer hij welke aandacht wil, merk je dat dit van week tot week anders kan zijn. Je baby kan immers:
- de behoefte hebben om aan papa en mama te hangen;
- de behoefte hebben om nieuwe dingen te leren met mama en papa;
- de behoefte hebben om zelfstandig te zijn.

Daarom zijn 'geplande speeluurtjes' onnatuurlijk. Dit zijn uurtjes die drukbezette personen in hun agenda vrijhouden om aandacht te geven aan hun kind(eren). Het is echter onmogelijk om plezier met een baby te plannen. Het kan zelfs zijn dat hij je aandacht niet wil op de tijd die je hebt geprikt als het 'kwaliteitsuurtje'. De fijne, lieve, grappige en angstige momenten met baby's gebeuren als ze gebeuren. Een baby is géén film die je in kunt schakelen op geschikte tijden. Een baby is nog geen volwassene.

Hoe dit boek in elkaar zit en gebruikt kan worden

Oei, ik groei! groeit met je baby mee en neemt je als het ware mee op ontdekkingsreis door alle nieuwe werelden die opengaan voor je baby met het maken van iedere sprong.

In het hoofdstuk 'Hoe beleeft je pasgeboren baby zijn wereld' (zie pagina 33) nemen we je mee op reis naar de wereld zoals je baby die ervaart als hij pas geboren is. En één ding kunnen we je alvast verklappen: die is zo anders dan onze beleving van de wereld dat het een echte eyeopener is!

• De sprongenhoofdstukken

Iedere sprong staat beschreven in een eigen hoofdstuk, zodat je nooit meer of minder hoeft te lezen. Alle informatie over die sprong staat daar. Sommige dingen zul je wellicht herkennen van een voorafgaande sprong, maar je hoeft niets te onthouden. We hebben het zo gemaakt dat je je per sprong weer opnieuw in kunt lezen. Ieder spronghoofdstuk bevat de volgende onderdelen:

- **De moeilijke fase: het visitekaartje van de sprong**

Je kunt in dit onderdeel zelf bijhouden hoe jouw baby laat zien dat hij in de moeilijke fase zit. Doe dit, want dan zul je wellicht een patroon ontdekken.

- **'De wereld van ...'**

beschrijft het nieuwe waarnemingsvermogen dat de hersenverandering jouw baby heeft gegeven. Het beschrijft de waarnemingswereld die nu voor je baby opengaat. Lees je in en neem de informatie in je op. Dat is soms nog niet makkelijk, want je baby's belevingswereld ligt zo ver van die van ons! Om je te helpen, hebben we oefeningen voor jou opgenomen in dit boek. Ze helpen je de wereld door de ogen van je baby te zien.

- **De allemaal-nieuwe-dingenfase: de ontdekking van de nieuwe wereld**

Dit onderdeel beschrijft precies welke soort nieuwe vaardigheden en dingen baby's van deze leeftijd interessant vinden en kunnen gaan doen. Nog belangrijker is dat je inzicht krijgt in de wereld die je baby nu gaat ontdekken en hoe jij hem daarbij kunt begeleiden of helpen. Heel bijzonder wordt dit door de lijsten in te vullen en af te vinken die je aan het eind van elk hoofdstuk vindt. Ontdek zo de patronen en voorkeuren van je baby en zijn ontwikkelende karakter!

- **De makkelijke periode: de sprong is genomen**

Dit beschrijft de makkelijke periode. Hier zie je wanneer je baby weer makkelijker is, zelfstandiger en vrolijker.

Maar... theorie blijft slechts theorie. Het wordt allemaal pas echt leuk met de quotes van de 52 ouders die we gevolgd hebben. De quotes vind je terug in de vaste onderdelen van de spronghoofdstukken. Ze zijn niet alleen leuk, maar zullen ook herkenbaar zijn en, vooral bij de laatste twee sprongen, zullen ze je misschien op ideeën brengen als het gaat om het observeren van je eigen baby.

Wat dit boek te bieden heeft

• Steun in bange dagen

Dit boek steunt je op het moment dat je kampt met een huilprobleem. Het is immers goed om te weten dat je hierin niet de enige bent. En dat een hangerige fase nooit langer duurt dan een aantal weken, soms maar een paar dagen. Dit boek onthult wat andere ouders voelen, zien en doen als ze een baby hebben die even oud is als de jouwe. Je zult zien dat alle ouders te kampen hebben met gevoelens van bezorgdheid, ergernis en blijheid en alles wat erbij hoort.

• Zelfvertrouwen

Je zult begrijpen dat gevoelens van bezorgdheid, ergernis en blijheid noodzakelijk zijn. Ze zijn de motor achter de vooruitgang van je baby. Je zult ervan overtuigd raken dat je als ouder beter dan wie ook aanvoelt wat je baby op een bepaald tijdstip nodig heeft. Een ander kan je dat niet vertellen. Jíj bent deskundig. Je mag je met recht de expert van je eigen baby voelen. Jij kent jouw baby het best.

• Begrip voor je baby

Dit boek vertelt je wat je baby in iedere moeilijke fase doormaakt. Het legt uit dat hij lastig wordt als hij op het punt staat nieuwe dingen te leren. Hij is dan van slag. Als je dat begrijpt, maak je je minder zorgen. Je ergert je minder. En je hebt meer 'rust' om hem door zo'n huilfase te loodsen.

• Suggesties hoe je je baby kunt helpen bij het leren

Na elke moeilijke fase kan je baby nieuwe dingen leren. En hij doet dat prettiger, sneller en makkelijker met jouw hulp. Wij geven voorbeelden van spelletjes, jij kiest datgene eruit wat het best inspeelt op de interesses van jouw baby.

• **Uniek inzicht in je baby**

We hebben in het boek, bij iedere sprong, een aantal invul- of aankruislijstjes voor je geplaatst. Het invullen ervan kost maar een paar minuten per sprong, maar je krijgt daardoor een uniek inzicht in de persoonlijke karaktertrekken en voorkeuren van je baby.

Van ons, voor jou

We hopen dat dit boek al je vragen over de mentale ontwikkeling van je baby beantwoordt. Mocht je toch nog vragen hebben, ons iets willen vertellen of ons willen verwennen met een leuke sprongfoto van je baby, dan kan dat! Ook kun je je inschrijven voor maandelijks babynieuws en de gratis sprongenwekker! Deze ultiem handige tool stuurt je een week voor je baby een sprong ingaat een bericht, zodat je je alvast over die aankomende sprong kunt inlezen!

Kijk op www.oeiikgroei.nl

Doe de oefeningen

In dit boek vind je bij iedere sprong testjes en oefeningen speciaal voor jou. Ja, we weten dat je het druk genoeg hebt en je misschien helemaal geen zin hebt om de soms gek overkomende oefeningen te doen. Maar... probeer het toch te doen, want je zult merken: pas dan snap je echt wat een grote invloed het 'ontdekken van die nieuwe wereld' op je baby heeft. Je snapt pas echt iets als je het zelf ook ervaart...

Hoe beleeft je pasgeboren baby zijn wereld?

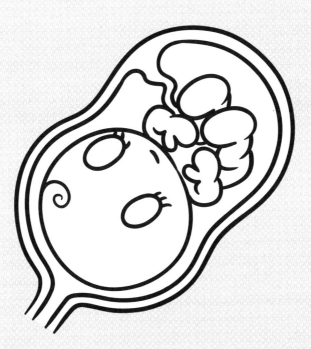

Wat doe je als je je baby voor het eerst ziet?

Iedere baby ziet er anders uit en voelt ook anders aan. Til straks maar eens een andere baby op. Je merkt dat het even heel vreemd aanvoelt. Je bent met je eigen baby zo vertrouwd geworden, dat je eigenlijk vergeet dat de ene baby de andere niet is. Je moet even wennen.

Als ouders alle rust krijgen om in hun eigen tempo hun naakte, pasgeboren baby te leren kennen, doen ze dat meestal in een bepaalde volgorde. Eerst strijken ze met de vingertoppen over de haren. Dan volgen ze met een vinger de omtrek van zijn hoofd. Daarna zijn profiel. Vervolgens de nagels, de vingers, de tenen. Dan gaan ze langzaam naar het midden, langs de armen, de benen en de nek. Als laatste het lijfje.

Ook de manier waarop ouders elk lichaamsonderdeel van hun baby betasten, heeft een volgorde. Eerst raken ze dat aan met de vingertoppen, en aaien en voelen heel voorzichtig. Geleidelijk aan worden ze steeds enthousiaster. Ze gebruiken de hele vinger en kunnen ook weleens op het vel duwen. Ten slotte omvatten ze elk onderdeel met de volle palm van hun hand. Als ze als laatste het lijfje durven te omklemmen, worden ze enthousiast. Ze roepen uit dat ze niet kunnen geloven dat zoiets prachtigs bij hen hoort. De eerste kennismaking is hiermee afgerond. Nu durven ze hem op te pakken, te draaien en neer te leggen. Ze weten hoe hun baby aanvoelt.

Leuk om te weten

- De meeste moeders zijn supergevoelig voor hun baby als ze hem in de eerste uren na de geboorte bij zich hebben.
- Als vaders hun baby snel na de geboorte vast kunnen houden, bouwen zij tijdens de eerste week een even diepe band op met hun baby als de moeder.
- De meeste baby's zijn intens wakker in diezelfde tijd, ze zijn zich bewust van hun omgeving, ze keren zich naar zachte geluiden, en ze fixeren hun ogen op het gezicht dat boven hen hangt.

Baas in eigen kraamtijd

Zoals we in ons voorwoord al schreven: die eerste momenten, dagen met je baby vergeet je nooit meer. Ze maken een heel diepe indruk, en zijn ook essentieel voor de band die je met je baby opbouwt. Daarom is het zo ongelooflijk belangrijk dat je nu even niet denkt aan de sociale regels van 'wat hoort', of te veel rekening houdt met anderen. Dit is júllie tijd. Denk even aan jezelf, aan je nieuwe gezinnetje. Maak van je hart geen moordkuil. Als je je baby bij je wilt hebben, of als je even alleen wilt zijn met hem, laat dat dan weten. Jij bepaalt hoe vaak je hem oppakt om te knuffelen. Het is jullie kind.

"Ik voelde me bezitterig worden wanneer zij van hand tot hand ging, maar ik heb het niet laten merken. Daar heb ik nu best spijt van."
Over Laura

"Ik voelde me heel bezitterig over hem, ergerde me als anderen hem te vaak, te lang wilden vasthouden. En ik genoot er als het ware van als hij bij anderen huilde en dan bij mij ophield."
Over Rudolf

"Bij de eerste hield ik zo veel rekening met anderen dat ik bijna geen borstvoeding kon geven op de manier die en het tijdstip dat ik dat wilde. Nu is dat wel anders. Het is mijn baby en mijn borst in mijn huis. Als mensen daar moeite mee hebben, dan gaan ze maar weg. Ik voed wanneer en hoe ik dat wil. Gelukkig heb ik een kraamverzorgster die dat helemaal begrijpt, me steunt en achteraf om de blikken van kennissen lacht samen met mij."
Over Victoria

Waar je aan moet denken

Knuffel, wieg, aai en masseer je baby als hij in een goede stemming is. Als je dat doet, merk je wat hij het fijnst vindt en waar hij het best bij ontspant. En datgene wat hij het fijnst vindt, kun je straks gebruiken om hem te troosten als hij van slag is. Je hebt dan de meeste kans op succes. Knuffel, wieg, aai of masseer je hem alleen als hij humeurig is, dan zal hij juist vaker en harder gaan huilen als je later probeert om hem hiermee te troosten.

Leer je baby kennen en aanvoelen

Als moeder ben je heel nieuwsgierig. Je bent in zekere zin al bekend met je baby – je kent hem immers al negen maanden – maar toch is het nu ook anders. Eigenlijk een wereld van verschil. Je kunt je baby voor het eerst bekijken, en je baby is in een heel nieuwe omgeving. Je vraagt je af: Hoe gedraagt hij zich nu? Herken ik iets?

Je baby zien, horen, ruiken en voelen in zijn eerste levensdagen: dat contact heeft een enorme invloed op de ouder-kindrelatie. De meeste vaders en moeders voelen dat zelf feilloos aan. Ze willen gewoon alles meemaken wat hun baby doet. Ze krijgen er geen genoeg van om hem te bekijken. Ze willen hem bekijken als hij slaapt en horen hoe hij ademt. Ze willen erbij zijn als hij wakker wordt. Ze willen hem kunnen strelen, knuffelen en besnuffelen wanneer ze daar zin in hebben.

"Ik merk dat zijn ademhaling verandert als hij plotseling een geluid hoort, of een licht ziet. Ik was eigenlijk een beetje bang, omdat het zo onregelmatig was. Maar nu ik weet dat hij reageert op geluid en licht, voel ik me weer helemaal rustig. Nu vind ik het grappig."
Over Bob

Bovendien zoeken de meeste moeders de vertrouwde herkenning van de eerste negen maanden. 'Is hij de rustige baby die ik verwachtte? Zijn zijn schopuurtjes op dezelfde tijden? Heeft hij iets speciaals met zijn vader, herkent hij zijn stem?' De meeste ouders willen 'spelen' met het gedrag van hun baby. Ze willen uitproberen of ze iets beter zus of zo kunnen doen. Ze willen de eigenschappen van hun baby zelf waarnemen, daarop reageren en dan weer merken hoe hun baby op hen reageert. Ze willen er zelf achter komen wat zij het beste vinden voor hun baby. Ouders willen wél adviezen, géén voorschriften. En als ze een reactie van hun baby goed voorspellen, zijn ze uitbundig blij. Het is voor hen het teken dat ze hem goed leren kennen. Dit versterkt hun zelfvertrouwen. Ze voelen dat ze het aankunnen als ze na de kraamtijd alleen met hem zijn.

Je baby leert jou ook kennen en aanvoelen

Tijdens de eerste weken na de geboorte raakt je baby langzaamaan bekend met de wereld om hem heen. Jij leert hem intiemer kennen dan wie ook. Dan gaat hij de eerste sprong maken in zijn mentale ontwikkeling.

Maar voordat je kunt begrijpen hoe je baby verandert als hij vijf weken na de uitgerekende datum is en zijn eerste sprongetje maakt, moet je weten hoe je pasgeboren baby zijn wereld beleeft en welke rol lichaamscontact speelt in deze belevingswereld.

Dit kan je baby al

Baby's zijn al meteen na de geboorte geïnteresseerd in de wereld om hen heen. De ene wat meer dan de andere. Ze luisteren en kijken. Ze laten de omgeving op zich inwerken. Ze doen echt hun best om iets zo goed mogelijk te zien. Je ziet dan ook geregeld dat hun ogen scheel staan van de

inspanning. Of je ziet dat ze gaan bibberen of hikken van uitputting. Ouders zeggen: 'Hij "pakt" met zijn ogen.' En dat is nou precies wat ze doen.

Baby's hebben een goed geheugen. Al heel vlug herkennen ze stemmen, mensen en speeltjes. Ook hebben ze een duidelijke verwachting van een bepaalde situatie: 'Het is bad-, knuffel- of eettijd!' Of: 'Het is wandelen geblazen!'

Baby's doen al gezichtsbewegingen na. Steek je tong maar eens tegen hem uit, als je ontspannen met hem zit te 'kletsen'. Of open je mond wijd zoals bij een uitroep. Geef hem wel de tijd om te reageren en doe het als hij je echt aankijkt. Baby's kunnen hun ouders 'vertellen' hoe ze zich voelen: blij, boos, verbaasd. Hoe ze dat doen? Ze leggen een wat andere nadruk op eenzelfde soort schreeuw- of huilgeluid. En ze gebruiken lichaamstaal. Hun ouders verstaan het. Trouwens, een baby laat duidelijk weten dat hij dat ook van hen verwacht. Na even wachten gaat hij 'boos' of 'verdrietig' huilen.

Baby's hebben ook al heel vroeg voorkeuren. De meesten kijken liever naar mensen dan naar speelgoed. Ook kunnen ze één speeltje kiezen door dat met hun ogen te 'pakken' als zij er twee voorgeschoteld krijgen.

Baby's zijn heel gevoelig voor aanmoediging. Ze genieten als ze geprezen worden om hun lekkere geur, hun schoonheid of hun daden. Ze zijn dan duidelijk langer in je geïnteresseerd.

Baby's zien, horen, ruiken, proeven en voelen al een heleboel. En wat zij daarmee waarnemen, kunnen zij ook onthouden. Maar toch kan een baby datgene wat zijn zintuigen hem vertellen, nog niet beleven zoals hij dat later als volwassene gaat doen.

Wat nemen je baby's zintuigen waar?

WAT ZIET JE BABY?

Ooit dachten wetenschappers en artsen dat een pasgeboren baby nog niet kon zien. En je hoort het nóg weleens. Dat is absoluut een fabeltje. Ouders spraken dat in het verleden dan ook altijd tegen. Het blijkt dus dat zij gelijk hadden. Je baby kan perfect scherp zien. Maar hij kan dat alleen op een afstand van 20 centimeter. Buiten die afstand ziet hij vermoedelijk alles wazig. Hij heeft ook soms moeite zijn beide ogen te richten op datgene wat hij wil zien. Maar als hij zover is, kan hij intens staren naar datgene waarnaar hij kijkt.
En hij houdt dan even op met bewegen. Al zijn aandacht is op het voorwerp gericht. Als hij goed wakker is, kan hij soms ook het speeltje volgen met zijn ogen en/of hoofd. En wel van links naar rechts en van boven naar beneden. Je moet het dan wel heel langzaam bewegen.
Het voorwerp dat hij het verst blijft volgen, is een schematisch namaakgezicht: twee grote stippen boven en één onder. Dat lukt al binnen een uur na de geboorte, als veel baby's hun ogen wijd open hebben en heel alert zijn. Als vader en moeder verdrink je bijna in die prachtige, grote ogen. Het zou weleens kunnen dat baby's alles wat ook maar in de verste verte op een menselijk gezicht lijkt 'ingeprent' krijgen.
Je baby kijkt liever naar kleurige dingen dan naar een saai, egaal vlak. En hij vindt rood de mooiste kleur. Maar zijn aandacht wordt vooral gevangen door felle contrasten. Hoe feller de kleuren tegen elkaar afsteken, hoe interessanter. Duidelijke strepen en hoeken ziet hij liever dan ronde vormen.

WAT HOORT JE BABY?

Je pasgeboren baby kan al heel goed onderscheid maken tussen verschillende geluiden. Zijn moeders stem herkent hij al vlak na de geboorte. Hij houdt van muziek, het snorren van een motor en van zacht, ritmisch drummen. Begrijpelijk, want dergelijke geluiden zijn vertrouwd. In de baarmoeder lag hij te midden van bonzende, ruisende, rommelende, donderende en piepende geluiden van aders, hart, longen, maag en darmen. Ook houdt hij van de meeste menselijke stemmen. Zij maken hem rustig.

Je baby hoort ook het verschil tussen lage en hoge (vrouwen)stemmen. Hoge geluiden vangen sneller zijn aandacht. Iedereen voelt dat aan en praat met een hogere stem tegen een baby. Voor dat 'gekiebiediebiedoe', ofwel babygepraat, hoef je je dus helemaal niet te schamen.

Je baby kan ook al meteen onderscheid maken tussen harde en zachte geluiden. Plotselinge, harde geluiden vindt hij niet prettig. Sommige baby's kunnen snel schrikken. Pas je daarom aan je baby aan.

WAT RUIKT HIJ GRAAG?

Je baby kan geuren onderscheiden. Hij houdt niet van de geuren die wij branderig of scherp noemen. Deze geuren maken je baby heel actief. Hij probeert zichzelf weg te draaien van de stankbron, en zal ook gaan huilen.

Je baby ruikt het verschil tussen jouw lichaamsgeur en die van andere ouders. Als hij als proef op de som verschillende, gedragen kledingstukken voor zich krijgt, zal hij zich keren in de richting van het kledingstuk dat jij hebt aangehad.

WAT PROEFT HIJ GRAAG?

Je baby kan al verschillende smaken uit elkaar houden. Hij heeft een duidelijke voorkeur voor zoet, houdt niet van zuur en spuugt bitter zo snel mogelijk uit.

WAT VOELT HIJ?

Je baby kan een verandering in temperatuur waarnemen. Hij kan warmte voelen. En dat kan hij goed gebruiken bij het zoeken naar de tepel, als je die niet in zijn mond zou stoppen. De tepel is duidelijk warmer dan de borst. Door domweg in de richting van de warmste plek te bewegen, vindt je baby de tepel. Hij moet dan natuurlijk al wel in de buurt zijn met zijn gezicht.

Je baby kan ook kou voelen. Maar als hij het te koud krijgt, kan hij zichzelf nog niet verwarmen. Hij kan namelijk nog niet bibberen om het warmer te krijgen. Hij kan dus zijn lichaamstemperatuur nog niet zo goed regelen. Daar moeten zijn ouders voor zorgen. Het is bijvoorbeeld niet verstandig lang in de sneeuw of op het ijs te gaan wandelen met een baby. Hoe goed hij ook ingepakt is, hij koelt te veel af. Voordat je het weet is hij onderkoeld. Als je baby gaat huilen in zo'n situatie, haast je dan naar binnen in de warmte.

Je baby is supergevoelig voor aanrakingen. Gewoonlijk vindt hij huidcontact heerlijk. Dat kan licht en stevig zijn. Net wat hij fijn vindt op dat moment. Ook zal hij meestal genieten van een uitgebreide lichaamsmassage in een lekker warme kamer. Alle vormen van lichaamscontact zijn voor hem gewoon het mooiste troost- en speelgoed. Probeer uit wat jouw baby het meest actief of slaperig maakt. Als je dat weet, kun je dat meteen gebruiken als je het nodig hebt.

Je baby beleeft zijn wereld als een 'soepje'

De boodschappen van alle zintuigen vormen één geheel

Je baby kan de indrukken die de zintuigen naar zijn hersenen sturen nog niet verwerken zoals wij volwassenen dat doen. Hij beleeft zijn wereld op zijn eigen babymanier, en dus anders dan wij. Wij ruiken een geur, zien de bloem die hem verspreidt, voelen aan zijn fluwelen blaadjes en horen dat er een bij aan komt zoemen. Wij kunnen alle onderdelen los van elkaar begrijpen. We weten waar ze vandaan komen.

Je baby beleeft die hele voorstelling als een 'soepje', dat een totaal andere smaak krijgt als er ook maar één ingrediënt verandert. Als een radar vangt hij alle indrukken op en beleeft ze als één indruk, als één geheel. Hij ervaart nog niet dat er allemaal losse onderdelen in ieder 'soepje' zitten. En dat die onderdelen hem geleverd worden door zijn zintuigen. Erger nog, hij voelt zich een onderdeel van dat 'soepje'. Hij voelt zich nog niet als een 'eigen ik'.

Zelfs de wereld en zijn lijfje zijn één geheel

Hij kan nog geen onderscheid maken tussen datgene wat zijn zintuigen hem vertellen over zijn omgeving en wat ze hem vertellen over zijn lichaam. Voor hém zijn de buitenwereld en zijn lijfje één. Wat buiten gebeurt, gebeurt in zijn lijfje. En wat zijn lijfje voelt, voelt alles en iedereen. De wereld verveelt zich. De wereld is hongerig, warm, nat, moe of lekker. Alles is één geur-kleur-geluid-en-streelindruk, één 'soepje', één geheel.

Omdat een baby zichzelf en de wereld als één en dezelfde ervaart, is het vaak zo moeilijk om uit te vinden wat een huilende baby heeft. Dat kan van alles zijn. Als je je baby op dat moment niet goed begrijpt, kan dat huilen je wanhopig maken. Het kan je ook extra onzeker maken.

De hulpstukken waarmee je baby de 'oersoep' overleeft

Als je de wereld beleeft zoals je baby dat doet, kun je ook niet uit eigen vrije wil iets doen. Om dat te kunnen, moet je verder ontwikkeld zijn. Je moet weten dat je handen hebt om iets vast te pakken. Dat je moeder een tepel heeft en jij een mond die daaraan kan zuigen. Pas als je dat weet, kun je daar ook uit eigen beweging gebruik van maken.

Toch wil het niet zeggen dat je baby helemáál niet kan reageren op het 'soepje' dat hij waarneemt. Moeder Natuur heeft hem een paar speciale eigenschappen meegegeven om deze leeftijdsfase te overbruggen en haar 'tekortkomingen' aan te vullen.

Zijn reflexen bepalen veel bewegingen

Hij draait in buikligging automatisch zijn hoofdje opzij, zodat hij goed kan ademen. Hij wordt dus bewogen door zijn reflex, zo ongeveer als een marionet door zijn touwtjes. Hij denkt niet: even mijn hoofd draaien. Het gebeurt gewoon. En als je baby dit straks wel kan bedenken en doen, verdwijnt de reflex. Prachtig toch?

Een pasgeboren baby draait zijn hoofd in de richting van een geluid. Dit draaien zorgt ervoor dat de aandacht van je baby wordt gericht op mogelijk interessante plekken in de omgeving. Deze reactie werd lange tijd over het hoofd gezien. Dat komt doordat die traag op gang komt. Het duurt wel vijf tot zeven seconden voordat een baby zijn hoofd begint te bewegen. En om de beweging te maken, heeft hij nog eens drie tot vier seconden nodig. Deze reactie verdwijnt als een baby 1-2 maanden oud is.

Hij heeft de *zuigreflex*. Zodra iets de mond van een hongerige baby aanraakt, klemt zijn mond zich eromheen en gaat zuigen. De zuigreflex zorgt ervoor dat een baby geweldig krachtig kan trekken. Ook de zuigreflex verdwijnt als een baby hem niet meer nodig heeft. Een volwassene heeft hem niet meer. Dit betekent dat wij zouden verhongeren als wij moesten overleven op moedermelk. Gewoon omdat we bijna geen druppel uit de borst zouden krijgen.

Hij heeft de *grijpreflex*. Als je wilt dat je baby je vinger grijpt, aai je over de boven- of onderkant van zijn handje. Hij trekt dan de hele arm licht terug, opent zijn knuistje en pakt de vinger. Hetzelfde kun je doen met het voetje. Zijn teentjes zullen dan proberen je vinger vast te pakken. Men denkt dat deze reflex uit de prehistorie stamt, toen moeders nog een flinke lichaamsbeharing hadden. Het baby'tje kon zich door de grijpreflex al meteen na de geboorte aan zijn moeder vastklampen. In de eerste twee levensmaanden kun je zien dat je baby deze reflex nog gebruikt. En wel als hij aanvoelt dat je hem neer wilt leggen.

Een baby gebruikt de zogenoemde *Moro-reflex* als hij schrikt. Hij maakt zijn rug hol, gooit zijn hoofd achterover en wappert armen en benen eerst naar buiten, dan naar binnen en sluit ze over zijn buik en borst. Het lijkt alsof hij zich vastgrijpt bij een val. Deze reflex wordt ook weleens de 'omhelzingsreactie' genoemd.

Laat je steeds door de reacties van je baby leiden!

Je baby heeft nog veel meer typische babyreflexen. Deze verdwijnen. Ze worden straks overgenomen door bewegingen die je baby doelgericht maakt.

Andere reflexen blijven en die hebben wij als volwassenen ook nog. Zoals niezen, hoesten, knipperen met je oogleden, je hand terugtrekken als je iets heets aanraakt en de 'kniepeesreflex', als een arts met een hamertje op je knie slaat.

Hij vraagt hulp door te huilen

De hiervoor genoemde reflexen zorgen ervoor dat je baby zélf de normale toestand herstelt. Soms is dat niet zo eenvoudig. Bijvoorbeeld als hij het te warm of te koud heeft, als hij zich niet lekker voelt of als hij zich verveelt. Nu moet je baby als reactie een andere strategie volgen en dat doet hij ook. Hij gaat automatisch huilen tot iemand anders ervoor zorgt dat alles weer in orde komt. Hij kan het nog niet zonder hulp van een volwassene stellen. Als deze die hulp weigert, zal hij eindeloos doorgaan met huilen, totdat hij volkomen uitgeput is.

'In de tweede week begonnen zijn huilbuien. Hij huilde dag en nacht, dronk goed en groeide goed. Ik had het idee dat hij zich verveelde. Sinds vorige week heb ik een rammelaar in de wieg gelegd. Dat helpt. Hij huilt echt minder!'

Over Paul, week 4

Ook een baby verveelt zich weleens

Je baby kan zichzelf nog niet vermaken. Vooral een (temperamentvolle) drukke baby laat duidelijk weten dat hij actie wil als hij uitgeslapen is. Probeer uit wat je baby fijn vindt.

- Bezichtig je huis met hem. Laat hem dingen zien, horen en voelen waarvan je merkt dat het zijn aandacht trekt. Vertel hem wat hij tegenkomt. Het doet er niet toe wat, hij geniet van je stem. Laat hem alles zien, horen, ruiken en voelen. Het zal niet lang duren of je merkt dat hij iets herkent.
- Je baby luistert graag naar je stem als je praat. Maar als de radio op de achtergrond ook aanstaat, kan hij zich niet goed concentreren op je stem. Want deze gaat op in dat geluid. Je baby kan nog geen onderscheid maken tussen verschillende stemmen en dan wordt hij onrustig.
- Zorg dat er altijd interessante dingen in het gezichtsveld van je baby zijn als hij wakker is. Op deze leeftijd kan hij er nog niet zelf naar zoeken, voor hem geldt: uit het oog, uit het hart.
- Je baby luistert graag naar muziek. Zet muziek aan die hij prettig vindt. Probeer zijn keuze uit. Zachte achtergrondmuziek kan ook kalmerend werken.

Om te kunnen overleven moet je baby er dus van op aan kunnen dat iemand dag en nacht bereid is om hem op zijn wenken te bedienen. En ook dáár heeft de natuur voor gezorgd. Zij heeft hem getooid met een geheim wapen dat hij voortdurend in de strijd gooit: zijn uiterlijk.

Hij beschikt over een schattig uiterlijk

Je baby heeft een puppyachtig uiterlijk. Hij is de trotse bezitter van een uitzonderlijk groot hoofd. Dit hoofd is bijna een derde van zijn totale lengte. Als extraatje zijn zijn ogen en voorhoofd ook 'te groot' en zijn wangen 'te mollig'. Verder zijn zijn benen en armen 'te kort en te dik' in verhouding tot de rest van zijn lijfje. Zo'n koddig uiterlijk vertedert. De ontwerpers van poppen, knuffels en stripalbums maken van die kenmerken dan ook dankbaar gebruik. Het verkoopt! Precies zo verkoopt je baby zichzelf. Hij is lief, klein en hulpeloos. Zo'n schatje trekt je aandacht. Het schattige uiterlijk lokt je uit om hem op te pakken, te knuffelen en te verzorgen.

Zijn allervroegste glimlach: om van te genieten

Over de hele wereld wordt glimlachen bij baby's al gezien vóór 6 weken en het is zelfs al vóór de geboorte gefilmd. Toch is het heel zeldzaam in deze periode. Maar dat neemt niet weg dat jij als ouder tot de gelukkigen kunt behoren. Pasgeboren baby's kunnen glimlachen als ze worden aangeraakt, als er een windvlaag langs het gezicht strijkt, als ze mensenstemmen horen of een ander geluid, als ze een gezicht boven hun wieg zien, een schilderij zien, of domweg als ze tevreden zijn met een volle maag. Ze glimlachen ook weleens in hun slaap.

Ouders zijn heel enthousiast als ze het zien. Ze noemen het echt glimlachen. En zo ziet het er ook uit. Later, als je baby zijn glimlach alleen maar gebruikt in sociaal contact, zeggen ze toch wel verschil te zien. Dit eerste glimlachen zou iets mechanisch hebben, iets robotachtigs. Maar dat neemt niet weg dat het is om van te smullen.

Lichaamscontact:
een vertrouwd gevoel voor je baby

Ook voor zijn geboorte beleefde je baby zijn wereld als één geheel, als één 'soepje'. Bij de geboorte heeft je baby zijn vertrouwde plek verlaten en belooft allerlei onbekende, totaal andere 'soepjes'. Er zitten immers allerlei nieuwe ingrediënten in. Dingen die hij in de buik niet kon beleven. Hij kan zich ineens vrij bewegen. Hij voelt warmte en kou. Hij hoort andere en hardere geluiden. Hij ziet feller licht en voelt kleren om zijn lichaam. Bovendien moet hij nu zelf ademhalen, zelf zuigen. Ook moeten zijn spijsverteringsorganen nog helemaal op gang komen. Allemaal dingen die nieuw voor hem zijn. Je kunt je voorstellen dat hij bij al deze veranderingen behoefte heeft aan het bekende en vertrouwde. Aan lichaamscontact.

Zeg het met knuffels!

Lichaamscontact zal hem het best herinneren aan zijn oude omgeving. Het zal hem een gevoel van geborgenheid geven. Je buik 'omarmde' zijn lichaam en je bewegingen kneedden het immers, zolang hij zich kan herinneren. Het was zijn 'thuis'. Hij was een met alles wat zich daarbinnen afspeelde: het ritmisch bonzen van je hart, het ruisen van je bloed en het gerommel van je maag. Het lijkt niet meer dan logisch dat hij dat oude, vertrouwde lichaamscontact graag voelt en die bekende geluiden nog eens hoort. En vanuit dat vertrouwde gevoel profiteert van de nieuwe omgeving.

Lichaamscontact: gewoon het mooiste troost- en speelgoed

Naast eten en warmte is lekker dicht bij papa of mama zijn het allerbelangrijkste voor je kleintje in de eerste vier maanden. Als hij dat maar genoeg krijgt, kan er met een baby niet veel meer fout gaan. Ook als er om welke reden dan ook minder met hem wordt gespeeld.

- Een baby vindt het meestal heerlijk om lekker dicht tegen je aan te liggen en rondgedragen te worden. En hij leert meteen op een prettige manier zijn vele lichaamshoudingen beheersen. Wil je echter je handen vrij hebben, neem hem dan mee in een draagdoek. Zo'n doek kan al vlak na de geboorte gebruikt worden. In een draagdoek kan een baby namelijk liggen.

- Geef hem een ontspannende massage. Zorg voor een warme kamer. Doe wat babyolie op je handen en masseer zachtjes alle delen van zijn blote lijfje. Hij leert op een prettige manier zijn lijfje kennen en wordt er heerlijk rozig van.

- Baby's van deze leeftijd zijn gemaakt om opgepakt, geknuffeld, geaaid en gewiegd te worden. Hij kan daar niet genoeg van krijgen. Hij vindt ook kleine klopjes heerlijk. Hij laat vanzelf wel merken wat hij het heerlijkst vindt en hoe hij het best tot rust komt. Hij leert dat hij een prettige, veilige thuisbasis heeft. En die zal hij nog vaak nodig hebben als zijn ontwikkeling een sprongetje maakt.

Sprong 1

De wereld van sensaties

LIEF EN LEED ROND 5 WEKEN
OFWEL RUIM 1 MAAND

Rond 5 weken en soms al rond 4 maakt de ontwikkeling van je baby het eerste sprongetje. Zijn zintuigen maken een snelle groei door. Je baby merkt dat er iets nieuws en vreemds gebeurt in zijn wereld. Hij raakt van slag, huilt en verlangt terug naar zijn meest vertrouwde plek, terug naar papa en mama.

Rond deze leeftijd zoeken alle baby's meer lichaamscontact en aandacht dan ze gewoonlijk doen. Het is dus normaal als je merkt dat je baby dat ook 'vraagt'. Soms duurt die grotere behoefte aan papa of mama maar één dag, soms een hele week.

De moeilijke fase:
het visitekaartje van de sprong

Je baby voelt dat er iets aan de hand is. Hij kan het je nog niet vertellen, zich nog niet naar je toe wenden of nog niet zijn armen naar je uitstrekken. Wel kan hij een keel opzetten en lastiger en onrustiger zijn dan normaal. Voor zo'n kleine baby is dit nog de enige manier om duidelijk te maken dat hij van streek is. Hij jengelt, huilt of krijst gewoon het hele huis tot wanhoop. Huilen geeft hem de kans dat papa of mama naar hém toe komt en dat hij bij hen kan blijven.

Een baby slaapt slechter. Tenminste, als hij alleen in zijn bedje ligt. Soms wil een baby per se op zijn buik liggen. Iets wat hij daarvoor nooit wilde. Maar misschien geeft dat 'op de buik' liggen hem het gevoel van het 'buikje-tegen-buikcontact' en de veiligheid waar hij nu zo'n behoefte aan heeft.

Dat huilen maakt ouders onzeker

Alle ouders zoeken naarstig naar een reden voor deze huilbuien. Ze proberen of hun baby honger heeft. Ze kijken of de luier loszit en verschonen hun baby, want hij zou weleens last kunnen hebben van een natte broek. Ze proberen hem te troosten en merken al snel dat dit in zo'n huilfase ook geen 'makkie' is.

Vervolgens merken ze dat hij, eenmaal getroost, toch snel weer opnieuw kan beginnen met dat 'zenuwachtig makende' gehuil. Voor de meeste ouders zijn die plotselinge veranderingen bij hun baby nieuw en akelig. Het maakt dat ze zich onzeker voelen en velen kunnen soms echt angstig zijn.

Vaak zijn ouders ook bang dat hun baby iets mankeert. Dat hij pijn heeft en dat iets niet goed werkt in dat kleine lijfje, wat er nu pas uitkomt. Anderen zijn bang dat de borstvoeding niet voldoende is. Een baby lijkt immers steeds de borst te willen en eindeloos honger te hebben. Sommige ouders lieten hun kindje onderzoeken door een arts[4]. Toch waren ook deze baby's gezond.

"Hij was enorm aanhankelijk. Ik heb veel en vaak met hem op schoot gezeten. Ook als er mensen op bezoek kwamen. Ik was ontzettend bezorgd. Eén nacht heb ik nauwelijks geslapen en hem constant geaaid en vastgehouden. Toen kwam mijn zus en ze wilde een nacht bij m'n baby blijven. Ik kon toen op een andere kamer gaan slapen. En ik heb vreselijk vast geslapen. De volgende dag voelde ik me als herboren."

Over Bob, week 5

"Ze is eigenlijk heel makkelijk en ineens huilde ze twee dagen bijna dag en nacht. Eerst dacht ik dat het de bekende krampjes waren. Maar ik merkte dat ze stopte als ze op schoot of tussen ons in lag. Ze viel dan ook meteen in slaap. En toen vroeg ik me weer af of ik haar daarmee misschien te veel verwende. Ineens was het huilen ook weer over en nu is ze weer even makkelijk als daarvoor."

Over Eefje, week 5

"Ze huilde zo. Ik was bang dat er echt iets fout was. Ze wilde steeds aan de borst. Dus ik naar de consultatiebureau-arts. Maar er was niets aan de hand. De dokter zei dat ze nog aan de borstvoeding moest wennen en dat veel kinderen zo'n huilfase hebben als ze 5 weken oud zijn. Ik vond dat wel raar. Mijn borst heeft haar de eerste vier weken niet dwarsgezeten. En haar neefje, dat even oud is, huilde ook zo. En hij krijgt flesvoeding. Toen ik dat zei, negeerde de dokter die opmerking. Ik ben er niet meer op doorgegaan, was allang blij dat er niets aan de hand was."

Over Juliette, week 5

---

4 *Vraag bij twijfel altijd advies aan je huisarts of het consultatiebureau.*

Bij papa of mama vermindert de spanning

Omdat je baby voelt dat er iets aan de hand is, heeft hij een grotere behoefte aan veiligheid. Geef aan die behoefte van je baby net zoveel toe als je zelf aankunt. Alles heeft gewoon zijn tijd nodig. Je geur, warmte, stem en manier van vasthouden zijn vertrouwd voor hem. Hij kan bij jou een beetje tot zichzelf komen. En je geeft je baby een gevoel van veiligheid, warmte en geborgenheid in een voor hem moeilijke tijd.

Fijn om te weten

Het is heel normaal dat je baby vaker aan de borst wil als zijn ontwikkeling een sprongetje maakt. Er is dan niets met je voeding aan de hand. Je baby is gewoon van slag en zoekt lichaamscontact en troost. De meeste moeders weten dit niet. Velen bellen de vereniging Borstvoeding Natuurlijk als de hangerige fase wat langer duurt. Die moeders hebben het gevoel dat ze aan het voeden kunnen blijven en vragen zich daarom af of ze wel genoeg hebben. De vereniging noemt die dagen 'regeldagen' en adviseert om toch vooral door te gaan met borstvoeding. Behalve rond 6 weken bellen moeders de vereniging opvallend vaak rond 3 en 6 maanden. Het is frappant dat een baby ook rond die leeftijden door een hangerige fase gaat.

Draag hem lekker bij je

De meeste ouders merken dat het huilen minder is zolang een baby lichaamscontact heeft. Hij is ook beter en sneller te troosten als hij bij een van de ouders is.

Ouders die hun baby bij zich dragen wanneer hij niet 'zichzelf' is, noemen hun baby 'enorm aanhankelijk'. Hij ligt het liefst stilletjes tegen papa of mama aan om geaaid, gewiegd en geknuffeld te worden. Deze ouders merken ook dat hun baby op schoot wel in slaap valt, maar huilt als hij daarna stiekem in bed wordt gelegd.

Ouders die zich aan een voedings- en slaapschema houden, merken regelmatig dat hun baby onder het drinken in slaap valt. Sommigen vragen zich af of hun baby door al dat huilen en slecht slapen misschien te moe is om te drinken op de tijd die daarvoor bestemd is. En dat lijkt heel logisch. Immers, is je baby eenmaal waar hij wezen wil, dan komt hij tot rust en valt in slaap.

"Toen ze één grote huilbui was, leek ze ongrijpbaar. Ik heb haar lange tijd moeten masseren voor ze rustiger werd. Ik voelde me toen doodmoe, maar ontzettend voldaan. Daarna is er iets veranderd. Het lijkt nu of ze veel vlugger tevreden is. En als ze huilt, voel ik me meer geroepen om het haar weer aangenaam te maken."
Over Nina, week 4

Troosttips

Als je je baby rustig wilt krijgen, zijn ritme en warmte belangrijk. Houd je baby rechtop tegen je aan, zijn billetjes op je ene arm, terwijl je met je andere arm zijn hoofdje ondersteunt, dat tegen je schouder rust. Hij kan zo het rustgevende geklop van je hart voelen. Dan kun je het volgende doen:
- Aai en streel hem;
- Wieg hem heen en weer;
- Loop rustig met hem rond;
- Neurie een liedje;
- Klop hem zachtjes op de billetjes.

Bedenk steeds dat je baby meestal het best te troosten is met iets wat je ook met hem doet als hij in een blije stemming is!

Een sprong in de rijping

Veel wijst erop dat rond 4 à 5 weken baby's een snelle rijping doormaken, van stofwisseling en ingewanden tot zintuigen. Zo groeien ze rond deze leeftijd vaak over stoornissen in hun spijsvertering heen, als ze die al hadden. Ook kan een 'foutje' dat altijd al aanwezig was, nu duidelijker worden. Bij 'pylorus stenosis' bijvoorbeeld, raakt de doorgang tussen maag en darm, die van meet af aan al vernauwd was, volledig afgeklemd. Hierdoor kan een baby geen eten meer binnenhouden; hij spuugt het telkens weer met een krachtige straal uit. Een kleine operatie kan dit euvel gelukkig verhelpen.

Ook de stofwisseling van een baby verandert rond deze leeftijd. Als hij huilt, zie je nu vaker echte tranen, soms voor het eerst. Verder merken moeders dat hun baby nu langer wakker is.

Ten slotte wijst alles erop dat ook de zintuigen een snelle groei doormaken. Je baby is duidelijk meer geïnteresseerd in de wereld om hem heen. Geen wonder, want hij kan nu zijn ogen scherpstellen op een grotere afstand. Vlak na de geboorte kon hij alleen nog maar dingen echt scherp zien op een afstand van 20 centimeter. Hij staat open voor ervaringen. Hij wil iets meemaken. Je baby is ineens veel gevoeliger voor stimulatie van buitenaf.

Vijf tot zes weken oude baby's zijn zelfs bereid te 'werken' voor enige afleiding. In een laboratoriumexperiment kregen baby's de gelegenheid een kleurenfilm van een moeder die met haar baby speelt scherp te stellen, door harder op een fopspeen te zuigen. Zodra ze ophielden met zuigen, werd het beeld weer vaag. Omdat baby's op die leeftijd nog moeilijk tegelijkertijd kunnen zuigen en kijken, konden ze de film maar heel even scherp zien. Als de zaak werd omgedraaid en de baby's juist moesten ophouden met zuigen om het beeld scherp te krijgen, konden ze dat ook.

Een snelle groei van de zintuigen betekent niet dat je baby er een nieuw 'vermogen' bij heeft gekregen. Hij kan nog steeds de indrukken die zijn, weliswaar verbeterde, zintuigen naar zijn hersenen sturen niet verwerken zoals wij volwassenen dat doen. Sterker nog: hij raakt zelfs vaardigheden kwijt. De aangeboren voorkeur om een schematisch namaakgezicht te

volgen met zijn ogen en/of zijn hoofd verdwijnt plotseling. Het draaien van zijn hoofd in de richting van een geluid en het nadoen van gezichtsbewegingen verdwijnen ook. Er zijn aanwijzingen dat deze primitieve vaardigheden geregeld werden door lagere delen van de hersenen en nu onderdrukt beginnen te worden door nieuwe groei in delen van de hogere, grote hersenen.

"Tegen het einde van de borstvoeding doet hij soms zo raar. Hij zuigt heel snel en ligt dan verheerlijkt ergens naar te staren. En begint dan weer te zuigen. Hij lijkt dan zo vraatzuchtig, alsof hij zich aan de borst ligt te verlekkeren."

Over Thijs, week 5

Oefening
Ervaar de wereld door de ogen van je baby

Knijp je ogen tot spleetjes zodat je alles wat waziger ziet. Kijk dan eens naar een gezicht van iemand. Zie je de contrasten en het schematische gezicht? Dat is wat jouw baby nu ook zo boeit!

Hersenwerk

Rond 3-4 weken neemt de hoofdomvang van je baby drastisch toe. Ook de suikerstofwisseling in de hersenen verandert.

Heeft jouw baby een lievelingszintuig?

Alle baby's maken dezelfde snelle groei van de zintuigen door. Ze krijgen allemaal meer aandacht voor alles wat er om hen heen gebeurt. Toch toont de ene baby het heel anders dan de andere. Er zijn er die vooral genieten van dingen die ze zien, anderen zijn echte luisterbaby's. Weer anderen worden liever de hele dag geknuffeld en geaaid. Sommigen vinden alles even leuk. Alle baby's zijn immers anders.

"Ik zit op het conservatorium en neem haar iedere dag mee. De eerste weken reageerde ze heel weinig op geluiden en daar maakte ik me echt zorgen om. Nu is ze ineens vreselijk met geluiden bezig. Als ze wakker wordt en huilt, wordt ze zelfs prompt stil als ze mij hoort zingen. De anderen lukt dat niet."

Over Odine, week 6

Hoe speel je op de sprong in?

Allereerst heeft je baby steun en koestering nodig. Deze sprong ligt immers niet op het verstandelijke vlak, maar is in de eerste plaats lichamelijk. Op deze leeftijd kun je je baby niet verwennen. Troost hem altijd als hij huilt.

Daarnaast biedt de groei in de zintuigen een aanknopingspunt om je baby nieuwe dingen te laten ontdekken. Geef je baby de gelegenheid om van zijn zintuigen te genieten. Bekijk eerst wat jouw baby het fijnst vindt, waar hij het meest van geniet en speel daarop in. Dat kun je ontdekken door goed te bekijken wat hij 'bestudeert'. Bied hem dat dan ook aan.

Hoe merk je wat je baby fijn vindt?

Je baby glimlacht als hij op de een of andere manier prettig gestimuleerd wordt. Dat kan zijn via dingen die hij ziet, hoort, ruikt, proeft of voelt. En omdat zijn zintuigen nu gevoeliger zijn, glimlacht hij ook vaker. Als ouders kun je daar gebruik van maken. Je kunt datgene met hem doen wat zijn glimlach uitlokt.

"We dansen altijd samen in het rond en als ik dan stilsta glimlacht hij."
Over Jan, week 6

"Als ik met mijn gezicht dicht naar haar toe kom en haar glimlachend toespreek, maakt ze echt oogcontact en dan volgt een brede grijns. Zalig is dat."
Over Laura, week 5

"Ze glimlacht ook tegen haar poppen en beren."
Over Jetteke, week 6

Als de stress te veel wordt

Een sprong is voor zowel baby als vader en moeder een ingrijpende, stressvolle gebeurtenis. Voor baby en ouders kan de spanning te groot worden. Beiden kunnen uitgeput raken als ze zich te veel zorgen maken en daardoor ook nog eens slecht slapen.

Een baby is in de war en huilt en dit huilen maakt iedere ouder onzeker en vaak angstig. De spanning kan te groot worden, ouders kunnen het niet meer aan. Een baby voelt die extra spanning aan, wordt nog hangeriger en huilt nog harder dan hij al deed. De cirkel is rond.

Baby en ouders kunnen verlost worden van die extra spanning. En wel door steun en medeleven.

- Een baby kan getroost worden door lichaamscontact en aandacht. Hij is dan beter en vlugger in de gelegenheid om rustig alle veranderingen te verwerken. Zo'n steun geeft zelfvertrouwen. Hij weet dat er iemand voor hem klaarstaat als het nodig is.
- Ouders moeten kunnen rekenen op steun van de omgeving in plaats van op 'kritiek'. Dit geeft hun het zo broodnodige zelfvertrouwen. Ze kunnen dan volgende moeilijke fases beter aan.

"De afgelopen dagen lukte het haar niet om overdag in slaap te vallen, tenzij ze bij ons op de arm lag. Gisteren kon ze wel weer heel tevreden slapen, ook wanneer ze niet bij ons lag. En nu weten we wat er gebeurde die afgelopen dagen: de eerste sprong is genomen. We zien nu namelijk een 'ander' meisje: tussen de slaapjes door langer wakker kunnen zijn, alerter reageren én sociaal glimlachen. Wat een cadeau!"

Over Sterre, week 6

Waar kijkt je baby naar, hoe kun je helpen?

Je baby kijkt vaker naar iets wat hem boeit. Meestal zijn dat kleurige dingen. Hoe feller de kleuren tegen elkaar afsteken, hoe boeiender hij het vindt. Ook strepen en hoeken trekken zijn aandacht. En je gezicht.

Terwijl je rondloopt met je baby merk je vanzelf wat je baby het liefst ziet. Geef hem gelegenheid en tijd om dat goed te bekijken. Houd er rekening mee dat je baby alleen dingen scherp ziet als ze binnen 20 cm afstand zijn. Sommige baby's vinden het leuk om steeds iets bekends te zien, andere verliezen juist snel de aandacht als ze steeds hetzelfde zien. Als je merkt dat je baby zich verveelt, laat hem dan dingen zien die lijken op dat wat hij graag ziet, maar die toch nét iets anders zijn.

"Hij kijkt je recht in je gezicht aan en houdt dat nu een tijdje vol. Maar hij vindt het 'raar' als ik eet. Hij kijkt dan vol aandacht naar mijn mond en het kauwen."

Over Rudolf, week 6

"Ze staat veel meer open voor alles wat ze ziet. Haar voorkeur gaat uit naar de spijlen van de box die afsteken tegen de witte muur, naar boeken in de boekenkast, naar ons plafond van lange houten latten met een donker streepje ertussen en naar een zwart-witte pentekening aan de muur. 's Avonds hebben lampen die aan zijn, de grootste aantrekkingskracht."

Over Xara, week 5

"Wanneer ik een groen-geel balletje langzaam van links naar rechts beweeg, gaat haar hoofd mee. Een heel leuk spelletje. Misschien nog meer voor haar trotse moeder dan voor haarzelf."

Over Ashley, week 5

Waar luistert je baby naar, wat kun je doen?

Alle baby's hebben meer aandacht voor geluiden. Of ze nu brommend, piepend, rinkelend, ruisend of snorrend klinken. Ook mensenstemmen zijn vaker interessant. Hoge (vrouwen)stemmen zijn het boeiendst. En moeders stem is verreweg favoriet.

Als je baby 5 weken oud is, kun je al leuke 'gesprekjes' voeren. Ga daar lekker voor zitten en houd je gezicht dicht bij dat van je baby. Vertel over huis-en-tuin-en-keukendingetjes, of wat je maar wilt. En pauzeer af en toe als je baby wil 'antwoorden'.

"Ik heb het idee dat hij nu ook echt naar mijn stem luistert. Dit is opvallend."
Over Thijs, week 5

"Ze antwoordt soms als ik met haar klets. De geluidjes die ze maakt, zijn langer geworden, net of ze iets vertelt. Schattig. Gisteren 'praatte' ze ook zo tegen haar konijntje in bed en tegen haar zonnetjesrammelaar in de box."
Over Odine, week 5

'Geluidentaal': laat je baby merken dat je hem begrijpt

Je baby gebruikt zijn verschillende huil- en pleziergeluiden nu veel vaker. Ieder geluid hoort bij een bepaalde situatie. Met een 'zielig' huiltje valt hij gewoon in slaap. En dat is absoluut niet het geval bij een andere huil. Dan is er iets aan de hand. Hij maakt ook pleziergeluiden. Die laat hij horen als hij ergens naar kijkt of luistert. Ouders begrijpen hun baby ineens beter. Als jij dat ook doet, laat hem dat dan ook merken. Je baby is heel gevoelig voor een compliment.

"Ik hoor duidelijk pleziergeluidjes als ze iets fijn vindt, en boze geluidjes als haar iets niet zint. Ze kraait zo nu en dan even van plezier als ze haar mobile ziet, en geniet duidelijk als ik dat nadoe."
Over Odine, week 6

Bedenk:
het is snel te veel voor je baby

Laat je steeds leiden door je baby. Stop als je merkt dat het hem te veel wordt.
- De zintuigen van je baby zijn gevoeliger. Daarom wordt elke stimulatie ook sneller te veel van het goede. Als je met hem speelt, knuffelt, dingen laat zien en horen, moet je daarop letten. Je moet je aanpassen.
- Je baby kan zich nog niet lang concentreren. Hij heeft steeds een korte pauze nodig om uit te rusten. Het lijkt misschien alsof hij geen zin meer heeft. Maar wacht even af. Hij is meestal zo weer klaar om verder te gaan.

Wat voelt je baby: hoe reageer je daarop?

Alle baby's hebben ook meer aandacht voor aanrakingen. Soms hoor je een baby nu voor het eerst hardop lachen als hij gekieteld wordt. Maar de meeste baby's spreekt kietelen nog niet erg aan. Het is bijna altijd te veel van het goede.

'Ze heeft hardop gelachen, echt een bulderlach, toen ze gekieteld werd door haar broer. Iedereen schrok en het werd doodstil.'
Over Xara, week 5

Wat biedt de 'wereld van sensaties' voor nieuwe mogelijkheden?

Je zult merken dat we bij iedere sprong een lijst geven met mogelijke veranderingen die je zou kunnen gaan merken aan je baby, en dingen (vaardigheden) die je baby na het nemen van de sprong 'opeens' kan gaan doen. Hoe verder we zijn met de sprongen, hoe diverser het aanbod van mogelijke, nieuwe vaardigheden is. Ook zul je merken dat hoe ouder je baby is, hoe makkelijker het is om zijn gedrag en nieuwe vaardigheden te zien en op te merken. Logisch eigenlijk, want hoe ouder je baby wordt, hoe meer hij in zijn gedrag gaat lijken op ons. Zo wordt het observeren dus steeds makkelijker. Nu, bij de eerste sprong, zul je merken dat het nog best eens lastig kan zijn om die nieuwe vaardigheden op te merken. Deze sprong duurt aanmerkelijk korter dan andere sprongen. Vaak merk je achteraf pas dat het een sprong was. Je realiseert je opeens dat je baby 'anders aan doet' en dat vorige week bij vlagen toch wel een wat moeilijkere week was. Dat 'moeilijkere', dát was de sprong. Het feit dat je nu merkt 'dat je baby anders dan daarvoor was', dát is jouw gevoel voor de nieuwe vaardigheden die hij in de sprong heeft verkregen. Het zijn deze keer alleen niet zulke makkelijk aanwijsbare voorbeelden. Toch zul je merken dat, als je deze 'ontdekkingslijst' invult aan het eind van de sprong, net voor de volgende sprong begint, je bij veel dingen zult zeggen: ja, inderdaad, dat merk ik nu ook...

Oefening
Ervaar de wereld door de ogen van je baby

Om je heen zijn er talloze contrasten waar jij niet op let. Juist omdat je zo ver boven deze stof staat dat ze heel normaal voor je zijn. Ze vallen niet op. Probeer eens tien contrasten te vinden die nu in je directe omgeving zijn.

Zag je hoeveel contrasten er zijn? Het licht achter je scherm tegen de donkere rand van je scherm. De rand van je donkere mouw tegen de lichte ondergrond van je huid en vice versa. De zwarte lijnen op je blouse tegen de witte ondergrond. De hoek tussen muren van de kamer als je erlangs loopt. De zwarte strepen tussen je tegen elkaar geklemde vingers... ga zo maar door.

Doe deze oefening ook eens als je buiten bent. Door je bewust te worden van alle contrasten om je heen, kun je je veel beter verplaatsen in de wereld van je baby.

Invulinstructie:

Net voor je baby de volgende sprong ingaat, bekijk je deze lijst en kruis je alleen de dingen aan die je echt duidelijk herkent. Het is dus niet de bedoeling dat je ernaar streeft om alles aan te kruisen.

De sprong maakte jij op:

Dit waren de veranderingen die ik aan jou zag na het maken van deze sprong. *je houdt je vast aan mijn haren.*

Voorbeelden van wat je nu vaker ziet bij je baby

JE HEBT DUIDELIJK MEER INTERESSE IN JE OMGEVING:

datum:

- ☐ Je kijkt vaker en langer naar iets.
- ☐ Je kijkt heel graag naar:
  - ☒ *licht lampen*
  - ☐
  - ☐
  - ☐
  - ☐
- ☐ Je luistert vaker met meer aandacht naar:
  - ☐
  - ☐
  - ☐
  - ☐
  - ☐
- ☐ Je reageert duidelijker op aanrakingen.

datum:

☐ Je reageert duidelijker op geuren.

☐ Je glimlacht voor het eerst, of veel vaker dan voorheen.

☐ Je maakt vaker pleziergeluidjes zoals:

☐ _lijkt je te brabbelen maar veel_
☐ _is het nog niet_

☐ Je laat vaker merken wat je leuk of vervelend vindt.

☐ Op de een of andere manier merk ik dat je weet wat er gaat gebeuren.

☐ Je bent langer wakker en actief.

Sprong 1

LICHAMELIJKE VERANDERINGEN:
datum:

☐ Je ademt regelmatiger.

☐ Je schrikt minder vaak en ik zie minder vaak een soort siddering door je lichaam gaan.

☐ Je hebt nu ook tranen als je huilt.

☐ Tijdens het drinken merk ik dat je:

  ☐ je minder vaak verslikt.

  ☐ minder spuugt.

  ☐ minder last hebt met boeren.

Gouden tip

Je ziet het, deze ontdekkingslijst heb je zo ingevuld. Blijf dat echt bij iedere sprong doen. Die paar minuten per sprong zorgen ervoor dat jij straks een uniek inzicht in de ontwikkeling van je baby's karakter hebt samengesteld. Als je de lijstjes over een paar jaar terugleest, dan zul je zien: die typische karaktertrekjes... het zat er al vroeg in!

De makkelijke periode:
de sprong is genomen

Met 6 weken breekt weer een makkelijke periode aan. Je baby is vrolijker, wakkerder, meer bezig met kijken en luisteren. De oogjes staan 'helderder', vinden veel ouders. En baby's laten goed merken wat ze willen en wat niet. Kortom, alles is wat duidelijker dan voorheen.

"Ik heb nu meer contact met hem. De uurtjes die hij op is, zijn ineens interessanter."
Over Dirk, week 6

"Hij voelt steeds meer eigen, steeds vertrouwder."
Over Bob, week 6

Sprong 2

De wereld van patronen

LIEF EN LEED ROND 8 WEKEN
OFWEL BIJNA 2 MAANDEN

Rond 8 (7-9) weken kondigt het volgende sprongetje zich aan. Op deze leeftijd krijgt je baby een nieuw vermogen. Daarmee kan hij nieuwe dingen leren. Vaardigheden die hij voor deze leeftijd nooit had kunnen leren, hoe vaak je het ook geoefend zou hebben. Je baby is nu in staat simpele patronen te herkennen, zowel in de buitenwereld als binnen zijn eigen lichaam. Alhoewel het moeilijk is je daar een voorstelling van te maken, geldt dit voor alle zintuigen, niet alleen voor het zien. Je baby ontdekt bijvoorbeeld zijn handen en voeten en kan er tijden mee bezig zijn om zijn arm of been een bepaalde houding te laten aannemen. Hij is eindeloos gefascineerd door licht en de schaduwen op de muur van zijn slaapkamertje. Hij is gebiologeerd door de slagorde van blikjes in de supermarkt en gaat helemaal op in het maken van stootgeluidjes, zoals 'ah', 'uh' en 'eh'.

Maar dat nieuwe vermogen brengt niet alleen fijne dingen met zich mee. Het zet ook de vertrouwde belevingswereld van je baby op zijn kop. Hij ziet, hoort, ruikt, proeft en voelt dingen die totaal nieuw voor hem zijn. Zijn oude wereld is niet meer wat die geweest is. Hij is verbaasd, verward, perplex. Hij moet alles rustig tot zich laten doordringen. Hij moet alles verwerken en dat doet hij het liefst vanuit een vertrouwde, veilige plek. Hij wil terug naar papa of mama. Deze hangerige fase duurt een paar dagen tot twee weken.

Om te onthouden

Als jouw baby hangerig is, let dan alvast op nieuwe vaardigheden of pogingen daartoe. Kijk alvast naar de ontdekkingslijst op pagina 89 om te zien waar je op kunt letten.

De moeilijke fase:
het visitekaartje van de sprong

Alle baby's huilen meer. Met dit huilen laat een baby de spanning horen die hij voelt als zijn ontwikkeling de sprong maakt. En huilen is voorlopig nog de duidelijkste manier waarop hij dat kan. Het trekt papa's en mama's aandacht. Huilbaby's huilen nóg meer dan ze al deden. Moeders worden er gek van. Vaders ook. Zelfs al sjouwen ouders ze dag en nacht rond, dan nog zijn ze moeilijk te troosten.

Kortom, je baby gaat een nieuwe moeilijke fase in, die gekarakteriseerd wordt door de drie H's (hij wordt **H**uileriger, **H**angeriger en **H**umeuriger) en minstens nog een paar van een hele lijst aan kenmerken. Dat is niet alleen moeilijk voor je kleintje maar ook voor jezelf, en het heeft zorgen en ergernissen tot gevolg.

Alle baby's worden rustiger als ze lichaamscontact hebben. Sommigen willen dat liefst zo intiem mogelijk. Ze willen het liefst ín hun vader of moeder kruipen. Ze willen dat ze helemaal omgeven worden door lichaam, armen en benen. Ook willen ze dat hun ouders al hun aandacht op hen richten. En ze verzetten zich als aan die aandacht en dat lichaamscontact een einde komt.

Omdat ouders zich zorgen maken, houden ze hun baby extra goed in de gaten en ontdekken dan dat hun baby eigenlijk veel nieuwe dingen doet.

Hoe merk je dat je baby een moeilijke fase is ingegaan?

Als je baby midden in deze sprong zit, dan zul je je eerder afvragen: hoe kan ik dat niet merken? Dat hij nu zo veel bij je wil zijn heeft een goede reden: jij bent vertrouwd en bij jou voelt hij zich veilig. Vanaf de veilige basis die hij bij jou voelt wil hij de wereld als het ware opnieuw ontdekken, met zijn nieuwe mentale vermogen. Je baby wil vaker beziggehouden worden, is vaker eenkennig, 'eet' slechter, klampt zich de hele tijd aan je vast en slaapt slechter. Sommige baby's laten dit allemaal zien, andere baby's tonen maar een paar van deze sprongkenmerken.

Wil hij (vaker) beziggehouden worden?

Je baby wil vaker samen met papa of mama iets doen. Hij wil hun volledige aandacht. Hij wil niet meer in de box of op de grond liggen, wat hij daarvoor zonder protest deed. Hij wil eventueel wel in de wipstoel zitten. Als de ouder tenminste bij hem blijft. Hij wil het liefst dat deze naar hem kijkt, met hem praat en speelt.

"Ze wil ineens 's avonds niet meer naar bed. Huilt dan erg en is onrustig. Wij willen dan wel wat rust. Dus houden wij haar bij ons op de bank of tegen ons aan en troosten haar. En dan is ze wel rustig. Ze is eigenlijk altijd heel gemakkelijk."
Over Eefje, week 8

Is hij eenkennig?

Hij glimlacht niet meer zo vaak tegen mensen die hij niet de hele dag ziet. Of het duurt wat langer voor hij loskomt. Heel soms huilt hij als ze dichterbij komen en hij lekker bij papa of mama zit. Sommige ouders vinden dat jammer: 'Hij was altijd zo vrolijk.' Anderen vinden het prettig: 'Ik ben toch ook de enige die dag en nacht voor hem klaarstaat?'

"Wij hebben het idee dat ze veel sneller naar ons lacht dan naar een ander. Ze heeft dan even langer tijd nodig."
Over Ashley, week 9

Eet hij slechter?

Hij wil het liefst de hele dag aan de borst. Als hij eraan ligt, drinkt hij amper. Het is goed zolang hij de tepel maar in of tegen zijn mond voelt. En als hij eraf gehaald wordt, protesteert hij onmiddellijk, tot hij de tepel terugkrijgt.

Natuurlijk kun je dit gedrag alleen zien bij baby's die zelf mogen bepalen wanneer ze aan de borst willen. Sommigen van deze moeders denken dat er iets met de borstvoeding aan de hand is. Anderen twijfelen of ze wel de juiste keuze hebben gemaakt. Maar de borst is er nu niet als voedselbron, hij is er als troostbron. In deze fase duimen sommige baby's dan ook vaker, of ze sabbelen op hun vingers.

"Ik voel me soms net een wandelende melkfles, een object dat altijd klaar moet staan. Ik erger me dan. Zouden andere moeders die de borst geven, dat ook hebben?"
Over Thijs, week 9

Klampt hij zich wat steviger aan je vast?
Hij klampt zich aan je vast. Vooral als hij merkt dat een 'rondsjouwfase' ten einde is. Hij doet dat niet alleen met zijn vingers, soms ook met zijn tenen. Hij is dan moeilijk weg te leggen. Letterlijk en figuurlijk. Ouders vinden het vertederend, zielig. Ze voelen zich eventjes gewild.

"Als door een bij gestoken grijpt ze mijn haar of kleding vast als ik me voorover buk om haar neer te leggen. Ik vind dat eigenlijk heel lief, ofschoon ik liever had dat ze dat niet deed. Nu voel ik me eigenlijk een beetje 'schuldig' als ik haar toch wegleg."
Over Laura, week 9

Slaapt hij slechter?
In deze moeilijke fase slapen veel baby's slechter. Sommigen huilen al als ze in de slaapkamer komen. En daarom denken ouders dat hun baby bang is voor de wieg. Baby's die slechter slapen, doen dat op hun eigen manier. Sommige baby's hebben vooral moeite met inslapen, andere worden vaker en sneller wakker. Maar het resultaat is hetzelfde: ze slapen minder. En daardoor zijn zij ook vaker in de gelegenheid om te huilen.

Tip

Wil je meer weten over slaap en sprongetjes, blader dan door naar pagina 463.

Zo merk ik aan jou dat de sprong begonnen is:

- ☐ Je huilt vaker.
- ☐ Je wilt vaker beziggehouden worden.
- ☐ Je eet slechter.
- ☐ Je bent vaker eenkennig. Je wilt alleen bij _____ zijn.
- ☐ Je klampt je steviger aan me vast.
- ☒ Je slaapt slechter. 's ochtends en 's middags
- ☐ Je zuigt (vaker) op je duim. laay je heerlijk, maar
- ☐ En ik merk dat je na het avondeten wordt je telkens wakker wanneer we je wegleggen. In de nacht van ... lag je vrolijk rondkruipend bij ons om 04:00 uur. Dit doe je anders nooit.

Let op, ook hier geldt: een baby hoeft niet al deze sprongkarakteristieken te vertonen! Het gaat meer om wélke je baby vertoont dan om hoeveel.

Zorgen[5] en irritaties

Omdat dit pas de tweede sprong is die je baby maakt, kun je nog weleens gaan twijfelen aan jezelf, of aan je baby. Over een tijdje herken je dat typische spronggedrag, maar nu maak je je waarschijnlijk nog vooral zorgen. Dat is heel normaal en twijfel dan ook nooit om naar de huisarts of het consultatiebureau te gaan. Soms slaan de zorgen om in irritaties. Dat is ook heel normaal. Een sprong is heftig voor een baby, maar daarmee ook voor jou. Tel daar de slapeloze nachten bij op, en je snapt dat een sprong, zorgen en irritaties bij elkaar horen.

Ouders zijn bezorgd

Alle ouders zijn bezorgd als hun baby vaker huilt en zo hangerig is. De ene meer dan de andere. Meestal zie je dat een ouder die zich weinig zorgen maakt, een makkelijke of rustige baby heeft. Deze rustige baby's huilen amper meer dan gewoonlijk en zijn ook sneller te troosten. De meeste baby's zitten hier tussenin. Ze huilen duidelijk vaker en zijn veel moeilijker te troosten. En dat geldt al helemaal voor huilerige, prikkelbare baby's. Die huilen, zo mogelijk, nog drie keer zo veel en zo hard. Ze kronkelen zich in allerlei bochten, ze vechten als het ware. Tijdens zo'n hangerige fase zijn hun ouders dan vaak bang dat het hele gezin eraan kapotgaat.

Alle ouders willen uitzoeken waarom hun baby meer huilt. Loopt de borstvoeding terug? Is hij ziek? Is er iets anders? Op schoot is alles goed, is hij dan verwend? Sommige ouders vinden de oplossing in 'darmkrampjes'. De baby beweegt immers heftig. Andere ouders kunnen geen reden geven en blijven onzeker. Sommige huilen mee. Een enkele keer gaat een ouder naar de dokter. Of praat erover op het consultatiebureau.

"Als hij doorhuilt, neem ik hem steeds bij me. Ik merk dat ik me niet goed raad weet met uitspraken als: 'Kinderen hebben huiluurtjes.' Tegelijk heb ik momenten dat ik hem gewoon even wil laten huilen, omdat ik óp ben. Maar dan denk ik weer aan de flats die enorm gehorig zijn en ik voel me daar dan ook weer door beïnvloed."

Over Steven, week 9

---

[5] *Vraag bij twijfel altijd advies aan je huisarts of het consultatiebureau.*

"Soms, als ze huilt en niet te troosten is, kan ik het niet meer aan. Vaak moet ik zelf flink huilen en dan gaat het weer."
Over Xara, week 10

"Soms heb ik dagen dat ik twijfel of ik het wel goed doe. Of ik wel genoeg aandacht voor hem heb, enzovoort. Vooral het omgaan met zijn huilen vind ik heel moeilijk soms. En op een van die dagen las ik dat een baby rond 6 weken lacht tegen zijn moeder. De mijne lachte nooit naar me. Wel in zichzelf. En dat voedde mijn twijfel nog eens extra. Vanavond schonk hij me ineens zo'n stralende lach. De tranen liepen over mijn wangen. Het was zo ontroerend. Het klinkt misschien raar, maar ik kreeg het gevoel dat hij me gewoon even steunde."
Over Bob, week 9

Ouders ergeren zich
Alle ouders ergeren zich zodra ze er zeker van zijn dat hun baby geen goede reden heeft om te blijven huilen en klitten. Zulke ouders vinden hun baby verwend, ondankbaar. Zij worden gek van het gehuil. Zij zijn moe, uitgeput en hebben nog zo veel te doen. Die ouders zijn vaak ook bang dat vrienden, familie of buren hun kind lastig vinden. Of dat ze zullen zeggen dat ze hem harder moeten aanpakken. Want ook al twijfelen ze of ze daar goed aan doen, ze kunnen het meestal toch niet laten om hun baby steeds weer te gaan troosten.

"Ik erger me vreselijk als ik haar eindelijk na een uur troosten in slaap heb gekregen en ze meteen wéér begint te 'zeuren' op het moment dat ik haar neerleg. Alleen bij mij in de armen is het goed. Dit irriteert me enorm. Ik kom nergens meer aan toe."
Over Laura, week 8

"De dagen voor kerst leken 'terrordagen'. De hele dag liepen we met Aiden op onze arm; huilen, krijsen, schreeuwen, echt niks leek ons mannetje te troosten. Mijn mamahart brak als hij zich alleen enigszins door papa wilde laten troosten... Maar opeens kreeg ik glimlachjes toegeworpen. Na de terrordagen van zijn sprongetje konden we weer genieten van een vrolijk ventje die het lachen had ontdekt."
Over Aiden, week 8

"Ik moest hem de hele tijd bezighouden. Niets hielp echt goed, rondlopen niet, aaien niet, zingen niet. Eerst voelde ik me machteloos en loodzwaar. En toen ineens heel agressief. Ik heb toen gierend zitten huilen... Ik heb gevraagd of hij twee keer een halve dag naar een kinderdagverblijf kan, zodat ik wat meer ruimte voor mezelf heb. Dat gehuil maakt me af en toe ontzettend leeg en moe. Ik ben constant aan het zoeken waar mijn grens ligt en de zijne."
Over Bob, week 9

Voorkom dat de wanhoop je te veel wordt
Heel zelden zeggen ouders dat zij echt boos op hun baby zijn geworden. En hun baby wat harder dan nodig hebben neergelegd. Zij schrikken daar altijd zelf van. Het was alsof het vanzelf ging.

Helaas gebeurt dit, en als je naar deze gevoelens van wanhoop van ouders kijkt, is dit verklaarbaar. Acceptabel is het natuurlijk niet. Hoe lastig je kleintje ook is, je mag je baby natuurlijk nooit pijn doen. Accepteer dat het af en toe best moeilijk is en grijp in vóór het je te veel wordt. Maak een wandeling, praat erover.

"Ze huilde deze week nog meer dan de vorige. Ik werd er gek van. Had het toch al zo druk. Ik heb haar toen op het aankleedkussen op de commode gegooid. Ik schrok nadat ik dat gedaan had en realiseerde me dat dat toch niet hielp. Ze krijste nog harder. Ik kan me nu voorstellen dat kinderen op zulke dagen mishandeld worden. Maar ik had het nooit van mezelf verwacht."
Over Juliette, week 9

Tip

In het hoofdstuk *De top tien van dingen die je echt moet weten!* (zie pagina 169) vind je tien handige tips om in je achterhoofd te houden om de sprongen die je baby maakt goed te begrijpen.

Lichaamscontact vermindert de spanning

Rond 8 weken is het heel normaal dat baby's de hele tijd bij papa of mama willen blijven. Alle kinderen willen dat immers. Het ene kind toont die wens duidelijker dan het andere. Huilerig en hangerig zijn is nu de gewoonste zaak van de wereld. Het betekent dat een baby goed vooruitgaat. Dat zijn ontwikkeling een sprongetje maakt. Dat hij van slag is, omdat zijn wereld er zo vreemd uitziet. Daarom wil hij zijn ouder als vertrouwde en veilige basis gebruiken, dan ontspant hij beter. Hij kan vanuit die veilige basis zijn 'nieuwe wereld' ontdekken.

Stel je voor dat je van slag bent en niet getroost wordt. Je blijft langer en erger onder spanning staan. Al je energie gaat in die spanning zitten. Je kunt je problemen niet duidelijk onder ogen zien. Zo is het ook voor je baby. Als zijn ontwikkeling een sprongetje maakt, ontwaakt hij als het ware in een 'nieuwe wereld'. Hij voelt zich zwaarder belast dan hij aankan. Hij huilt. En hij zal blijven huilen, tot zijn probleem is opgelost. Al zijn energie zit dus in het huilen. En dat huilen slokt alle tijd op. Tijd die hij zou kunnen besteden aan het leren kennen van zijn 'nieuwe wereld'.

Waar je aan moet denken

Baby's van deze leeftijd zijn gemaakt om opgepakt, geaaid en geknuffeld te worden. Ze kunnen daar niet genoeg van krijgen.

Door zijn hangerigheid ontdek je dat je baby méér kan

De moeilijke eerste fase van een sprong is niet alleen zorgelijk en ergerlijk voor ouders, maar heeft ook een functie. Het houdt ouders scherp. Omdat ouders zich zorgen maken over en ergeren aan de hangerigheid van hun baby, houden zij hun baby extra goed in de gaten. Wat zit er fout? Waarom is hij zo lastig? Wat kan ik doen? Verwen ik hem en kan hij meer? Verveelt hij zich? Kan hij zichzelf niet bezighouden? Moet ik hem iets leren? En dan ontdekken zij wat hun baby dwarszit. Zij zien dat hun baby eigenlijk veel nieuwe dingen doet, of probeert te doen. In feite ontdekken zij de allereerste vaardigheden, die ontstaan doordat hun baby een nieuw vermogen heeft gekregen. Dit nieuwe vermogen stelt hun baby in staat nieuwe dingen te leren. Dingen die hun baby voor deze leeftijd nooit had kunnen leren, ook al zou je het de hele dag door geprobeerd hebben. Als ouders dat ontdekken, kunnen ze hun baby helpen bij het leren van die nieuwe vaardigheden. Daarmee wordt hun baby ineens weer een stukje zelfstandiger en daarmee smelten de zorgen en ergernissen als sneeuw voor de zon. Je zou kunnen zeggen: je baby doet een kleine stap terug (hangerige fase) en maakt dan een grote sprong voorwaarts in zijn zelfstandigheid met een zetje van de ouders.

Rond 8 weken is dat het vermogen tot het waarnemen en gebruiken van 'patronen'. Je kunt dit nieuwe vermogen vergelijken met een nieuwe wereld die je baby voor het eerst ontdekt.

De wereld van patronen

Je baby beleeft de wereld en zichzelf niet langer als één geheel, als een 'soepje'. Hij begint vaste 'patronen' in dit soepje te onderscheiden. Bijvoorbeeld: hij ontdekt zijn handjes. Hij bekijkt ze verbaasd en draait ze rond. En nu hij weet dat hij ze heeft, kan hij ze ook gaan gebruiken. Hij zal ze gebruiken om te proberen iets te pakken.

Naast het feit dat hij 'patronen' kan zien, kan hij ze ook horen, ruiken, proeven en voelen. Hij neemt 'patronen' waar met al zijn zintuigen. Hij neemt ze waar buiten zijn lichaam én erbinnen. Bijvoorbeeld: hij kan nu voelen dat zijn arm omhoog anders aanvoelt dan wanneer die omlaag hangt. Tegelijkertijd kan je baby nu ook 'patronen' binnen in zijn lichaam gaan beheersen. Hij kan nu lichaamshoudingen 'vasthouden'. Niet alleen van zijn hoofd, romp, benen of armen, maar ook in kleinere lichaamsonderdelen. Hij kan allerlei gezichten trekken, omdat hij de beheersing heeft over zijn gezichtsspieren. Hij kan zijn stembanden in een bepaalde stand houden. En hij kan zijn ogen even ergens op scherpstellen. Hij kan nu zijn oogspieren beter gebruiken.

Veel automatische reacties (reflexen) die je baby bij zijn geboorte had, raakt hij nu kwijt. Ze worden vervangen door iets wat doet denken aan een doelgerichte beweging. Je baby kan nu leren om 'bewust' zijn handjes om een speeltje te sluiten. Hij kan leren om in één beweging aan de borst te gaan, in plaats van daar na veel bewegingen als bij toeval op te stuiten. Hij is niet langer volledig afhankelijk van zijn reflexen. Alleen als je baby hongerig is of van streek, valt hij terug op zijn oude manier van bewegen.

Toch zien die eerste 'bewuste' bewegingen van je baby er nog niet 'volwassen' uit. Ze zijn nog houterig van kwaliteit. Je baby schiet als het ware van de ene houding in de andere. En dat blijft zo, tot het volgende sprongetje zich aankondigt.

Hersenwerk

Rond 7-8 weken neemt de hoofdomvang van je baby drastisch toe. En rond 6-8 weken vinden er veranderingen plaats in de hersengolven. Rond 7 weken verandert de manier van uitreiken naar en grijpen. Daarvóór is dat reflexmatig en daarna wordt het door rijping van de hersenen gereorganiseerd. Door deze reorganisatie wordt het uitreiken naar meer aangepast aan dat wat een baby wil grijpen, de stimulus.

De allemaal-nieuwe-dingenfase:
de ontdekking van de nieuwe wereld

Nu begint het tweede deel van je 'taak'. Je kunt je baby helpen om vaardigheden waar hij belangstelling voor heeft, verder te ontwikkelen. Hoe doe je dat?

- Begroet elke poging van je baby om iets te proberen met enthousiasme. Als hij wordt geprezen, zal hij zin hebben om door te gaan.
- Balanceer tussen net genoeg uitdaging en net niet te veel eisen. Probeer uit wat je baby fijn vindt.
- Stop als je baby aangeeft er genoeg van te hebben.

Hoe je merkt dat je baby met rust gelaten wil worden

- Hij kijkt van je weg.
- Als hij heel sterk is, keert hij zijn lijfje van je af.

Stop met spelen als je baby laat merken dat hij er genoeg van heeft. Soms duren die pauzes maar even, maar hij heeft ze nodig. Hij moet even alles verwerken. Laat je steeds door de reacties van je baby leiden!

Sommige dingen moet je baby zelf oefenen. Maar een beetje enthousiasme van jouw kant zal hem ervan overtuigen dat hij op de goede weg is. Met andere dingen kun je hem wel helpen. Je kunt hem bijvoorbeeld helpen dingen scherp te zien, of hem helpen dingen te zien die hij nu graag bekijkt (zie pagina 78). Varieer de omgeving van je baby. Help hem zijn handen en voeten te ontdekken en zijn handen om een speeltje te klemmen. Laat merken dat zijn stem belangrijk is en lok hem uit tot kletsen. Zelfs een optrekspelletje kan leuk zijn af en toe. En vergeet niet: in zijn eentje spelen hoort er ook af en toe bij!

Zo zijn baby's

Je baby is het meest geïnteresseerd in alles wat nieuw is. Reageer daarom altijd en vooral op de nieuwe dingen, vaardigheden en interesses die je baby toont. Hij leert dan prettiger, makkelijker, sneller en meer.

Help je baby dingen scherp te zien

In het vorige hoofdstuk hebben we gezien dat baby's in een laboratoriumexperiment bereid zijn hard te 'werken' om een film scherp te zien. Dat konden ze voor elkaar krijgen door sneller op een fopspeen te zuigen. Zodra ze ophielden met zuigen, werd de filmprojector weer op vaag gezet. Daardoor konden de baby's maar heel even van hun arbeid genieten. Ze konden immers nog niet tegelijkertijd zuigen en kijken. Dat kunnen ze vanaf deze sprong wél. Dat kan vervelende gevolgen hebben.

> "Steven beet ineens zo hard in mijn tepel, dat ik automatisch uithaalde en hem bijna een klap had gegeven. Ik schrok me rot van mijn eigen reactie. Hij wilde ook eerst nog niet loslaten. Ik snap niet waarom hij dat deed."
>
> **Over Steven, week 10**

Houd in gedachte: dat hij bijvoorbeeld ineens hard op je tepel bijt, doet hij niet omdat hij geen honger heeft, of omdat hij vervelend wil zijn. Hij gaat gewoon volledig op in zijn 'werk'. Net als een volwassene die zijn uiterste best doet om netjes te schrijven en daarbij het puntje van zijn tong uitsteekt.

Je kunt je baby helpen met oefenen door hem kleurrijke speeltjes te laten zien op verschillende afstanden. Zorg ervoor dat je datgene wat je laat zien, zachtjes beweegt, dan vang je eerder zijn aandacht en houd je die ook langer vast. Beweeg het ook eens langzaam voor- en achteruit en bekijk tot welke afstand je baby het nog met interesse volgt.

Laat je baby 'echte' dingen zien

Heb je al gemerkt dat je baby plotseling liever naar 'echte dingen' kijkt in plaats van naar dezelfde dingen op plaatjes? Toch heeft hij nog steeds je hulp nodig. Hij kan nog niet dicht genoeg overal bij komen. Wil hij het van nog dichterbij kunnen bekijken, dan heeft hij jouw handen nodig om het voor hem te pakken. Geef hem die kans.

"Alles vindt ze leuk: schilderijen, boeken, planken, de inhoud van de voorraadkast. Overal moet ik met haar naartoe. Ik neem haar ook op de arm mee naar buiten en de winkels in."
Over Odine, week 11

Varieer de omgeving van je baby

Na 8 weken kan je baby verveeld raken als hij steeds hetzelfde ziet, hoort, voelt, ruikt of proeft. Hij kan een 'patroon' waarnemen en merkt dus ook dat datzelfde 'patroon' steeds terugkomt: hetzelfde speeltje, hetzelfde uitzicht, hetzelfde geluid, hetzelfde gevoel en dezelfde smaak. Voor het eerst in zijn leven ziet hij dit niet meer zitten. Hij wil variatie. Als je dit merkt, geef hem dat dan. Draag hem of neem hem met je mee in zijn wipstoel.

Help je baby zijn handen en voeten te ontdekken

Je baby kan nu tot de ontdekking komen dat er af en toe voorwerpen door zijn gezichtsveld fladderen die een onderzoek waard zijn: zijn handen en zijn voeten. Hij kan er verbaasd naar kijken, of ernstig bestuderen. Iedere baby onderzoekt ze op zijn eigen manier. De ene besteedt er veel tijd aan, de andere amper. Bij de meeste baby's zijn vooral de handjes in trek, misschien omdat hij ze vaker 'ontmoet'.

Handen en armen kunnen ontelbare houdingen aannemen. Elke houding is weer een ander 'patroon' dat gezien en gevoeld kan worden. Geef je baby de kans om zijn hand zoveel en zo lang te bekijken als hij nodig vindt. Je baby moet weten wat handen zoal kunnen voordat hij ze goed kan gaan gebruiken. Het is dus heel erg belangrijk dat hij eerst zijn eigen 'grijpgereedschap' leert kennen.

"Hij bekijkt in detail hoe zijn hand beweegt. Daarbij speelt hij heel subtiel met zijn vingertjes. Hij houdt zijn hand met gespreide vingers boven zijn hoofd als hij ligt. Soms doet hij zijn vingers een voor een tegen elkaar en spreidt ze daarna weer. Of hij doet zijn handjes in elkaar, of op elkaar. Het is dan één doorgaande beweging van gebaren."
Over Bob, week 9

Leer je baby zijn handen om een speeltje te klemmen

Probeert je baby zijn hand te gebruiken? Bijvoorbeeld door die om een rammelaar te klemmen? Immers, ook het vasthouden van een speeltje gaat gepaard met een 'voelpatroon' van de hand en de aanraking van de handpalm. Maar het omklemmen lukt meestal niet meteen. Daarom kan hij zijn ouders' enthousiasme en aanmoediging goed gebruiken bij iedere serieuze poging. Als hij wordt geprezen, zal hij zin houden om door te gaan.

Houd er altijd rekening mee dat baby's op deze leeftijd nog niet naar iets kunnen reiken om het te pakken. Ze kunnen alleen nog maar hun hand ergens omheen klemmen. Dat wil dus zeggen dat het speeltje moet komen 'aangewaaid'. Plaats of hang het daarom altijd binnen handbereik. Dan krijgt hij alle gelegenheid om het 'vastpakken' te oefenen.

"Hij probeert te grijpen! Hij zwiept met zijn hand in de richting van de rammelaar. Of slaat ertegenaan. Even later probeert hij met een echte grijpbeweging de rammelaar te pakken. Doet een prima poging. Denkt dat hij er is en sluit zijn hand. Maar de rammelaar is net een paar centimeter verder. Hij ziet zijn misser, wordt nijdig en begint te huilen."
Over Paul, week 11

Laat je baby merken dat zijn stem belangrijk is

Zijn nieuwste geluidjes vindt je baby het interessantst. Reageer daarom altijd meteen op zijn nieuwe geluidjes. Je baby maakt misschien het liefst korte 'stootgeluidjes', omdat hij vanaf deze sprong zijn stembanden in een bepaalde stand kan houden. Een bepaalde stand van de stembanden gaat ook gepaard met een 'voelpatroon'. Laat hem horen hoe de geluidjes klinken als een ander ze maakt.

Reageer als hij je aandacht trekt met die geluidjes. Trek zijn aandacht met jouw stem. Het leert hem dat zijn stem belangrijk is. Dat hij hem kan gebruiken, net als zijn handen.

"Ze ligt de hele dag te kletsen en aandacht te vragen. Luistert ook naar mijn stem. Heel leuk."
Over Odine, week 11

Lok je baby uit om te kletsen

Je baby uitlokken om te gaan kletsen is iets wat iedere ouder wel doet. Maar de ene doet het automatisch de hele dag door zolang hun baby wakker is, de andere gaat er even voor zitten. Het nadeel is dan vaak dat een baby er niet voor in de stemming is. Hij lijkt minder te snappen wat de bedoeling is. En de ouder knapt eerder af, want: 'Hij reageert nog niet.'

Een optrekspelletje kán leuk zijn voor de allersterksten

De meeste baby's vinden het heerlijk om zichzelf te laten optrekken van halfzit tot zit. Of van zit tot staan. Wees wel voorzichtig en ondersteun zijn zware hoofd! Sterke baby's werken zelf al mee. Met dit spelletje leren ze verschillende lichaamshoudingen aanvoelen en beheersen. Elke lichaamshouding is weer een ander 'patroon' dat je baby binnen in zijn lichaam kan waarnemen. Als baby's zelf meewerken, schieten ze nogal schokkerig van de ene houding in de andere, net als Pinokkio. En als ze in de volgende houding zijn geschoten, blijven ze daar graag even in staan. De verandering van houding gaat dus nog niet soepel, maar ze vinden het heerlijk om die nieuwe houding even vast te houden. Sommige baby's kunnen echt boos worden als je ermee ophoudt.

Dat baby's dit spelletje leuk vinden, wordt meestal het eerst ontdekt door vaders. Moeders gaan het dan ook spelen. Ze doen dat met iets meer enthousiasme bij jongetjes dan bij meisjes.

"Ik vind dat hij ineens zo stoterig beweegt als hij gaat staan. Hij maakt ook steeds van die spastische bewegingen als hij uitgekleed op de commode ligt. Ik vraag me af of dat wel normaal is."
Over Rudolf, week 11

"Ze wil de hele dag gaan staan en dan voortdurend geprezen worden als ze staat. Mekkert als het compliment niet komt."
Over Ashley, week 10

Een veeleisende baby kan hoogbegaafd zijn

Sommige baby's hebben iets nieuws snel door en raken uitgekeken op het dagelijkse gedoe. Ze willen verder, ze willen actie. Ze willen ingewikkeldere spelletjes en ze willen voortdurend variatie. Een ouder van zo'n 'wervelwind' of 'sneltrein' raakt totaal uitgeput. Hij weet op het laatst niet meer wat hij nog kan doen. En de baby zet een keel op als hij niet het ene nieuwe na het andere krijgt aangeboden.

Het blijkt dat hoogbegaafde kinderen als baby vaak huilerig en veeleisend zijn geweest. Zolang zij interessante dingen meemaken of nieuwe vaardigheden kunnen leren, is alles goed. Een nieuw vermogen geeft hun de kans nieuwe dingen te leren. Ze doen dat met veel enthousiasme en 'vragen' ook steeds aandacht en hulp bij het leren. Hun honger naar iets nieuws leren is niet te stillen. 'Helaas' gaan ze razendsnel door een sprongetje heen. Zij proberen en leren bijna alles wat de nieuwe wereld te bieden heeft, variëren ermee en vervelen zich dan weer. Je kunt als ouder weinig anders doen dan wachten op het volgende sprongetje.

Leuk om te weten

- Een baby is leergieriger als zijn ontwikkeling een sprongetje maakt. Hij leert dan ook sneller, fijner en makkelijker, mits je op zijn interesses en wensen inspeelt.
- Een huilbaby (of veeleisende baby) krijgt automatisch meer aandacht, omdat hij zo veel huilt. Als ouder moet je immers steeds het onderste uit de kan halen om hem tevreden te krijgen en te houden. Je baby helpt je daarbij een handje.
- Een huilbaby (of veeleisende baby) heeft later meer kans om bij de intelligentere leerlingen te horen. Tenminste, als je goed op hem inspeelt in de babytijd. Met name door hem te helpen bij het leren, als zijn ontwikkeling een sprongetje maakt.
- Een makkelijke baby laat zichzelf makkelijk vergeten, omdat hij je minder uitlokt om iets met hem te doen. Stimuleer hem dus wat extra.

Sprong 2

Alléén spelen hoort er ook bij

Bijna alle ouders vinden dat hun baby nu in staat moet zijn zichzelf even te vermaken. Hij is immers geïnteresseerd in zijn handen en voeten, zijn speeltjes en de wereld om hem heen. Ook ligt hij graag languit op de grond. Veel ouders gaan de box voor het eerst gebruiken. Ze doen dat ook omdat ze hierin de speeltjes zowat tegen zijn handen kunnen hangen. Hun baby kan er dus naar hartenlust tegenaan zwiepen en ernaar kijken. Tegelijkertijd

proberen ze de 'speeltijd alleen' zo lang mogelijk te rekken. Daarom houden ze hun baby goed in de gaten. En zodra ze denken dat het enthousiasme minder dreigt te worden, dragen ze nieuwe speeltjes aan. De meeste baby's houden dit met papa's of mama's hulp ongeveer 15 minuten uit.

"Ik leg hem nu na iedere voeding even in de box. De ene keer onder een bewegende muziekmobile waar hij dan naar kijkt. De andere keer onder een trapeze met speeltjes waar hij soms tegenaan zwiept. Dat gaat al heel aardig."
Over Dirk, week 11

Oefening
Ervaar de wereld door de ogen van je baby

Houd je arm eens bewust recht voor je. Hoe voelt dat? Ga eens op je rug liggen en draai je hoofd opzij. Hoe voelt dat? Hoe voelt het als je nu gaat zitten? En als je vooroverhellend gaat zitten? Al die verschillende houdingen zijn verschillende patronen die je in je lichaam voelt. Dat vooroverhellend zitten was best een bijzonder gevoel, hè? Juist daarom vindt je kind het ook zo fijn om nu vooroverhellend op schoot te zitten.

Jouw speltoppers van 'patronen'

Dit zijn spelletjes en oefeningen die inspelen op jouw nieuwe vermogen en die jij nu leuk vindt.

Invulinstructie:

Kruis aan wat jouw baby's favoriete spelletjes zijn. Kijk na het invullen van de ontdekkingslijst verderop in dit hoofdstuk of je een verband ziet tussen dat wat hem het meest interesseerde tijdens deze sprong en de spelletjes die hij het liefst deed. Het is even nadenken, maar je verkrijgt hierdoor een uniek inzicht in je baby's karakter.

☐ JE HANDEN, VOETEN EN KNIEËN BOEIEN JE

Geef hem zo veel mogelijk gelegenheid ze te bestuderen. Om zich goed te kunnen bewegen en alles goed te kunnen zien, heeft een baby ruimte nodig. Die kan hij het best krijgen op een groot badlaken of op een plaid. Als het lekker warm is, laat hem dan eens bloot spelen. Dat vindt hij het allerfijnst. Als je zijn aandacht op zijn hand of voet wilt vestigen, kun je er een kleurig bandje omheen binden. Hierin kun je dan ook nog een belletje verwerken.

☐ GESPREKJES ONDER VIER OGEN

Ga er gemakkelijk voor zitten. Zorg voor een steuntje in de rug. Trek je knieën op en leg je baby op je dijen. In deze houding kan hij je goed aankijken. Tegelijkertijd kun je zelf ál zijn reacties goed zien. Je kunt vertellen over de dingen van de dag. Of wat je straks gaat doen. Wie er komt. Het doet er niet toe wat. Het belangrijkst zijn het ritme van je stem en je mimiek. Let op de reacties van je baby. Hieruit kun je opmaken wat hem het meest boeit. Bedenk dat een pratende mond mét een gezicht dat verschillende uitdrukkingen in elkaar laat overgaan, meestal een knaller is! Stop wanneer je baby aangeeft dat hij er genoeg van krijgt.

☐ **SAMEN DINGEN BEKIJKEN**

Een baby van deze leeftijd is nog niet echt in staat zelf dingen te pakken en ze te bekijken. Hij begint dat nog maar net te leren. Bekijk daarom samen al datgene wat hem boeit. Van het luisteren naar je stem geniet hij en hij leert er veel van. Laat je ondertussen steeds leiden door zijn reacties.

☐ **OPTREKSPELLETJE**

Dit mag je alleen doen als je baby zelf zijn hoofd kan optillen. Ga er gemakkelijk voor zitten. Zorg voor een steuntje in de rug. Trek je knieën op en leg je baby op je dijen. Hij zit dan al iets in halfzit. Dat is fijner voor hem. Pak nu zijn armen vast en trek hem langzaam tot zithouding. Moedig hem ondertussen aan om mee te werken, en prijs hem. Let op de reacties van je baby. Ga alleen door als je merkt dat hij echt meewerkt en als hij toont dat hij het leuk vindt.

☐ **SAMEN IN BAD GAAN**

Hij geniet vooral van het kijken naar het water als het beweegt. En hij geniet van de golfjes als die over zijn lichaam rollen. Leg je baby op je buik en wijs hem op de waterdruppeltjes en straaltjes die eraf lopen. Of leg hem met zijn rug op je buik en doe samen 'Schuitje varen, theetje drinken'. Ga daarbij langzaam op de maat van het liedje heen en weer en maak kleine golfjes.

Jouw favoriete speelgoed

☐ Om naar te kijken: speeltjes die boven je hoofd bungelen. Bijvoorbeeld je:

☐ Om naar te kijken: een mobile die beweegt.
☐ Om naar te kijken en te luisteren: een muziekdoosje dat speelt.
☐ Om naar te kijken en te luisteren: een mobile die beweegt en geluidjes maakt.
☐ Om te betasten en te grijpen: speeltjes waar je tegen kunt zwiepen of die je kunt aanraken. Bijvoorbeeld je:

☐ Om tegen te praten en te lachen: een knuffel.
☐ Papa of mama is nog steeds het mooiste speelgoed!

Sprong 2

Ontdekkingslijst
van de wereld van patronen

Alle baby's hebben hetzelfde vermogen gekregen. De nieuwe wereld is voor allemaal toegankelijk. Er is van alles te ontdekken. Uit die mogelijkheden maakt iedere baby zijn eigen keuze. Hij doet en ontdekt wat hem het meest aanspreekt. Sommigen kiezen van alles wat. Anderen zijn vooral geïnteresseerd in kijkzaken. Weer anderen in babbel- en luisterdingen. Weer anderen zijn meer doeners. En ga zo maar door. Dat betekent dus dat de nieuwe vaardigheden die een vriend of vriendin bij zijn of haar baby ziet, heel andere kunnen zijn dan de vaardigheden die jij ontdekt. Want datgene wat je baby doet of leuk vindt, wordt voor een groot deel bepaald door zijn lichaamsbouw, zijn gewicht, zijn aanleg en interesse.

Kijk goed naar je baby. Stel vast wat híj graag wil, waar zíjn belangstelling naar uitgaat. En doe dat zo objectief mogelijk. In deze ontdekkingslijst van de 'wereld van patronen' is er ruimte om aan te geven wat je baby heeft gekozen. Verder kun je zelf ook op ontdekkingsreis gaan in deze nieuwe wereld, om te zien of er vaardigheden bij zijn die je baby ook best leuk zou kunnen vinden, maar waar hij nog niet aan gedacht heeft.

Dit zijn voorbeelden van vaardigheden die je baby vanaf dit moment zou kunnen gaan vertonen. Even voor de duidelijkheid: je baby doet niet alles uit deze lijst!

Invulinstructie:

Kruis net vóór de volgende sprong begint aan wat je kindje uit deze lijst met mogelijk nieuwe dingen (vaardigheden) heeft gekozen. Zijn keuze zegt heel veel over zijn persoonlijkheid. Kruis kritisch aan en probeer er geen meer-is-beterlijst van te maken. Door het intensief observeren en op een natuurlijke manier faciliteren van je baby, zul je zien dat de kwaliteit toch echt boven de kwantiteit gaat. Hoe kritischer je invult, hoe beter je de interne drijfveer van je baby's karakter zult zien. Dat wat je baby na de sprong meteen doet, kruis je in de eerste kolom aan. Bij de overgebleven mogelijke vaardigheden vul je pas later de datum in waarop je baby dit voor het eerst deed. Dit kan soms pas sprongen later zijn! Dat is heel normaal: een karakter wordt immers niet alleen bepaald door iemands voorkeuren, maar ook door de dingen die iemand juist helemaal niet aantrekken!

Deze sprong maakte jij op:
Op   brak het zonnetje weer door en nu, vlak voor de volgende sprong, zie ik dat je deze nieuwe dingen kunt.

Sprong 2

ZELF DOEN datum:

☐ Als je goed wakker bent, kun je je hoofdje goed rechtop houden.

Om verwarring te voorkomen: baby's doen dit op zijn vroegst bij deze sprong, maar het is ook normaal dat een baby dat pas met 6 maanden doet. Gemiddeld doen baby's dit met 4 maanden en 1 week, maar... het gaat niet om gemiddeldes, maar om jouw baby.

☐ Je draait duidelijk je hoofd richting iets.

☐ Je draait je hoofd om naar:

  ☐ een geluid, bijvoorbeeld:

  ☐ iets wat je wilt zien, bijvoorbeeld:

  ☐ iets wat je ruikt, bijvoorbeeld:

  ☐ anders:

☐ Je 'gooit' jezelf als het ware van je zij op je buik of je rug.

☐ Je draait van je rug op je zij.

Op zijn vroegst doen baby's dit met deze sprong. Sommigen echter pas met 7 maanden en ook dat is normaal en goed. Het gemiddelde ligt op 2½ maand.

☐ Je trappelt met je benen en zwaait met je armen als je op je rug ligt.

datum:

- ☐ Je laat je optrekken tot zitpositie.
- ☐ Je laat je optrekken tot stapositie.
  Natuurlijk kun je je balans nog lang niet houden en sta je niet echt. Maar je kunt je lijfje wel zo stevig houden dat je je vanzelf zonder kracht heel eventjes tot deze positie laat optrekken.
- ☑ Je drukt je voor het eerst/vaker/beter op als je op je buik ligt!
  Sommige baby's doen dit al met 3 weken, maar… dan is het veel minder sterk en stevig dan na het nemen van deze sprong. Sommige baby's doen het pas met 5 maanden. Gemiddeld doen de meeste baby's het na het nemen van deze sprong.
- ☐ Je wilt opvallend veel en vaak rechtop zitten als je met je rug tegen me aan op schoot zit, maar je helt dan voorover. Natuurlijk kun je nog lang niet zelfstandig zitten en ik voorkom dat je vooroverovervalt, maar je geniet!
  Je baby kan dit op zijn vroegst vanaf nu gaan doen, maar sommige baby's doen dit pas met 6 maanden. Het gemiddelde ligt op 3 maanden en 3 weken. Let op: alles in deze tijdspanne is net zo goed.
- ☑ Als je op je buik ligt, kun je van links naar rechts kijken.
- ☑ Je trekt allemaal gezichten, al is het onbewust. Je 'speelt' met je gezicht, en ik vermaak me er kostelijk om.

PAKKEN, TASTEN EN VOELEN
datum:
- ☐ Je wilt zo graag dat ene speeltje pakken dat iets verder ligt, maar dat lukt natuurlijk nog niet.
- ☑ Je 'slaat' tegen een speeltje.
  Dit is een eerste voorbode, een aankondiging, dat je baby het 'pakken' onder de knie probeert te krijgen.

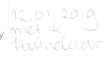
12.01.2019
met te tuimelaar

datum:

☐ Heel stoterig trappel je met je voetjes tegen dat ene speeltje.

Dat stoterige is typerend voor de manier waarop baby's tijdens deze sprong bewegen. Eigenlijk is dat 'stoterige' een vorm van abrupt bewegen van de ene houding naar de andere; het bewegen in patronen.

☐ Je sluit je hand om een speeltje heen als dit voor het grijpen hangt of ligt.

Het is normaal dat een baby dit leert in de leeftijd van 2 tot 7 maanden. Alles daar tussenin is prima. Het gemiddelde ligt op 3 maanden en 3 weken.

☐ Je pakt een speeltje, bijvoorbeeld een , beweegt het op en neer. Inderdaad, weer een beetje 'houterig', zoals alle bewegingen bij deze sprong.

☐ Je voelt aan speeltjes zonder ze te pakken.

Sprong 2

datum:

KIJKEN

☐ Je hebt je handjes ontdekt! Je observeert ze, kijkt naar ze.

☐ Je hebt je voetjes ontdekt! Je observeert ze, kijkt naar ze.

☐ Je hebt je knietjes ontdekt!

☐ Je kijkt graag naar:

☐ mensen die door de kamer lopen of bezig zijn.

☐ kinderen die in de kamer spelen.

☐ televisiebeelden die snel veranderen.

☐ hoe de hond/poes iets doet: bijvoorbeeld loopt, eet, springt.

Lief en leed rond 8 weken ofwel bijna 2 maanden

datum:

- [ ] wapperende gordijnen.
- [x] lichtgevende dingen, bijvoorbeeld een kaars die flikkert.
- [ ] boomkruinen die voorbijtrekken als je in de draagzak zit of als je op je rug in de kinderwagen ligt. Vooral als er ook nog zonlicht doorheen speelt en als de takken ruisen vind je het ontzettend interessant om naar te kijken. Logisch, want door dat zonlicht worden de patronen van de takken duidelijker én zijn de contrasten, die je door de vorige sprong zo leuk vond, duidelijker.
- [ ] gevulde rekken in de supermarkt waar je 'langskomt'. Eigenlijk zijn al die kleurige pakjes op een rij één groot 'patronenspel'. Of de boekenkast.
- [ ] moderne schilderkunst met veel vormen (= gebogen lijnen) en kleuren. Je vindt het nog eens extra leuk om dit te bekijken terwijl je ervoor heen en weer gewiegd wordt. Dat is best gek. Volwassenen bestuderen iets goed door juist heel stil te staan, terwijl baby's iets beter kunnen observeren als ze langzaam heen en weer gewiegd worden!
- [ ] blingbling... Je bent dol op glinsterende kleding of sieraden! Die glinsteringen zijn eigenlijk schitteringen, en schitteringen zijn, je raadt het al, eigenlijk afwisselende patronen van lichtschakeringen.
- [ ] een etende of pratende mond.
- [x] de mimiek van een gezicht. Deze bestudeer je heel serieus.
- [ ] andere dingen waar je graag naar kijkt: de Campion
- [ ]
- [ ]

datum:

LUISTEREN EN GELUIDEN

☐ Je luistert graag naar stemmen. Pratende stemmen, zingende stemmen. Vooral hoge tonen vind je leuk. Niet zo gek, want die kun je nu nog beter horen dan de lage tonen.

☐ Je maakt leuke 'patroon' stootgeluidjes zoals:

  ☐ ah

  ☐ uh

  ☐ èèh

  ☐ mmm

  ☐ anders:

☐ Ook luister je graag naar jezelf ;-)

Die 'stootgeluidjes' zijn zo stoterig omdat je je stembanden in een bepaalde 'patroon'-houding weet vast te houden waar je dan lucht doorheen perst. Je kunt nog geen vloeiende bewegingen met je stembanden maken. Dat leer je in de volgende sprong en dan pas kun je vloeiende geluiden gaan maken.

☐ Af en toe maak je een hele serie van die geluidjes. Je mompelt en murmelt, net alsof je iets vertelt!

☐ Als ik je 'uitlok' door met je te gaan praten en je aan te moedigen, dan maak je dezelfde geluidjes. Een soort 'gesprekje' met beurtwisselingen: dan jij weer, dan ik weer, dan jij weer, enzovoort.

☐ Op je eigen unieke manier 'zing' je mee als ik met je dans en zing.

☐ Je 'praat' en lacht tegen knuffels.

Sprong 2

datum:

☐ Ook al kun je dingen nog niet bewust doen, je weet nu al wel hoe je de aandacht moet trekken met je èèh-geluidjes.

☐ Je komt ertussendoor als anderen aan het praten zijn... Voor nu mag je dat nog doen en geniet ik ervan. Pas als je een dreumes bent kun je leren dat je even op je beurt moet wachten. Tot die tijd doe je niks bewust om je zin te krijgen, maar weet je gewoon heel slim de aandacht te trekken, of lekker mee te doen met het kletsen.

De makkelijke periode:
de sprong is genomen

Rond 10 weken breekt weer een makkelijke periode aan. En opeens zijn bijna alle ouders hun zorgen van de afgelopen tijd weer vergeten. Ze verheerlijken hun baby. Ze vinden dat hij het geweldig doet en zeggen nu dat het hen eigenlijk opvalt hoe 'makkelijk en vrolijk' hij altijd is!

Wat valt op? Rond 10 weken vraagt je baby niet meer dag en nacht om aandacht. Hij is zelfstandiger. Zijn belangstelling gaat uit naar zijn omgeving. Naar mensen, dieren en dingen. Het valt op dat hij ineens veel meer dingen weet en herkent. De baby zelf laat nu ook merken dat hij niet meer de hele tijd op schoot wenst te liggen. Daar is hij woelig, onrustig en probeert hij steeds te gaan zitten. Hij wil alleen nog maar bij mama of papa zijn als deze hem dingen laat zien die hij leuk vindt.

De meeste baby's zijn zo vrolijk en lekker bezig dat alles veel makkelijker is voor de ouders. Ze voelen zich energieker. Veel ouders gebruiken de box heel regelmatig. Ze vinden dat hun kind er nu aan toe is.

"Ze komt ineens een stuk 'wijzer' over. Het prille is eraf. Andere mensen valt het ook op. Iedereen praat nu echt tegen haar, in plaats van gekke geluiden te maken."
Over Xara, week 10

"Ze doet 'wijzer' aan. Is vriendelijker, vrolijker en schatert zelfs af en toe. De huilproblemen zijn dus voorbij. Dit is een hele verandering van 'niet weten wat te doen' tot 'genieten'."
Over Jetteke, week 10

"Het kwetsbare is eraf. Ik zie een verandering van op schoot naar een stukje zelfstandigheid en spelen."
Over Steven, week 10

"Ze wordt nu al echt een klein mensje dat leeft, vind ik. Voorheen sliep en at ze natuurlijk alleen maar. Nu rekt ze zich al uit als ik haar uit bed haal. Net als een groot mens."

Over Nina, week 10

"Ik weet niet of het een parallel is, maar ik vind het toch wel frappant. Ik voel me de laatste week veel energieker. Ongeveer tegelijkertijd begint Bob ook met het ontdekken van zijn zelfstandigheid. Ik vind het trouwens ontzettend leuk om die zelfstandigheid te zien ontwaken. Dat lachen, genieten, spelen. Er is nu meer communicatie tussen ons. Ik kan mijn fantasie de vrije loop laten met de speelgoedbeestjes, en liedjes of spelletjes bedenken. Hij voelt meer als een kameraadje, omdat hij begint te reageren. Ik vind dat makkelijker dan toen er alleen maar eten, huilen, wiegen en slapen was, zoals in het begin."

Over Bob, week 10

Sprong 3

De wereld van vloeiende overgangen

LIEF EN LEED ROND 12 WEKEN
OFWEL BIJNA 3 MAANDEN

Rond 12 weken kondigt het volgende sprongetje zich aan. Soms al rond 11 weken. Je baby krijgt een nieuw vermogen. Met dit vermogen kan hij totaal nieuwe dingen leren. Dingen die hij vóór deze leeftijd nog niet kon leren. Je baby voelt dat er iets met hem gebeurt. Hij merkt dat hij zijn wereld anders beleeft. Dat hij dingen ziet, hoort, ruikt, proeft en voelt die totaal nieuw zijn. Herinner je je bijvoorbeeld nog dat je baby's bewegingen na de vorige sprong houterig werden, net als bij Pinokkio? Rond 12 weken gaat dit veranderen. Net als Pinokkio staat je baby als het ware op het punt te veranderen van een marionet in een mensje.

Hij merkt ook dat het bekende van zijn oude wereld er niet meer is. Hij raakt van slag. Je zou kunnen zeggen dat de vaste grond onder zijn voeten wordt weggeslagen. Je baby moet die ervaring rustig verwerken en hij kent een vertrouwde, veilige plek om dat te kunnen. Hij wil terug naar zijn basis, terug naar papa en mama. Vanuit die vertrouwde veiligheid kan hij in zijn 'nieuwe' wereld thuisraken. De hangerige fase duurt iets korter dan de vorige. Sommige baby's herstellen zich na één dag, andere zijn een week lang hangerig.

Om te onthouden

Als jouw baby hangerig is, let dan alvast op nieuwe vaardigheden of pogingen daartoe. Kijk alvast naar de ontdekkingslijst op pagina 120 om te zien waar je op kunt letten.

De moeilijke fase:
het visitekaartje van de sprong

Alle baby's huilen vaker en langer. De ene natuurlijk weer meer dan de andere. Sommigen zijn ontroostbaar. Anderen zijn zeurderig, chagrijnig, humeurig of lusteloos. De ene is vaker 's nachts lastig. De andere is vooral overdag uit zijn doen. Alle baby's huilen minder als ze rondgesjouwd worden, als er met ze wordt rondgedanst of als ze aandacht krijgen. Maar toch merk je ook dan dat ze niet helemaal zichzelf zijn en om het minste of geringste weer zeuren of huilen.

Kortom, je baby gaat een nieuwe moeilijke fase in die gekarakteriseerd wordt door de drie **H**'s (hij wordt **H**uileriger, **H**angeriger en **H**umeuriger) en minstens nog een paar van een hele lijst aan kenmerken.

Dat is niet alleen moeilijk voor je kleintje maar ook voor jezelf, en het heeft zorgen en irritaties tot gevolg. Daardoor sta je onder spanning.

Omdat ouders zich zorgen maken, houden ze hun baby extra goed in de gaten en ontdekken dan dat hun baby eigenlijk veel nieuwe dingen doet.

Hoe merk je dat je baby een moeilijke fase is ingegaan?

De meeste sprongkarakteristieken zul je herkennen van de vorige sprong. Zo zijn baby's vaak eenkennig, klampen ze zich steviger aan je vast, eten en slapen ze slechter en zuigen ze weer vaker dan normaal op hun duim. Tijdens de moeilijke fase van deze sprong merken ouders ook dat hun baby vaak minder geluidjes maakt of minder beweegt dan normaal.

"Hij was ontzettend aanhankelijk. Hij was alleen tevreden als hij over mijn schouder hing. En het liefst wilde hij er nog een dansje bij."
Over Bob, week 12

Behalve de drie **H**'s kan je baby een paar van de volgende kenmerken vertonen als hij de volgende moeilijke fase ingaat.

Vraagt je baby meer aandacht?
Het valt op dat een baby zichzelf niet meer zo goed bezig kan houden. Hij wil aandacht. Papa of mama moet bij hem blijven zitten, liefst naar hem kijken en met hem praten. Zoiets valt vooral op als je baby na het vorige sprongetje juist wat 'zelfstandiger' was. Nu lijkt dat dan een 'achteruitgang'.

Is hij eenkennig?
Een op de drie baby's is eenkennig. Hij is opvallend hangerig als er bezoek is. Hij begint te huilen als een 'vreemde' tegen hem praat of naar hem kijkt. Soms wil zo'n kleintje absoluut niet bij het bezoek op schoot. Maar als hij veilig bij papa of mama zit, wil hij nog weleens lachen. Een andere baby duikt ook dan nog tegen papa's schouder weg. Net of hij verlegen is.

Klampt hij zich wat steviger aan je vast?
Sommige baby's grijpen papa of mama stevig vast als ze rondgedragen worden. Alsof ze bang zijn losgelaten te worden. Ze kunnen echt flink knijpen.

Eet hij slechter?
Veel baby's eten slechter. Borstbaby's die zelf bepalen wanneer ze willen drinken, willen dat 'de hele dag'. Toch drinken ze niet. Flessenbaby's doen er langer over om de fles leeg te drinken, tenminste, als dat lukt. Dat komt doordat al deze baby's geregeld liggen te sabbelen aan speen of tepel zonder te drinken. Ze gebruiken nu de speen of tepel ook als troostbron. Ze willen er zo lang mogelijk aan liggen. Meestal doezelen ze langzaam in slaap.

Andere baby's grijpen hun moeder vast tijdens het voeden. Of leggen hun hand in hun moeders bloes. Ook als ze uit de fles drinken. Alsof ze bang zijn dat de borst of fles weggaat.

"Tijdens het voeden stopt ze haar handje in mijn bloes. We noemen het 'boezemen'."
Over Xara, week 12

Slaapt hij slechter?
Veel baby's slapen slecht. Ze worden 's nachts weer wakker en willen gevoed worden. Soms wel drie keer. Ook overdag willen sommigen niet naar bed. Of ze worden snel weer wakker. Bij veel baby's is het normale dagritme veranderd in één grote chaos. Geen slaap- of voedingstijd ligt meer vast.

Wil je meer weten over slaap en sprongetjes, blader dan door naar pagina 463.

Zuigt hij vaker op zijn duim?

Sommige baby's zuigen vaker en langer op hun duim. Volgens de ouders gebruiken ze de duim als troost. Ze duimen in plaats van te gaan huilen.

Maakt hij minder geluidjes, beweegt hij minder?
Sommige baby's maken minder geluidjes. Ze zijn tijdelijk wat stiller. Ook kan een baby wat minder beweeglijk zijn en een tijdje heel stil liggen. Dat komt doordat straks nieuwe geluidjes en bewegingen de 'oude' gaan overnemen.

"Het liefst ligt ze in de draagzak tegen me aan geklemd. Stil en rustig. Ik heb het gevoel dat er dan weinig anders voor haar te doen is dan in slaap te vallen, zij het dan lekker tegen me aan. Maar ik zie haar eigenlijk toch liever lekker met iets bezig zijn."
Over Nina, week 12

Zorgen[6] en irritaties

Een sprong heeft niet alleen impact op een baby's ontwikkeling, maar hierdoor ook op ouders. Ouders maken zich zorgen en gaan zich ergeren. Nu hun baby 3 maanden is, realiseren ze zich dat het leven met een baby niet alleen maar rozengeur en maneschijn is. Vooral niet tijdens een sprong...

---

[6] *Vraag bij twijfel altijd advies aan je huisarts of het consultatiebureau.*

Zo merk ik aan jou dat de sprong begonnen is:

- ☑ Je huilt vaker.
- ☐ Je wilt vaker beziggehouden worden.
- ☐ Je eet slechter.
- ☑ Je bent (vaker) eenkennig. *mama*
- ☐ Je klampt je steviger aan me vast.
- ☐ Je zoekt extra lichaamscontact tijdens het voeden.
- ☐ Je slaapt slechter.
- ☐ Je zuigt (vaker) op je duim.
- ☐ Je bent minder beweeglijk.
- ☐ Je maakt minder geluidjes.
- ☐ En ik merk dat je

nauwelijks gemerkt misschien 1x 's nachts wakker geworen maar dat kan ook van alle indrukken geweest zijn
of er was een tijd waar je 's avonds alleen bij mama wilde zijn

Let op, ook hier geldt: een baby hoeft niet al deze sprongkarakteristieken te vertonen! Het gaat meer om wélke je baby vertoont dan om hoeveel.

Ouders zijn bezorgd

Alle ouders zijn onmiddellijk bezorgd als hun opvalt dat hun baby hangerig is, meer huilt, slechter slaapt, niet normaal eet, of 'achteruitgaat' in geluiden, bewegingen of zelfstandigheid. Ze verwachten eigenlijk vooruitgang te zien. En pauzes daarin, hoe kort ook, vinden ze akelig. Ze zijn onzeker en vragen zich af of ze iets verkeerd doen. Of ze zijn bang dat er iets met hun baby aan de hand is. Dat hij ziek is of 'niet normaal'. Maar dat is niet zo. Integendeel. Je baby laat juist zien dat hij vooruitgaat, dat hij een volgend sprongetje maakt in zijn ontwikkeling. Maar hij laat ook zien dat dat niet zonder 'pijn' gaat. Als ouder kun je hem het best steunen door hem te laten voelen dat je begrijpt dat hij het even moeilijk heeft.

"Als ze vaker huilt en rondgedragen wil worden, voel ik me opgejaagd en tot niets meer in staat. Het maakt me onzeker en verlamt me compleet."
Over Juliette, week 12

"Ik ben aan het zoeken wat de oorzaak is van haar huildagen. Ik wil weten wat haar dwarszit, zodat ik wat meer rust heb."
Over Laura, week 12

"Ik merk dat ik ontzettend slecht tegen z'n gehuil kan. Ik kan het gewoon niet meer horen. Ik zou liever iedere nacht vier keer eruit moeten zonder gekrijs dan twee keer met."
Over Paul, week 11

Ouders ergeren zich

Veel ouders ergeren zich aan 'het ongeregelde' dat voortkomt uit steeds weer andere slaap- en voedingstijden. Niets kunnen ze 'plannen'. Steeds lopen alle plannen weer in de war. Vaak voelen ze zich onder druk staan van de andere gezinsleden of van de omgeving. Ze staan tussen twee vuren. Voor hun gevoel willen ze zich op het kind richten, maar op de een of andere manier mag dat niet van anderen.

"Ik erger me als hij jengelt en zich niet even alleen kan vermaken. Hij wil voortdurend beziggehouden worden. Iedereen komt met adviezen."
Over Rudolf, week 12

"Ik merk dat ik dat ongeregelde beter kan hebben als ik me nergens op vastpin. Als ik alles 'plan' en dat loopt fout, erger ik me. Ik stel me nu anders op en soms zijn er dan ineens gewoon een paar uur om zelf wat te doen."
Over Laura, week 12

Ouders hebben er genoeg van

Soms kan of wil een ouder zijn boosheid niet meer onderdrukken en laat hij de baby ook merken dat hij er genoeg van heeft.

"Hij was zo onrustig. Ik dacht steeds aan de buren. Zondagmiddag kwam het water tot aan de lippen. Niets hielp om het hem wat te veraangenamen. Ik voelde me eerst machteloos en toen werd ik ontzettend boos, omdat het me te veel werd, en heb ik hem in zijn kamer achtergelaten. Na een flinke huilbui kalmeerde ik weer wat."
Over Bob, week 12

"We hadden bezoek, hij was lastig en iedereen had goede adviezen. Ik word daar altijd superzenuwachtig van. Toen ik hem boven in bed wilde leggen, verloor ik mijn zelfbeheersing, greep hem flink vast en schudde hem door elkaar."
Over Thijs, week 11

Schudden is heel gevaarlijk

Als een jong kind door elkaar geschud wordt, kunnen er interne bloedingen optreden vlak onder de schedel, die hersenletsel veroorzaken. Dit kan later leerproblemen tot gevolg hebben – en sommige kinderen overlijden er zelfs aan.

Vader en moeder staan ook onder spanning

Het is duidelijk dat niet alleen een baby onder spanning staat als zijn ontwikkeling een sprongetje maakt, maar ook het gezin, ouders en eventuele broertjes of zusjes.

"Als ze even wat minder huilde, leek het alsof er een zware last van mijn schouders viel. Dan pas merkte ik hoe gespannen ik was."
Over Xara, week 11

Als de ouders zich veel zorgen maken over hun baby en als de 'omgeving' hen niet steunt, kunnen ze uitgeput raken. Zeker als ze daarbij ook nog slaap tekortkomen. Ze kunnen het niet meer aan. Lichamelijk niet, maar ook geestelijk niet. En met een veel aandacht eisende baby, die ook nog weinig slaapt, is de kans daarop natuurlijk het grootst.

Als ouders zich uitgeput voelen en als er dan ook nog eens aan alle kanten aan hen getrokken wordt, kan er een moment komen waarop ze de situatie niet meer aankunnen. Ze kunnen dan weleens hardhandiger met hun baby omgaan dan nodig is. Als ouders zeggen hun baby geslagen te hebben, is het bijna altijd in zo'n hangerige fase. En beslist niet omdat ze een hekel aan hun baby hebben. Ze voelen zich alleen met die problemen.

Hoe verklaarbaar deze gevoelens ook zijn, niemand mag natuurlijk ooit toegeven aan deze gevoelens. Slaan, en iedere andere vorm van pijn doen, is onacceptabel. Zoek hulp als het je te veel dreigt te worden.

"Sinds zijn collega's gezegd hebben dat onze zoon een perfecte kopie van zijn vader is, vindt mijn man het prima dat ik alle aandacht op Thijs richt als hij huilt. Hij zou niéts anders meer willen nu. Hiervóór vond hij dat overdreven verwennerij. Nu gaat alles zo veel fijner. Ik ben minder gespannen als ik hem troost en dat voelt hij aan. Alles loopt een stuk gesmeerder."
Over Thijs, week 12

"Ik probeer aan alle kanten te doen wat ik kan. Maar de deadlines op mijn werk, het verzorgen van mijn vrouw die nog last heeft van de lichamelijke gevolgen van de bevalling, het niet slapen en alle veranderingen die er in ons leven zijn, breken me op."

Over Timo, week 11

Door zijn hangerigheid ontdek je dat je baby méér kan

Als een baby van slag is, houdt mama of papa hem extra in de gaten. Ze willen weten wat er aan de hand is. Als ze dat doen, ontdekken ze dat hij eigenlijk nieuwe dingen doet, of probeert te doen. In feite ontdekken ze de allereerste vaardigheden die het gevolg zijn van het nieuwe vermogen dat een baby heeft gekregen.

Rond 12 weken krijgt iedere baby het vermogen tot het waarnemen en het zélf maken van 'vloeiende overgangen'. Je kunt dit nieuwe vermogen vergelijken met een volgende nieuwe wereld die je baby is binnengegaan en waar weer een uitgebreide schakering aan nieuwe vaardigheden ontdekt kunnen worden. Jouw baby met zijn aanleg, voorkeur en temperament maakt zijn eigen keuzes. En als volwassene kun je hem daarbij helpen.

De 'wereld van vloeiende overgangen'

Je baby kan nu voor het eerst 'vloeiende overgangen' zien, horen, ruiken, proeven en voelen. Bijvoorbeeld de overgang van de ene toon naar de andere, of van de ene houding naar de andere. Met dit vermogen kan hij nu vloeiende overgangen waarnemen als ze door anderen worden gemaakt. Maar hij kan ze ook zélf leren maken. Hij kan dat met zijn lijfje, zijn hoofd, zijn stembanden, zijn ogen, en ga zo maar door. Hij neemt ze dus waar zowel buiten zijn lichaam als ín zijn lichaam. Je kunt je voorstellen dat hij weer heel veel nieuwe dingen kan leren en 'oude' vaardigheden kan verbeteren.

Je baby leert bijvoorbeeld om vloeiend van de ene houding naar de andere te gaan. Hij kan nu voelen hoe zijn arm geleidelijk naar een speeltje kan gaan. Hoe hij geleidelijk zijn benen kan strekken en buigen om te gaan staan en zitten. Het zal je opvallen dat de bewegingen van je baby niet langer meer houterig of schokkerig van kwaliteit zijn, zoals na het vorige sprongetje, maar dat hij nu veel 'gecontroleerder' en 'doelgerichter' beweegt. En dat komt door die rustige, geleidelijke, vloeiende overgang van de ene houding naar de andere.

Je kunt nu ook zien dat je baby een fijne controle over zijn hoofdbewegingen krijgt. Hij kan zijn hoofd heel vloeiend van de ene naar de andere kant draaien. Hij kan dat langzaam of snel. Hij kan alles volgen op een 'volwassen' manier. Het kijken in de richting van een geluid, dat tussen 1 en 2 maanden verdween, komt weer terug. Maar dat reageren op een geluid gebeurt nu sneller en soepeler.

Verder kan je baby nu 'bewust' en vloeiend vast voedsel leren slikken. Hij verbetert hiermee zijn 'houterige' slikpogingen, die hij na het vorige sprongetje voor het eerst kon maken. En dat is maar goed ook. 'Houterig' slikken blijft natuurlijk gevaarlijk. Als hij niet zou leren om vloeiend te slikken, zou hij stikken in vast voedsel.

Een baby kan nu ook vloeiende overgangen van de ene geluidstoon naar de andere horen. En hij kan ze zelf gaan maken. Hij doet dat in de vorm van kraaien en gillen. Verder kan hij voor het eerst overgangen van harde naar zachte geluiden horen en er met zijn stem mee spelen.

Je baby kan nu ook veel beter zien, bijna zoals een volwassene. Hij kan met zijn ogen rustig en beheerst iets volgen. Hij kan dat zelfs zonder zijn hoofd te draaien. Ook kan hij iets of iemand volgen die komt of wegloopt. Kortom, hij kan nu een hele kamer overzien.

Na dit sprongetje kan je baby slechts één vloeiende overgang waarnemen of maken. Zoals een simpele beweging in één bepaalde richting. Als hij een nieuwe wil maken, moet hij even een pauze inlassen voor hij kan beginnen. Dat de ene beweging in een andere kan overgaan, kan hij nog niet begrijpen. Dat gebeurt pas bij het volgende sprongetje.

Hersenwerk

Rond 10-11 weken neemt de hoofdomvang van je baby weer drastisch toe.

Zo zijn baby's

Je baby is het meest geïnteresseerd in alles wat nieuw is. Reageer daarom altijd en vooral op nieuwe vaardigheden en interesses die je baby toont. Hij leert dan prettiger, makkelijker, sneller en meer.

Oefeningen
Ervaar de wereld door de ogen van je baby

OEFENING 1

Welke vijf vloeiende overgangen heb je het afgelopen uur gezien? Schrijf ze hierna op. En onthoud: vijf moet echt lukken. In het echt kun je er veel en veel meer zien. Toch ga je deze oefening hoogstwaarschijnlijk niet makkelijk vinden. Waarom? Omdat wij iedere minuut van de dag zo veel vloeiende overgangen zien en we zo ver boven deze basisstof staan dat ze ons niet meer opvallen.

1.
2.
3.
4.
5.

OEFENING 2

Omdat we nu eenmaal niet zo veel verandering met onze neus waarnemen als met onze oren en ogen, doe je deze oefening niet tijdens een periode van tien minuten, maar tijdens een periode van 24 uur. Vind tijdens die 24 uur drie verschillende vloeiende overgangen van geuren en schrijf ze op.

1.

2.

3.

OEFENING 3

Doe nog eens hetzelfde als bij oefening 1 (maar het is wel erg belangrijk dat je het volhoudt!): let gedurende een periode van tien minuten op de vloeiende overgangen die je binnen je eigen lichaam waarneemt en schrijf er minstens vijf op.

1.

2.

3.

4.

5.

OEFENING 4

Doe nog eens hetzelfde, maar nu let je gedurende een periode van tien minuten op de vloeiende overgangen die je voelt (of zou kunnen voelen). Schrijf er zo veel mogelijk op.

Kijk nu eens terug op de lijst met vloeiende overgangen die jij hebt waargenomen. Dat is best een flinke lijst! Jij had verschillende periodes van vijf of tien minuten of 24 uur om ze op te merken. Je baby neemt al die vloeiende overgangen waar tijdens iedere minuut van de dag. Kun je nagaan hoe druk je baby het heeft met het invullen en uitwerken van zijn nieuwe vermogen om vloeiende overgangen waar te nemen! Zijn hele wereld bestaat uit vloeiende overgangen. Dat zijn er zo veel dat hij ze onmogelijk allemaal in één keer kan bevatten. Of sterker nog: allemaal in één keer kan omzetten in vaardigheden. Dat is te veel gevraagd. Je baby kiest dus altijd eerst een paar 'vloeiende overgangen' die hem het meest aanspreken. De een kiest voor geluiden, vooral als ze interactief zijn (vaak zijn dat later de echte pratertjes). De ander kiest voor het observeren van vloeiende overgangen in de ruimte om hem heen.

De allemaal-nieuwe-dingenfase:
de ontdekking van de nieuwe wereld

Hoe meer je baby zijn nieuwe vaardigheden oefent of ermee speelt, hoe beter hij ze 'in de vingers krijgt'. Hij leert door iets nieuws honderd keer te herhalen. En hij vindt dat eigenlijk altijd leuk. Bijna alle ouders spelen daar ook automatisch op in. Ze vinden het heerlijk om al datgene wat hun baby doet spelenderwijs te oefenen. Natuurlijk zal een baby alléén ook wel oefenen. Maar je kunt je voorstellen dat hij papa's of mama's hulp eigenlijk niet kan missen. Zij zijn in staat om hem aan te moedigen door te gaan als het moeite kost. Zelf zou hij misschien het bijltje er eerder bij neergooien.

Maar ouders doen nog meer. Ze bouwen een nieuwe vaardigheid uit. Ze brengen er variaties op aan. Ze dagen hun baby uit om het nog eens te proberen. En ze proberen uit of hij nog net een stapje verder kan gaan.

Het is begrijpelijk dat er een enorm verschil is tussen de spelletjes die de ene of de andere ouder verzint om zo'n sprongetje uit te werken. Alle ouders zijn verschillend. De ene ouder weet leukere of gevarieerdere spelletjes te bedenken dan de andere. Ook kan het zijn dat hun baby een echte doener is, terwijl zijn papa of mama veel meer zou kunnen bedenken met een gezellige kletser. Of andersom. Hoe dan ook, een baby kan elke hulp goed gebruiken.

Zo kun je je baby aanmoedigen om zijn stem te gebruiken, je kunt hem stimuleren een 'gesprekje' te voeren en hij leert er veel van als je reageert op hem als hij je 'vertelt' hoe hij zich voelt. Je kunt je baby ook helpen bij het leren grijpen, bij het voelen aan dingen. Geef hem eens de kans om jou te onderzoeken, laat hem eens bloot op een kleedje spelen, help hem bij het leren omrollen, of laat je baby zichzelf optrekken tot zit, of soms weleens tot 'staan'. Hier lees je precies hoe je je baby bij deze onderdelen kunt helpen. Samen gaat het allemaal veel gemakkelijker voor je baby, en wellicht zul je ook merken dat het 'even alleen spelen' nu even niet meer zo belangrijk lijkt.

Moedig je baby aan zijn stem te gebruiken

Bijna iedere baby geniet van zijn nieuwste geluiden. Hij gilt, kraait en maakt klinkergeluidjes van hoog naar laag, van zacht naar hard, of andersom. En hij blaast bellen. Ontmoedig hem dan niet. Door dat te doen speelt hij met 'vloeiende overgangen' en al doende oefent hij zijn stembanden, lip-, tong- en gehemeltespieren. Hij doet dat regelmatig in zijn eentje, gewoon voor de lol. Het lijkt of hij hele verhalen vertelt. Dat komt doordat het zo 'spraakachtig' kan klinken, door al die op- en neergaande klinkertjes en gilletjes. Hij moet er soms zelf om lachen.

Beantwoord het gebrabbel van je baby. De meeste baby's vinden dat heerlijk. Moedig hem aan om nog meer geluidjes te maken. Vooral toelachen en meedoen zijn van groot belang om nog meer klanken te ontlokken. Het meeste succes heb je doorgaans wanneer je zijn nieuwste geluiden imiteert.

Voer een gesprek met je baby

De meeste baby's vinden het heerlijk om samen te 'praten'. Maar hij zal het meest voor een gesprek in de stemming zijn als hij zélf je aandacht trekt. Laat hem rustig uitpraten en val dan weer in. Je kunt gewoon tegen je baby praten, maar je kunt ook zijn geluidjes nadoen. Soms moeten baby's daar vreselijk om lachen.

Het is erg belangrijk dat je veel met je baby praat. Stemmen op de radio, televisie of in de woonkamer kunnen een gesprek onder vier ogen niet vervangen, want die stemmen reageren niet op wat een baby laat horen. En dat is het allerbelangrijkste. Je baby wordt geprikkeld om te 'praten' als er ook naar hem geluisterd wordt. En jouw enthousiasme is daarbij erg belangrijk.

"Ik praat altijd terug als hij geluidjes maakt en hij brabbelt ook weer terug, als hij in de stemming is. Soms versierd met een lach."
Over Jan, week 13

Reageer als hij je 'vertelt' hoe hij zich voelt

Je baby gebruikt een van zijn nieuwe geluiden als hij aandacht wil. Meestal is dat een speciaal 'aandachtgilletje'. Reageer zo vaak als je kunt. Laat hem merken dat je snapt wat hij wil zeggen. Ook al heb je geen tijd om met hem te spelen. Hij leert dan in ieder geval dat hij zijn stem kan gebruiken als hij iets wil.

Hij gebruikt ook meestal een kreet als hij blij is. Maar dan is het duidelijk een 'vreugdekreet'. Hij laat hem horen als hij iets leuks ziet of hoort. De meeste ouders reageren automatisch op een vreugdekreet. En wel met een aanmoediging of een knuffel. Doe dat ook. Laat merken dat je hem begrijpt en het leuk vindt dat hij blij is. Hierdoor leert een baby dat hij iemand anders kan vertellen hoe hij zich voelt.

"Toen hij merkte dat ik hem wilde voeden, gilde hij van vreugde en greep mijn borst, terwijl mijn bloes nog maar halfgeopend was."
Over Thijs, week 13

Als je baby lacht, heeft hij het prima naar zijn zin

Als je baby lacht, betekent het dat je de juiste snaar bij hem hebt geraakt. Je hebt hem precies gestimuleerd zoals het voor hem het beste is. Niet te veel, want dan zou hij bang worden. En niet te weinig, want dan zou hij verveeld zijn.

Leer je baby grijpen

Nu je baby 'vloeiende overgangen' kan waarnemen, kun je zien dat hij soepeler reikt naar dingen. Help hem. Hij is daar nog maar net mee begonnen en het is nog moeilijk voor hem. Houd hem (ruim binnen zijn handbereik) een speeltje voor en kijk of hij ernaar reikt. Houd het recht voor hem. Je baby kan nog maar één makkelijke beweging in één richting maken. Let nu goed op wat hij doet.

Als hij het pas begint te leren, zal hij het waarschijnlijk als volgt doen:

"Hij begint nu echt naar iets te grijpen. Hij ging met twéé handen naar het speeltje dat voor hem bungelde toe. Naderde het met zijn rechterhand van rechts en met zijn linkerhand van links. En toen hij vlak voor het speeltje was, sloot hij zijn handen al. Hij had er dus niets tussen. Hij had er echt moeite voor gedaan en werd dan ook gepast nijdig toen hij met lege handen zat."

Over Paul, week 12

Moedig je baby steeds aan het nog eens te proberen. Of maak het makkelijker, zodat hij aan succes kan ruiken. Immers, op deze leeftijd kan een baby de afstand tussen zijn handjes en het speeltje dat hij pakken wil, nog niet goed inschatten. Twee sprongetjes verder leert hij dat pas goed, tussen 23 en 26 weken.

Als het grijpen makkelijker gaat, krijgt een baby er vanzelf meer plezier in. Hij ontdekt dat hij alles kan voelen en aanraken. In dezelfde tijd leert hij ook om vloeiende draaibewegingen met zijn hoofd te maken. Hierdoor kan hij makkelijk overal naar kijken en iets uitzoeken om te pakken. Er ligt nu dus een hele wereld voor het grijpen en tasten. Terwijl een baby na de vorige sprong gemiddeld een derde van de tijd bezig was met zijn handen, wordt dat rond 12 weken plotseling verhoogd tot bijna twee derde. Hierna neemt het percentage amper nog toe.

Leer je baby voelen

Als je merkt dat je baby graag met zijn handen over iets aait, speel dan daarop in. Er zitten niet alleen 'vloeiende overgangen' in de aaibewegingen, maar ook in het gevoel in zijn hand door het bewegende contact met de ondergrond. Neem hem mee door het huis en laat hem verschillende soorten dingen voelen. Harde, zachte, ruwe, gladde, soepele, stijve, prikkelende, koude, warme materialen, en ga zo maar door. Vertel hem wat hij voelt en leg de emotie die dat materiaal oproept in je stem. Hij snapt heus meer dan hij je kan vertellen.

"Ik heb haar handjes onder stromend water gewassen, waarop ze hard lachte. Ze kon er geen genoeg van krijgen."

Over Jetteke, week 15

Geef hem de gelegenheid om jou te onderzoeken

Veel baby's onderzoeken graag papa's of mama's gezicht. Ze voelen eroverheen. Blijven wat langer hangen bij de ogen, de neus en de mond. Soms trekt er een aan de haren of neus, gewoon omdat dat iets is wat vast te pakken is. Ook de kleding is interessant. Ze voelen en frunniken eraan. Kijk ook uit voor je oorbellen!

Sommige baby's zijn geïnteresseerd in je handen. Ze bestuderen ze en voelen eraan. Ga hierop in en help hem daarbij. Draai je handen eens langzaam rond en laat je baby de boven- en onderkant zien. Laat hem kijken hoe je hand beweegt, hoe je er een speeltje mee pakt. Beweeg altijd langzaam. Hij kan het anders nog niet volgen. Beweeg ook niet van links naar rechts, maar maak één simpele, rechte beweging. Pas na het volgende sprongetje kan hij meerdere bewegingen na elkaar begrijpen.

Laat je baby ook eens bloot spartelen

Baby's zijn nu beweeglijker dan ze waren. Ze spelen met de 'vloeiende overgangen' die ze binnen in hun lichaam voelen als ze liggen te schoppen met hun benen en te slaan met hun armen. Sommige baby's zijn echte acrobaten: ze steken hun tenen in de mond en draaien zo rondom hun as. Natuurlijk is de ene baby weer veel beweeglijker en sterker dan de andere. Sommigen zijn nauwelijks geïnteresseerd in gymnastische 'krachttoeren'. Anderen wél, maar blijken toch niet sterk genoeg.

Laat je baby ook eens bloot spartelen. Je hebt misschien al gemerkt dat hij veel beweeglijker wordt als je met hem bezig bent op de commode. Hij vindt het fijn om te bewegen zonder dat hij belemmerd wordt door zijn kleren. Het is makkelijker. Hij kan dan eerder aan succes ruiken, oefent alvast en zal het daarna ook sneller kunnen met zijn kleren aan. Kortom, hij leert zijn lichaam beter kennen en beheersen.

"Hij beweegt druk met zijn lichaam, armen en benen en kreunt en steunt daar geweldig bij. Hij wil beslist iets wat niet lukt, want hij eindigt zo'n scène meestal met een nijdig geschreeuw."

Over Dirk, week 14

Leer je baby om te rollen

Veel baby's proberen te rollen. Maar bijna allemaal hebben ze hier hulp bij nodig. Als je merkt dat je baby wil rollen, geef hem dan je vinger als steuntje. Sommige baby's zijn echte volhouders. Ze gaan door tot ze inderdaad rollen. Anderen geven ook niet op, maar blijven 'falen'. Er zijn baby's die beginnen te rollen van buik naar rug, en andere baby's doen dat van rug naar buik.

Is alleen spelen nu minder belangrijk?

Af en toe proberen ouders weleens om het 'alleen spelen' te rekken. Ze doen dat door nieuwe speeltjes voor te houden, of door speeltjes even te laten bewegen of piepen als ze merken dat het enthousiasme minder wordt. Ze doen dat ook door te praten of terug te praten. Heel soms kan een baby zichzelf, met papa's of mama's hulp, een halfuurtje vermaken.

De meeste ouders vinden dat 'alleen spelen' nu minder belangrijk. Ze zijn trots op hun baby. Hij probeert zo veel te zien, te horen en te doen. Ouders willen daarbij zijn. Ze willen hem helpen. Er is zo veel nieuws te leren en te oefenen. En dat vinden ouders nu even veel belangrijker.

Verschillen tussen jongens en meisjes

- Moeders zijn veel meer actief bezig met jongetjes dan met meisjes in die eerste levensmaanden. En dat komt waarschijnlijk doordat jongetjes meer huilen en slechter slapen dan meisjes.
- Moeders reageren veel vaker op de geluiden van meisjes dan ze doen op die van jongetjes. Ook praten ze meer tegen meisjes.

… En ben je nieuwsgierig naar hoe vaders anders omgaan met hun zonen en hun dochters, neem dan een 'sneakpreview' op pagina 329.

Jouw speltoppers van 'vloeiende overgangen'

Op deze leeftijd vinden de meeste baby's het leuk als ze door papa of mama 'bewogen' worden: langzaam, rustig en vloeiend. Alle spelletjes moeten trouwens heel kort duren. Variatie gaat nu nog boven herhaling. Dit zijn de spelletjes en oefeningen die jij leuk vindt en die inspelen op het nieuwe vermogen dat je hebt verkregen met het maken van deze sprong.

Invulinstructie: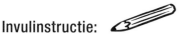

Kruis aan wat jouw baby's favoriete spelletjes zijn. Kijk na het invullen van de Ontdekkingslijst verderop in dit hoofdstuk of je een verband ziet tussen dat wat hem het meest interesseerde tijdens deze sprong en de spelletjes die hij het liefst deed. Het is even nadenken, maar je verkrijgt hierdoor een uniek inzicht in je baby's karakter.

☐ 'VLIEGTUIGJE' SPELEN

Til je baby langzaam omhoog, liefst met een aanzwellend of hoger wordend geluid. Hij strekt zich dan vanzelf. Laat hem vliegen tot boven je hoofd. En begin dan de daling, met een bijpassend geluid. Als hij bij je komt, ontvang je hem met een knuffelhap in de nek. Je zult zien dat je baby dit snel onthoudt en al met open mond nadert en terughapt. Je zult ook ontdekken dat je baby zijn mond weer opent, als om te happen, als hij een herhaling wil van dit vliegen.

☐ 'GLIJBAANTJE' SPELEN

Ga achteruit zitten en maak je benen zo stijf als een plank. Zet je baby zo hoog mogelijk op je benen neer en laat hem met een passend dalend geluid naar de grond glijden. Sommige baby's vinden dit ook het einde als ze samen met papa of mama in bad zitten en zo telkens het water in glijden.

☐ **JIJ ALS 'SLINGER VAN DE KLOK'**

Zet je baby op je knieën en zwaai hem langzaam van rechts naar links. Probeer allerlei geluiden uit die erbij passen. Zoals een hoge, snellere tiktak, een lage, langzame bimbam of doe de de Dom na en varieer van hoog naar laag en van snel naar langzaam. Net wat je baby op dat moment het leukst vindt. Houd hem goed vast en let erop dat hij zijn hoofd gemakkelijk met de beweging mee kan nemen.

☐ **MIJN SCHOOT ALS 'HOBBELPAARD'**

Zet je baby op je knieën en maak stapbewegingen met je benen. Je baby wiebelt dan op en neer. Je kunt ook nog een passend geluid verzinnen bij iedere stap die je maakt. Kijk wat je baby grappig vindt. Laat het paard ook eens in een drassige wei ploegen en zeg 'zjoeoeoem' bij iedere stap. De meeste baby's vinden dat op deze leeftijd het leukst.

☐ **'HAPSPELLETJE'**

Ga voor hem zitten en als je baby kijkt, ga dan langzaam met je gezicht naar zijn buik of neus. Maak ondertussen een langgerekt geluid dat aanzwelt of van toonhoogte verandert, bijvoorbeeld 'haaaaaap' of 'boeeeeem'. Denk aan de geluidjes die je baby zelf maakt.

☐ **'VOELEN AAN STOFJES'**

Vouw samen met je baby de was op en geef hem dan verschillende stofjes in handen. Zoals wol, katoen, badstof en nylon. Aai er ook eens met zijn handje overheen. Je baby vindt het fijn om met zijn vingers en mond aan de stofjes te voelen. Probeer het ook eens met een stukje zeemleer en vilt.

☐ **DE 'MONT BLANC' BEKLIMMEN**

Je baby 'loopt'/'klimt' op je lijf naar boven terwijl je half rechtop zit. Natuurlijk houd je hem goed vast en ben jij eigenlijk degene die het meeste klim- en loopwerk voor hem doet.

☐ **BEWEGEN OP SCHOOT**

De meeste baby's hebben veel lol in zélf eindeloos dezelfde bewegingen herhalen. Hij zit op schoot en jij laat hem 'op en neer wippen' of met vloeiende bewegingen rondjes maken of van links naar rechts gaan. Hij geniet ervan en lacht vaak. Natuurlijk houd je hem goed vast.

Jouw favoriete speelgoed

☐ Tuimelspeeltjes.
☐ De bewegende klepel van de klok.
☐ De schommelstoel.
☐ Speeltjes met een langzame piep, of belletjes.
☐ Rammelaar.
☐ Poppen met een echt gezicht.

Ontdekkingslijst
van de wereld van vloeiende overgangen

Dit zijn voorbeelden van vaardigheden die je baby vanaf dit moment zou kunnen gaan vertonen. Even voor de duidelijkheid: je baby doet niet alles uit deze lijst!

Invulinstructie: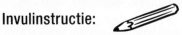

Net zoals bij de vorige sprong ga je deze lijst pas afvinken en invullen in de eerste kolom als de volgende sprong er alweer bijna aankomt. Je zult merken dat je lang niet alles afvinkt, dat is heel normaal. Het gaat er nu tenslotte om dat je een beeld krijgt van je baby's voorkeuren. Wat 'besloot' hij het eerste te gaan ontwikkelen van deze vaardigheden? Zo ontrafel je sprong voor sprong een stukje van zijn unieke identiteit… De dingen die je baby nu nog niet doet, gaat hij later doen. Uiteindelijk doet ieder kind alles, en de manier waarop een kind tot het punt komt waarop hij alles van de lijst kan doen, zegt niks over zijn slimheid. Wel over zijn karakter! Kijk daarom regelmatig terug naar deze pagina's, ook als je kind al een (paar) sprong(en) verder is, en vul dan de datum in. Zo creëer je zelf een perfect overzicht van de dingen die hem enorm boeiden (en die hij meteen al in deze sprong deed) en de dingen die hem het minst boeiden (en hij pas veel later deed). Doe je dit goed, dan kun je over een paar sprongen al een voorzichtig karakterprofiel gaan krijgen van je baby!

Deze sprong maakte jij op:

Op   brak het zonnetje weer door, en nu, aan het eind van deze sprong, zie ik dat je deze nieuwe dingen kunt.

ZELF DOEN datum:

- [ ] Ik hoef je hoofd nog maar amper te ondersteunen, zelfs niet meer als je best moe bent!
- [ ] Met één vloeiende beweging draai je je hoofd onmiddellijk van de ene naar de andere kant als je iets wilt horen of zien.
- [ ] Je kunt nu heel soepel een speeltje volgen met je ogen. Kortom: aan je oogspieren merk je ook dat deze nu vloeiende bewegingen kunnen maken.
- [ ] Je bent duidelijk 'drukker', actiever, je spartelt meer en draait alle kanten op.
- [ ] Je maakt me het verschonen makkelijker: je helpt me door een beetje je billen 'op te tillen', als spel.
- [ ] Je rolt zelf van je buik op je rug, of van je rug op je buik, met behulp van mijn vingers.
- [ ] Je pakt je tenen in je mond en draait om je as.
- [ ] Als je je vasthoudt aan twee vingers van een volwassene, kun je je nu met hulp optrekken tot zitpositie! Natuurlijk realiseer ik me dat ik het meeste werk doe, maar je lichaam is wel sterk genoeg om met deze hulp tot een zitpositie te komen. Ik ondersteun je natuurlijk de hele tijd, tijdens het optrekken en tijdens het zitten.
- [ ] Je zet je geleidelijk af met je voetjes tot de stapositie als je op schoot zit. Ik hang dan een beetje onderuit, jij zit met je gezicht naar mij toe, en als ik je dan aan je handjes vasthoud en je omhoog begeleid, kom je op tot deze stapositie, maar wel heel wankel! Je kunt natuurlijk nog lang niet echt staan. Ik help je enorm, want zelfstandig of bijna zelfstandig kun je dit nog lang niet.
- [ ] Als je in de wipstoel zit, of in de box ligt, dan zet je je als het ware af met twee voetjes door je benen goed aan te spannen en te duwen!
- [ ] Wat mij ook opviel:

datum:

PAKKEN, TASTEN EN VOELEN

- ☐ Je pakt iets én houdt iets vast met je twee handen.
- ☐ Je pakt heel gericht, bewust, met twee handen zelf je speeltje. Ik zorg er natuurlijk wel voor dat het in je 'grijpwijdte' en midden voor je ligt, want anders is het natuurlijk nog te moeilijk.
- ☐ Als iemand je een speeltje, of iets anders, aangeeft, pak je het heel gericht en bewust met twee handen aan.
- ☐ Je kunt met je rammelaar schudden, of natuurlijk met een ander speeltje dat een geluidje maakt als je het op en neer schudt. Je favoriete schud-item is:
- ☐ Je bestudeert mijn handen en frunnikt eraan!
  De meeste baby's gaan rond de 4 maanden beginnen om dingen ook met hun vingers en ogen te onderzoeken, in plaats van alles maar in hun mond te stoppen. Sommige baby's beginnen hier echter al mee met 3 maanden.
- ☑ Je vindt het ook heel leuk om gezichten, de ogen, de mond, de haren enzovoort van mensen te bestuderen en deze met je handjes te betasten. Het lijkt wel alsof je onderzoekt en leert met je handen. *aan mijn kleren grijpen*
- ☑ Niet alleen lichaamsdelen wil je met je handjes ontdekken, maar ook kleding.
- ☐ Met de handjes ontdekken is leuk, maar... je ontdekt ook nog van alles door het in je mond te stoppen. Jij kunt namelijk, nu je nog baby bent, dingen voelen en proeven die ik als volwassene niet meer kan proeven of voelen.
- ☐ Je aait jezelf soms over je hoofd vanaf je nek tot je ogen...
- ☐ Soms gebruik je een speeltje om daarmee jezelf te aaien over je hoofdje, of over je wang.
- ☐ Wat mij ook opviel:

datum:

LUISTEREN EN PRATEN

☐ Ooo... je geluiden! Je gilt, kraait, en laat je stem aanzwellen van hard naar zacht, of andersom. En/of van hoog naar laag, of andersom. Kortom: met je stem weet je mooie en harde vloeiende overgangen te produceren! Je koppie snapt nu dus niet alleen de vloeiende overgangen, maar je stembanden kunnen er ook iets van!

☐ Je hebt een heel arsenaal aan nieuwe, klinkerachtige geluidjes en ze klinken sinds deze sprong 'spraakachtiger'. De geluidjes die jij het meest maakt zijn:

☐ ie

☐ oe

☒ eeh

☐ ooh

☐ aah

☐ ae

☐ hebbùùùù

☐

☐

☐ Soms lig of zit je ergens en 'vertel' je hele verhalen.

☐ Je hebt ontdekt dat je zelf speekselbellen kunt blazen! Je vindt dat vaak leuk en je lacht er dan ook zelf om.

☐ Wat mij ook opviel:

datum:

KIJKEN

☐ Je draait je handjes voor je, observeert ze en bestudeert de boven- en onderkant.

☐ Je bestudeert de bewegingen van je voeten!

☐ Je bestudeert gezichten, ogen, monden en haren.

☐ Je bestudeert iemands kleding.

☐ Je bestudeert graag:

☐

☐

☐

DIVERSEN

☐ Zo, je laat duidelijk merken dat je iets leuk vindt door ernaar te blijven kijken, luisteren, grijpen of door iets te 'zeggen' en dan te wachten tot die persoon tegen wie je dat 'zegt' ermee doorgaat.

☐ Ik merk dat je je anders 'gedraagt' bij verschillende mensen. Je kijkt anders, of glimlacht anders, of 'praat' anders, of je huilt anders, of je beweegt anders.

☐ Je laat duidelijk merken dat je verveeld raakt als je steeds hetzelfde ziet, hoort, proeft, voelt of doet. Vanaf nu is het toverwoord 'afwisseling' voor jou!

☐ Wat mij ook opviel:

Oefening
Ervaar de wereld door de ogen van je baby

Hoe laat jouw baby merken dat hij iets leuk vindt?

Sommige baby's worden drukker als ze iets zien wat ze leuk vinden. Als de beentjes en armpjes gaan zwaaien en het hele lijfje beweegt, dan is het moeilijk om dat als ouder of verzorger te missen. Deze kindjes krijgen het dan ook veel makkelijker voor elkaar om zo neergezet te worden dat ze datgeen goed kunnen zien, of krijgen het speeltje dat ze zo interessant vinden snel in de hand gedrukt.

Moeilijker is het voor baby's die niet zo duidelijk lichamelijk reageren, maar heel rustig ergens geconcentreerd naar kijken. Dat mis je als volwassene veel sneller. Hoe rustiger de reactie van je kind, hoe makkelijker je het mist. Heel normaal, maar wel iets om op te letten.

Ga dus goed na hoe jouw baby aangeeft dat hij iets leuk vindt en daar graag even mee wil spelen of naar wil kijken. Zo faciliteer je hem om de omgeving goed te leren kennen en respecteer je zijn manier van signalen geven aan jou om te laten merken dat hij ergens behoefte aan heeft.

Dit zijn de manieren waarop jij mij laat merken dat je iets wilt doen, bekijken of betasten:

De makkelijke periode:
de sprong is genomen

Rond 13 weken breekt weer een makkelijke periode aan. De meeste baby's worden geprezen om hun vrolijkheid en de geweldige manier waarop ze vooruitgaan.

Veel ouders vinden dat hun baby opvallend 'wijzer' is. Als hij op de arm of op schoot zit, reageert hij als een 'kleine volwassene'. Hij draait zijn hoofd meteen naar iets wat hij wil horen of zien. En hij lacht of 'praat' terug. Soms gaat hij ervoor verzitten als hij iets niet meteen goed ziet, hij houdt alles in de gaten. Hij is vrolijk en bezig. Opeens houden ook de andere gezinsleden veel meer rekening met hem. Hij heeft nu een echt plaatsje in het gezin. Hij hoort erbij.

"Ze begint zich in een heleboel dingen te interesseren. Dit laat ze ook meteen merken door ertegen te gaan praten of gillen. Daardoor worden wij dan weer opmerkzaam en denken: verhip, kun je dat al? Of: wat zie je dat goed."
Over Jetteke, week 13

"Ze is opvallend wijzer. Ze kijkt haar ogen uit. Ze vindt het fijn om op mijn arm mee rond te lopen, en onderwijl draait ze dan regelmatig haar hoofdje van links naar rechts."
Over Odine, week 14

"Ze is 'wijzer'. Ze reageert op alles en draait meteen haar hoofdje alle kanten op. Ze heeft ineens een eigen plaatsje in het gezin."
Over Xara, week 14

"Heerlijk om te zien hoe ze zich vermaakt. En al koesterend zit of ligt te kletsen tegen knuffels of mensen."
Over Juliette, week 14

"Het contact is leuker. Ze reageert op alles. Doe je een spelletje, dan zie je haar afwachten of je het nog een keer herhaalt. Ze 'praat' nu ook vaak terug."
Over Ashley, week 13

"Hij wilde weer dicht bij ons zijn. Dat is bij hem steeds het eerste teken van een sprongetje. Hij verveelt zich dan ook meer; alsof hij toe is aan iets nieuws. Ook slaapt hij slechter, met name overdag. En... heeft hij een onverzadigbare honger. Maar toen hij de sprong genomen had, merkte ik direct dat hij meer kan en weer een stuk wijzer geworden is."
Over Aiden, week 15

"Ze was zo makkelijk en rustig, alles was goed. Nu wordt ze steeds spraakzamer. Ze lacht en brabbelt nu veel vaker. Het wordt daarom veel leuker om haar uit bed te halen."
Over Eefje, week 14

"Het wordt boeiender om naar hem te kijken, omdat hij zich ineens duidelijker gaat ontwikkelen. Hij reageert nu meteen met een lachje of een geluidje. Draait ook meteen zijn hoofdje in de goede richting. En omdat het zo'n klein dikkerdje is, kun je heerlijk met hem knuffelen."
Over Dirk, week 14

Sprong 4

De wereld van gebeurtenissen

LIEF EN LEED ROND 19 WEKEN
OFWEL 4½ MAAND

Rond 19 (18-20) weken merk je dat de ontwikkeling van je baby weer een sprongetje maakt. Je ontdekt dat hij dingen wil en doet die hij nog nooit heeft gedaan. Dat komt doordat hij er een nieuw vermogen bij heeft gekregen, dat hem in staat stelt een uitgebreide schakering aan nieuwe vaardigheden te leren. Je baby begint te experimenteren met 'gebeurtenissen'. Wij volwassenen staan er niet meer bij stil dat onze dagelijkse ervaring is opgesplitst in voor ons overbekende 'gebeurtenissen'. Als iemand bijvoorbeeld een rubberbal laat vallen, dan weten we dat die weer omhoog ketst en waarschijnlijk nog een tijdje door zal gaan met stuiteren. Als iemand springt, weten we dat hij weer omlaag zal komen. We herkennen de eerste bewegingen van een golfer die een bal slaat of een tennisser die serveert, en we weten wat daarop volgt. Voor je baby is dat alles echter nieuw. Niets is nog voorspelbaar.

Je baby voelt dit sprongetje al eerder aankomen. Rond 15 (14-17) weken wordt hij hangerig. Hij voelt dan al dat zijn ontwikkeling weer een sprongetje maakt. Zijn wereld verandert en hij weet niet hoe hij daarmee om moet gaan. Hij ziet, hoort, ruikt, proeft en voelt weer dingen die helemaal nieuw zijn. Hij is van slag. Hij moet alles rustig tot zich laten doordringen. Hij moet alle nieuwe indrukken rustig verwerken en doet dat het liefst vanuit een vertrouwde, veilige plek. Hij wil dichter bij zijn vader en moeder zijn. Hij wil terug naar papa en mama.

Vanaf deze leeftijd duren de hangerige fases langer dan voorheen. Deze keer duurt hij meestal vijf weken. Maar hij kan ook één of zes weken duren.

Om te onthouden

Als jouw baby hangerig is, let dan alvast op nieuwe vaardigheden of pogingen daartoe. Kijk alvast naar de ontdekkingslijst op pagina 159 om te zien waar je op kunt letten.

De moeilijke fase:
het visitekaartje van de sprong

Alle baby's van deze leeftijd huilen tijdens de lastige fase van de sprong sneller dan ze normaal doen. Veel aandacht vragende baby's huilen aanmerkelijk vaker en harder en tonen op meerdere, niet mis te verstane manieren dat ze 'bij papa en mama willen zijn'. Makkelijke baby's doen dat meestal veel milder én minder vaak. Alle baby's huilen minder als ze bij papa of mama zijn. Maar ze willen wel dat papa of mama alleen maar aandacht voor hen heeft. Ze willen rondgesjouwd en beziggehouden worden. Als dat niet gebeurt, blijven ze chagrijnig, ook al zitten ze bij papa of mama op schoot.

Kortom, je baby gaat een nieuwe moeilijke fase in die gekarakteriseerd wordt door de drie **H**'s (hij wordt **H**uileriger, **H**angeriger en **H**umeuriger) en minstens nog een paar van een hele lijst aan kenmerken.

Dat is niet alleen moeilijk voor je kleintje maar ook voor jezelf, en het heeft zorgen en irritaties tot gevolg.

Gelukkig komt er ook weer een einde aan die moeilijke fase en is je baby straks weer het zonnetje in huis. Het nieuwe vermogen breekt merkbaar door en hij gaat allerlei nieuwe dingen doen.

Hoe merk je dat je baby een moeilijke fase is ingegaan?

Behalve de drie **H**'s kan je baby een paar van de volgende kenmerken vertonen als hij de volgende moeilijke fase ingaat: hij slaapt vaak slechter, is eenkenniger, wil meer aandacht, wil niet meer dat je het lichaamscontact verbreekt, eet slechter, heeft een wisselend humeur, is stiller, en je moet opeens zijn hoofd weer vaker ondersteunen.

Slaapt hij slechter?
Bij de meeste baby's zijn de slaaptijden chaotisch. Hij gaat wat korter slapen, is 's avonds langer wakker en is ook 's nachts wakker. Hij wil weer een nachtvoeding, soms meerdere malen. En 's morgens is hij vroeger wakker.

Tip

Wil je meer weten over slaap en sprongetjes, blader dan door naar pagina 463.

Is hij eenkennig?

Veel baby's willen niet bij anderen op schoot. Sommigen willen ook niet dat een 'vreemde' naar hen kijkt of tegen hen praat. Een enkeling lijkt ook bang voor zijn eigen vader. Meestal is de eenkennigheid het duidelijkst als mensen er heel anders uitzien dan de moeder.

"Als mijn zusje naar haar kijkt, gaat ze heel hard huilen. Ze verstopt zich dan bij mij en wil zelfs niet kijken. Ze is dan echt overstuur. Mijn zusje heeft donkere, zwart opgemaakte ogen en daardoor een harde blik. Ikzelf ben blond en nauwelijks opgemaakt. Misschien is dat de reden."

Over Nina, week 16

"Hij lacht niet meer tegen mensen die een bril dragen. Hij blijft ze ernstig aankijken en lacht pas als de bril wordt afgezet."

Over Jan, week 16

Vraagt hij meer aandacht?

Veel baby's willen samen met papa of mama iets doen. Al is het maar dat ze naar hem kijken. Sommige baby's beginnen al te huilen zodra papa of mama wegloopt. Andere houden het 'alleen spelen' korter vol dan gewoonlijk.

"Tussen twee voedingen moet ik hem wat vaker aandacht geven. Hiervoor bleef hij rustig alleen liggen. Nu wil hij beziggehouden worden."

Over Jan, week 17

"De app gaf me een melding dat er weer een sprongetje aan kwam. Nou, dat klopte precies, want ik merkte al dat ze vaker om mijn aandacht vroeg. Met de dag werd het 'erger'. Nu draag ik haar maar gewoon de hele dag in de draagdoek bij me. Dat is het makkelijkst en fijnst voor ons allebei."
Over Elin, week 17

Moet je zijn hoofd weer wat vaker ondersteunen?

Als je je baby draagt, moet je weer vaker het hoofd en lijfje ondersteunen. Hij laat zich wat slapper hangen. Vooral rond huilscènes. Dan hangt hij weer het liefst buikje-tegen-buik, omgeven door warme armen. Hij voelt wat meer aan als de pasgeboren baby die hij was.

Wil hij niet dat je het lichaamscontact verbreekt?

Veel baby's willen per se niet in de box worden gelegd. Sommige willen nog wel in de wipstoel zitten, maar dan moet je ze wel aanraken.

"Ze wil wat dichter bij me zijn dan ik van haar gewend ben. Als ik haar even loslaat, begint ze te huilen en zodra ik of haar vader haar oppak is het weer goed."
Over Eefje, week 17

Eet hij slechter?

Zowel borst- als flessenbaby's kunnen tijdelijk minder trek hebben. Ze laten zich dan makkelijker afleiden, of ze beginnen al snel met de tepel of speen te spelen. Af en toe willen ze zelfs helemaal niets drinken. Sommige moeders die borstvoeding geven, zien die weigering, onterecht, als een teken om over te gaan op ander voedsel. Ook krijgt de moeder weleens het gevoel dat haar baby háár niet meer wil. Toch is dit niet zo. Hij is gewoon van slag.

"Rond 15 weken ging ze ineens minder drinken. Na vijf minuten begon ze met de tepel te spelen. Toen dat twee weken geduurd had, besloot ik maar te gaan bijvoeden met flesvoeding. Maar dat weigerde ze ook. Alles bij elkaar heeft dit vier weken geduurd. Toen dronk ze weer volop. Al die weken was ik bang dat ze niet genoeg binnenkreeg, vooral toen ik merkte dat mijn voeding minder werd. Maar nu ze weer volop drinkt, heb ik ook weer volop melk. Ik denk zelfs méér dan eerst."

Over Odine, week 19

Heeft hij een sterk wisselend humeur?

Sommige baby's hebben sterk wisselende stemmingen. De ene dag zijn ze heel vrolijk en de andere dag compleet het tegenovergestelde. Ook kan hun stemming ineens omslaan. Het ene moment schateren ze nog van het lachen, om dan vervolgens in snikken uit te barsten. Soms gaan ze midden in een lach zelfs over in huilen. Ouders vinden zowel dat lachen als dat huilen dan dramatisch en overdreven klinken.

Is hij 'stiller'?

Sommige baby's houden een korte tijd op met het maken van de bekende geluidjes. Andere liggen af en toe beweginloos te staren of wat met hun oortjes te spelen. Ze lijken dan 'futloos' of 'afwezig'. Ouders vinden het 'vreemd' en 'akelig'. Maar in feite is het 'de stilte voor de storm', ofwel het wachten op het doorbreken van het nieuwe vermogen.

Zo merk ik aan jou dat de sprong begonnen is:

- ☐ Je huilt vaker.
- ☐ Je bent vaker 'chagrijnig'.
- ☐ Je vraagt meer aandacht.
- ☐ Je hoofdje moet vaker ondersteund worden.
- ☐ Je wilt niet dat ik het lichaamscontact verbreek.
- ☐ Je slaapt slechter.
- ☐ Je eet slechter.
- ☐ Je bent (vaker) eenkennig.
- ☐ Je maakt minder geluidjes.
- ☐ Je bent minder beweeglijk.
- ☐ Je hebt een sterk wisselend humeur.
- ☐ Je zoekt extra lichaamscontact tijdens het voeden.
- ☐ Je zuigt (vaker) op je duim.
- ☐ En ik merk dat je

Let op, ook hier geldt: een baby hoeft niet al deze sprongkarakteristieken te vertonen! Het gaat meer om wélke je baby vertoont dan om hoeveel.

Zorgen[7] en irritaties

Zoals je inmiddels al weet zijn sprongen zwaar voor je baby, en daardoor ook zwaar voor jou. Ouders zijn uitgeput, ergeren zich, en soms wordt het hun echt bijna te veel…

Ouders raken uitgeput

Tijdens de hangerige fase klagen de meeste ouders steeds vaker over moeheid, hoofdpijn, misselijkheid, rugpijn of emotionele overgevoeligheid. Sommigen hebben alles tegelijk. Ze zeggen dat het komt door gebrek aan slaap en het, soms urenlang, rondsjouwen met hun baby. Of het piekeren over hun baby. Soms gaan ouders naar de huisarts en krijgen dan extra ijzer voorgeschreven. Of worden ze wegens rugklachten doorverwezen naar een fysiotherapeut.

"Als ze een paar avonden achter elkaar wakker blijft en ik constant met haar moet rondlopen, kost me dat iedere keer mijn rug. Ik zou dan weleens willen dat ze er een avondje niet was. Ik ben kapot."
Over Xara, week 17

Ouders ergeren zich

Soms voelen ouders zich 'gevangen', 'opgesloten' aan het einde van zo'n moeilijke fase. Ze hebben het gevoel dat hun baby aan alle touwtjes trekt en ergeren zich aan die 'hebzucht'. Je ziet dan ook regelmatig dat een ouder de baby even wégdenkt. Denkt hoe heerlijk het zou zijn als hij er eens een avondje niét zou zijn.

"Ik voel me in een bepaalde ontkenning zitten, meer onbewust dan bewust. Een ontkenning dat ik moeder ben en een zoontje heb. Ik had deze week momenten dat ik hem het liefst even zou vergeten. Wat zit een mens toch complex in elkaar. Af en toe had ik het ontzettend benauwd. Ben dan ook geregeld even naar buiten gegaan."
Over Bob, week 18

---

[7] *Vraag bij twijfel altijd advies aan je huisarts of het consultatiebureau.*

"Als ik in de bus zit en hij begint wakker te worden en te huilen, dan kijkt iedereen naar me. Daar krijg ik het toch zo warm en benauwd van. Ik denk dan, verdorie hou toch je kop."
Over Steven, week 18

Soms wordt het ouders bijna echt te veel

Steeds meer ouders laten hun baby wat langer huilen dan ze gewend zijn. Enkelen vragen zich af wat eigenlijk 'verwennen' is. Of ze niet te veel toegeven aan zijn grillen. Of ze hem niet behoren te leren rekening te houden met zijn ouders. Vergeet niet dat het 'laten huilen' geen troost biedt voor je baby, terwijl hij dat nu wel nodig heeft.

Een enkeling voelt zich af en toe vreselijk agressief worden van het voortdurende gehuil en gejengel. Zulke gevoelens zijn niet abnormaal en niet gevaarlijk, maar ernaar handelen is dat wel. Zoek hulp als het je te veel dreigt te worden. Wat je ook doet, schud je baby nóóit! Dat kan zeer schadelijk zijn en zelfs de dood tot gevolg hebben.

"Hij wilde niet doordrinken, kreeg verschrikkelijke huilbuien, en ik maar proberen of ik er iets in kreeg. Toen het bij de volgende fles net zo ging, voelde ik me ontzettend agressief worden, omdat alle afleidingsmanoeuvres niet hielpen en we weer verzandden in hetzelfde tafereel als daarvoor. Ik heb hem toen op de grond laten uitrazen en daarna dronk hij de fles leeg."
Over Bob, week 19

"Ik kreeg er weleens genoeg van na de zoveelste huilpartij als ik haar even alleen liet. Ik liep toen ook gewoon door."
Over Ashley, week 17

"De laatste vier avonden kwam hij klokslag acht uur. Na twee avonden troosten vond ik het genoeg. Ik heb hem toen laten huilen tot halfelf. Het is een echte volhouder."
Over Rudolf, week 16

Het duurt nu langer voordat je baby de nieuwe wereld gaat verkennen

Omdat deze moeilijke fase langer duurt, merken ouders meestal duidelijker dat er iets aan de hand is. Hun baby gaat minder snel vooruit. En wat hij normaal leuk vond, vindt hij nu niet leuk meer. Toch hoef je je geen zorgen te maken. Vanaf deze leeftijd zijn de nieuwe vaardigheden ingewikkelder en moeilijker onder de knie te krijgen. Jouw baby heeft meer tijd nodig.

"Ik vind dat hij zo langzaam vooruitgaat. Vóór 15 weken ontwikkelde hij zich veel sneller. Het is net of er nu al een paar weken niets meer gebeurt. Ik vind dat soms best akelig."

Over Thijs, week 17

"Het lijkt wel of hij ligt te wachten op iets nieuws dat nog niet is doorgebroken. Ik merk het aan het spelen met hem. Ik moet hieraan iets toevoegen en ik weet nog niet wat. Ik zit dus ook te wachten."

Over Steven, week 17

Het nieuwe vermogen breekt door

Rond 19 weken zie je bij iedere baby nieuwe vaardigheden verschijnen die horen bij het vermogen tot het waarnemen en het zelf uitvoeren van zogenoemde 'gebeurtenissen'. Je baby's verkenningstocht in die 'wereld van gebeurtenissen' begint nu vruchten af te werpen en je baby begint die nieuwe vaardigheden te kiezen die het best bij hem passen. Je kunt hem helpen met waar hij nu aan toe is, in plaats van bepaalde vaardigheden van jouw eigen keuze aan hem op te dringen. Kijk regelmatig even naar de ontdekkingslijst op pagina 159 om te zien waar je op kunt letten.

"Ze probeerde deze week heel veel nieuwe dingen. Het valt me op dat ze ineens zo veel kan voor haar vier maanden, en dan ben ik best trots op haar."

Over Jetteke, week 18

De 'wereld van gebeurtenissen'

Na het vorige sprongetje ging je baby 'vloeiende overgangen' tussen 'patronen' zien, horen, ruiken, proeven en voelen. Hij ging ze ook zelf maken, met zijn ogen, armen, benen, hoofd en ga zo maar door. Maar na één 'vloeiende overgang' stopte hij. Meer kon hij nog niet bevatten. Als je baby met deze sprong het vermogen tot het waarnemen en zelf uitvoeren van 'gebeurtenissen' krijgt, kan hij een 'korte serie van deze vloeiende overgangen' zien, horen, ruiken, proeven, voelen en zelf maken. Dit vermogen beïnvloedt alles wat je baby waarneemt en doet.

Als een baby een paar vloeiende bewegingen na elkaar kan maken, kan hij meer doen met alles wat hij te pakken krijgt. Hij kan nu alles wat binnen zijn bereik komt, uitgebreid onderzoeken. Hij kan dezelfde vloeiende beweging verschillende keren herhalen. Je ziet hem dan speeltjes van links naar rechts schudden en van boven naar beneden. Je ziet hem ergens herhaaldelijk op drukken/duwen, slaan en hameren. Maar met dit vermogen kan hij ook de ene vloeiende beweging in de andere laten overgaan en iets van de ene in de andere hand overpakken. Of iets pakken en meteen in zijn mond steken. Hij kan speeltjes ronddraaien en van alle kanten bekijken.

Hij kan nu leren om de bewegingen van zijn lijfje, bovenarm, onderarm, hand en vingers aan te passen aan de plaats waar het speeltje ligt. Hij kan dus de ene vloeiende beweging in de andere doen overgaan. Hij kan bijsturen terwijl hij beweegt. Als het speeltje verder naar links ligt, gaat zijn arm vloeiend naar links. Ligt het iets meer naar rechts, dan past zijn arm zich onmiddellijk aan die andere plaats aan. Ditzelfde gebeurt ook als een speeltje dichtbij of verderaf ligt, hoger of lager hangt. Hij ziet het, reikt ernaar, grijpt het, haalt het naar zich toe. Alles in één serie vloeiende bewegingen. Als gevolg daarvan zou je kunnen zeggen dat hij nu 'echt' kan grijpen en pakken. Waar het ook ligt, hij kan zijn bewegingen nu zo aanpassen dat hij erbij kan. Zolang het binnen armbereik ligt, is hij niet langer afhankelijk van de plaats van het speeltje.

Als een baby met zijn lichaam een korte serie vloeiende bewegingen kan maken, kan hij daar ook meer capriolen mee uithalen. Hij kan zijn lichaam voortdurend in allerlei bochten wringen. Hij kan makkelijker omrollen of om zijn as draaien, want de ene beweging kan de andere corrigeren en opvangen. Ook kan hij zijn eerste kruipbewegingen gaan maken. Want hij kan nu achtereenvolgens zijn knieën optrekken, zich afzetten en zich uitstrekken.

Je baby kan nu een korte serie vloeiende overgangen in klanken maken. Je zou kunnen zeggen dat hij even beweeglijk is geworden met zijn stem als hij dat is met de rest van zijn lichaam. Zijn 'gekeuvel', waarmee hij na het vorige sprongetje begon, wordt uitgebreid met een afwisseling van medeklinkers en klinkers. En al deze klanken worden in 'zinnetjes' uitgesproken. Dit 'abba baba tata' noemen we 'brabbelen'.

Over de hele wereld gaan baby's op deze leeftijd met korte series opeenvolgingen aan de slag. Chinese, Franse en Nederlandse baby's 'brabbelen' allemaal met dezelfde klanken. De Chinese baby zal de Chinese brabbelwoorden uitwerken tot echte Chinese woorden en de Franse en Nederlandse brabbelwoorden 'vergeten'. De Franse baby en de Nederlandse baby gaan vanuit dit gebrabbel Frans of Nederlands praten. Iedere baby imiteert steeds vaker de taal die hij om zich heen hoort gebruiken en waarvoor hij ook het meest geprezen wordt, als hij iets 'landseigens' produceert.

Kennelijk voelden alle voorvaders en -moeders zich op de een of andere manier aangesproken als ze hun kleintje 'baba' of 'mummum' hoorden zeggen. Want in veel talen lijken woorden voor papa en mama erg op elkaar. Een baby is echter heel technisch met series opeenvolgingen van hetzelfde element 'ba' of 'mum' aan het experimenteren. En natuurlijk wordt 'baba' bij ons papa en 'mummum' mama.

Je baby kan nu een korte serie van (patronen en/of vloeiende overgangen in) klanken horen. Hij wordt geboeid door een serie omhooggaande en dalende geluiden. Zo reageert hij nu op iedere stem die goedkeuring laat blijken, en schrikt hij van een verbiedende stem. De taal waarin dat gebeurt, doet er niet toe. Een baby kan dit doordat hij de verschillen in op- en/of neergaande intonatie dan wel toonhoogte kan horen. Hij gaat nu ook een liedje herkennen. Baby's van 19 weken zijn zelfs al zover dat ze kunnen

Hersenwerk

Rond 4 maanden vinden grote veranderingen plaats in de hersengolven van je baby. Tussen 15 en 18 weken neemt de hoofdomvang drastisch toe.

horen of een stukje muziek compleet of ongeschonden is. Ook al hebben ze dat stukje nog nooit gehoord. Bijvoorbeeld als ze een stukje uit een menuet van Mozart horen, reageren ze als dat stuk wordt onderbroken door onnatuurlijke pauzes. Baby's gaan nu ook de eerste woorden herkennen. Verder kunnen zij met dit vermogen een stem herkennen te midden van geroezemoes.

Je baby kan nu een korte serie beelden (patronen en/of vloeiende overgangen) zien. Hij wordt bijvoorbeeld geboeid door de omhooggaande en dalende bewegingen van een stuiterende bal. Er zijn veel meer voorbeelden te bedenken, allemaal 'verpakt' in gewone, dagelijkse bezigheden. Zoals het op en neer schudden van zijn fles, het roeren in een pan, het hameren op een spijker, de deur die open- en dichtgaat, het hekje dat klappert in de wind, het snijden van brood, het vijlen van nagels, het borstelen van haren, de hond die kokhalsbewegingen maakt, iemand die op en neer loopt door de kamer en eindeloos veel meer.

Er is nog één typische eigenschap van 'gebeurtenissen' die vermeld moet worden. Wij, als volwassenen, ervaren een 'gebeurtenis' als één ondeelbaar geheel. Wij zien geen 'vallende-opspringende-vallende bal', maar een stuiterende bal. Als de 'gebeurtenis' nog maar net begonnen is, weten we al dat het een stuiterende bal is. En zolang die voortduurt, blijft het dezelfde 'gebeurtenis'. Een 'gebeurtenis' die we een naam kunnen geven. Het besef dat een gebeurtenis gaande is en het feit dat onze ervaring opgebouwd of opgebroken is in bekende 'gebeurtenissen', bewijzen dat hier een apart soort waarneming aan ten grondslag ligt. En het is dat speciale waarnemingsvermogen dat je baby tot zijn beschikking krijgt met deze sprong.

Zo zijn baby's

Je baby is het meest geïnteresseerd in alles wat nieuw is. Reageer daarom altijd en vooral op nieuwe vaardigheden en interesses die je baby toont. Hij leert dan prettiger, makkelijker, sneller en meer.

Oefening
Ervaar de wereld door de ogen van je baby

Maak een lijst met tien gebeurtenissen die je dagelijks ziet, hoort, uitvoert of op een andere manier meemaakt. Deze lijst is veel makkelijker te maken dan alle lijsten die we je bij de vorige sprongen vroegen te maken. Waarom? Omdat gebeurtenissen veel makkelijker waar te nemen zijn voor ons dan de zaken uit de vorige sprongen. Je baby's belevingswereld komt al veel dichter bij die van ons te staan.

1.
2.
3.
4.
5.
6.
7.
8.

De allemaal-nieuwe-dingenfase:
de ontdekking van de nieuwe wereld

Hoe meer je baby in contact komt met 'gebeurtenissen', ermee speelt, hoe beter zijn begrip ervan wordt. Het doet er niet toe of hij dat begrip nu het eerst leert op het gebied van muziek, geluiden of woorden, op het gebied van bekijken en observeren, of op het gebied van het zelf doen. Later zal hij dat begrip makkelijker ook op andere gebieden gaan gebruiken.

Met het vermogen tot het waarnemen en uitvoeren van 'gebeurtenissen' krijgt je baby een enorme belangstelling voor alles om hem heen. Hij lijkt nu volledig op de buitenwereld gericht. Alle activiteiten zijn er om geobserveerd en beluisterd te worden. Alle speel-, huis-tuin-en-keukenspullen zijn er om gepakt te worden. Jij bent nu niet meer het enige speelgoed. Hij probeert zich overal heen te bewegen. En hij doet dat door zich met handjes en voetjes af te zetten. Wég van papa of mama. Op naar het nieuwe. Voor de 'oude' knuffelspelletjes heeft hij nu minder tijd. Ouders krijgen dat al snel in de gaten. Sommigen voelen zich dan een beetje aan de kant gezet.

Toch is je hulp even hard nodig. Het is typerend voor deze leeftijd van je baby dat je ziet dat een ouder nu vooral iemand is die speelgoed en andere dingen aan het kind aanbiedt en dan afwacht. Ze kijken wat hij ermee doet. Pas als hij niet alle mogelijkheden benut, helpen ze hem die te ontdekken. Verder zie je dat een ouder in de gaten houdt of hun baby wel goed genoeg beweegt als hij iets wil onderzoeken. En als dat niet zo is, oefenen ze het rollen, draaien en kruipen. Ook oefenen ze zitten en 'staan'. Je kunt je baby ook helpen door hem de gelegenheid te geven om met z'n handjes en vingers te oefenen, de wereld te laten ontdekken, details te laten ontdekken, muziek te laten ontdekken of juist door hem de tijd te geven alles goed te bekijken. En over dat kijken gesproken: vanaf nu kijkt hij het eten niet uit je mond, maar graait hij er gewoon naar! Je zult merken

dat wanneer je baby dingen gaat onderzoeken, jij hem daar goed bij kunt helpen. Je kunt nu zelfs al een soort 'zoek'-spelletje met hem doen. Ook op taalgebied kun je hem enorm helpen. Hij kan zo zijn eerste brabbelzinnetje maken en hij begrijpt zijn eerste woordjes. En haal die eerste boekjes maar uit de kast, want die worden nu ook interessant... en leerzaam.

Hier lees je hoe je hem goed kunt helpen met al deze onderdelen die bij de sprong en het ontdekken van deze wereld horen.

Leer hem rollen: maak er een spelletje van

Misschien heb je je baby op zijn rug zien rondtollen of op zijn buik zien kronkelen in een poging om te rollen. In feite speelde je kleintje met een korte serie vloeiende bewegingen van verschillende lichaamsdelen. Hij is daar nu aan toe, omdat hij in de 'wereld van gebeurtenissen' rondstruint. Maar het achtereenvolgens verschillende, vloeiende bewegingen kunnen maken wil niet automatisch zeggen dat je baby meteen kan omrollen. Of kan kruipen, om nog maar een dwarsstraat te noemen. Het kost bloed, zweet en tranen om dat onder de knie te krijgen.

Als je het van rug-naar-buik rollen speels wilt oefenen, kun je dat als volgt doen: je legt je baby op de rug en je houdt zelf een kleurrijk speeltje naast hem vast. Hij moet dan zo reiken en draaien om het te kunnen pakken dat hij als vanzelf omrolt. Natuurlijk moedig je hem aan de lopende band aan. En ten slotte prijs je hem om wat hij heeft gedaan.

Je kunt ook het rollen van buik naar rug spelend oefenen. Meestal doen ouders dat zo: je legt je baby op de buik en houdt een kleurrijk speeltje links of rechts achter je baby. Als hij draait en ernaar reikt, verdwijnt ook het speeltje verder achter de rug van je baby. Op een gegeven moment rolt je baby om omdat hij zich wat te ver heeft gedraaid om het speeltje te pakken. Zijn zware hoofd sleept hem dan mee.

"Hij ligt driftig te trainen om zich straks te kunnen omdraaien. Als hij op zijn buik ligt, doet hij zijn armen en benen tegelijk omhoog, ligt daarbij enorm te kreunen, maar komt niet verder."

Over Jan, week 21

"Ze probeert zich te draaien van rug naar buik. Dit lukt nog niet en dan wordt ze vreselijk boos. Daarna is er met haar geen land meer te bezeilen."
Over Ashley, week 20

Leer hem 'kruipen': soms lukt het

"Soms heb ik het idee dat hij wel wil kruipen, maar nog niet weet hóé. Hij ligt wel erg te woelen, maar komt geen centimeter vooruit. Hij kan dan erg boos worden."
Over Dirk, week 20

Het probleem bij het kruipen is het vooruitkomen. De meeste baby's willen wel en ze proberen het ook. Ze nemen een goede starthouding aan, ze trekken de knietjes onder zich, gaan met de billetjes de lucht in en zetten zich af. Zonder succes. Anderen gaan op handen en knieën zitten en wippen wat op en neer. Er zijn ook baby's die achteruitschuiven. Zij duwen zich af met de handjes. Weer anderen zetten zich af met één voetje en draaien dus rondjes. Maar er zijn er ook die na wat gestuntel écht vooruitkomen.

Bijna alle ouders proberen een handje te helpen. Ze duwen het kontje voorzichtig in de voorwaartse richting. Of ze leggen een aantrekkelijk speeltje nét buiten bereik. Soms met succes. Dan lukt het hun baby om zich op de een of andere manier naar dat speeltje te bewegen. Bijvoorbeeld door zich met een plof naar voren te laten vallen. Of door zich op de buik vooruit te duwen met de beentjes en te sturen met de handjes.

De meeste baby's hebben de grootste lol als papa of mama hun pogingen nadoet. Ook als ze voordoen hoe het écht moet. Bijna elke baby die worstelt met zijn kruipprobleem, kijkt daar geboeid naar. Probeer het eens.

Bloot oefent hij fijner

Om goed te leren rollen, draaien en kruipen moet je baby oefenen. En hij doet dat makkelijker als er geen kleding in de weg zit. Als hij bloot oefent, leert hij zijn lichaam beter kennen en beheersen. Hij zal dan eerder succes hebben en ook meer lol.

Geef je baby gelegenheid zijn handen en vingers te oefenen

Veel baby's willen dingen voelen, ermee schudden, ze ronddraaien, ergens op slaan of hameren, iets op en neer schuiven. Allemaal 'gebeurtenissen' die hij ook ziet als een ander ze doet. Op een 'activity center' vind je een verzameling van dergelijke hand- en vingeroefeningen op één bord. Er zit bijvoorbeeld een draaibaar element op waar geluid uit komt als je baby eraan draait. Of er zit een balletje op dat geluid maakt als je baby erop drukt. Er zitten beestjes op die je op en neer kunt schuiven. Tonnetjes die je baby kan rollen, enzovoort. Alles maakt geluid. Veel baby's zijn dol op hun activity center, maar het lukt hun lang niet altijd om álles goed te gebruiken. Doe het vóór als je ziet dat je baby iets wel wil maar nog niet kan. Of doe het samen met je baby door zijn hand vast te houden. Zo maak je je baby al spelende handig.

"We hadden al weken een activity center in de box hangen. Gewoon voor de gezelligheid. Hij keek er weleens naar, maar deed er niets mee. Deze week begon hij er ineens naar te grijpen. Hij vindt het nu reuzeleuk om aan al die toeters en bellen te komen. Om dingen te draaien. Je kunt merken dat hij echt op onderzoek uit is. Hij wordt wel snel moe, want hij moet zich op één handje opdrukken."

Over Paul, week 18

Laat je baby de wereld ontdekken

Als je baby het vermogen tot het waarnemen en uitvoeren van 'gebeurtenissen' krijgt, kan hij ook 'handiger' speeltjes en dingen onderzoeken. Hij kan ze nu ronddraaien, ermee schudden, elk detail bevoelen en belikken. Hij kan beter de verschillende geluiden begrijpen en ga zo maar door. En doordat hij dat nu allemaal kan, leert hij de dingen die hij hanteert beter kennen dan hij tot nu toe kon. Speel daarop in.

Geef je baby speeltjes en dingen van verschillende materialen. Zoals hout en plastic dat hard of zacht is. Stofjes die allemaal anders aanvoelen. Papier dat zacht, ruw of glad is. Voor veel baby's is een heerlijk krakende, lege chipszak een groot succes. Als ze erin knijpen, verandert hij langzaam van vorm en geeft hij zo'n lekker geluid.

Laat je baby speeltjes en dingen onderzoeken die van vorm verschillen. Die rond of vierkant zijn of waar kartelrandjes, uitstulpingen en dergelijke aan zitten. De meeste baby's vallen op rare vormen. De vorm van een plastic sleutel bijvoorbeeld, nodigt hem uit tot nader onderzoek. Vooral het gekartelde deel is voor velen het voelen, kijken en proeven waard.

Heeft je baby oog voor detail?

Sommige baby's hebben vooral aandacht voor de kleinste details. Zo'n hummel bekijkt iets van alle kanten en doet dat heel nauwkeurig. Hij neemt er echt de tijd voor om het aan een grondige inspectie te onderwerpen. Hij bekijkt en friemelt aan de kleinste uitsteeksels. Aait, voelt en wrijft langdurig over materiaal-, vorm- en kleurverschillen. Alles lijkt hem op te vallen. Hij onderzoekt ook papa of mama nauwkeurig. Hij bestudeert een vinger, kijkt en voelt hoe die beweegt en gaat door naar de volgende. En als hij de mond een grondige beurt geeft, slaat hij geen tand over. Speel in op de interesse van je baby en geef hem speeltjes of dingen die voor hem het bekijken waard zijn.

"Ze wordt later beslist tandarts. Als ze in mijn mond bezig is, stik ik zowat. Ze kruipt er helemaal in en laat merken dat ik haar in haar werkzaamheden stoor als ik haar handen kus en dus mijn mond sluit."
Over Xara, week 21

Is je baby een echte 'muziekliefhebber'?

Er zijn ook baby's die extra geïnteresseerd zijn in muziek, in tonen en in allerlei geluiden. Zo'n baby is vooral bezig met dingen die geluid maken. Hij zal ze bijvoorbeeld ronddraaien om te luisteren naar het geluid dat ze maken. En hij zal uitproberen wat er gebeurt als hij dat langzaam doet of vlug. Speel daarop in met het speelgoed dat je geeft. Help hem het te gebruiken.

Is je baby een echte 'kijker'?

Het huishouden is vol met 'gebeurtenissen' die het bekijken waard zijn. Veel baby's kijken met enthousiasme toe hoe papa of mama eten klaarmaakt, hoe ze de tafel dekken, hoe ze zich aankleden, hoe ze in de tuin bezig zijn. Ze begrijpen immers de verschillende 'gebeurtenissen' die bij aankleden, koken, tafeldekken en tuinieren horen, zoals het kloppen van slagroom, het stampen van aardappelen, borden uitdelen, brood snijden, brood smeren, haren borstelen, nagels vijlen, schoffelen. Speel daarop in. Laat je baby bekijken hoe je eten klaarmaakt, de tafel dekt, de tuin schoffelt. Het kost jou geen moeite en hij leert en geniet.

"Ze smakt, trappelt en steekt haar handje uit als ze merkt dat ik brood klaarmaak. Het is duidelijk dat ze weet waar ik mee bezig ben en dat ze om eten vraagt."
Over Odine, week 20

Vindt jouw baby ook alles lekker?

De meeste baby's willen alles proeven wat papa of mama eet en drinkt. Je kunt nu niet langer iets pakken met je baby op schoot. Hij wil zijn deel en grijpt het. De meeste baby's vinden trouwens nu nog alles lekker.

"Hij grijpt met een reeds geopende mond naar mijn boterham. Krijgt hij iets te pakken, dan gaat het er ook meteen in. Hij vindt het nog lekker ook."
Over Rudolf, week 19

Maak je huis babyproof

Je baby wordt met de dag mobieler. Voorkom dat hij iets kan doen wat gevaarlijk is.

- Laat nooit kleine dingen, zoals knopen, spelden of munten, in de buurt van je baby liggen.
- Als hij tijdens het voeden op schoot zit, zorg dan dat hij niet ineens naar je kopje of beker met een hete drank kan grijpen.
- Zet geen hete vloeistoffen op een tafeltje waar je baby zelf bij kan. Ook op een hoge tafel staan deze vloeistoffen gevaarlijk. Als je baby zich optrekt aan een tafelpoot of erger nog, aan het kleed dat over de tafel ligt, kan hij de hete vloeistof over zich heen krijgen.
- Scherm een kachel of open haard af met een hek of scherm dat je baby niet om kan trekken.
- Houd giftige materialen, zoals terpentijn, chloor of medicijnen, buiten bereik van je baby.
- Zorg dat stopcontacten beveiligd zijn en snoeren goed vastzitten.

Laat je baby ook eens 'zittend' dingen onderzoeken

Neem je baby op schoot om samen een speeltje te onderzoeken. Draai het rond, duw erop, voel eraan en praat erover. Laat hem ook eens rustig zélf spelen. Hij vindt het heerlijk om makkelijk zittend te spelen. Als hij het liggend doet, moet hij steunen op een arm en dat kost vaak grote moeite. Zittend kan hij trouwens ook weer anders tegen speelgoed aankijken. Let maar eens op of hij zittend andere dingen met zijn speeltjes doet of nieuwe spelletjes uitvindt.

"Ik heb de kinderstoel voor de dag gehaald en hem er met een verkleinkussen in gezet. Meteen ontdekte hij dat je dingen met speelgoed kunt doen die je niet op de grond kunt. Toen ik hem een sleutelbos gaf, ging hij er eerst mee op het blad slaan en gooide het daarna steeds weer op de grond. Wel twintig keer achter elkaar. Hij had er veel plezier in en moest er steeds opnieuw om lachen."

Over Paul, week 19

Je baby kan 'zoeken': maak er een spelletje van

De eerste kiekeboe- en verstopspelletjes kun je op deze leeftijd spelen. Als je baby het vermogen tot het waarnemen en uitvoeren van 'gebeurtenissen' krijgt, weet hij dat een 'gebeurtenis' blijft doorgaan of dat een speeltje blijft bestaan, ook als hij ze niet meer helemaal ziet. Hij kan ze dus 'zoeken'. Moedig je baby steeds aan als je merkt dat hij een speeltje wil pakken dat half ergens onder verstopt ligt. Of beweeg het. Want dan maak je het spelletje makkelijker voor je baby. Hij geeft nog snel op.

Je baby gaat 'brabbelzinnetjes' maken

Ouders merken dat wát hun baby zegt, nu iets ingewikkelder wordt. Soms lijkt het alsof hij echt iets vertelt. Bij het onder de knie krijgen van 'gebeurtenissen' wordt je baby even flexibel met zijn stem als met de rest van zijn lichaam. Hij herhaalt nu lettergrepen die hij kent, zoals 'dada' en 'baba' en breit ze aan elkaar tot een 'zinnetje'. En terwijl hij deze zinnetjes uitspreekt, speelt hij met de toonhoogte en de geluidssterkte. De meeste baby's worden even stil als ze zichzelf een nieuw geluidje horen maken. Vaak lachen ze even, en pikken dan de draad weer op.

Het blijft belangrijk dat je veel met je baby praat. Dat je reageert op wat je baby laat horen. Dat je zijn nieuwe lettergrepen imiteert. Dat je antwoord geeft als je baby je iets 'vraagt' of 'vertelt'. Juist die reacties prikkelen je baby om meer te oefenen met zijn stem.

De eerste woordjes begrijpt hij nu

Op deze leeftijd kun je voor het eerst gaan merken dat je baby woorden echt begrijpt, maar ze nog niet kan zeggen. Bijvoorbeeld, vraag je in zijn vertrouwde omgeving aan hem: 'Waar is je beer?', dan zie je dat je baby de beer echt zoekt. Het blijkt dus dat het begrijpen van spraak ver vooruit is op zijn eigen spraakkunst.

De meeste ouders zijn razendenthousiast als ze merken dat hun baby hen soms begrijpt. En ook heel trots. Sommigen kunnen het eerst niet geloven. Ze proberen het nog eens, tot ze zichzelf overtuigd hebben. Bijna alle ouders borduren meteen voort op deze nieuwe vaardigheid van hun baby, ook al staat die nog in de 'babyschoenen'. Ze gaan langzamer praten. Woorden gebruiken in plaats van zinnen. Ze grijpen iedere gelegenheid aan om de bekende woorden te herhalen. Sommige ouders scheppen zelfs een nieuwe situatie om het woord te oefenen. Ze zetten bijvoorbeeld de beer op alle mogelijke plaatsen neer. Ze laten dezelfde beer op foto's zien. Ze laten andere beren zien. Ook gaan veel ouders nieuwe woorden oefenen.

'In de kamer hangt een schilderij met bloemen aan de ene muur en een foto van Paul met een grote beer aan de andere. Als ik vraag: 'Waar zijn de bloemetjes?' of: 'Waar is Paul met de grote beer?' dan kijkt hij precies naar het goede. Terwijl die dingen toch op een heel verschillende plaats hangen. Als hij dan later op zijn kamer komt, gaat hij meteen op zoek naar de grote beer. Waar hij in het echt zit. Hij herkent dat dus heel goed.'

Over Paul, week 23

Baby's eerste boekje

Soms is een baby al geïnteresseerd in plaatjes kijken. Hij houdt dan zelf een boekje met twee handjes vast en kijkt geboeid naar de afbeelding op die bladzijde. Hij doet er echt moeite voor om het vast te houden en naar de plaatjes te kijken. Daarna stopt hij het in zijn mond.

Geduld is een schone zaak

Als je baby het vermogen tot het waarnemen en uitvoeren van 'gebeurtenissen' heeft, kan hij ook vaardigheden gaan vertonen die je geduld aardig op de proef stellen. Sommige ouders proberen die dan af te leren. Het afleren van oude gewoontes en het aanleren van nieuwe regels horen bij de uitwerking van ieder nieuw vermogen. Dat wat je baby nu voor het eerst begrijpt, kun je ook van hem eisen. Niet méér maar ook niet minder. Om de goede vrede te bewaren zullen jij en je baby zich moeten aanpassen aan de nieuwe vooruitgang en de oude gewoontes en regels moeten herzien. Let wel, van nu af aan is je baby niet meer helemaal van jou afhankelijk voor zijn vermaak en is hij meer gericht op de wereld om hem heen. Hij kan nu veel meer begrijpen en ook doen en natuurlijk denkt hij dat hij de hele wereld aankan. Als je daardoor geïrriteerd raakt en hem wilt bijsturen, bedenk dan dat hij jou zeker zo irritant vindt. Je zit dan midden in het eerste onafhankelijkheidsconflict met je kind. Het eerste eigen willetje is leuk en lastig tegelijkertijd. Maar ook het wild graaien en grijpen kan lastig zijn, net zoals het ongeduld en het (per ongeluk) pijn doen van jou.

Een eigen willetje: leuk en lastig

Veel baby's willen zelf bepalen wat ze gaan doen en ze laten dat ook duidelijk merken. Ze willen rechtop zitten, overal bij zijn, aan alles meedoen zolang ze daar zin in hebben, en vooral alles hebben wat ze zien. Veel ouders vinden dat niet zo leuk. De een vindt een baby nog te klein om overal aan te komen. De ander vindt het ongezellig, en soms een beetje ondankbaar, dat hij steeds maar weg wil. Ze proberen hem op allerlei manieren tegen te houden. Meestal door hem af te leiden met knuffelspelletjes. Soms door hem gewoon stevig vast te houden. Maar beide manieren hebben bijna altijd een averechts effect. Hij zet zich met nóg meer kracht af, en 'vecht' zich weg.

    Met eten en slapen is het al net zo. Een baby bepaalt wanneer hij naar bed wil en wanneer hij eruit wil. Hij geeft aan wanneer hij wil eten en wat hij het lekkerst vindt. Hij bepaalt wanneer hij genoeg heeft gegeten. Je zou kunnen zeggen dat er nu voor het eerst sprake is van iets van een machtsstrijd tussen ouder en baby.

"Hij wordt een persoonlijkheidje met wie je echt rekening moet gaan houden. Hij laat duidelijk merken wat hij wel en niet wil."
Over Dirk, week 21

Wild grijpen en graaien is lastig

Bijna alle ouders ergeren zich als hun baby wild graait en grijpt naar alles waar hij bij kan of waar hij langskomt. Planten, koffiekopjes, boeken, geluidsinstallaties: niets is meer veilig. Ouders vinden dat steeds vervelender worden. Ze proberen deze graaiwoede wat in te tomen door duidelijk 'nee' te zeggen en soms heeft dat succes.

"Als ze bij me zit, graait ze steeds weer naar de franje aan de schemerlamp. Ik vind dat niet goed, dus zet ik haar weg en zeg 'nee'."
Over Jetteke, week 20

Ongeduldig zijn is vervelend

De meeste ouders vinden dat hun baby kan leren even geduld te hebben. Ze reageren niet meer zo snel als tevoren. Als hun baby nu iets wil hebben of doen, laten ze hem, heel kort nog, even wachten. Vooral het ongeduldig graaien naar eten irriteert bijna alle ouders. Sommigen maken daar ook daadwerkelijk een eind aan.

"Ze werd wild als ze haar bordje met eten zag en ze wist niet hoe snel ze het op moest eten. Ik ergerde me daar vreselijk aan en heb haar geleerd te wachten tot wij allemaal gaan eten. Ze is nu niet langer ongeduldig, maar wacht echt en kijkt hoe wij opscheppen."
Over Nina, week 22

Iemand pijn doen is niet leuk

Nu een baby sterker en handiger is, kan hij jou behoorlijk pijn doen. Hij bijt, kluift, en trekt aan gezicht, armen, oren en haren. Hij knijpt in velletjes. Soms doet hij dat zo hardhandig dat het echt pijn doet. De meeste ouders vinden dat hun baby best wat voorzichtiger kan zijn en rekening kan houden met een ander. Ze maken van bijten, trekken en knijpen geen spelletje meer.

Anderen tomen hun baby onmiddellijk in als hij té enthousiast wordt. Ze doen dat door hem meteen te laten merken dat hij te ver gaat. Meestal gebeurt dat met woorden. Ze zeggen hard en ernstig 'au'. Of waarschuwen met 'voorzichtig' als ze zien dat hun baby een nieuwe aanval voorbereidt. Baby's begrijpen een verbiedende stem op deze leeftijd heel goed. Heel soms wordt een ouder echt boos.

'Als hij ontzettend hard in mijn tepel bijt, moet ik me echt inhouden. Als eerste reactie krijg ik een vurige neiging om hem te slaan. Zo hard ik kan. Toen ik nog geen baby had, kon ik me kindermishandeling niet voorstellen. Nu wel.'
Over Thijs, week 20

Thijs' moeder is heel eerlijk over haar gevoelens. Gelukkig zet ze de gevoelens niet om in acties. Ook al doet je baby je soms pijn rond deze fase, hij doet dat niet expres. Pijn 'terug doen' is onacceptabel en hij leert er echt niet van dat hij zijn moeder geen pijn moet doen.

Oefening
Ervaar de wereld door de ogen van je baby

Waaróm doet je kind iets?

Natuurlijk is het superleuk om te zien dat je baby bijvoorbeeld steeds vaker rechtop wil zitten, of dat hij steeds vaker en soepeler omrolt. Toch doe je je kind tekort als je alleen maar naar die grofmotorische kunstjes kijkt alsof het een doel op zichzelf is. De veel interessantere vraag zit hem echter in het 'waarom?' Waarom wil hij zo graag omrollen? Waarom wil hij zo graag 'zitten'? Vindt hij het leuk om met zijn lijfje te oefenen? Is het dus het puur lichamelijke wat hem trekt? Of wil hij veel meer van de wereld ontdekken en is hij daarom zo gedreven zijn lichaam in houdingen te krijgen die het hem mogelijk maken meer te zien, meer te voelen enzovoort? Op een bepaalde manier kunnen grofmotorische vaardigheden dus 'slechts' een middel zijn om andere dingen beter te kunnen gaan doen. Dingen uit andere delen van de wereld van 'gebeurtenissen', zoals het 'grijpen, voelen, tasten'.

Ga bij jezelf na wat jij denkt dat de beweegredenen van je baby zijn om de dingen met zijn lijfje te doen die hij doet. Praat erover, observeer je kind nog eens een keer extra. Vertrouw ook op je intuïtie, want niemand kent je baby beter dan jij!

Ik denk dat jouw beweegredenen zijn:

Jouw speltoppers van 'gebeurtenissen'

Dit zijn spelletjes en oefeningen die inspelen op het nieuwe vermogen dat je verkregen hebt en die je ontzettend leuk vindt om te spelen!

Invulinstructie: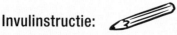

Kruis aan wat jouw baby's favoriete spelletjes zijn. Kijk na het invullen van de ontdekkingslijst of je een verband ziet tussen dat wat hem het meest interesseerde tijdens deze sprong en de spelletjes die hij het liefst deed. Het is even nadenken, maar je verkrijgt hierdoor een uniek inzicht in je baby's karakter.

☐ PRAATSPELLETJE

Praat veel met je baby over dingen die hij ziet, hoort, proeft en voelt. Praat over dingen die hij doet en meemaakt. Maak je zinnen kort en makkelijk. Benadruk de woorden waarom het gaat. Bijvoorbeeld: 'voel eens, gras', 'papa komt', 'luister, de bel' of 'hap'.

☐ HET NEUSJE PAKKEN

Je zegt: 'Ik ga jouw ... (even wachten) neusje pakken.' Dan pak je zijn neusje en beweeg je het zachtjes op en neer. Hetzelfde kun je doen met zijn oortjes, handjes en voetjes. Kijk wat hij het leukst vindt. Als je dit spelletje vaker speelt, weet hij precies wat er gaat komen. Hij kijkt dan al vol spanning naar je handen en kraait van plezier als je zijn neusje te pakken hebt. Met dit spelletje leert hij spelend zijn lichaam en woorden kennen.

☐ SAMEN PLAATJES KIJKEN

Sommige baby's vinden het leuk om naar een felgekleurd plaatje in een boekje te kijken. Af en toe willen ze er wel meer bekijken. Zorg dat er bekende dingen op staan afgebeeld. Praat samen over dat plaatje en wijs het echte ding in de kamer aan.

☐ LIEDJES, RIJMPJES OF VERSJES

Vooral liedjes waar bewegingen bij horen, vinden veel baby's echt leuk, zoals 'Klap eens in je handjes', 'Draai het wieltje nog eens om', en 'Schuitje varen, theetje drinken'. Maar ook bewegingen op het ritme van een versje, zoals wiegen of dansen, vinden ze fijn. Je baby herkent het liedje aan de melodie, het ritme en de intonatie.

☐ KIETELSPELLETJE

'Er komt een muisje aangelopen... zo in... baby's nekje gekropen.' Terwijl je dat zegt, loop je met je vingers over zijn lijfje en kietel je hem in zijn nekje. Doe het ook eens als hij in zijn blootje ligt.

☐ KIEKEBOE

Leg een doekje over zijn gezicht en vraag: 'Waar is (naam van je baby)?' Kijk of je baby zelf het doekje eraf trekt. Gebeurt dat niet, pak dan zijn handje vast en trek het er langzaam af. Maak het spelletje op deze leeftijd zo eenvoudig mogelijk. Anders snapt je baby het nog niet.

☐ SPELLETJES VOOR DE SPIEGEL

Kijk eens samen in een spiegel. Meestal kijkt je baby het liefst naar zichzelf en lacht vriendelijk. Dan kijkt hij naar het spiegelbeeld van zijn papa of mama. Dan naar zijn echte. Meestal blijft hij dan even verwonderd van de ene ouder naar de andere kijken. Als papa of mama dan praat, is hij nog meer verwonderd. Het geluid komt immers alleen uit de échte. Dan lacht hij meestal en kruipt tegen zijn papa of mama aan.

Jouw favoriete speelgoed

- ☐ Badspeelgoed. Je kunt ook huis-tuin-en-keukenspullen in bad gebruiken, zoals maatbekers, plastic vergiet, plantenspuit, gieter en zeepdoos.
- ☑ Activity centers of speel- en oefenplateaus.
- ☐ Bal met uitstulpingen erop of grijpgleuven erin. Liefst met een belletje erin.
- ☑ Rammelaar en opblaasrammelaar.
- ☐ Doosje met wat rijst erin.
- ☑ Papier dat kraakt.
- ☐ Spiegel.
- ☐ Foto's of afbeeldingen van baby's.
- ☐ Foto's, afbeeldingen van voorwerpen of dieren waarvan hij de naam kent.
- ☐ Kinderliedjes.
- ☐ Wielen die rond kunnen draaien, bijvoorbeeld aan een auto.

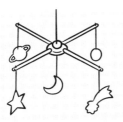

Ontdekkingslijst
van de wereld van gebeurtenissen

Alle baby's hebben hetzelfde waarnemingsvermogen gekregen waarmee zij de nieuwe wereld van 'gebeurtenissen' zijn ingegaan. Daarin kunnen ze een grote verscheidenheid aan nieuwe vaardigheden verkennen. Jouw baby maakt zíjn keuze. Hij pakt dat wat het best past bij zíjn aanleg, interesse, lichaamsbouw en gewicht. Je hebt baby's die zich specialiseren in voelen, in kijken of in gymnastische oefeningen. Je hebt er die van alles wat meepikken, maar er niet zo diep op ingaan. Iedere baby is uniek.

Dit zijn voorbeelden van vaardigheden die je baby vanaf dit moment zou kunnen gaan vertonen. Even voor de duidelijkheid: je baby doet niet alles uit deze lijst!

Invulinstructie:

Je weet het inmiddels: in de eerste kolom vink je, net voor je baby de volgende sprong ingaat, af wat je kind al doet van de lijst, en niet de dingen (vaardigheden) die hij nog niet doet. Bij die dingen vul je de datum in waarop hij dit wel kan. Het is heel goed mogelijk dat dit pas één, twee of drie sprongen later is. We blijven het zeggen: iets nog niet meteen na de sprong doen zegt níéts over de intelligentie van je baby. Je baby loopt niet achter, nee, hij maakt zijn eigen keuzes in het leven! Je zult merken dat de lijst met mogelijke dingen die je baby kan gaan doen nu langer is dan bij de voorafgaande sprongen. Deze sprong was namelijk ook een heel intense en heftige. Niet alleen leerde hij nieuwe, losse vaardigheden, maar door het nieuwe, mentale vermogen vielen oude vaardigheden uit de voorafgaande sprongen op hun plek. Ze werden geïntegreerd tot een complexer geheel. Maar goed, dat deze sprong heftig was zul je vast al wel gemerkt hebben! Je baby ook... vandaar dat hij nu heel kieskeurig uit deze lijst kiest wat hij meteen gaat doen en wat hij parkeert voor later, al is dat onbewust. Je zult merken dat je in verhouding tot vorige sprongen steeds minder aan gaat kruisen. Zijn karakter onthult zich steeds meer...

Deze sprong maakte jij op:

Op   brak het zonnetje weer door, en nu, aan het eind van deze sprong, zie ik dat je deze nieuwe dingen kunt.

ZELF DOEN   datum:

- [ ] Je bent ineens zeer actief. Zodra je op de grond ligt, beweegt zo ongeveer alles aan je!
- [ ] Je rolt zelf om van buik naar rug. *met 7 maanden* — 11.05.'19 Linksom
- [ ] Je rolt zelf om van rug naar buik. — + rechtsom 20.06.'19
- [x] Je kunt vanaf buikligging je armen helemaal strekken!
- [x] Je gaat met je billetjes de lucht in en wilt je afzetten, maar dat lukt niet. En ook hierbij geldt: het feit dat je het probeert is misschien nog wel meer waard dan dat het ook daadwerkelijk lukt. — *7 maanden*
- [x] Je gaat op je handen en voeten staan als je op je buik ligt en probeert dan verder te komen, maar ook dat lukt niet. Daar is het nog echt even te vroeg voor. — *7 maanden*
- [x] Je wilt gaan tijgeren (een voorloper van kruipen, maar in plaats van op handen en knieën schuif je over de grond). — *7 maanden*
- [x] Je komt inderdaad een beetje naar voren of naar achteren. — *eerst alleen naar achteren, maar dan ook naar voren*
- [ ] Als je voor mij ligt en met je vuistjes mijn vingers vasthoudt dan trek je je nu echt zelf op tot zit.
  Een baby doet dit op zijn vroegst met 4 maanden, maar het is ook heel normaal dat een kind van 8 maanden dit pas voor het eerst doet. Het gemiddelde ligt op 5 maanden en 3 weken.

datum:

- ☐ Je gaat zélf rechtop zitten als je schuin tegen me aan ligt.
- ☐ Je wilt rechtop zitten en je kunt dat ook heel even. Je steunt op je onderarmpjes en brengt je hoofd naar voren. Baby's kunnen ergens in de leeftijd van 4 tot 8 maanden voor het eerst eventjes los zitten als ze neergezet zijn door een volwassene. Het gemiddelde ligt op 5 maanden en 1 week. Maar, we hebben het al vaak gezegd, alles in die tijdsperiode is goed. Vroeg is niet per se beter. En gemiddeldes zeggen niets over jouw kind, dus trek je daar niks van aan.
- ☐ Als ik je twee vingers geef om je vuistjes omheen te klemmen, dan trek je je daaraan op tot stapositie. Baby's doen dit voor de eerste keer tussen de 5 en 12 maanden, en het gemiddelde ligt op 8 maanden. Je ziet dat de vroegst mogelijke datum dat slechts enkele baby's dit doen aan het eind van deze sprong, net voor de volgende sprong ligt.
- ☐ Als ik je in de kinderstoel met verkleinkussen zet, dan zit je stevig rechtop.
- ☑ Je bent erg bezig met bewegingen van je mond. Je zuigt bijvoorbeeld je lipjes in allerlei bochten naar binnen, of steekt je tong uit. *7 maanden, tong uitsteken :)*

Sprong 4

datum:

GRIJPEN, VOELEN EN TASTEN

☐ Je grijpt nu niet meer mis als je iets aanpakt.

☑ Je pakt ook iets als je er niet naar kijkt maar dat object je aanraakt. Dat kun je met beide handen.

☑ Je kunt met één hand iets grijpen. Soms met links, soms met rechts. Pas heel veel later ga ik merken of je links- of rechtshandig bent. Voor nu ben je iets wat de meeste volwassenen niet zijn: tweehandig!

☐ Je pakt speeltjes over van de linker- naar de rechterhand. En andersom.

☐ Je doet hetzelfde met een speeltje in je rechterhand als je al gedaan hebt met je linkerhand. En andersom.

☐ Je stopt graag iemands hand in je mond.

☑ Je voelt aan iemands mond als hij of zij praat, of je steekt er gewoon je handje in! Met je handen ontdek je immers!

☐ Je stopt speeltjes of objecten in je mond en voelt eraan.

☐ Je stopt speeltjes of objecten in je mond en bijt erop.

☐ Je trekt zelf een doekje van je gezicht weg. Eerst ging het heel traag, maar hoe vaker je dat doet hoe sneller het gaat.

☐ Ook al is een stukje van een speeltje bedekt, ik merk dat je toch weet welk speeltje het is. Je probeert de obstakels weg te halen, maar je geeft snel op als dit niet lukt.

☐ Je slaat met een speeltje op een tafelblad. Dat 'slaan' heeft overigens niks met agressie te maken. Het is gewoon enthousiasme.

☐ Je gooit speeltjes expres van een tafelblad op de grond. Niet om mij uit te dagen, boos te maken of voor een ander boos plannetje, maar omdat je aan het ontdekken bent. Die 'boem' op de grond is best interessant!

☑ Je probeert dingen te pakken die buiten je bereik liggen.

☐ Je doet allerlei dingen met het activity center.

☐ Je weet wat je met een bepaald speeltje 'behoort' te doen.

☐ Je onderzoekt details. Je hebt opvallend veel interesse in de kleinste kleinigheden van speeltjes, handen, monden enzovoort.

datum:

KIJKEN

datum:

☐ Je kijkt geboeid naar 'gebeurtenissen'. Algemene voorbeelden hiervan zijn: het op en neer springen van een kind, hameren, nagels vijlen, brood snijden, haar borstelen, roeren in de koffie, enzovoort.

☐ De gebeurtenissen die jij leuk vond zijn:

☐ Je kijkt geboeid naar mijn lippen en tong als ik praat.

☐ Je zoekt waar ik ben, kijkt ook om.

☐ Je zoekt naar een speeltje dat buiten jouw gezichtsveld ligt.

☐ Je reageert op je spiegelbeeld, je lacht erom of je bent bang.

☐ Je houdt een vouwboekje vast en kijkt geboeid naar een plaatje.

Sprong 4

Lief en leed rond 19 weken ofwel 4½ maand

datum:

LUISTEREN

☐ Je luistert geboeid naar ons als we lipgeluiden maken.

☐ Je reageert op je eigen naam!

☐ Je reageert op je eigen naam en herkent ook andere geluiden in de kamer.

☐ Je kunt nu, als er een mengelmoes van geluiden is, één bepaald geluid eruit pikken.

☐ Je begrijpt echt één of meer woorden. Als ik bijvoorbeeld vraag 'Waar is je beertje?', dan kijk je ernaar. De beer moet dan wel op zijn vaste plek liggen, want zoeken... dat is nog te moeilijk nu.

☐ Je reageert precies zoals het hoort als je een verbiedende of juist goedkeurende stem hoort.

☐ Je herkent de openingstune van een liedje of je favoriete babyprogramma.

datum:

PRATEN

☐ Je maakt nieuwe geluiden, waarbij je je lippen en je tong gebruikt. Hierdoor kun je bijvoorbeeld een bepaalde 'r' maken, die een lippen-r wordt genoemd.

☐ De klanken die jij het meeste maakt zijn:

☐ ffft-ff-ft-ffft

☐ vvv-vvv

☐ zzz

☐ sss

☐ brrr

☒ arrr

☐ rrr

☐ grrrr

☐ prrr

datum:

☐ Je gebruikt medeklinkers: d, b, l, m.

☐ Je brabbelt en gebruikt je eerste 'woordjes'. Lang niet alle baby's doen dat nu, maar jij hebt er lol in. De meest voorkomende eerste brabbelwoordjes zijn: mummum, baba, abba, hada-hada, dada, tata.

Jouw favoriete 'woordjes' zijn:

☐ Je gaapt nu met geluid en luistert er graag naar!

datum:

LICHAAMSTAAL

☐ Als je opgepakt wilt worden, steek je je armpjes naar me uit.

☐ Je smakt tegenwoordig als je honger hebt. Soms zwaai je daarbij met je armen en benen om mij extra duidelijk te maken dat je honger hebt.

☐ Je doet je mond open en reikt naar je eten of drinken.

☐ Je 'spuugt' als je geen eten meer wilt.

☐ Je duwt de fles of borst weg als je genoeg hebt.

☐ Je draait zelf van de fles of borst af als je genoeg hebt.

DIVERSEN datum:

☐ Je begint je 'aan te stellen'... Als je bijvoorbeeld moet hoesten en ik je daardoor aandacht geef, ga je expres nog even door met hoesten en je lacht daar zelfs om!

☐ Je moppert als je ongeduldig bent.

☐ Je gilt als iets niet lukt!

☐ Je hebt nu echt een favoriet om mee te knuffelen:

   ☐ doekje

   ☐ slofje

   ☐ speeltje

   ☐ knuffeltje

   ☐ anders:

Gouden tip

Het invullen van deze lijst heb je echt zo gedaan. Vergeet het niet, want door het bij te houden heb je straks goud in handen: een prachtig overzicht over de keuzes, drijfveren en interesses van jouw kind in zijn eerste 20 maanden. In deze maanden worden op hersengebied alle basissen gelegd en is het fundament voor de rest van zijn leven aangemaakt. Kortom: door tien minuten per sprong te investeren in het bijhouden van deze lijst, heb jij straks een prachtig en uniek inzicht in het karakter van je baby gemaakt!

De makkelijke periode:
de sprong is genomen

Rond 21 weken breekt weer een makkelijke periode aan. Veel ouders prijzen hun baby om zijn vrolijkheid en ondernemingslust. Hij is één brok energie.

Papa of mama is niet langer het enige speelgoed. Hij is bewust bezig zijn omgeving te ontdekken en geniet daar zichtbaar van. Op schoot is hij ongeduriger. Hij wil eropuit. Je ziet nu dat hij zich steeds vaker weg wriemelt van je schoot of arm, omdat hij iets ziet wat boeit of iets wil pakken. Hij is duidelijk een stuk zelfstandiger.

"Ik heb deze week de kleinste kleertjes opgeruimd en er ging een steek door mijn hart. Wat vliegt de tijd. Dat 'laten gaan' doet me soms zeer en gaat helemaal niet zo makkelijk. Hij is ineens zo groot. Ik heb ook een ander contact met hem. Hij is meer een apart individu. Ik kan het niet zo goed omschrijven."
Over Bob, week 23

"Ze drinkt haar fles, terwijl ze met haar rug tegen me aan zit, helemaal rechtop en gericht op alles om haar heen. Ze wil ook zelf de fles vasthouden."
Over Laura, week 22

"Als hij op mijn schoot ligt, buigt hij zijn hoofd ver achterover om toch nog achter zich te kunnen kijken."
Over Dirk, week 23

"Ik leg hem bijna nooit meer in de box, voor mijn gevoel is die ruimte voor hem nu te klein."
Over Bob, week 22

"Hij protesteerde tegen de draagzak. Ik dacht eerst dat hij meer bewegingsruimte wilde, omdat hij steeds maar iets wil doen. Toen heb ik hem er omgekeerd in gezet. Hij kan nu alles zien."
Over Steven, week 21

Sommigen hoeven ook niets meer aangegeven te krijgen. Als zij iets willen hebben, draaien en bewegen ze zelf alle kanten op en pakken zo alles zelf.

"Ze rolt van haar buikje op haar rug en kronkelt zich in allerlei bochten om bij een speeltje te komen of kruipt erheen. Ze is de hele dag fanatiek bezig en heeft geen tijd meer om te huilen. Kortom, ze is vrolijker dan ooit. En wij ook."
Over Jetteke, week 21

"Ze kruipt en rolt alle kanten op. Is niet meer te houden. Ze probeert haar wipstoel uit te komen, wil de bank op kruipen en hing al half in de hondenmand. In bad is ze ook heel 'bezig'. Ze trappelt al het water uit het bad."
Over Xara, week 22

Een baby is vrolijker.

"Ze is opvallend vrolijk. Lacht en 'vertelt verhalen'. Heerlijk."
Over Juliette, week 23

"Ik geniet weer volop van haar. Ze blijft enig. Echt erg makkelijk."
Over Ashley, week 22

"Hij is ineens gemakkelijker. Hij heeft weer een vast ritme en hij slaapt beter."
Over Dirk, week 23

Ook veel huilbaby's worden nu vrolijker. Ze kunnen meer doen. Misschien vervelen ze zich nu minder.

"Hij is verbazend lief en vrolijk. Hij gaat nu zonder commentaar slapen, wat een hele overwinning is. En hij slaapt 's middags ook veel langer dan hij de laatste weken deed. Dit alles is zo'n verschil met een paar maanden geleden, toen hij de hele dag huilde. Het gaat – wat ups en downs daargelaten – steeds beter."
Over Paul, week 22

De top tien van dingen die je echt moet weten!

Je baby heeft de eerste vier sprongetjes in zijn mentale ontwikkeling nu genomen. In zo'n korte tijd is hij al zo veranderd... zo gegroeid! Veel ouders zeggen dat de vierde sprong, de sprong van 'gebeurtenissen', een heel zware sprong was voor hun baby. Dat klopt ook wel, want deze sprong bracht als het ware de voorafgaande sprongen bij elkaar en tilde ze naar een hoger niveau. Je merkte het al: hoe ouder je baby wordt, hoe intenser de sprongen. Daarom even de top tien van dingen die je echt moet weten, om zo de volgende sprongen nog beter te begrijpen.

1   Baby's maken sprongen op dezelfde leeftijd.

> Hint: maar de keuzes van je baby maken hem uniek!

2   Je baby doet niet alles meteen perfect!

> Hint: sommige nieuwe vaardigheden worden zelfs zo subtiel uitgevoerd dat je ze bijna mist als je niet weet waar je op moet letten!

3   Doe niet mee aan de race van motorische vaardigheden.

> Hint: uiteindelijk gaan we allemaal lopen, en andere ontwikkelingen zijn misschien belangrijker... maar daar hoor je niemand over!

4   Een kind vertoont naast de drie H's soms maar een paar karakteristieken van de lastige fase van een sprong.

> Hint: en zou daar een patroon in zitten bij jouw baby?

5   Kijk niet machteloos toe als je baby een sprong maakt.

> Hint: door hem op de goede manier te begeleiden bouw je aan veilige hechting, een cadeau voor het leven!

6   Bij de mogelijke vaardigheden van de sprongen geven we de vroegst mogelijke leeftijd.

> Hint: maar verreweg de meeste baby's doen iets pas (veel) later en dat is heel, heel normaal!

7   Je kinds intenties staan centraal.

> Hint: niet de kwaliteitslat die volwassenen eraan hangen.

8   Omstandigheden hebben invloed op het herkennen van de lastige fase van een sprong.

> Hint: als het hele gezin gestrest is door een verhuizing… merk je dan nog de bron van de stress van een baby?

9   Een sprong = stress = lagere weerstand.

> Hint: en wat gebeurt er met je weerstand als je veel stress hebt…?

10   Een sprong is een positief iets!

> Hint: een sprong is vooruitgang, al is het eerst een stapje terug.

1. Baby's maken sprongen op dezelfde leeftijd

Alle baby's maken een sprong in de mentale ontwikkeling rond dezelfde leeftijd, gerekend vanaf de uitgerekende datum (zie pagina 23). Wil dat dan zeggen dat we beweren dat alle kinderen allemaal precies hetzelfde zijn? Nee, absoluut niet! Precies het tegenovergestelde! Met iedere sprong die op dezelfde leeftijd komt krijgt een baby precies hetzelfde vermogen om iets wat voorheen onmogelijk was te ervaren. Door dat nieuwe ervaringsvermogen kan hij talloze nieuwe dingen gaan doen die hij daarvoor onmogelijk kon doen. En als we zeggen talloze, dan bedoelen we echt héél véél nieuwe dingen. Zo veel dat het onmogelijk is om die allemaal in één keer te gaan doen. Je kind kiest daarom wat hij het interessantst vindt en gaat dat als eerste verkennen. Die keuzes zijn nog niet bewust, maar onbewust, en dat maakt het juist dubbel interessant! Er zit geen ratio, geen beredenering, bij de keuze. Hij vraagt zich niet af wat beter is om te gaan ontwikkelen, of waar hij op de lange duur het meest aan heeft – zoals we veel later in het leven wel doen als we keuzes moeten maken. Nee, je baby is puur en maakt een heel pure keuze, onbewust. Hij gaat dus volledig af op dat wat hem het meest aantrekt. Dat wat hem interesseert. En dat gedeelte, dat maakt hem uniek. Alle baby's 'kiezen' weer andere dingen; gaan andere dingen als eerste doen.

Juist omdat die 'keuzes' zo puur zijn is het heel interessant om bij deze keuzes stil te staan. Deze keuzes laten de behoeftes van zijn karakter zien in de puurste vorm. Dat kan soms heel moeilijk zijn om te zien. Om je op weg te helpen, hebben we allemaal keuzelijsten gemaakt die we je vragen bij te houden. Doe je dit, dan krijg je een heel goed beeld van de innerlijke pure drijfveren van je baby.

2. Je baby doet niet alles meteen perfect!

Je baby kiest dus uit de lijst van mogelijke nieuwe dingen dat wat hem het meest aantrekt. Beheerst hij dan ook al die vaardigheden meteen? Ja en nee. Juist zo kenmerkend voor een sprong zijn de dingen die je als ouder gewoon meteen ziet. Opeens kan je baby nieuwe dingen. Het lijkt wel alsof dit uit het niets komt. Dat is natuurlijk niet het geval: dit komt door

Gouden tip

Neem bij iedere sprong even tien minuten de moeite om de betreffende keuzelijst van jouw baby bij te houden. Je zult zien: je ontdekt patronen in zijn keuzes, ontdekt dingen over de pure drijfveren die je baby heeft. En je zult versteld staan: als je over tien jaar deze lijsten en jouw antwoorden terugleest, dan zul je zien dat je de dingen die dan typerend voor hem zijn, vroeger al had opgeschreven en opgemerkt... Nu is je enige kans om dat ontluikende unieke karakter van je baby van dichtbij mee te maken. Grijp die kans en houd het bij! Nogmaals, we hebben het zo voorbereid dat het je maar tien minuten per sprong kost!

het nieuwe vermogen. Maar het eindresultaat is er: hij kan het 'opeens'. Andere vaardigheden zijn wat moeilijker onder de knie te krijgen. Hij vindt ze misschien wel interessant, en 'kiest' ze dus om uit te gaan werken na het nemen van de sprong, maar ze kosten moeite. En in het bijzonder voor deze dingen heeft hij jou nodig. Jij kunt hem dan helpen deze dingen onder de knie te gaan krijgen. Zo maak je het hem mogelijk toch de vaardigheden die hij diep in zijn hartje wil gaan beheersen, te gaan ontwikkelen. Bied je hem die hulp niet, dan raakt hij misschien gefrustreerd en geeft op. En dat zou zonde zijn! Zo help je je baby het beste:

A. Faciliterend ouderschap

Een moeilijke term, maar eigenlijk is de inhoud logisch. Faciliterend ouderschap betekent niets meer of minder dan dat je je baby in de gelegenheid stelt om iets te leren. Je neemt het hem niet uit handen en doet het zelf voor hem (want dan leert hij er niets van), maar je zorgt er wel voor dat het mogelijk is voor hem om het zelf te gaan doen. Neem nu het voorbeeld van iets leren pakken. Als je iedere keer een speeltje in zijn handjes duwt, dan leert hij daar niets van. Hij pakt het immers niet: jij doet dat voor hem. Als een speeltje net even te ver weg ligt waardoor hij er niet bij kan, dan is iedere grijppoging gedoemd te mislukken. Je kind geeft dan op. Het heeft toch geen zin. Met faciliterend ouderschap voorkom je beide: je zorgt dat je baby in staat is om met een beetje moeite toch zijn doel te bereiken. Als hij dus niet bij het speeltje kan, dan leg je het iets dichterbij, zodat hij het zélf kan gaan pakken. Heel logisch eigenlijk! Je geeft je kind de kans om zelfstandiger te worden en te leren! En jij faciliteert dat. Vandaar de term faciliterend ouderschap!

B. Moedig ook de poging aan, niet alleen het resultaat!
Recent onderzoek laat zien dat kinderen groeien van aanmoediging en complimenten voor hun pogingen en de moeite die ze ervoor doen. Dat geldt ook voor baby's. Iets proberen, iets leren, iets leren te doen: het kost energie en het is niet makkelijk. Baby's groeien van aanmoediging en complimenten die hun laten zien: ja, je bent goed bezig jezelf uit te dagen. Als kinderen van jongs af aan leren dat jezelf uitdagen goed is, en falen bij het leren niet erg is, krijgen ze zelfvertrouwen, staan ze steviger in hun schoenen en zullen ze met alles in het leven minder snel opgeven. Een cadeau voor het leven dus.

C. Voorkom te veel frustratie
Hoe je ook faciliteert, hoe je je baby ook aanmoedigt: soms is het gewoon frustrerend als iets niet lukt. Dat gevoel herkennen we als volwassene ook! Van een beetje frustratie leert je baby. Dat beetje frustratie werkt juist positief. Dat geeft jouw baby net dat zetje om het nog een keer en wellicht op een andere manier te proberen om zijn doel te bereiken. Maar pas op met te veel frustratie. Te veel kan ervoor zorgen dat hij opgeeft, en dat is niet de bedoeling! Als ouder ken je je kind als geen ander en voel je intuïtief aan wanneer het genoeg is, en wanneer het te veel wordt. Als het te veel wordt, dan begin je eigenlijk weer opnieuw met jouw faciliterende rol: je maakt het hem iets makkelijker of helpt hem een beetje meer waardoor het hem uiteindelijk wel lukt.

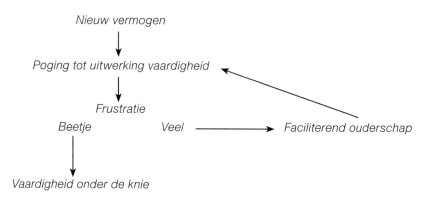

3. Doe niet mee aan de race van motorische vaardigheden

Loopt jouw kind nog niet? O jee, en hij kruipt ook nog niet? Gek word je ervan. En onzeker. Ja, zelfs de meest zelfverzekerde ouder baalt ervan als ze dit soort opmerkingen (we zouden zelfs bijna 'gemene vragen' zeggen) naar hun hoofd geslingerd krijgen.

Om even al je twijfels en onzekerheden weg te nemen: als mens heb je zeven vormen van intelligentie, en lichamelijke intelligentie is er maar een van. Probleem is alleen dat we daar als maatschappij op focussen. Niet omdat deze belangrijker is dan de andere, maar omdat we die het makkelijkst kunnen zien.

Het is veel moeilijker om te zien of een baby op een heel basale manier de wereld ontdekt door deze te analyseren met gevoelsexperimenten. Of in het gewoon Nederlands: met z'n vingertjes over een randje gaat om te kijken hoe dat voelt. Maar omdat wij als maatschappij voor dit soort 'kleine' (lees: enorm belangrijke) dingen geen oog hebben, focussen we op wat makkelijk is om te zien: de grofmotorische dingen.

Gouden tip

Bij ieder hoofdstuk dat over een sprong gaat, geven we je een lijstje met mogelijke kenmerken die je baby vertoont tijdens de lastige fase van een sprong. Misschien herken je ze allemaal, misschien een paar. Kruis alleen aan wat je ook echt duidelijk merkt. Kijk om de paar sprongen even terug in dit lijstje. Is er een patroon te ontdekken? Zijn er bepaalde gedragsveranderingen tijdens de lastige fase van een sprong typisch voor jouw baby? Dit kost je nog geen minuut per sprong, maar het levert je een enorm inzicht op! Na het maken van de eerste tien sprongen stopt *Oei, ik groei!* namelijk, en dan sta je er 'alleen voor'. Maar als je heel goed weet hóé jouw kind reageert op de lastige fase van een sprong, dan zul je die na deze tien sprongen, in de peutertijd en daarna, veel makkelijker herkennen! En dat gaat je helpen!

Neem van ons aan: ieder lichamelijk gezond mens leert lopen, en later in het leven maakt het helemaal niets uit of je op jonge leeftijd liep of wat ouder. Laten we ons nou ook eens focussen op niet-lichamelijke dingen die misschien nog wel belangrijker zijn...

4. Een kind vertoont naast de drie H's soms maar een paar karakteristieken van de lastige fase van een sprong

Iedere baby maakt een sprong op dezelfde leeftijd. Hij vraagt er niet om en er is niets waardoor het eerder of later kan komen. Vergelijk het met de puberteit: we weten ook wanneer die komt. Hoe slim een kind ook is, of hoeveel hij ook oefent, de puberteit zal nooit beginnen als een kind 8 jaar is. Ieder kind maakt de puberteit rond dezelfde leeftijd mee. Maar de manier waarop de puberteit invloed heeft op het kind is wel heel verschillend. De een wordt enorm recalcitrant, de ander wordt hoogstens wat teruggetrokken. Ook al zijn de sprongen in de mentale ontwikkeling van je baby anders dan de fase van de puberteit, de vergelijking gaat wel vaak op. Alle baby's maken ze op dezelfde leeftijden, maar de manier waarop de lastige fase zich uit is bij ieder kind anders. Ook kan het zijn dat je baby bij de ene sprong veel meer last heeft van die sprong dan van een andere. Heel normaal.

Heb je een baby die enorm extravert is: dan is het makkelijk om te merken dat hij in een sprong zit. Meneertje of mevrouwtje maakt je dat dan wel duidelijk! Veel uitdagender is het voor baby's die meer in zichzelf gekeerd zijn. Deze baby's hebben het vaak net zo moeilijk, maar uiten dat niet zo duidelijk. Ouders van dit soort baby's moeten dan ook extra alert zijn, want anders is het heel erg makkelijk om de vraag om extra liefde en steun te missen. En dat terwijl alle baby's juist die steun van hun ouders zo hard nodig hebben tijdens het maken van een sprong...

5. Kijk niet machteloos toe als je baby een sprong maakt

Nadat je het sprongenschema voor in dit boek hebt ingevuld, weet je gelukkig precies wanneer je baby een sprong in zijn mentale ontwikkeling maakt. Die sprong komt vanzelf. Daar hoef jij niks aan te doen, noch je baby. Maar dat een sprong vanzelf komt wil natuurlijk niet zeggen dat je je baby niet kunt helpen om die moeilijke fase minder lastig te maken door hem te troosten en een veilig basisgevoel te geven.

Ook wil dit niet zeggen dat je je baby niet kunt helpen bij de uitwerkingsfase van de sprong, zoals bij de punten hiervoor beschreven staat. Door je op tijd in te lezen op de sprong die gaat komen weet je precies wat je kunt verwachten. Op die manier begrijp je beter wat er zich in het koppie van je baby afspeelt en hoe jij daarop in kunt spelen om hem het leren makkelijker te maken.

6. Bij de mogelijke vaardigheden van de sprongen geven we de vroegst mogelijke leeftijd

Bij iedere sprong staat een lijst met dingen die je baby vanaf dat moment op z'n vroegst zou kunnen gaan doen. Kernwoorden: 'op z'n vroegst' en 'zou kunnen'. Zoals we al eerder aangaven, doet een baby nooit alles ineens, vandaar het 'zou kunnen'. Er zijn grote verschillen van soms wel vele maanden in de leeftijd waarop baby's een vaardigheid voor het eerst vertonen. Omdat we je per hoofdstuk alles vertellen over die sprong en het nieuwe vermogen, vertellen we je dus automatisch de dingen die je baby vanaf dat moment op zijn vroegst kan gaan doen. Daar gaat de sprong immers over. Dat doen we zodat jij vanaf dat moment kunt uitkijken naar tekenen dat je baby dat gaat ontwikkelen en je dus weet waar je op kunt letten. Ter illustratie van de grote verschillen in leeftijden geven we bij sommige motorische vaardigheden ook de gemiddelde leeftijd en de 'maximale' leeftijd waarop kinderen voor het eerst die vaardigheid onder de knie krijgen. Waarom? Omdat we merken dat ouders toch echt de behoefte hebben om dat te weten. Houd echter in je achterhoofd: gemiddeldes zeggen niks, maar dan ook niks over jouw baby.

7. Je kinds intenties staan centraal, niet de perfecte uitkomst!

Sommige mensen verbazen zich als we beschrijven wat een baby of dreumes kan gaan doen vanaf die vroegst mogelijke leeftijd. Bijvoorbeeld het tekenen van een auto, het kammen van de haren, het pellen van een mandarijn, of het aantrekken van kleren. Allemaal onmogelijk voor baby's of dreumesen van die leeftijd... of toch niet?

Als je eist dat het eindresultaat perfect is, dan is dit inderdaad onmogelijk. Een mooie auto tekenen is zelfs al knap voor een driejarige. Een mandarijn pellen zodat er geen witte stukjes meer aan zitten ook. Haren zo borstelen dat de klitten er uit zijn ook. En hetzelfde geldt voor het perfect aantrekken van kleren.

Maar als je naar het eindresultaat kijkt en daar een hoge kwaliteitslat voor gebruikt, ben je oneerlijk naar je baby of dreumes toe. In het leven van een ontwikkelend kind gaat het namelijk niet om het perfecte eindresultaat, maar om de intentie. Als een kind een paar krassen op papier zet en zegt dat dat een paard is, dan is dat een paard. Als hij een mandarijn pelt en de halve schil eraf is, dan zijn wij trots dat hij een mandarijn pelt. De rest van het schilletje halen de ouders er gewoon snel even af. Als een kind na het nemen van de sprong van 'opeenvolgingen' een borstel pakt en die tegen zijn haren duwt, dan is hij op zijn manier z'n haren aan het kammen. Als een kind z'n broek achterstevoren en met zakken eruit stekend aanheeft, heeft hij alle lof daarvoor verdiend.

Dat perfecte eindresultaat waar sommige mensen naar streven... dat komt nog sneller als je de eerste pogingen serieus neemt en prijst. Want positieve opmerkingen zetten een baby of dreumes aan het nog een keer te doen. En die oefening, die baart kunst.

8. Omstandigheden hebben invloed op het herkennen van de lastige fase van een sprong

Er zijn periodes in ons leven waarin het hele gezin onder stress staat. Denk maar eens aan een verhuizing, of een heel drukke periode op je werk, of erger: iemand in je nabijheid die heel erg ziek is of het overlijden van iemand. En zo zijn er natuurlijk nog talloze voorbeelden te noemen.

In zo'n situatie dat alles onder stress staat, is het veel moeilijker om te merken dat een kind een sprongetje maakt. Het is al een en al onrust, dus die stress van de sprong valt niet meer op.

Onthoud: sommige vormen van stress in het gezin kun je niet voorkomen. En door er voor elkaar te zijn merkt je baby echt wel dat je er voor hem bent. Je bent tenslotte een mens, die soms ook moeilijke periodes doormaakt. Het is overigens helemaal niet erg als je je emoties toont aan je baby! Natuurlijk ziet hij liever een vrolijke ouder, maar je baby voelt toch precies aan wat jij voelt. Hem houd je niet voor de gek! Daarom kun je er beter voor kiezen om gewoon eerlijk te zijn in je gevoel, maar je baby extra goed te laten zien dat hij je juist troost en blijdschap biedt. Zelfs als hij in een sprongetje zit!

Er zijn andere vormen van stress waar je wel rekening mee kunt houden wanneer je weet dat je baby een sprongetje ingaat. Het stoppen van de borstvoeding is een vorm van stress voor je baby. Het voor de eerste keer naar een oppas gaan of naar het kinderdagverblijf is dat ook. En zo zijn er nog talloze situaties op te noemen. Simpelweg omdat dit soort veranderingen alles even anders maken voor je baby. En wennen aan een nieuwe situatie veroorzaakt stress. Met het maken van een sprongetje verandert er heel veel voor je baby, en ook die verandering is stress. Daarom is het verstandig om, wanneer de situatie dat toelaat, te proberen deze grote veranderingen voor je baby niet op hetzelfde moment te laten vallen als een sprongetje. Dat maakt het makkelijker voor je baby.

Dus als het kan vermijd je dubbele stress, maar als het niet kan, dan maak je er het beste van en let je extra goed op dat je er wel bent voor je baby.

9. Een sprong = stress = lagere weerstand

We hebben al beschreven hoe een sprong een vorm van stress is voor je baby, en door het gedrag van je baby tijdens de lastige fase van een sprong heeft deze stress ook zijn weerslag op jou en de rest van je gezin. En wat gebeurt er met een lijf als dat stress ondervindt? Juist: de weerstand wordt even minder. Daardoor zie je dat baby's en dreumesen vaker ziek worden na het begin van de lastige fase. Heel logisch eigenlijk!

10. Een sprong is een positief iets!

We snappen dat het soms lastig is om het zo te zien, maar onthoud: de lastige fase van een sprong eindigt ook weer snel en daarna neem je een ontzettende vooruitgang waar. Een sprong is dus even lastig, maar laat zien dat je baby een gezonde mentale ontwikkeling doormaakt en eigenlijk een enorme sprong vooruitgaat!

Sprong 5

De wereld van relaties

LIEF EN LEED ROND 26 WEKEN OFWEL 6 MAANDEN

Rond 26 (25-27) weken merk je dat je baby er een nieuw vermogen bij heeft gekregen. Voortbouwend op zijn kennis van 'gebeurtenissen' is hij nu voor het eerst in zijn leven in staat de 'relaties' tussen dingen om hem heen waar te nemen en te begrijpen.

Een van de belangrijkste 'relaties' die je baby nu kan waarnemen, is de afstand tussen twee dingen. Voor ons volwassenen is dat niets bijzonders, maar voor je baby is dit een alarmerende ontdekking, een heel radicale verandering in zijn belevingswereld. Hij is plotseling de spreekwoordelijke naald in de hooiberg geworden, zij het dan een luidruchtige naald. Iets wat hij graag wil hebben kan hoog op een plank liggen, waar hij onmogelijk bij kan. Zijn ouders kunnen weglopen naar de aangrenzende kamer en als hij hen niet kan volgen, kunnen ze wat hem betreft net zo goed in het niets verdwenen zijn. Zelfs als hij kan kruipen en hen wel kan volgen, beseft hij toch dat hij hen niet kan bijhouden en dat ze aan hem kunnen ontsnappen.

Deze ontdekking is beangstigend voor je baby en de weken die volgen kunnen heel zwaar worden voor jullie als ouders. Maar als je begrijpt waar dit vandaan komt, kun je hem op allerlei manieren helpen. Zodra hij de afstand tussen zichzelf en de dingen die hij wil onder controle krijgt, kan hij veel meer doen dan voorheen. Tot die tijd is hij echter afhankelijk van jouw steun.

Om te onthouden

Als jouw baby hangerig is, let dan alvast op nieuwe vaardigheden of pogingen daartoe. Kijk alvast naar de ontdekkingslijst op pagina 221 om te zien waar je op kunt letten.

Met dit alles laat je baby zien dat zijn ontwikkeling een sprongetje maakt. Hijzelf heeft die sprong echter al eerder gevoeld. Rond 23 (22-26) weken wordt je baby meestal wat hangeriger dan je van hem gewend bent. Hij merkt dat zijn wereld er anders uitziet, dat hij zijn wereld anders beleeft. Hij merkt dat hij onbekende dingen ziet, hoort, ruikt, proeft en voelt. En in die wirwar van nieuwe indrukken heeft hij er behoefte aan even terug te grijpen naar iets ouds en bekends. Hij wil terug naar papa of mama. Bij hen voelt hij zich het meest vertrouwd. Daar kan hij even tot rust komen en het nieuwe tot zich door laten dringen. Deze hangerige fase duurt bij de meeste baby's vier weken, maar kan ook één of vijf weken duren.

Rond 29 weken kan je baby weer eventjes hangerig worden, terwijl hij al volop bezig is zijn nieuwe vaardigheden te ontwikkelen. Dat is logisch als je bedenkt dat een van die vaardigheden de afstand tussen hem en zijn moeder of vader is, die hij per se onder controle wil krijgen.

De moeilijke fase:
het visitekaartje van de sprong

Alle baby's huilen sneller dan hun ouders gewend zijn. Ze noemen ze mopperig, chagrijnig, dreinerig en ontevreden. Baby's met een sterke eigen wil komen ongedurig, ongeduldig of lastig over. Alle baby's huilen minder als ze op schoot zitten of als papa of mama bij hen blijft als ze bezig zijn. Niet alleen merken ouders dat baby's huileriger, hangeriger en humeuriger zijn, baby's slapen vaak ook slechter, zijn eenkenniger, willen meer aandacht en willen al helemaal niet dat je het lichaamscontact verbreekt, zijn stiller dan normaal en eten slechter. Soms merken ouders heel specifieke dingen op: hun baby wil bijvoorbeeld niet meer stilliggen bij het verschonen of hun baby zoekt vaker troost bij een knuffel.

Kortom, je baby gaat een nieuwe moeilijke fase in die gekarakteriseerd wordt door de drie **H**'s (hij wordt **H**uileriger, **H**angeriger en **H**umeuriger) en nog een paar van een hele lijst aan kenmerken. Dat is niet alleen moeilijk voor je kleintje maar ook voor jezelf, en het heeft zorgen, irritaties en ruzies tot gevolg. Daardoor sta je onder spanning.

Omdat ouders zich zorgen maken, houden ze hun baby extra goed in de gaten en ontdekken dan dat hun baby eigenlijk veel nieuwe dingen doet.

"Ze toont steeds feller haar eigen willetje. Eist op nijdige toon dat ik naar haar toe kom of dat ik bij haar moet blijven, omdat ze anders misschien niet bij haar speelgoed kan."
Over Odine, week 25

"Het lijkt wel alsof hij met zichzelf in de knoop zit. Hij weet niet wat hij wil. Doet zichzelf pijn, huilt, en niks, maar dan ook niks, is goed. Zo erg heb ik die moeilijke fase nog niet eerder bij hem gezien!"
Over Otis, week 24

Hoe merk je dat je baby een moeilijke fase is ingegaan?

Behalve de drie **H**'s kan je baby een paar van de volgende kenmerken vertonen als hij de volgende moeilijke fase ingaat.

Slaapt hij slechter?
De meeste baby's slapen minder. Ze willen niet naar bed, komen moeilijker in slaap of ze zijn eerder wakker. Sommigen willen overdag niet naar bed. Anderen 's nachts niet. Een enkeling wil het geen van beide.

"Het naar bed gaan, zowel overdag als 's avonds, gaat gepaard met ontzettende schreeuwpartijen. Hij gilt moord en brand. Hij is finaal over zijn toeren. Hij kan zo schreeuwen dat hij zichzelf bijna buiten adem brengt. Ik vind dit verschrikkelijk moeilijk. Nooit zie ik hem meer rustig in zijn bedje liggen kijken. Ik wens van harte dat dit niet blijvend is."
Over Bob, week 26

"Er klopt niets meer van zijn ritme, omdat hij steeds even eerder wakker wordt. Verder slaapt hij normaal."
Over Dirk, week 25

Heeft hij nachtmerries?

Soms slapen baby's onrustig. Ze kunnen dan zo opgewonden tekeergaan in hun slaap dat je denkt dat ze een nachtmerrie hebben.

"Ze slaapt erg onrustig. Soms gilt ze heel hard met haar ogen dicht, alsof ze een nachtmerrie heeft. Dan haal ik haar er even uit om tot rust te komen. Ik ben nu begonnen om haar 's avonds in bad te laten spelen en hoop dat ze hier misschien wat rustiger en roziger van wordt."
Xara, week 23

Is hij eenkennig?

Veel baby's willen niet dat anderen naar hen kijken, tegen hen praten of hen aanraken. En ze willen zeker niet bij hen op schoot. De meeste baby's willen ook steeds vaker papa of mama kunnen blijven zien, ook als er geen 'vreemden' aanwezig zijn. Dit valt bijna alle ouders op. Dit komt doordat op deze leeftijd 'eenkennigheid' wordt aangewakkerd door het nieuwe vermogen dat een baby erbij krijgt bij deze sprong.

"Ik mag nog geen meter uit de buurt gaan of ze begint te huilen."
Over Ashley, week 23

"Hij wordt met de dag eenkenniger, wil mij altijd blijven zien en met mij in de buurt spelen. Als ik wegloop, kruipt hij me achterna."
Over Thijs, week 26

Wil je meer weten over slaap en sprongetjes, blader dan door naar pagina 463.

Vraagt hij meer aandacht?

Veel baby's willen dat papa of mama bij hen blijft, met hen speelt of naar hen kijkt.

"Hij wil korter in de box. Ik moest hem soms echt even bezighouden op schoot. Of met hem rondlopen."
Over Dirk, week 27

"Ze had eigenlijk constant kwade zin, was chagrijnig en dreinerig in het aandacht vragen. Ik moest de hele dag spelletjes met haar spelen of met haar bezig zijn. Dan was het goed."
Over Jetteke, week 25

Wil hij niet dat je het lichaamscontact verbreekt?

Veel baby's willen op schoot of op de arm blijven en niet neergelegd worden. Sommigen zijn op schoot ook weer niet echt tevreden, omdat ze er dan weer op uit willen, maar niet van schoot af.

"Hij wil constant op schoot. Maar als hij daar zit, is hij bijna niet te houden. Hij wil overal heen kruipen en probeert als een wildeman naar alles te graaien waar hij bij kan. Ik vind dat niet leuk. Ik probeer wel een spelletje, maar het heeft geen enkele zin. Als hij dan toch niet met me wil spelen, moet hij ook niet zeuren. Ik vind het eigenlijk ondankbaar van hem dat hij mijn spel afwijst en ik zet hem dan terug in de box. Dat wil hij dan ook niet. Hij blèrt dan weer om mij."
Over Thijs, week 27

Verschillen tussen jongens en meisjes

- Meisjes die lichaamscontact vragen, willen meestal ook met papa of mama spelen.
- Jongens die lichaamscontact vragen, willen tegelijkertijd op onderzoek uit.

Eet hij slechter?
Zowel baby's die de borst krijgen als baby's die de fles krijgen, drinken soms minder of weigeren alles. Ook de andere hapjes zijn soms minder in trek. Ze doen vaak langer over een maaltijd, ze lijken gewoon minder geïnteresseerd in eten en drinken.

"Hij weigert 's morgens en 's avonds altijd de borst, duwt hem weg. Heel pijnlijk. Als hij dan in bed ligt en niet kan slapen, wil hij wél weer aan de borst. Hij drinkt dan wat en valt eraan in slaap."
Over Thijs, week 26

Is hij 'stiller'?
Sommige baby's maken wat minder geluidjes. Andere liggen vaker bewegingloos rond te kijken of te staren. Ouders vinden dit gedrag vaak 'vreemd' en 'beangstigend'.

"Soms ligt ze ineens heel stil te staren of rond te kijken. Als ze dit vaker doet op een dag, maakt me dat wat onzeker. Dan denk ik: er zal toch niets aan de hand zijn? Dan ken ik haar niet terug. Zo futloos. Net of ze ziek is."
Over Juliette, week 24

Wil hij niet verschoond worden?

Veel baby's huilen als ze worden neergelegd om verschoond te worden. Of als ze aangekleed worden. Ze willen gewoon niet dat er iets aan hun kleren wordt veranderd.

"Als ik haar op de rug leg voor bijvoorbeeld een schone luier, begint ze altijd te huilen. Meestal niet zo lang, maar het is altijd hetzelfde liedje. Soms denk ik dat ze misschien iets aan haar ruggetje mankeert."
Over Juliette, week 23

"Als ik hem aankleed of verschoon, schreeuwt hij bijna altijd moord en brand. En als er een truitje over zijn hoofd gaat, is het echt kermis. Vind ik vervelend en ergerlijk. Nergens voor nodig."
Over Bob, week 24

Zoekt hij vaker troost bij een knuffel?

Sommige baby's zoeken vaker troost bij een knuffel, slof, dekentje of doekje. Alles wat zacht is, kan in aanmerking komen. Meestal knuffelen ze ermee terwijl ze duimen. Het maakt ze rustig.

"Als ze merkt dat zeuren en mopperen haar niet uit de box helpen, legt ze zich daarbij neer. Ze pakt haar lapje en gaat zitten duimen met die lap in de hand. Snoezig."
Over Ashley, week 24

"Duimzuigen viert nu hoogtij. Als hij moe wordt, pakt hij vaak zijn duim, legt zijn hoofdje op de beer en valt zo in slaap. Zo ontroerend."
Over Steven, week 23

Zo merk ik aan jou dat de sprong begonnen is:

- ☐ Je huilt vaker.
- ☐ Je bent vaker 'chagrijnig', mopperig en dreinerig.
- ☐ Je wilt vaker beziggehouden worden.
- ☐ Je wilt niet dat ik het lichaamscontact verbreek.
- ☐ Je slaapt slechter.
- ☐ Je eet slechter.
- ☐ Je wilt niet verschoond/aangekleed worden.
- ☐ Je bent vaker eenkennig.
- ☐ Je maakt minder geluidjes.
- ☐ Je bent minder beweeglijk.
- ☐ Je zuigt (vaker) op je duim.
- ☐ Je pakt (vaker) een knuffel.
- ☐ En ik merk dat je

je verwacht je ritme slaapt na de laatste voeding niet meer direkt

Let op, ook hier geldt: een baby hoeft niet al deze sprongkarakteristieken te vertonen! Het gaat er meer om wélke je baby vertoont dan om hoeveel.

Zorgen[8], irritaties en ruzies

Ouders raken uitgeput

Ouders van veel aandacht vragende baby's voelen zich in deze moeilijke fase vaker moe. Zeker tegen het einde van die fase. Ze klagen over maagpijn, rugpijn, hoofdpijn en zenuwachtigheid.

"Ik ben zo allergisch voor zijn gehuil dat ik totaal gefixeerd ben op 'niet huilen'. De spanning die dat kost, slurpt al mijn energie op."
Over Steven, week 25

"Ik moest een avond steeds heen en weer lopen om de speen erin te stoppen. Om halfeen was ze ineens klaarwakker tot halfdrie. Ik had al een drukke dag achter de rug met veel hoofdpijn en rugpijn van het sjouwen. Dus toen stortte ik wel even in."
Over Xara, week 27

Ouders zijn bezorgd

Ouders vinden het altijd 'eng' als ze niet snappen wat er aan de hand is. Toen hun baby kleiner was, dachten ouders meestal aan darmkrampjes. Nu vermoeden velen dat hun baby hangerig is omdat hij last heeft van zijn tandjes. Immers, rond deze leeftijd komen bij de meesten de eerste tandjes door. Toch is er geen verband tussen hangerigheid als gevolg van een ontwikkelingssprong en tanden krijgen. Evenveel baby's krijgen tanden in een niet-hangerige fase als in een hangerige fase. Als je baby ook nog eens tanden krijgt als zijn ontwikkeling een sprongetje maakt, kan hij hierdoor natuurlijk wel extra lastig zijn.

"Ze is erg chagrijnig, wil alleen maar op schoot. Misschien in verband met haar tandjes. Deze zitten haar nu al drie weken dwars. Ze heeft er veel last van, maar ze zijn nog steeds niet door."
Over Jetteke, week 25

---

8 *Vraag bij twijfel altijd advies aan je huisarts of het consultatiebureau.*

Tanden komen niet per se rond sprongen

In dit schema kun je zien in welke volgorde tandjes meestal doorkomen. Baby's zijn echter geen machines. Je baby krijgt zijn eerste tandje wanneer hij eraan toe is. Het is een kwestie van aanleg. Ook de snelheid waarmee de tanden na elkaar verschijnen, zegt niets over de gezondheid of de ontwikkeling van een baby zelf. Bijdehante baby's kunnen vroeg of laat, snel of langzaam hun tanden krijgen.

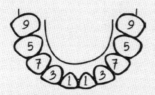

Meestal komt het eerste tandje door als een baby 6 maanden is. Dit zijn de voortanden in de onderkaak (1). Meestal heeft hij zes tandjes als hij zijn eerste verjaardag viert. Als hij tweeënhalf is, komen de laatste kiezen (8) en is zijn melkgebit compleet. De peuter heeft dan twintig tanden en kiezen. Hier kun je bijhouden wanneer en in welke volgorde de tanden en kiezen van jouw baby doorkomen.

Let op!
Diarree of koorts heeft niets met tanden krijgen te maken. Als je baby dat heeft, is hij gewoon ziek.

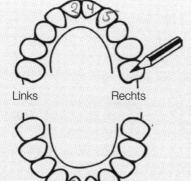

Links   Rechts

Datum
L1 8.5. '19   R1 6.5. '19
L2 juli   R2 ende August
L3 .... R3 ....
L4 .... R4 ....
L5 .... R5 ....
L6 .... R6 ....
L7 .... R7 ....
L8 .... R8 ....
L9 .... R9 ....
L10 .... R10 ....

"Hij was heel huilerig. Volgens de consultatiebureau-arts zijn er een heleboel tandjes op komst."
Over Paul, week 27 (De eerste tand kwam zeven weken later.)

Ouders ergeren zich

Ouders maken zich boos als ze vinden dat hun baby geen reden heeft om zo lastig en hangerig te zijn. En dit gevoel wordt steeds sterker aan het einde van de hangerige fase. Vooral ouders met een baby die extra veel aandacht vraagt, kunnen het dan gewoon niet meer aan. Ze kunnen klagen over moeheid, hoofdpijn, misselijkheid, rugpijn en zenuwachtigheid.

"Ik vond het een ontzettend zware week. Hij huilde om alles. Hij vroeg aan één stuk door aandacht. Hij was de hele dag tot tien uur wakker en onrustig. Ik heb ontzettend veel met hem rondgesjouwd in de draagzak. Dat was wel naar zijn zin. En ik voelde me moe, moe, moe van al dat gesjouw en continue gehuil. Als hij dan 's avonds weer lag te donderjagen in bed, was het net alsof ik over een bepaalde grens in mezelf ging en dan voelde ik me ontzettend agressief worden. Dat gebeurde vaak deze week."
Over Bob, week 25

Een enkeling voelt zich af en toe vreselijk agressief worden van het voortdurende gehuil en gejengel. Zulke gevoelens zijn niet abnormaal en niet gevaarlijk, maar ernaar handelen is dat wel. Zoek hulp als het je te veel dreigt te worden.

Ouders hebben er genoeg van

Rond maaltijden kunnen nu conflicten ontstaan. De meeste ouders vinden het akelig als hun baby niet wil eten. Ze blijven eten aanbieden. Ze proberen het speels, soms dwingend. Maar meestal zonder succes.

Op deze leeftijd kunnen baby's met een sterke eigen wil heel fel en vasthoudend zijn in hun weigering. Dit maakt ouders die uit pure bezorgdheid óók vasthoudend zijn, soms erg boos. Zo worden maaltijden een waar strijdtoneel. Probeer rustig te blijven. Stop met de strijd. Je kunt 'eten' toch niet dwingen. In de hangerige fase zijn veel baby's niet zo dol op eten. Maar dat is tijdelijk. Als je te veel blijft aandringen, heb je kans dat je baby ook blijft weigeren als de hangerige fase voorbij is. Hij maakt er dan een gewoonte van.

Aan het einde van de hangerige fase voelen ouders goed aan dat hun baby meer kan dan hij laat zien. Steeds meer ouders krijgen genoeg van die vervelende hangerigheid en vinden dat er een einde aan moet komen.

'Ik erger me geregeld aan dat gezeur om aandacht of om opgetild te worden. Nergens voor nodig. Ik heb meer te doen. Als ik het zat ben, gaat ze haar bed in.'

Over Juliette, week 26

Het nieuwe vermogen breekt door

Rond 26 weken ontdek je dat een baby meer kan dan je dacht. Je merkt dat hij dingen probeert of doet die nieuw zijn. Je baby's verkenningstocht in de 'wereld van relaties', die een paar weken geleden begon, begint nu vruchten af te werpen en je baby begint die nieuwe vaardigheden te kiezen die het best bij hem passen. Jouw baby met zijn aanleg, voorkeur en temperament maakt zijn eigen keuzes. En als volwassene kun je hem daarbij helpen.

De 'wereld van relaties'

Je baby kan nu voor het eerst allerlei soorten 'relaties' waarnemen en uitvoeren. De hele wereld hangt aan elkaar van relaties. Het ene heeft altijd iets met het andere te maken. Iets wat hij ziet kan te maken hebben met iets anders wat hij ook ziet, maar het kan ook iets te maken hebben met wat hij hoort, voelt, proeft of ruikt. Je baby zal je er eindeloos veel voorbeelden van laten zien. En je kunt ze plaatsen als je weet waar je zoal op moet letten. Om je daarbij te helpen, volgen hier een paar voorbeelden.

Het dringt nu tot je baby door dat mensen en dingen zich altijd op een bepaalde afstand van elkaar bevinden. Dat blijkt het sterkst uit de interactie met zijn ouders. Als zij die afstand te groot maken zonder dat hij er iets aan kan doen, gaat hij huilen. Hij verliest dan de controle over die afstand.

"We hebben een probleempje. Ze wil niet meer in de box. Zweeft ze maar boven dat ding, dan trekt ze al een bibberlipje. Ligt ze erin, dan is het brullen. Het is echter over als ik haar op de grond leg, aan de andere kant van de 'tralies' dus. Ze kruipt me dan achterna."
Over Nina, week 25

Je baby begrijpt nu dat iets zich *in, uit, op, boven, naast, onder* of *tussen* iets anders bevindt. En hij speelt met die begrippen.

"Hij is de hele dag bezig met speeltjes in en uit zijn doos te halen. Hij kiepert dan weer alle spullen over de rand van zijn box en een andere keer werkt hij ze allemaal tussen de spijlen door naar buiten. Hij haalt kasten en planken leeg en laat met het grootste plezier flesjes en bakjes water leegdruppelen in bad. Maar het mooiste was het volgende: toen ik hem voedde, liet hij de tepel los, bestudeerde deze met een ernstig gezicht, schudde even mijn borst op en neer, zoog één keer, keek weer en bleef zo een tijdje doorgaan. Dit heeft hij nog nooit gedaan. Net of hij wilde uitvinden hoe daar nou iets uit kon komen."
Over Thijs, week 30

Je baby kan nu begrijpen dat het een het ander veroorzaakt. Zoals een knopje dat een muziekje in gang zet als het ingedrukt wordt. Hij wil daarmee bezig zijn en wordt aangetrokken door dingen als muziek- en tv-apparatuur, lichtknopjes en (speelgoed)piano's. Hij begrijpt nu dat twee mensen, dingen, geluiden, situaties, enzovoort bij elkaar kunnen horen. Of dat een geluid bij een ding hoort of bij een bepaalde situatie. Hij weet dat gerammel in de keuken betekent: 'er wordt aan mijn eten gewerkt'. Dat het geluid van de sleutel in de voordeur betekent: 'papa (of mama) komt thuis'. Dat de hond zijn eigen eten en speelgoed heeft. Dat hij bij papa en mama hoort. Soms geeft deze nieuwe vaardigheid je baby ook zorgen en onzekerheden.

"Het valt me op dat hij bang is voor de broodsnijmachine bij de bakker. Zo gauw het brood erin gaat, kijkt hij me steeds aan of dat wel te vertrouwen is. Als ik hem dan lachend aankijk, is het na een poosje goed. Maar zeker niet meteen, eerst kijkt hij bang, dan naar mij, dan weer bang, dan weer naar mij."
Over Paul, week 29

Je baby begrijpt nu ook dat mensen en dieren hun bewegingen op elkaar afstemmen. Ook al lopen twee mensen los van elkaar, toch heeft hij in de gaten dat ze rekening houden met elkaars bewegingen. Ook dat is een relatie. Het valt hem dan ook op als er tussen twee mensen of dingen iets fout gaat. Als mama iets met een kreet laat vallen en zich tegelijkertijd snel bukt om het te vangen, of als twee mensen per ongeluk tegen elkaar botsen, of als de hond van de bank valt, is dat iets 'abnormaals'. En zo'n situatie kan bij de ene baby ontzettend op de lachspieren werken, terwijl het een ander kind heel angstig kan maken. En weer een ander razendnieuwsgierig of heel ernstig. Het is immers iets wat eigenlijk niet hoort.

Verder voelt hij nu dat hij de bewegingen van zijn lijf en ledematen op elkaar kan afstemmen en dat zij samenwerken als één precisieteam. Als hij dat aanvoelt, kan hij meer met zijn speelgoed gaan doen. Hij kan 'volwassener' gaan kruipen. Hij kan proberen zélf te gaan zitten, zich op te trekken tot staan en weer gaan zitten. Hij kan heel trots de eerste stapjes zetten, met hulp. En een enkele baby doet dat al zonder hulp, net voordat de volgende sprong begint.

Al deze 'lichamelijke oefeningen' kunnen beangstigend zijn voor een baby. Baby's realiseren zich heel goed wanneer ze de controle over hun lichaam kwijtraken. Ze moeten leren hun evenwicht te bewaren. Dit evenwicht bewaren heeft weer te maken met afstanden zien. Als je baby dat onder de knie krijgt, kan hij ook leren om zijn evenwicht te bewaren. In 'De allemaal-nieuwe-dingenfase: de ontdekking van de nieuwe wereld' wordt aan alle vaardigheden die hier zijn beschreven en waar je je baby bij kunt helpen, uitgebreid aandacht besteed.

Als je baby 'relaties' waarneemt en er zelf mee 'speelt', doet hij dat op zijn manier. Hij maakt gebruik van de vermogens die hij al tot zijn beschikking heeft gekregen bij de vorige sprongetjes in zijn ontwikkeling. Dus hij neemt 'relaties' waar tussen 'sensaties', 'patronen', 'vloeiende overgangen' en 'gebeurtenissen'.

Dit vermogen tot het waarnemen van en het spelen met 'relaties' verandert het gedrag van je baby. Het beïnvloedt alles wat hij doet. Je baby merkt nu dat de wereld vol is met 'relaties'. Hij neemt ze waar tussen mensen, tussen dingen, tussen mensen en dingen, tussen hemzelf en andere mensen en dingen, en tussen zijn eigen ledematen.

Kun je je voorstellen dat je baby van slag is als dit alles tot hem doordringt? Voor ons als volwassenen zijn 'relaties' heel gewoon. Wij hebben ermee leren leven. Je baby nog niet.

Oefeningen
Ervaar de wereld door de ogen van je baby

Om begrip te kunnen opbrengen voor de problemen waar je baby mee worstelt, moet je je die problemen kunnen voorstellen. Stel nou dat jij in een wereld leeft waarin je volledig afhankelijk bent van een bepaalde persoon. En dat je voor de eerste keer snapt dat die persoon weg kan gaan zonder dat je daar invloed op hebt. En dat je zelf niet achter die persoon aan kunt gaan, omdat je je niet kunt verplaatsen. Hoe eng zou dat zijn?

OEFENING 1

Kijk eens naar de omgeving om je heen en neem een denkbeeldige foto. Wat zie je? En wat 'weet' je, maar zie je niet? Denk maar eens aan de meest simpele dingen. Onder je bureau loopt de vloer gewoon door. Achter je scherm zitten de kabels vastgeprikt. Die zijn natuurlijk niet afgesneden, of stoppen niet als je ze niet meer ziet. Of kijk naar jezelf. Je benen zitten onder het bureau. Ze zijn er wel, maar je ziet ze niet. Jij weet dus een heleboel dingen die je niet kunt zien, maar die je hersenen voor je invullen.

OEFENING 2

Ga eens na hoeveel dingen je iedere dag wel niet 'in' iets ziet of stopt, of 'op', 'onder', 'achter', enzovoort. Bij de oefening van de vorige sprong vroegen we je een lijstje met punten te maken, dat doen we nu niet meer. Simpelweg omdat de lijst dan te lang zou worden. Denk maar eens na over het grote aantal relaties dat jij iedere dag waarneemt en handhaaft of verandert en waar je baby nu voor de eerste keer mee geconfronteerd wordt. Als je je dat realiseert, dan weet je waarom deze sprong een reuzensprong is!

De allemaal-nieuwe-dingenfase:
de ontdekking van de nieuwe wereld

Iedere baby heeft soms weken tijd en heel veel hulp nodig om het nieuwe vermogen zo goed mogelijk uit te werken in daadwerkelijk onder de knie gekregen vaardigheden. Als ouder kun je hem daarbij helpen. Je kunt hem de gelegenheid en de tijd geven om met 'relaties' te spelen. Je kunt hem aanmoedigen en troosten als het even niet meezit. Je kunt hem nieuwe ideeën aanreiken.

Geef je baby de gelegenheid zo veel mogelijk in contact te komen met 'relaties'. Laat ze hem zien, horen, voelen, ruiken en proeven, net wat hij het prettigst vindt. Hoe meer hij ermee in contact komt, ermee speelt, des te beter zijn begrip ervan wordt.

Het doet er niet toe of je baby dat begrip nu het liefst leert op het gebied van observeren, het hanteren van speeltjes, taal, geluiden, muziek of op motorisch gebied. Hij zal dat begrip later makkelijk ook op andere gebieden gaan gebruiken. Hij kan nu eenmaal niet alles tegelijk doen.

Merk je dat je baby speelgoed 'verplaatst'?

Laat je baby spulletjes ergens *op*, *in*, *naast* of *onder* leggen. Laat hem speeltjes ergens *uit* of *overheen* gooien. Laat hem ze ergens *tussendoor* halen. Voor een buitenstaander lijkt het alsof hij als een wervelwind van het ene voorwerp naar het andere vliegt, maar deze hyperactiviteit levert hem precies die informatie op die zijn hersens nodig hebben om die nieuwe wereld van 'relaties' te doorgronden.

"Ze legt speelgoed, zoals kubusblokken, speentje of beestjes, op een mand. Als ze staat, pakt ze speelgoed van de grond en gooit het in de stoel. Ook duwt ze dingen tussen de spijlen door de box in. Als ze in de box zit, gooit ze alles over de rand eruit. Ze bekijkt ook wat ze gedaan heeft."

Over Jetteke, week 30

Geef je baby een eigen plank die of kastje dat hij 'leeg kan halen' en waar je makkelijk het zaakje weer in kunt proppen. Geef hem een doos waar hij spullen *in* kan leggen. Draai een doos om, zodat hij daar wat *op* kan leggen. Laat hem speelgoed *tussen* de spijlen van de box door naar buiten werken of *over* de rand *eruit* gooien. Voor baby's die niet geïnteresseerd zijn in kruipen, is dit een ideale manier om ook bezig te zijn met 'relaties' als *op*, *in* en *uit*.

Vindt je baby het leuk om dingen om te gooien?
Weer een andere manier waarop je baby 'relaties' kan verkennen, is door dingen om te gooien en te laten vallen. Hij doet dat om te kijken en te horen hoe dat gebeurt. En misschien doet hij dat ook wel om te bestuderen hoe één ding uit elkaar valt in meerdere stukken. Je ziet hem met plezier blokkentorens omgooien die jij telkens weer voor hem moet bouwen. Maar hij zal met evenveel genoegen hetzelfde doen met de prullenbak en de bakjes gevuld met brokjes en water voor de poes.

"Ze probeert uit hoe dingen vallen. Ze doet dat met allerlei soorten dingen. Haar speen, blokjes of beker. Ik heb haar toen een veertje gegeven van Pino, de parkiet. Dat was wel even een verrassing, maar het liefst hoort ze toch een hoop lawaai."
Over Nina, week 28

"Hij heeft vreselijk gelachen toen ik een bord uit mijn handen liet glijden, dat kletterend in stukken neerkwam. Nog nooit heb ik hem zo hard horen lachen."
Over Jan, week 30

Je baby kan proberen om dingen te laten rollen, zoals een bal of een vierkant stoffen blok met geluid. Maak er een spelletje van en rol het naar hem terug.

"Ze kan een lichte bal wat opgooien of rollen. Als ik die naar haar terugrol, weet ze hem feilloos te pakken."
Over Ashley, week 27

Is hij geboeid door dingen waar iets in zit?

Hij zal geboeid zijn door 'dingen waar iets in zit', zoals een bal gevuld met een in het water zwemmende eend, een knuffel met een geluidje of een speelgoedpiano. Maar ook door dingen die geen speelgoed zijn en waar iets in zit.

"Ik hield een beer ondersteboven zodat er geluid uit kwam. Daarna zette ik de beer op de grond. Paul kroop er meteen naartoe en rolde hem om tot hij geluid maakte. Dat vond hij zó leuk dat hij de beer keer op keer omrolde."
Over Paul, week 33

Zie je dat je baby speelgoed uit elkaar wil halen?

In de 'wereld van relaties' zal je baby ontdekken dat 'slopen' ook tot de mogelijkheden behoort. Hij zal waarschijnlijk deze mogelijkheden in het speelgoed ontdekken. Zo zal hij speeltjes 'uit elkaar' willen halen zoals stapelbekers, klikblokken, vastklikkralen, veters uit schoenen. Hij zal pulken en trekken aan dingen die aan spullen en speelgoed vastzitten, zoals labels, etiketten, stickers, ogen en neus van knuffels en wielen, klepjes en deuren aan speelgoedauto's. Maar ook knopen aan kleren, knopjes en snoeren uit apparatuur of doppen op flessen haalt hij zo mogelijk uit elkaar. Kortom, hij sloopt terwijl hij onderzoekt.

"Hij trekt voortdurend zijn sokjes uit."
Over Dirk, week 31

Vindt hij het leuk als dingen ergens in verdwijnen?

Soms zal een baby het één *in* iets anders willen doen. Maar dat lukt alleen bij toeval. Hij kan pas na de volgende sprong onderscheid maken tussen verschillende vormen en afmetingen.

"Ze probeert allerlei dingn in elkaar te zetten. Vaak klopt de maat dan wel, maar de vorm niet. Of soms doet ze het niet secuur genoeg. Ze wordt driftig als dit niet lukt."

Over Jetteke, week 29

"Hij heeft zijn neusgaten ontdekt. Stak er een onderzoekende vinger in. Hopelijk stopt hij er geen kraal in!"

Over Jan, week 32

Ook vindt je baby het leuk om te zien hoe iets *in* iets anders verdwijnt.

"Ze bekijkt graag hoe de hond zijn bak leegeet. Ligt er het liefst met haar neus bovenop. Ik vind dat best wel gevaarlijk, want de hond schrokt wat sneller bij zo veel aandacht. Aan de andere kant heeft de hond ook plotseling veel aandacht voor haar als ze eet. Als ze in haar kinderstoel aan tafel zit, zit de hond naast haar. Wat blijkt? Ze laat stukjes brood vallen en bekijkt hoe ze in zijn bek verdwijnen."

Laura, week 31

Maak je huis babyproof

Bedenk dat je baby geboeid kan zijn door dingen die gevaarlijk zijn! Hij kan overal een vinger of tong in steken waar gaten of gleuven in zitten. Ook in gevaarlijke dingen zoals stopcontacten, elektrische apparatuur, afvoerputjes en hondenbekken. Blijf daarom altijd bij je baby in de buurt als hij op onderzoek uitgaat.

Begrijpt je baby korte zinnen en gebaren?

Je baby kan nu de relatie begrijpen tussen een korte zin en zijn betekenis en tussen een gebaar en zijn betekenis. Verder kan hij nu ook de relatie tussen een woord en een gebaar snappen. Het spreekt vanzelf dat je baby deze dingen alleen maar begrijpt in zijn eigen omgeving en binnen de routine van alledag. Zou je diezelfde zinnen in een vreemde situatie op een recorder afspelen, dan zou je baby er niets van begrijpen. Die vaardigheid komt pas veel later.

Toch kan je baby ook nu, met zijn nog beperkte vaardigheid, al veel nieuwe dingen leren. Als hij graag met woorden en gebaren bezig is, speel dan in op zijn interesses. Moedig je baby aan om te begrijpen wat je zegt. Maak korte zinnen met duidelijke gebaren. Leg veel uit. Laat zien, voelen, ruiken en proeven wat je zegt. Hij begrijpt meer dan je denkt.

'Ik heb het gevoel dat hij het snapt als ik iets uitleg of voorstel. Zoals: 'Zullen we eens heerlijk naar buiten gaan?' of: 'Ik geloof dat het bedtijd is.' Dat laatste hoort hij duidelijk minder graag.'
Over Bob, week 30

'Als wij zeggen 'Klap eens in je handjes' dan doet ze dat. En als we zeggen: 'Ga eens springen,' dan zakt ze door de knieën en 'springt' omhoog. Ze komt niet met haar voetjes van de grond.'
Over Jetteke, week 32

'Als ik zei: 'Dag, doe maar daaag,' terwijl ik met haar hand in de mijne zwaaide naar papa die wegging, bleef ze maar naar mijn hand kijken. Nu weet ze duidelijk dat ze naar papa zwaait.'
Over Xara, week 32

Begint je baby 'woorden' of gebaren te gebruiken?

Je baby kan nu de relatie tussen een geluid (of woord) en een gebeurtenis gaan begrijpen. Bijvoorbeeld 'boem' hoort bij een val. Ook kan hij de relatie tussen een gebaar en een 'gebeurtenis' leren. Maar hij kan nog meer. Hij kan nu ook zelf woorden en gebaren leren gebruiken. Als je baby met woorden of gebaren iets 'zegt' of 'vraagt', laat hem dan duidelijk weten dat je dolenthousiast bent dat hij dat kan. Speel erop in en praat en gebaar terug. De belangrijkste manier waarop je je baby kunt leren praten, is door zelf veel met hem te praten. Door de alledaagse dingen te benoemen. Door vragen te stellen, zoals: 'Wil je een boterham?' als je zijn bordje neerzet. Door versjes te laten horen en zangspelletjes met hem te spelen. Kortom, door praten aantrekkelijk voor hem te maken.

"Als hij iets wil doen, legt hij zijn hand erop en kijkt me aan. Het lijkt of hij wil vragen: 'Mag dat?' Ook 'nee' snapt hij. Hij zal het toch vaak proberen, maar hij weet dat 'nee' ook 'nee' inhoudt."

Over Bob, week 32

"Vorige week zei ze voor het eerst 'boe' (= boem) als ze viel, en heel duidelijk 'aai' als ze de katten aait of ons. We merkten ook duidelijk dat ze allerlei klanken van ons overnam, dus zijn we begonnen om haar te leren praten. Ze begint nu met klanken zogenaamde woorden te vormen. Bijvoorbeeld: 'baba' = papa, 'Poe' = Poemel, de hond, 'Be' = Bert uit Sesamstraat."

Over Jetteke, week 29

"Ze is een echte babbelaar. Ze kletst vooral bij het kruipen, bij herkenning van iemand of iets. Ze doet het tegen haar knuffels en tegen ons als ze op schoot zit. Het lijkt of ze hele verhalen vertelt. Ze gebruikt allerlei medeklinkers en klinkers en varieert ze eindeloos."

Over Odine, week 29

"Hij schudt 'nee' en maakt er een geluidje bij. Als ik hem nadoe, moet hij vreselijk lachen."

Over Paul, week 28

Het eerste 'woordje'

Als je baby het vermogen tot het waarnemen van en spelen met 'relaties' heeft gekregen, kán hij zijn eerste 'woordjes' gaan zeggen. Dat wil niet zeggen dat hij dat ook doet. De leeftijd waarop baby's 'woorden' gaan gebruiken, kan heel verschillend zijn. Maak je dus geen zorgen als hij dat nog een paar maanden uitstelt.

Kijkt je baby graag in boekjes?

Als je baby met plezier kletst, kijkt hij meestal ook graag naar plaatjes in boekjes. Speel daarop in. Laat hem zelf een boekje kiezen. Hij heeft meestal een voorkeur. Sommige baby's lezen boekjes om het open- en dichtslaan te oefenen. Andere om naar de plaatjes te kijken.

"Hij pakt vaak een plastic prentenboekje, klapt het steeds open en dicht en bekijkt de plaatjes met een puntig mondje."
Over Paul, week 29

"Ze heeft het grootste plezier als ik de geluiden maak die bij het dier horen waar zij naar kijkt."
Over Nina, week 30

Danst en zingt je baby al?

Als je baby reageert op muziek, doe dan veel zang-, dans- en klapliedjes. Je baby oefent zo met woorden en gebaren. Als je weinig kinderliedjes kent, kun je ze bijvoorbeeld gewoon even op YouTube opzoeken,

"Toen we tijdens het babyzwemmen liedjes zongen, zong ze ineens mee."
Over Xara, week 30

"Als ze muziek hoort of als ik ga zingen, dan begint ze meteen te wippen op haar beentjes en met haar buikje."
Over Eefje, week 32

Gaat je baby zelf zitten: hoe is zijn evenwicht?

In je baby's lichaam spelen talloze 'relaties' tussen verschillende onderdelen van het skelet een belangrijke rol. Zonder de inspanningen van alle spieren zouden die relaties verloren gaan en zouden we op de grond vallen als een zak met losse botten. Rond deze leeftijd probeert je baby los te gaan zitten.

"Hij heeft zitten geleerd. Ging eerst op één bil zitten met twee handjes op de grond. Toen een handje los en nu zit hij zonder zijn handen te gebruiken."
Over Thijs, week 25

"Ze zit al zo stevig dat ze durft te grijpen naar dingen boven haar hoofd zonder haar evenwicht te verliezen, zoals vorige week. Ook pakt ze soms wat, houdt het boven haar hoofd met twee handjes en gooit het dan weg."
Over Jetteke, week 28

"Als hij gaat zitten, rolt hij vaak door of terug. Ook valt hij naar voren of naar achteren. Als dat gebeurt, lach ik snel. Vaak lacht hij dan ook."
Over Bob, week 26

Help je baby als hij wiebelig zit. Probeer of hij wat zekerder wordt door hem op een speelse manier te laten voelen hoe hij het stevigst zit en hoe hij zijn evenwicht kan herstellen als hij dreigt te vallen.

Gaat je baby zelf staan: hoe is zijn evenwicht?

"Ze probeerde zich deze week geregeld op te trekken en ineens lukte het haar. Ze had zich in haar bedje opgetrokken en ging prompt staan. Bleef ook staan. Nu kan ze het echt. Ze trekt zich op aan bed, box, tafel, stoel en benen. Ook pakt ze staande voor de box met één hand speelgoed uit de box."
Over Jetteke, week 28

"Ze is voor het eerst gaan staan in de box, maar ze weet niet hoe ze terug moet. Vermoeiend. Vandaag stond ze voor het eerst in haar bedje te roepen. Dit irriteert me. In bed moet ze gaan slapen. Ik hoop maar dat het niet te lang duurt en dat ze snel leert hoe ze zich weer kan laten zakken."
Over Juliette, week 31

Help je baby als hij wiebelig staat of als hij bang is om te vallen. Speel evenwichtsspelletjes met hem. Deze maken hem vertrouwd met zijn verticale positie. Voor de meest geliefde evenwichtsspelletjes kun je kijken bij 'Speltoppers van relaties'.

Loopt je baby met steun: hoe is zijn evenwicht?

"Ze loopt keurig evenwichtig tussen twee handen in. Ze steekt over van de stoel naar de televisie als ze staat. Ze loopt langs de tafel, om de bochten heen. Ze stapt achter een Pamperdoos aan door de kamer. Gisteren schoof de doos weg en deed ze drie pasjes los."
Over Jetteke, week 34

Als je merkt dat je baby wil lopen, help hem dan. Houd hem goed vast, want zijn evenwicht is meestal wankel. Speel spelletjes met hem die hem vertrouwd maken met het bewaren van zijn evenwicht, óók als hij zijn gewicht verplaatst van het ene been naar het andere. Ga nooit urenlang met hem lopen. Hij leert het daardoor heus niet sneller. Je baby gaat pas lopen als hij dat kan en durft.

Alleen met de juiste lichaamsbouw kan je baby leren lopen

Als je baby het vermogen tot het waarnemen van en spelen met 'relaties' heeft gekregen, kan hij begrijpen wat 'lopen' is. Maar begrijpen alleen is niet voldoende om het ook te gaan doen. Om écht te gaan lopen moet hij een lichaam hebben dat aan verschillende eisen voldoet. Je baby zal alleen dán leren lopen wanneer de verhoudingen tussen de zwaarte van zijn botten, zijn spiermassa en de lengte van zijn armen en benen ten opzichte van zijn romp 'ideaal' zijn. En ideaal hoeft ook niet 'mooi' te betekenen.

Speelt je baby met 'relaties' tussen lichaamsdelen?

Je baby kan nu twee vingers in relatie tot elkaar brengen, bijvoorbeeld zijn duim en wijsvinger. Als hij daardoor geboeid is, kan hij heel kleine dingen als pluizen van het vloerkleed leren pakken. Hij kan grassprietjes gaan plukken. Hij zal met zijn wijsvinger gaan voelen over allerlei oppervlakken. En kleinere speeltjes gaan bestuderen, omdat hij die nu tussen zijn vingers kan pakken, in plaats van met de volle hand.

"Ze gaat de hele kamer rond en ziet de kleinste oneffenheden of kruimels op de vloer, pakt die met duim en wijsvinger op en steekt ze in haar mond. Ik moet nu dus goed op gaan letten dat ze geen rare dingen eet. Ik laat haar nu zelf kleine stukjes brood eten. Eerst stak ze steeds haar duimpje in de mond in plaats van het brood dat tussen haar vingers zat. Het gaat nu wat beter."

Over Odine, week 32

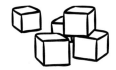

Je baby kan nu ook de relatie gaan begrijpen tussen datgene wat zijn ene hand doet en wat zijn andere hand doet. Hij heeft de bewegingen van beide handen beter onder controle. Hierdoor kan hij ze allebei tegelijk gaan gebruiken. Moedig je baby aan om met beide handen tegelijk bezig te zijn. Laat hem in elke hand een speeltje vasthouden en ze *tegen elkaar* slaan. Hij kan ook zonder een speeltje die slabeweging maken en dus in zijn handen klappen. Probeer dat eens. Laat hem met speeltjes *op* de grond of *tegen* de muur slaan. Moedig hem aan om speelgoed *van* de ene *in* de andere hand te pakken. En laat hem twee speeltjes tegelijk neerzetten en ze weer oppakken.

"Ze heeft de mepziekte. Ramt op alles wat los en vast zit."
Over Jetteke, week 29

Laat je baby kruipend bezig zijn met 'op', 'in' en 'onder'

Als je baby al kan kruipen en dat graag doet, laat hem dan vrij rondkruipen in een kamer waar dat geen kwaad kan. Als hij al 'relaties' kan waarnemen, begint hij te begrijpen dat hij *in*, *uit*, *onder*, *over*, *tussen*, *boven*, *op* en *door* dingen kan kruipen. Hij vindt het zalig om met die verschillende relaties tussen de dingen om hem heen te spelen. Kijk of hij het volgende ook doet.

"Ik vind het leuk om te volgen hoe hij speelt als hij in de kamer bezig is. Hij kruipt naar de bank, kijkt eronder, gaat zitten, kruipt in sneltreinvaart naar de kast, kruipt erin, weer rats weg, langs het vloerkleed, tilt het wat omhoog, kijkt eronder, gaat op weg naar een stoel waar hij onder klimt, roetsj, weer naar een andere kast, kruipt erin, raakt klem, huilt even, vindt zijn weg er weer uit en doet het deurtje dicht."
Over Steven, week 30

Als je baby óók zo bezig is, zou je wat leuke spullen kunnen neerzetten die hem uitdagen door te gaan. Zo kun je met (opgerolde) dekens, dekbedden of kussens verhogingen maken waar hij *overheen* moet kruipen. Pas die verhogingen aan je baby aan. Je kunt een grote doos neerzetten waar hij makkelijk *in* kan kruipen als je er een zijkant uitsnijdt. Je kunt van dozen of stoelen een tunneltje maken waar hij *doorheen* moet. Je kunt van een laken een tentje maken waar hij *in*, *uit* of *onderdoor* kan kruipen. Veel baby's doen graag deuren open en dicht. Ook dat kun je inbouwen. En als je zelf mee kruipt, is voor je baby het feest compleet. Varieer het geheel dan ook eens met kiekeboe- en verstopspelletjes.

Laat je baby merken dat je niet écht weggaat

Zodra je baby 'relaties' kan waarnemen, begrijpt hij ineens dat jij de afstand tussen jullie kunt vergroten en van hem wég kunt lopen. Hiervoor zagen zijn ogen het wel, maar drong de betekenis van 'weglopen' nog niet tot hem door. Nu dat wel het geval is, zit hij met een probleem. Hij wordt bang als hij merkt dat zijn ouders onvoorspelbaar zijn, dat ze elk moment weg kunnen lopen, dat hij hen niet of te langzaam achterna kan gaan. Kortom, hij voelt dat hij geen controle heeft over de afstand tussen hem en zijn papa of mama. Je baby moet leren met deze 'vooruitgang' om te gaan. Dat kost begrip, medeleven, oefening en tijd.

Niet alle baby's willen je even vaak en even dicht bij zich houden. Meestal is de paniek het grootst rond week 29. Daarna neemt die weer wat af tot het volgende sprongetje zich aankondigt.

"Zolang ze me kan zien is het goed, anders begint ze te huilen."
Over Eefje, week 29

"Hij krijgt af en toe kuren. Huilt tot je hem oppakt en lacht dan zeer voldaan."
Over Dirk, week 31

"Ze is zoals normaal bij de oppas geweest. Ze wilde niet eten, niet slapen, niets. Heeft alleen maar gehuild. Dit heb ik nog niet eerder meegemaakt met haar. Ik voel me schuldig als ik haar zo moet achterlaten. Denk erover minder te gaan werken, maar ik weet niet hoe ik dat moet regelen."
Over Laura, week 28

"Ze wil soms de hele dag niet op de grond spelen. Als ze maar denkt dat ik haar neerzet, begint ze al te huilen. Ik draag haar nu de hele dag op mijn heup. Ze lacht ook ineens veel minder naar iedereen. Vorige week trakteerde ze iedereen nog op een brede lach. Nu doet ze dat duidelijk minder. Ze heeft dit al eens vaker gehad, maar dan kwam er na enige tijd toch wel een lachje. Nu absoluut niet meer."
Over Nina, week 29

"Een week vol strijd. Zo veel gehuil. Vijf minuten alléén spelen was al te veel. Als ik alleen maar de kamer uit liep, volgde al een huilbui. Ik heb hem vaak in de draagzak gehad. Maar toch 's avonds weer kermis met naar bed gaan. Na drie dagen was ik kapot. Het was te veel. Ik begon me ontzettend agressief te voelen. Waarschijnlijk werd dit een vicieuze cirkel. Ik passeerde echt een grens en ik voelde me alleen en zo dood- en doodmoe. Er sneuvelde ook van alles, ik liet het gewoon uit mijn handen vallen. Heb hem toen voor het eerst naar de kinderopvang gebracht om zelf wat op adem te kunnen komen. Maar het ging niet goed, heb hem toen snel weer opgehaald. Het deed me ontzettend pijn om hem weg te brengen, terwijl ik na lang wikken en wegen dat toch de beste oplossing vond. Ik ga te vaak, te ver over mijn grens en voel me dan alleen, agressief en opgesloten (benauwd). Verder zit ik vol twijfel of het aan mij ligt. Ik vraag me telkens af of ik te weinig structuur aanbreng, of ik hem te veel verwen."

Over Bob, week 29

Pas je aan de behoefte van je baby aan. Zorg dat hij de gelegenheid krijgt om aan de nieuwe situatie te wennen. Dat hij voelt dat je er bent als hij je echt nodig heeft. Je kunt je baby helpen door hem wat vaker te dragen, of hem dicht bij je in de buurt te houden. Je kunt hem vertellen wat je gaat doen vóór je wegloopt en tegen hem blijven praten terwijl je wegloopt en als je in een andere kamer bent. Hij leert zo dat je er toch nog bent, ook al ziet hij je niet meer.

Verder kun je veel kiekeboespelletjes spelen en zo het weggaan oefenen. Je kunt dat doen achter een krant, terwijl je naast je baby zit. Je kunt het doen achter de bank dicht bij je baby, achter de kast wat verder weg, en ten slotte bij de deur.

Geef je baby de gelegenheid zélf achter je aan te gaan

Als je baby al een beetje kan kruipen, kun je hem aanmoedigen en de gelegenheid geven je te volgen. Dat kun je het best als volgt doen. Eerst kondig je aan dat je vertrekt. Dan leert je baby dat hij jou niet in de gaten hoeft te houden, maar dat hij rustig kan blijven spelen. Dan loop je langzaam weg, zodat hij je kan volgen. Pas je snelheid altijd aan die van je baby aan. Hij leert dan dat hijzelf de afstand tussen jou en zichzelf onder controle kan houden. Bovendien zal hij je sneller vertrouwen en je minder tot 'last' zijn.

"Eerst klampte hij zich als een aapje aan mijn been vast en zat hij op mijn schoen als ik liep. Overal sleurde ik dat 'blok aan mijn been' mee naartoe. Na een paar dagen bleef hij soms even achter als ik een paar stappen opzijdeed en kroop daarna pas naar mij toe. Nu kan ik naar de keuken gaan als hij rondkruipt. Alleen als ik dan in de keuken blijf, komt hij op een bepaald moment een kijkje nemen. Hij kruipt nu trouwens perfect op handen en knieën en heeft een flinke snelheid."

Over Bob, week 31

Zijn wens om dicht bij je te blijven is vaak zo groot dat ook de onervaren kruiper er graag wat extra oefening voor overheeft en dus tegelijkertijd zijn kruipen verbetert. Op deze leeftijd kan hij dat immers doen, omdat hij nu voelt dat hij de bewegingen van zijn lijf en ledematen op elkaar kan afstemmen. Zo vang je twee vliegen in één klap.

Zijn jongens toch anders dan meisjes?

Het lijkt erop dat ouders van jongens het moeilijker hebben met hun baby dan ouders van meisjes. En wel omdat ze vaak niet snappen wat hun zoon eigenlijk wil. Wil hij nou bij papa of mama zijn of niet?

"Vaak mekkert hij om contact en aandacht. Ik reageer daar iedere keer op. Maar als ik hem oppak om samen een spelletje of zo te doen, is dat ook weer niet de bedoeling. Dan ziet hij weer wat en dát is wat hij dan weer wil en waar hij zich weer mekkerend naartoe duwt. Het lijkt wel of hij twee dingen wil: 'mij' en 'exploreren'. Maar van het laatste maakt hij het liefst een bende. Hij grijpt alles vrij 'ruw' en smijt het aan de kant. Zo werkt hij het liefst het hele huis af. Ik had hem graag wat 'knuffeliger' gewild. Wat kletsen, een spelletje: gewoon meer gezellig samen iets doen. En wat lachen. Het enige wat ik nu doe is voorkómen dat er ongelukken gebeuren. Soms heb ik het gevoel dat ik zelf niet 'aan mijn trekken kom'."
Over Thijs, week 32

Moeders die jongens en meisjes hebben, vinden meestal dat je met een meisje meer 'kunt doen'. Dat je beter aanvoelt wat een meisje wil. Dat de interesses meer dezelfde zijn. Dat het gezelliger is.

"Met haar kan ik meer 'moedertje' spelen. Samen van alles doen. Als ik praat, luistert ze echt. Ze geniet van spelletjes en vraagt om meer. Haar broer was meer zelf bezig. Dit is knusser."
Over Eefje, week 33

Vooruitgang bevorderen door eisen te stellen

Ook het afleren van oude gewoontes en het aanleren van nieuwe regels horen bij de uitwerking van ieder nieuw vermogen. Dat wat je baby nu nieuw begrijpt, kun je ook van hem eisen. Niet meer, maar ook niet minder. Als je baby bezig is het vermogen tot het waarnemen van en spelen met 'relaties' uit te werken, kan hij ook gedrag gaan vertonen dat je ergert. Dat komt doordat de oude manier van doen en de ingesleten gedragsregels niet langer overeenstemmen met de huidige vooruitgang van je baby. Om de vrede te herstellen moeten ouder en kind over nieuwe regels onderhandelen.

Eerst maken ouders zich ongerust als hun baby weer lastig wordt. Ze raken echter geïrriteerd als ze ontdekken dat er niets mis is met hem en hij in feite juist meer kan. Dan eisen ze van hun baby dat hij ook doet wat hij kan. Daarmee bevorderen ze zijn vooruitgang.

Constant hangen aan papa of mama is lastig

Ouders gaan zich geleidelijk aan meer ergeren als ze niet de gelegenheid krijgen met hun normale (huishoudelijke) bezigheden door te gaan. Als hun baby 29 weken oud is geweest, proberen de meeste ouders de afstand langzaam te vergroten door hun baby af te leiden, even te laten huilen of door hem in bed te leggen.

Houd rekening met wat je baby aankan. Voor hem kan deze periode ook beangstigend zijn.

"Vreselijk irritant zoals hij rond mijn benen hangt als ik moet koken. Het lijkt wel of hij dan juist nog vervelender is. Heb hem toen in bed gelegd."
Over Rudolf, week 30

Irritaties rond maaltijden

Op deze leeftijd dringt het tot baby's door dat het ene voedsel lekkerder is dan het andere. En waarom zou hij dan niet het lekkere kiezen?

Veel ouders vinden het eerst grappig en dan al snel vervelend als hun baby niet alles meer lust. Ze vragen zich af of hun baby wel genoeg binnenkrijgt. Ze leiden de lastige eter af, om op een onverwacht moment een lepel in zijn mond te proppen. Of ze lopen de hele dag met 'eten' achter hem aan. Doe dat niet. Baby's met een sterke eigen wil verzetten zich steeds feller tegen iets wat hun wordt opgedrongen. En een bezorgde ouder reageert daar dan weer op. Maaltijden worden zo een hele strijd.

Stop die strijd. Een baby die niet wil eten, kun je niet dwingen te slikken. Probeer dat dan ook niet. Als je dat wel doet, zul je zijn afkeer tegen alles wat met eten te maken heeft vergroten. Stap over op een andere tactiek en maak daarbij gebruik van de nieuwste vaardigheden van je baby. Hij kan nu tussen duim en wijsvinger iets vastpakken, maar hij heeft nog een hoop oefening nodig. Het is dus goed voor zijn coördinatie om zelf te eten. Hij wil eigen beslissingen nemen en de vrijheid om zelf te eten maakt het eten plezieriger. Speel daarop in. Laat hem ook zelf eten terwijl je hem voert. Dat kan nogal een rommeltje worden, maar moedig het wel aan. Leg steeds twee stukjes op zijn bordje, zodat hij zelf ook bezig is. Meestal laat hij zich dan tussendoor makkelijk voeren. Je kunt je baby's plezier nog verhogen door hem voor een spiegel te laten eten. Hij kan dan zien hoe hijzelf iets in zijn mond steekt. Hoe jij iets in jouw mond steekt en hoe jij het in zijn mond steekt. Maak je geen zorgen als het niet meteen goed gaat. Veel baby's gaan door eetproblemen heen. En ze komen er ook weer uit.

Ook gewoontes bij het eten worden door de ene ouder als ergerlijk ervaren, terwijl de andere ze heel normaal vindt.

"Wat me mateloos irriteert, is dat ze na iedere hap eten haar duim in haar mond wil stoppen. Mag ze niet van mij! Klein strijdpuntje!"
Over Ashley, week 29

Overal aankomen en niet luisteren is lastig

Veel ouders moeten ineens veel vaker dingen verbieden als hun baby bezig is met de uitwerking van de sprong. Zeker een kruipende baby komt overal aan.

"Ik moet constant dingen verbieden. Ze raast van het een naar het ander. In trek waren vooral het wijnrek, de dvd-speler, mijn handwerkpakket, kasten en planken of schoenen. Een andere hobby was het omvertrekken van planten, planten uitgraven en kattenbrokjes eten. Ik kan haar blijven waarschuwen. Dus heb ik haar ook weleens een tik gegeven als ik het genoeg vond."
Over Jetteke, week 31

Laten we duidelijk zijn: een baby leert niets van een corrigerende tik. Bovendien is het slaan van een baby, ook al is het een corrigerende tik, natuurlijk niet acceptabel. Haal je baby liever uit de buurt van dingen die hij omver kan trekken. En zeg duidelijk 'nee' als hij iets stouts doet.

Ongeduldig zijn is lastig

Baby's kunnen ongeduldig zijn om verschillende redenen. Ze willen niet wachten met eten. Ze worden boos als iets niet lukt. Als iets verboden wordt. Als mama of papa niet gauw genoeg naar ze kijkt.

"Ze wordt erg ongeduldig. Ze wil alles hebben en wordt ontzettend boos als ze ergens niet bij kan of als ik 'nee' zeg. Dan zet ze het echt op een krijsen. Dat irriteert me. Bij de oppas is ze veel liever."
Over Laura, week 31

"Ik heb haar deze week in bed gelegd toen ze vreselijk zat te mopperen en te schreeuwen tijdens het eten geven. Het gaat haar dan niet snel genoeg en dan begint ze na elke hap te schreeuwen en te draaien en te wriemelen. Toen ik na een minuut of vijf mijn boosheid kwijt was, zijn we weer verdergegaan. En iedereen was bedaard."
Over Ashley, week 28

Speltoppers van 'relaties'

Dit zijn spelletjes en oefeningen die inspelen op het nieuwe vermogen dat je verkregen hebt en die je ontzettend leuk vindt om te spelen!

Invulinstructie: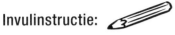

Kruis aan wat jouw baby's favoriete spelletjes zijn. Kijk na het invullen van de 'Ontdekkingslijst' of je een verband ziet tussen dat wat hem het meest interesseerde tijdens deze sprong en de spelletjes die hij het liefst deed. Het is even nadenken, maar je verkrijgt hierdoor een uniek inzicht in je baby's karakter.

KIEKEBOE EN VERSTOPSPELLETJES

Je baby vindt 'kiekeboe' nu helemaal het einde. Het kan eindeloos worden gevarieerd.

☐ KIEKEBOE MET EEN DOEK

Leg een doek over je hoofd en kijk of je baby die eraf trekt. Ondertussen kun je vragen: 'Waar is mama/papa dan?' Je baby weet dan dat je er nog bent, want hij kan je horen. Als hij geen poging doet om de doek weg te trekken, pak je zijn hand en trek je samen de doek eraf. Zeg 'kiekeboe' als je tevoorschijn komt.

☐ KIEKEBOE MET VARIATIE

Bedek je gezicht met je handen en haal ze weg, of duik eens op vanachter een krant of boek dat je tussen jou en je baby houdt. Ook tevoorschijn komen vanachter een plant of onder een tafel vandaan vinden baby's leuk. Ze kunnen immers stukjes van je blijven zien.

☐ VERSTOP JE OOK EENS HELEMAAL

Verstop jezelf op een opvallende plaats, bijvoorbeeld achter een gordijn. Je baby kan dan de bewegingen van het gordijn blijven volgen. Zorg dat je baby ziet dat je verdwijnt. Kondig bijvoorbeeld aan dat jij je verstopt (voor niet-kruipers) of dat hij je moet komen zoeken (bij kruipers). Als hij niet gekeken heeft of even werd afgeleid door iets anders, roep dan zijn naam. Doe het ook eens in de deuropening. Hij leert op deze manier dat 'weggaan' wordt gevolgd door 'terugkomen'. Beloon hem iedere keer als hij je gevonden heeft. Til hem hoog op of knuffel hem, net wat hij het fijnst vindt.

☐ WAAR BEN JIJ?

Veel baby's ontdekken zelf dat ze zich achter of onder iets kunnen verstoppen. Meestal beginnen ze met zelf een doekje of kledingstuk te pakken als ze verschoond worden. Ga daar altijd op in. Je baby leert zo dat hij de actieve partij kan worden in een spelletje.

☐ SPEELGOED VERSTOPPEN

Verstop ook eens speeltjes onder een zakdoek. Je moet dan wel iets nemen wat je baby leuk vindt, of iets waar hij aan gehecht is. Laat hem zien waar en hoe je het verstopt. En maak het de eerste keer makkelijk voor hem. Zorg dat hij een klein stukje van het speeltje kan blijven zien.

☐ SPEELGOED VERSTOPPEN IN BAD

Gebruik badschuim in bad en laat je baby ermee spelen. Verstop dan ook eens speelgoed onder het schuim en nodig hem uit om het te zoeken. Als hij kan blazen, blaas dan eens in het schuim. Geef dan een rietje en lok hem uit hetzelfde te doen.

PRATEN AANMOEDIGEN

Je kunt praten aantrekkelijk maken door veel tegen hem te praten, naar hem te luisteren, samen boekjes te 'lezen' en fluister-, zang- en woordspelletjes met hem te spelen.

☐ **SAMEN PRENTENBOEKEN KIJKEN**

Neem je baby op schoot, dat vindt hij meestal het gezelligst. Laat hem een boekje kiezen dat je samen gaat bekijken. Benoem wat je baby ziet. Als je een dierenboekje leest, imiteer dan ook de geluiden die dat dier maakt. Baby's vinden het meestal heerlijk om hun vader of moeder te horen blaffen, loeien en kwaken. Het zijn trouwens geluiden die je baby ook kan imiteren. Hij kan dan écht meedoen. Laat hem de bladzijden zelf omslaan als hij dat wil.

☐ **FLUISTERSPELLETJE**

De meeste baby's vinden het prachtig als er klanken of woorden in hun oor worden gefluisterd. Misschien mede omdat baby's nu zelf kunnen leren blazen en ze daardoor extra geïnteresseerd zijn in kleine blaasstootjes, die in hun oor kietelen.

ZANG- EN BEWEGINGSSPELLETJES

Deze spelletjes kun je gebruiken om zowel het praten als het zingen aan te moedigen. Ook het evenwicht bewaren oefen je ermee. Op internet vindt je talloze filmpjes met de juiste gebaren en teksten. Denk eens aan: 'Hop, hop paardje', 'Zo gaat een herenpaard', 'De wielen van de bus' en natuurlijk 'Klap eens in je handjes'!

EVENWICHTSSPELLETJES

Veel zangspelletjes zijn ook evenwichtsspelletjes. Je kunt ook evenwichtsspelletjes doen zonder muziek.

☐ ZITSPELLETJE

Ga makkelijk zitten. Neem je baby op je knieën. Pak zijn handen en beweeg hem zachtjes naar links en naar rechts, zodat hij steeds op één bil zit. Laat hem ook eens voorzichtig voorover- en achteroverhellen. Baby's vinden dat laatste het spannendst. Je kunt hem ook rondbewegen. Dus naar links, achterover naar rechts en naar voren. Pas je aan je baby aan. Het moet nét spannend genoeg zijn. Er bestaat een liedje dat je zou kunnen zingen, als je deze oefening doet: 'Van voor naar achter van links naar rechts.' Maar je kunt hem ook de slinger van een klok laten zijn. Zeg dan: 'Bim, bam, bim, bam,' bij iedere volgende beweging.

☐ STASPELLETJE

Ga tegenover je baby op je knieën zitten. Pak zijn handen of heupen en beweeg hem zachtjes naar links en naar rechts, zodat hij steeds op één been staat. Doe hetzelfde ook van voor naar achter. Pas je aan je baby aan. Het moet hem net genoeg uitdagen om zelf zijn balans te zoeken.

☐ VLIEGEN

Pak je baby stevig vast en laat hem door de kamer 'vliegen'. Laat hem stijgen en dalen. Laat hem naar rechts en links draaien. Laat hem kleine rondjes vliegen en rechte stukken. En laat hem ook eens áchteruitgaan. Varieer zo veel mogelijk en varieer ook in de snelheid. Als je baby het leuk vindt, laat hem dan ook eens voorzichtig 'op de kop' landen. Natuurlijk begeleid je de hele vlucht met een gevarieerd zoem-, brom- of gilgeluid.

☐ OP DE KOP STAAN

Stoeikunstjes zijn favoriet bij de meeste lichamelijk actieve baby's. Toch zijn er ook baby's voor wie het 'op de kop' staan té spannend is. Speel het dus alleen als je baby er plezier aan beleeft. Het is een goede gymnastiekoefening voor hem.

SPELEN MET SPEELGOED EN HUISRAAD

De leukste spelletjes zijn nu kasten en planken leeghalen, speeltjes weggooien en speeltjes laten vallen.

☐ **BABY'S EIGEN KASTJE**

Richt een kastje in voor je baby en stop dat vol spullen die je baby superaantrekkelijk vindt. Dat zijn meestal lege doosjes, lege eierdozen, lege wc-rollen, plastic borden, doorzichtige plastic flesjes met iets erin. Verder dingen waar veel herrie mee gemaakt kan worden, zoals een pan, houten lepels of een oude sleutelbos.

☐ **IETS KLETTEREND LATEN VALLEN**

Baby's horen graag een hoop lawaai als ze iets laten vallen. Als je baby erg weinig doet in die richting, zou je 'iets laten vallen' aantrekkelijker voor hem kunnen maken. Zet je baby in de kinderstoel en leg een metalen dienblad op de grond. Geef hem blokjes aan, die hij dan gericht op dat blad moet laten vallen.

☐ **LATEN VALLEN EN ZELF OPHALEN**

Zet je baby in de kinderstoel. Bind aan een kort touw enkele speeltjes vast. Als hij ze overboord gooit, leer hem dan hoe hij ze weer omhoog kan hijsen.

Babyzwemmen

Veel baby's vinden het heerlijk om in het water te spelen. Sommige zwembaden hebben speciale verwarmde baden voor jonge kinderen. Of speciale uren waarop een groepje baby's met hun moeders en/of vaders spelletjes doen in het water.

Naar de kinderboerderij

Een bezoekje aan de kinderboerderij, een hertenkamp of eendenvijver kan heel spannend zijn voor je baby. Hij ziet de dieren uit zijn prentenboek. Hij kijkt graag naar hun waggelende, trippelende of springende manieren van lopen. En wat hij bijzonder graag doet, is de dieren voeren en kijken hoe ze eten.

Jouw favoriete speelgoed

- ☐ Eigen kastje of plank.
- ☐ Deuren.
- ☐ Kartonnen dozen in allerlei formaten, denk ook eens aan een lege eierdoos.
- ☐ Houten lepels.
- ☐ (Ronde) stapelbekers.
- ☐ Houten blokken.
- ☐ Grote bouwstenen of bouwblokken.
- ☐ Bal die zo licht is dat hij hem kan rollen.
- ☐ Prentenboeken.
- ☐ Fotoboeken.
- ☐ Liedjes.
- ☐ Badspulletjes: dingen om te vullen en leeg te gieten, zoals plastic flesjes, plastic bekers, plastic vergiet, trechter.
- ☐ Auto met wielen die kunnen draaien, en deuren die geopend kunnen worden.
- ☐ Knuffel die geluid maakt als je hem omdraait.
- ☐ Piepbeestje.
- ☐ Trommel.
- ☐ (Speelgoed)piano.
- ☐ (Speelgoed)telefoon.

Om te onthouden

Als eerste kiest je baby dát wat het best past bij zijn aanleg, interesse, lichaamsbouw en gewicht. Je kunt daarom geen baby's met elkaar vergelijken. Iedere baby is uniek.

Ontdekkingslijst
van de wereld van relaties

Dit zijn voorbeelden van vaardigheden die je baby vanaf dit moment zou kunnen gaan vertonen. Even voor de duidelijkheid: je baby doet niet alles uit deze lijst!

Invulinstructie:

Net zoals bij de vorige sprongen vul je, net voor de volgende sprong begint, deze lijst in en kijk je kritisch naar dat wat je baby is gaan doen, en wat niet. Nogmaals, dat wat hij niet doet zegt evenveel over zijn interesses als dat wat hij wel doet. Het leven bestaat uit keuzes maken, en keuzes zeggen veel. Ook zul je merken dat het wat lastiger wordt om de lijst in te gaan vullen. De voorbeelden worden diverser en soms moet je je meer op de intentie van je baby focussen dan op het eindresultaat. Of je moet de dingen op een heel andere manier gaan bekijken dan wij volwassenen gewend zijn. Bijvoorbeeld, als je baby altijd alle deurtjes van de kastjes dicht wil doen; doet hij dat voor het geluid, doet hij dat omdat hij het zwiepen leuk vindt of omdat de deur dan terug 'in' de kast zit? Kortom: observeer je baby en probeer te ontdekken wat hem bezighoudt, wat zijn drijfveer is. Het invullen van deze lijst gaat je daar enorm mee helpen omdat je dan weet op wat voor soort dingen je moet letten.

Sprong 5

Deze sprong maakte jij op:
Op   brak het zonnetje weer door, en nu, aan het eind van deze sprong, zie ik dat je deze nieuwe dingen kunt.

KIJKEN datum:

☐ Als je in iedere hand iets anders beet hebt, kijk je nu afwisselend van het ene naar het andere.

☐ Je kijkt afwisselend naar een dier in verschillende prentenboeken.

☐ Je kijkt afwisselend naar een mens op verschillende foto's.

☐ Je observeert nu de bewegingen van een dier of mens. Je vindt het helemaal leuk als die bewegingen anders zijn dan normaal.

☐ Bewegingen die jij leuk vond om te bekijken waren:

☐ iemand die zingt

☐ iemand die danst

☐ iemand die klapt

☐ iemand die op de kop staat

☐ de hond die met korte pasjes over het parket trippelt

☒ anders: *je grote broer die lelluker geu doet*

☐

☐

☐ Je onderzoekt je eigen lichaam; vooral je piemel/vagina!

☐ Je hebt heel veel interesse in de kleinere details of onderdelen: Zo onderzocht jij:

☒ labeltjes *7 maanden*

☐ etiketten

☐ stickertjes op speelgoed

☐ anders:

☐

☐

☐ Je zoekt zelf een boekje uit.

☐ Je zoekt zelf uit waar je mee wilt spelen.

HANTEREN VAN SPULLEN

datum:

- ☐ Je tilt nu het kleed op om eronder te kijken.
- ☐ Je houdt een beer op de kop om het geluidje dat erin zit te horen.
- ☑ Je rolt een balletje over de grond. *7 maanden*
- ☐ Je pakt nu feilloos een balletje dat ik naar je toe rol.
- ☐ Je gooit dingen om, zoals de prullenbak, om de inhoud eruit te gooien.
- ☐ Je gooit dingen weg.
- ☐ Je bent druk in de weer je speelgoed op allerlei manieren neer te leggen. Zo leg je je speelgoed bijvoorbeeld *op* en *naast* een mand, *in* en *uit* een doos, *onder* en *op* een stoel, *uit* de box, of je haalt het *tussen* de spijlen van de box door. Eigenlijk speel je zo met de relatie van object tot object. Slim hè!
- ☐ Je probeert graag of het ene speeltje *in* het andere speeltje past.
- ☐ Je haalt speeltjes, zoals stapelbakjes, *uit elkaar*.
- ☐ Je probeert iets wat in een speeltje zit *eruit* te halen, wat soms natuurlijk niet kan. Bijvoorbeeld een belletje dat in een speeltje vastzit.
- ☑ Je trekt je eigen sokjes *uit*. Niet als ik erom vraag natuurlijk, maar gewoon omdat je het interessant vindt om dit te doen. *6 maanden*
- ☐ Je pulkt je eigen vetertjes los.
- ☐ Als ik je je gang laat gaan, haal je kasten of planken leeg.
- ☐ Je probeert uit hoe iets valt. Je gooit dus niet iets op de grond omdat je het leuk vindt om iets stuk te maken, maar je experimenteert.

Sprong 5

datum:

- [ ] Je stopt eten in mijn mond, of in die van
- [ ] Je duwt deuren dicht. Misschien omdat je begrippen zoals 'in' en 'uit' nu interessant vindt, misschien omdat je de deuren dichtdoen leuk vindt, dat weet ik niet. Maar je zwiept ze vol enthousiasme dicht.
- [ ] Je gaat graag ergens overheen, bijvoorbeeld met je hand of met een doekje. Als ik niet beter zou weten, dan zou ik nog denken dat je aan het poetsen bent. Maar jou gaat het natuurlijk nog helemaal niet om het schoonmaken, maar gewoon om de leuke beweging en het imiteren van volwassenen.

LUISTEREN

datum:

- [ ] Je begint echt steeds meer te begrijpen en legt nu al verbanden tussen woorden, of korte zinnetjes, en de acties die daarbij horen. Ik merk bijvoorbeeld dat je de betekenis al snapt van:

  - [ ] Nee, niet doen.
  - [ ] Kom we gaan.
  - [ ] Klap eens in je handen.
  - [ ] Anders:
  - [ ]
  - [ ]

- [ ] Je luistert heel aandachtig naar me als ik iets uitleg. Ik merk dat je het soms begrijpt.
- [ ] Je luistert graag naar een dierengeluid dat bij een plaatje van dat dier past.
- [x] Je vindt mijn telefoon maar wat interessant. Ik hoor je zelfs aandachtig luisteren naar de stem die je uit de telefoon hoort komen als ik aan het bellen ben.   6/7 maanden de stem van vovo

datum:

- ☐ Je vindt de geluiden die typisch bij een bepaalde handeling horen erg interessant. Het zijn geluiden waar ik eigenlijk niet veel over nadenk en die me eigenlijk niet eens opvallen. Pas door goed naar jou te kijken, ben ik die geluiden bewust gaan horen. Het kan om heel diverse dingen gaan:
  - ☐ zemen van de ramen
  - ☐ piepen van de ruitenwissers
  - ☐ trilgeluiden van mijn telefoon
  - ☐ tikgeluiden op de computer
  - ☐ anders:
  - ☐
  - ☐
- ☐ Je luistert naar het geluid dat je zelf op de een of andere manier maakt. Bijvoorbeeld:
  - ☐ Als je met je nagels over het behang krast.
  - ☐ Als je met je blote billen over de grond schuift.
  - ☐
  - ☐
  - ☐
  - ☐
  - ☐

Sprong 5

PRATEN

datum:

☐ Je legt echt verbanden tussen woorden en acties of daden! Deze verbanden merk ik dat je maakt:

woord	actie/daad
☐ 'boe' (=boem)	Als je valt
☐ 'aai'	Als je iemand of een dier aait
☐ 'hassie'	Als iemand niest
☐	
☐	
☐	
☐	
☐	

☐ Je blaast echt!

AFSTAND OUDER-BABY

datum:

☑ Je protesteert als ik wegloop. vooral als je moe bent 7 maanden

☐ Je probeert me achterna te kruipen.

☐ Je maakt steeds even contact met mij als je bezig bent, om er zeker van te zijn dat ik er nog ben.

GEBAREN NADOEN

datum:

☐ Je zwaait gedag!

☐ Je klapt in je handen.

☐ Je imiteert het klakken met je tong.

☐ Je imiteert het 'ja' knikken of 'nee' schudden. Het valt me op dat je het 'ja' knikken vaak alleen met je ogen doet!

EVENWICHT BEWAREN
datum:

☐ Je gaat nu zelf zitten als je ligt.
Baby's tussen de 6 en 11 maanden (gemiddeld met 8 maanden en een week) weten zichzelf tot zitpositie te krijgen door zich op te trekken aan bijvoorbeeld een meubelstuk. En blijf onthouden: alles in deze tijdsperiode is goed en 'vroeg' is niet beter, en 'laat' is niet slechter.

☐ Je gaat zelf staan en je trekt je op.
Baby's leren zich tussen de 6 en 11 maanden op te trekken tot staan, vaak door zich op te trekken aan meubels. Gemiddeld leren baby's dat met 8½ maand.

☐ Als je staat terwijl je je aan iets vasthoudt, dan ga je zelf weer zitten. Soms kom je iets harder dan je wilde op je billen terecht.

☐ Als je staat en je ergens aan vasthoudt, laat je soms even los! Heel eventjes, maar je doet het!

☐ Je loopt met steun en hulp een paar kleine stapjes. Alleen lopen gaat natuurlijk voorlopig nog niet.
Baby's leren hun eerste stapjes te zetten tussen de 7 (het eind van deze sprong) en 12 maanden, gemiddeld met 9½ maand. Maar trek je alsjeblieft niet veel van deze cijfers aan. Uiteindelijk gaat iedereen met een goed functionerend lichaam lopen en er heeft nog nooit iemand een Nobelprijs gewonnen voor lopen... Kortom: alle dingen uit al deze lijsten zijn minstens net zo belangrijk als dat lopen.

☐ Helemaal aan het eind van deze sprong stapte je langs de rand van iets waar je je aan vast kunt houden, zoals het bedje, de tafel of de box. Alle baby's kunnen nu mentaal gezien een paar stapjes aan de rand van iets maken, maar verreweg de meeste baby's doen dat (lichamelijk gezien dus) nu nog niet. Ze hebben daar nu nog geen behoefte aan, zijn met andere dingen bezig of hun lijfje is gewoon nog niet sterk genoeg.

☐ Je steekt soms staande over van tafel naar stoel, waaraan je je vasthoudt, en je doet daarbij een stap. Alhoewel alle baby's nu het mentale vermogen hebben om dat te kunnen, komt dit nog maar heel weinig voor.

Sprong 5

datum:

- ☐ Je probeert te 'springen', je komt alleen niet van de grond!
- ☐ Je grijpt een speeltje dat boven je hoofd op een plank ligt.
- ☐ Je danst als je muziek hoort: je wipt met je buik op en neer... zo leuk om te zien!

ZELF DOEN
datum:

- ☐ Verreweg de meeste baby's kruipen nog niet, maar jij bent een echte lichamelijke avonturier en kruipt het liefst overal *in* (zoals de kast of een grote doos) en *onder* (zoals een stoel of de trap).

  De leeftijd waarop baby's gaan kruipen varieert enorm: van 5 tot 11 maanden. Gemiddeld kruipen baby's met 7 maanden.

- ☐ Je kruipt heen en weer *over* lage verhogingen.
- ☐ Je kruipt de kamer *in* en *uit*.
- ☐ Je kruipt *om* de tafel *heen*.
- ☐ Je bukt en/of gaat op je buik liggen om iets wat *onder* de bank ligt te pakken.
- ☐ Als je iets wilt voelen of pakken, dan gebruik je steeds meer de combinatie van je duim en wijsvinger. Het gekke is dat mensen het hier nooit over hebben. Meestal gaan de gesprekken over het kruipen en lopen. Toch is deze fijne motoriek minstens zo belangrijk, zo niet belangrijker!

  Baby's gaan deze combinatie van duim en wijsvinger tussen de 6 en 10 maanden gebruiken. Het gemiddelde ligt op 7 maanden en 2 weken.

- ☐ Je speelt graag met twee handen en twee dingen. Bijvoorbeeld om die twee dingen *tegen* elkaar aan te slaan.

  Baby's doen dit voor het eerst tussen de 6 en 10 maanden. Het gemiddelde ligt op 8½ maand.

De makkelijke periode:
de sprong is genomen

Rond 31 weken breekt weer een makkelijke periode aan. Dan wordt een baby één tot drie weken lang geprezen om zijn vrolijkheid, zelfstandigheid en zijn vooruitgang.

"Dirk was bijzonder vrolijk, dus was het niet moeilijk om van hem te genieten. Het doet me ook goed dat hij lichamelijk wat actiever en levendiger wordt. Maar als hij mensen kan observeren, is hij op zijn best. Hij is ook zeer praterig. Een zalig jochie."

Over Dirk, week 30

"Ze is duidelijk groter en ouder geworden. Ze reageert op alles wat we doen. Ze volgt alles. Ze wil overigens ook alles hebben wat wij hebben. Je zou bijna zeggen: 'Ze wil er duidelijk bij horen'."

Over Ashley, week 34

"Heerlijk, wat rust na een lange periode vol veranderingen. Een heerlijk weekje. Hij is weer veranderd. Hij huilt minder, slaapt méér. Wéér ontstaat er een bepaald ritme, voor de zoveelste keer. Ik praat veel meer met hem. Ik merk dat ik alles uitleg wat ik doe. Als ik zijn fles ga klaarmaken, zeg ik dat. Als hij naar bed gaat, zeg ik dat hij lekker gaat slapen en dat ik in de kamer zit en hem er straks weer uit haal. Ik vertel waarom hij even moet slapen. En dat vertellen doet me goed. De kinderopvang gaat nu ook goed."

Over Bob, week 30

Mijn contact met hem voelt anders aan. Alsof de navelstreng nu is doorgeknipt. Het totaal afhankelijke is er ook af. Ik vertrouw hem makkelijker aan een oppas toe. Ik merk ook dat ik hem meer zelfstandigheid goef. Ik zit er minder bovenop."

Over Bob, week 31

Sprong 6

De wereld van categorieën

LIEF EN LEED ROND 37 WEKEN
OFWEL 8½ MAAND

Rond 37 (36-40) weken begin je te merken dat je baby er een nieuw vermogen bij heeft gekregen. Je ontdekt dat hij dingen doet of wil doen die nieuw voor hem zijn. Hij laat daarmee zien dat zijn ontwikkeling een sprongetje maakt. Op deze leeftijd lijken je baby's verkenningen erg systematisch. Hij pikt bijvoorbeeld kruimels van de grond en bestudeert ze nauwgezet tussen duim en wijsvinger. Of je ontluikende 'chef de cuisine' herschikt het voedsel op zijn bord door uit te proberen hoe een banaan fijngeknepen kan worden of hoe de spinazie tussen zijn vingers door geperst kan worden. Met een ernstige uitdrukking op zijn gezicht gaat hij helemaal op in zijn onderzoek. En dat is het precies: onderzoek dat je kleine wetenschapper in staat stelt zijn wereld in categorieën in te delen.

Je baby heeft die sprong al eerder gevoeld. Rond 34 (32-37) weken wordt je baby weer hangeriger dan hij de laatste een tot drie weken was. Zijn hersengolven vertonen drastische veranderingen rond deze leeftijd. Ook de hoofdomvang neemt drastisch toe en de suikerstofwisseling in de hersenen verandert. Hij merkt dat zijn wereld anders is dan hij dacht, dat hij hem anders beleeft dan hij gewend is. Hij merkt dat hij dingen ziet, hoort, ruikt, proeft en voelt die onbekend voor hem zijn. Hij raakt daardoor van slag en klampt zich zo goed als hij kan vast aan de meest vertrouwde, veilige plek die hij kent: papa of mama. Deze hangerige fase duurt bij de meeste baby's vier weken, maar kan ook drie tot zes weken duren.

De moeilijke fase:
het visitekaartje van de sprong

Alle baby's zijn huileriger dan ze de laatste week of weken waren. Ze worden mopperig, zeurderig, pieperig, dreinerig, chagrijnig, ontevreden, ongedurig, onrustig en ongeduldig genoemd. Eigenlijk heel begrijpelijk.

Baby's staan nu onder extra spanning. Sinds de vorige sprong begrijpen baby's dat ouders hun afstand tot hen vergroten als ze weglopen. Aanvankelijk hadden veel baby's het daar tijdelijk moeilijk mee, maar door de weken heen hebben zij er, op hun eigen manier, mee leren omgaan. En het leek juist makkelijker te gaan, tot de nieuwste sprong roet in het eten gooide. Je baby wil 'bij papa of mama blijven', maar beseft ook heel goed dat papa of mama weg kan lopen als hij of zij dat wil. Dit maakt hem extra onzeker. Het verhoogt zijn spanning.

Om te onthouden

Als jouw baby hangerig is, let dan alvast op nieuwe vaardigheden of pogingen daartoe. Kijk alvast naar de ontdekkingslijst op pagina 262 om te zien waar je op kunt letten.

Hij is tijdens deze sprong ook extra ongedurig, onrustig en 'lastig'. 'Lastig' in de vorm van eenkennigheid: hij wil niet dat het lichaamscontact verbroken wordt en wil vaker beziggehouden worden. Vergeet nooit dat het leven tijdens een sprong vooral lastig is voor hém! Hij slaapt er slechter van en kan zelfs een nachtmerrie krijgen. Overdag zul je merken dat hij wat stiller is, of juist overdreven lief. En ook bij deze sprong valt op: veel baby's willen niet meer verschoond worden of stilliggen als ze verschoond worden. En het eten... dat kan ook even wat lastiger zijn nu.

Kortom, je baby gaat weer een nieuwe moeilijke fase in die gekarakteriseerd wordt door de drie **H**'s (hij wordt **H**uileriger, **H**angeriger en **H**umeuriger) en nog een paar van een hele lijst van kenmerken.

Dat is niet alleen moeilijk voor jouw kleintje maar ook voor jou, en het heeft zorgen, irritaties en ruzies tot gevolg. Daardoor sta je onder spanning. Omdat ouders zich zorgen maken, houden ze hun baby extra goed in de gaten en ontdekken dan dat hun baby eigenlijk veel nieuwe dingen doet.

"De laatste dagen wil ze alleen maar op schoot zitten. Overigens zonder duidelijke reden. Als ik haar niet draag, huilt ze. Als we met de kinderwagen op stap zijn en ze denkt maar dat ik stilsta, wil ze al op de arm."
Over Ashley, week 34

"Ze was mopperig, leek zich te vervelen. Alles wordt even opgepakt en weer weggegooid."
Over Laura, week 35

Zitten baby's huilen minder als ze bij papa of mama zijn. Vooral als ook al hun aandacht op hen gericht is. Dus als hij ze helemaal alleen voor zichzelf heeft.

"Hij was huilerig, niet te genieten. Alleen als ik bij hem bleef of hem op schoot nam was het goed. Ik heb hem verschillende keren in bed gestopt toen ik genoeg van hem kreeg."

Over Dirk, week 36

Hoe merk je dat je baby een moeilijke fase is ingegaan?

Behalve de drie **H**'s kan je baby een paar van de volgende kenmerken vertonen als hij de volgende moeilijke fase ingaat.

Hangt hij (vaker) aan je?

Niet-kruipers die bang zijn als hun ouders rondlopen, kunnen niet anders doen dan huilen. Iedere stap die ze doen, betekent voor sommige baby's echt paniek. Kruipbaby's kunnen zelf bij hun ouders blijven. Soms klampen ze zich zo stevig aan hun papa of mama vast dat die nauwelijks een stap kan zetten.

"Nog een moeilijke week. Veel gehuil. Hij hangt letterlijk aan mij. Ga ik de kamer uit, dan is het huilen en achter me aan komen. Als ik aan het koken ben, kruipt hij achter me, grijpt mijn benen vast en gaat zo tegen me aan staan dat ik geen stap meer kan verzetten. Het 's avonds naar bed gaan is ook weer 'kermis'. Hij slaapt dan ook laat in. Hij speelt alleen als ik met hem speel. Af en toe werd het me weer te veel."

Over Bob, week 38

"Ik noem haar 'mijn klittenbandje', ze hangt de hele dag aan mijn broek vast, alsof ze klittenband is. Ze wil weer constant rond, aan en op me zijn."

Over Xara, week 36

Is hij eenkennig?

De wens om dicht bij papa of mama te zijn wordt nog duidelijker als anderen in de buurt zijn. Soms ook als dat broers en zussen zijn. Vaak mag alléén papa of mama naar hem kijken, tegen hem praten. En papa of mama is bijna altijd de enige die hem mag aanraken.

"Als vreemde mensen tegen hem praten of hem vastpakken, gaat hij direct huilen."
Over Paul, week 34

"Als iemand komt, racet hij op schoot, buik tegen buik, klampt zich vast en kijkt dan wie er is."
Over Rudolf, week 34

Wil hij niet dat je het lichaamscontact verbreekt?

Sommige baby's houden papa of mama extra stevig vast als ze op schoot zitten of gedragen worden. Anderen reageren nijdig als ze onverwacht worden neergezet.

"Hij wil graag gedragen worden en klampt zich dan opvallend stevig vast aan mijn nek of aan mijn haren."
Over Thijs, week 36

"Het is net of er iets met haar bed is. Ik breng haar in een diepe slaap naar boven en zij hoeft de matras maar te voelen of haar ogen gaan open. Brullen!"
Over Laura, week 33

Wil hij (vaker) beziggehouden worden?

De meeste baby's gaan meer aandacht vragen. Zelfs de makkelijke baby's zijn niet altijd tevreden als ze alleen zijn. Sommige baby's zijn pas tevreden als papa of mama helemaal op hen gericht is. Zo'n baby wil dan dat papa en mama alleen maar oog voor hém hebben en dat ze hém in zijn spel volgen. Hij wordt dan ook prompt lastiger als papa of mama aandacht heeft voor iets of iemand anders. Je zou kunnen zeggen: hij is jaloers.

"Als ik met andere mensen praat, gaat hij heel hard gillen om aandacht."
Over Paul, week 36

"Hij krijgt moeite met alleen in de box liggen. Gaat nu duidelijk aandacht vragen. Hij heeft graag mensen om zich heen."
Over Dirk, week 34

Tip

Wil je meer weten over slaap en sprongetjes, blader dan door naar pagina 463.

Slaapt hij slechter?

De meeste baby's slapen minder. Ze willen niet naar bed, komen moeilijker in slaap en zijn eerder wakker. Sommigen zijn vooral overdag lastige slapers. Anderen 's nachts. Weer anderen zijn 's nachts en overdag langer wakker.

"Hij wordt vaak 's nachts wakker. Ligt soms anderhalf uur te spelen om drie uur 's nachts."
Over Thijs, week 33

"Ze is 's avonds lang wakker, wil niet naar bed. Ze slaapt weinig."
Over Odine, week 35

Heeft hij nachtmerries?

Baby's kunnen heel onrustig zijn in hun slaap. Ze kunnen soms zo tekeergaan dat je denkt dat ze een nachtmerrie hebben.

"Hij wordt vaak 's nachts wakker. Eén keer leek het erop dat hij droomde."
Over Paul, week 37

"Ze wordt 's avonds steeds hard gillend wakker. Als ik haar uit bed til, is ze weer stil. Dan leg ik haar weer terug en slaapt ze verder."
Over Xara, week 35

Is hij overdreven lief?

Op deze leeftijd zie je voor het eerst dat baby's die hangerig zijn, ook een heel andere tactiek uitproberen om dicht bij papa of mama te kunnen blijven. In plaats van zeuren en huilen, gooien ze het over een andere boeg en kussen en knuffelen je soms tot moes. Vaak wisselen ze 'lastig' en 'lief' om aandacht vragen af. Ouders van niet-knuffelige baby's vinden het heerlijk als hun baby eindelijk eens lekker bij hen komt zitten!

"Soms wilde ze niets. Een andere keer was ze juist erg knuffelig."
Over Ashley, week 36

"Hij is aanhankelijker dan hij ooit geweest is. Als ik in de buurt kom, grijpt hij zich aan me vast in een innige omhelzing. Mijn nek zit vol rode plekken van het 'knuffelen' en het 'vastklampen'. Hij is ook niet meer zo 'weggaanderig'. Hij zit nu ook weleens stil en dan kan ik met hem een boekje lezen. Ik vind dat wel prettig. Eindelijk wil hij ook eens met mij spelen."
Over Thijs, week 35

"Zijn hangerigheid uit zich in liever en aanhankelijker zijn, lekker vaak bij je komen zitten, zich tegen je aan nestelen, tussen ons in komen liggen in bed."
Over Steven, week 36

Is hij 'stiller'?
Soms is een baby tijdelijk wat rustiger. Soms hoor je hem minder 'kletsen' of zie je hem minder bewegen en spelen. Een andere keer kan hij plotseling even met alles stoppen en staart hij wat in de verte.

"Hij is stiller, kijkt vaak wat dromerig voor zich uit. Ik heb de indruk dat hem iets in de weg zit. Dat hij ziek wordt of zo."
Over Steven, week 36

Wil hij niet verschoond worden?
De meeste baby's zeuren, krijsen, draaien, zijn ongeduldig en ongedurig als ze worden neergelegd om aangekleed, uitgekleed of verschoond te worden.

"Uitkleden, aankleden en luiers verschonen zijn een ramp. Ze krijst al zo gauw ze neergelegd wordt. Ik word er niet goed van. Hopeloos."
Over Juliette, week 35

Gedraagt hij zich babyachtiger?

Voor het eerst ontdekken sommige ouders nu dat verdwenen babygedrag weer de kop opsteekt. Op latere leeftijd zal zo'n 'terugval naar babyachtiger zijn' steeds duidelijker worden. Ouders zien zo'n terugval niet graag. Het maakt hen onzeker. Toch zijn deze terugvallen heel gewoon. Ze komen in alle hangerige fases voor.

> "Ze valt 's avonds met moeite in slaap. Ze huilt dan op de manier waarop ze huilde toen ze net geboren was."
> **Over Juliette, week 32**

> "Ik moet hem weer elke avond in slaap wiegen en zingen, net als ik vroeger deed."
> **Over Steven, week 35**

Eet hij slechter?

Veel baby's lijken minder geïnteresseerd in eten en drinken. Sommigen lijken geen honger te hebben en slaan vastberaden een maaltijd over. Anderen willen alleen datgene eten wat ze zelf in hun mond stoppen. Weer anderen zijn kieskeurig en zitten te knoeien en te spugen. De meesten doen dan ook langer over een maaltijd.

Baby's kunnen ook ongedurig zijn tijdens de maaltijd. Niet willen eten als het er is, en wél willen als het wordt weggezet. Of ze willen de ene dag veel en de andere dag niets eten. Alle variaties komen voor.

> "Hij weigerde drie dagen lang de borst. Vreselijk, ik barstte. Juist toen ik bedacht had dat het misschien toch tijd werd dat ik eens wat borstvoeding minderde nu de T-shirttijd in aantocht was, wilde hij weer de hele dag drinken. En toen was ik weer bang dat ik niet genoeg had, want hij at niets anders meer. Maar het schijnt goed te gaan. Hij heeft geen commentaar."
> **Over Thijs, week 34**

Zo merk ik aan jou dat de sprong begonnen is:

- [ ] Je huilt vaker.
- [ ] Je bent vaker 'chagrijnig'.
- [ ] Je vraagt meer aandacht.
- [ ] Het ene moment ben je vrolijk en het volgende moment huilerig.
- [ ] Je wilt vaker beziggehouden worden.
- [ ] Je hangt vaker aan me.
- [ ] Je bent overdreven lief.
- [ ] Je krijgt (vaker) driftbuien.
- [ ] Je bent (vaker) eenkennig.
- [ ] Je protesteert meer of vaker als ik het lichaamscontact verbreek.
- [ ] Je slaapt slechter.
- [ ] Je hebt vaker nachtmerries.
- [ ] Je eet slechter.
- [ ] Je 'kletst' minder.
- [ ] Je bent minder beweeglijk.
- [ ] Je zit soms stilletjes te dromen.
- [ ] Je wilt niet verschoond/aangekleed worden.
- [ ] Je zuigt (vaker) op je duim.
- [ ] Je pakt (vaker) een knuffel.
- [ ] Je gedraagt je babyachtiger.
- [ ] En ik merk dat je

Let op, ook hier geldt: een baby hoeft niet al deze sprongkarakteristieken te vertonen! Het gaat meer om wélke je baby vertoont dan om de hoeveelheid.

Zorgen[9], irritaties en ruzies

Ouders voelen zich onzeker

Ouders maken zich vaak zorgen als ze merken dat hun baby van slag is. Ze willen begrijpen waarom hij zich gedraagt zoals hij doet. Als ouders voor zichzelf een goede reden hebben gevonden, stelt hen dat gerust. Op deze leeftijd zijn dat meestal 'doorkomende' tanden.

"Niks was goed. Ik dacht dat er tanden aan zaten te komen... Maar die kwamen niet. Het bleek een sprongetje te zijn!"
Over Samira, week 34

"Hij kan wel bang zijn. Wordt 's nachts huilend wakker. Soms wel drie keer en is dan bijna niet te bedaren. Alleen bij ons in bed slaapt hij weer in."
Over Steven, week 33

Ouders raken uitgeput

Ouders van baby's die veel aandacht vragen en weinig slapen, voelen zich intens moe. Tegen het einde van de hangerige fase denken sommigen het niet lang meer zo vol te kunnen houden. Daarbij klagen sommige ouders ook nog over hoofdpijn, rugpijn en misselijkheid.

"Ik word er weleens moedeloos van als ze tot middernacht wakker blijft. Ook al speelt ze nog zo vrolijk. Als ze dan eindelijk slaapt, stort ik helemaal in. Voel me dan leeggezogen en kan niet meer nadenken. Ik krijg van mijn man geen enkele steun. Hij wordt boos dat ik zo veel aandacht aan haar geef. Hij denkt: laat maar janken."
Over Nina, week 37

"De dag is lang als hij uit zijn hum is, veel huilt en pruilt."
Over Bob, week 35

---

[9] *Vraag bij twijfel altijd advies aan je huisarts of het consultatiebureau.*

Ouders ergeren zich en doen er ook wat aan

Bijna alle ouders ergeren zich steeds vaker aan het gedrag van hun baby in de hangerige fase. Ze ergeren zich aan het ongedurige, ongeduldige huilen, dreinen, drammen en zeuren om lichaamscontact of aandacht. Ze ergeren zich aan het geklit, aan de moeite die het kost om hem te verschonen of te verkleden en aan het dan wel en dan niet willen eten.

"Toen ze weer eens zo'n bui had (niets wilde en onrustig was), heb ik haar in bed gelegd. Ik word er moe van, geïrriteerd."
Over Jetteke, week 37

"Toen hij zo ongedurig was tijdens het verschonen, heb ik hem in zijn kamertje op de grond gezet en alleen gelaten. Hij was meteen stil. Even later kwam hij mij halen met een huil. Was toen iets gewilliger."
Over Rudolf, week 37

"Deze week heb ik een keer op hem gemopperd. Hij was zo ontzettend dwingerig aan het krijsen dat ik ineens heel hard en boos riep: 'Is het nu afgelopen?!' Daar schrok hij zó van. Hij keek me eerst met grote ogen aan, daarna ging hij met een naar beneden gebogen hoofdje zitten kijken, alsof hij zich echt schaamde. Dat was zo'n grappig gezicht. Hij was daarna wel heel wat rustiger."
Over Paul, week 37

Ruzies

Aan het einde van iedere hangerige fase willen de meeste moeders die borstvoeding geven, stoppen. Het dan weer wel en dan weer niet aan de borst willen irriteert hen. Maar ook de dwingende manier waarop een baby telkens weer zijn zin wil doordrijven, maakt dat moeders 'borstvoeding' niet meer zien zitten.

"Hij wil de borst wanneer het hém uitkomt. Maar dan ook onmiddellijk. Als het mij even niet uitkomt, krijgt hij zowaar een soort driftbui van nijd. Ik ben bang dat die driftbuien een gewoonte gaan worden. En dat hij straks iedere keer met een krijs- en trappelscène zijn zin doordrijft."
Over Steven, week 36

Ruzies kunnen ook ontstaan als baby en papa of mama 'onderhandelen' over de hoeveelheid lichaamscontact en aandacht die hun baby wil hebben en die ze willen geven.

'Ik erger me steeds vaker aan dat vastklampen en dwingende gedrein. Wanneer we ergens op bezoek zijn, wil hij me nauwelijks loslaten. Ik duw hem dan het liefst weg. Doe het soms ook. Maar dat maakt hem alleen maar nijdiger.'
Over Rudolf, week 37

Het nieuwe vermogen breekt door

'Ik voel me weer op een dood punt zitten. Zijn speelgoed ligt vergeten in de hoek. Al langer. Ik heb het gevoel dat ik hem meer impulsen moet aanreiken in zijn speelgoed. Ander speelgoed dus dat hem uitdaagt. Buiten is hij heel actief, heeft daar genoeg te zien. Binnenshuis verveelt hij zich.'
Over Bob, week 36

Als je baby ongeveer 37 weken oud is, ontdek je dat hij rustiger wordt. Dat hij dingen probeert of doet die nieuw zijn. Je merkt dat hij anders omgaat met zijn speelgoed, andere dingen leuk vindt. Wat geconcentreerder en meer bestuderend bezig is. Je baby's verkenningstocht in de 'wereld van categorieën', die een paar weken geleden begon, begint nu vruchten af te werpen en je baby begint die nieuwe vaardigheden te kiezen die het best bij hem passen. Jouw baby, met zíjn aanleg, voorkeur en temperament, maakt zijn eigen keuzes. En als volwassene kun je hem daarbij helpen.

De 'wereld van categorieën'

Na het vorige sprongetje ging je baby 'relaties' ontdekken tussen dingen die hij in zijn wereld tegenkwam. Tussen dingen die hij zag, hoorde, rook, proefde en voelde, zowel in de buitenwereld als in en met zijn lichaam. Door dat te doen, leerde hij alles beter kennen. Hij merkte dat hij net zo'n wezen is als papa of mama, dat hij dezelfde bewegingen kan maken als zíj. En dat ze hem na kunnen doen. Dat er andere dingen bestaan die ook kunnen bewegen, maar die dat anders doen. Dat er dingen bestaan die niet uit zichzelf kunnen bewegen. En ga zo maar door.

Als je baby het vermogen krijgt om 'categorieën' waar te nemen en te maken, gaat hij beseffen dat hij zijn wereld in groepjes kan indelen. Het dringt tot hem door dat bepaalde 'dingen' erg op elkaar lijken. Er bijvoorbeeld hetzelfde uitzien, of dat ze hetzelfde geluid maken, hetzelfde proeven, ruiken of aanvoelen. Kortom, hij ontdekt dat verschillende dingen dezelfde kenmerken vertonen.

Zo leert hij bijvoorbeeld wat een 'paard' is. Hij merkt dat in die categorie elk paard thuishoort, of het nu wit, bruin of gevlekt is. Hij merkt ook dat het er niet toe doet of het paard in de wei staat, op een foto, op een schilderij of in een prentenboek. Of het nu een geboetseerd paard is of een levend paard. Het is en blijft een paard.

Natuurlijk kan je baby niet van de ene op de andere dag zijn wereld indelen in categorieën. Om dat te kunnen, moet hij mensen, dieren en dingen goed leren kennen. Hij moet gaan beseffen dat er bepaalde overeenkomsten in 'iets' aanwezig moeten zijn, wil dat 'iets' in een bepaalde categorie passen. Hij moet die overeenkomsten dus opmerken en daar is ervaring voor nodig. Dat vraagt veel oefening en tijd. Als je baby het vermogen krijgt tot het waarnemen en zelf maken van categorieën, begint hij daarmee te experimenteren. Hij gaat mensen, dieren en dingen op een bepaalde manier bestuderen. Hij gaat ze bekijken, vergelijken en sorteren op overeenkomsten en ze dan onderbrengen in een bepaalde categorie. Zijn begrip van een categorie is dus het resultaat van veel onderzoek, waarbij je

Hersenwerk

De hersengolven van je baby vertonen weer drastische veranderingen rond 8 maanden. Ook de hoofdomvang neemt drastisch toe en de suikerstofwisseling in de hersenen verandert.

Laboratoriumonderzoek bevestigde dat baby's van 9 maanden (dus na het maken van deze sprong) in staat zijn categorieën te maken door achtereenvolgens naar een hele reeks pentekeningen te kijken van echte dieren, zoals verschillende soorten vogels of paarden.

baby als een echte onderzoeker te werk gaat. Waarbij hij overeenkomsten en verschillen bekijkt, beluistert, bevoelt, proeft en uitprobeert. Je baby is een harde werker.

Als je kind straks gaat praten, zul je merken dat hij onze 'categorieën' allang heeft ontdekt en dat hij deze soms een eigen naam heeft gegeven. Bijvoorbeeld: zijn 'garagehuis' is onze drive-inwoning, zijn 'stapelhuis' onze flat en wat hij een 'verenplant' noemt, kennen wij als varen. Hij is dus zélf bezig geweest met het maken van categorieën. In de naam van de dingen vind je de eigenschap terug die voor hem het meest kenmerkend was.

Al meteen nadat je baby het vermogen heeft gekregen om zijn wereld in 'categorieën' in te delen, begint hij dat ook te doen. Hij test niet alleen wat iets een 'paard', 'hond' of 'beer' doet zijn, maar ook wat iets 'groot', 'klein', 'zwaar', 'licht', 'rond', 'zacht' of 'plakkerig' maakt. En ook wat iets 'droevig', 'vrolijk', 'lief' of 'stout' doet zijn.

Uit onderzoeksspelletjes met baby's komt duidelijk naar voren dat baby's vanaf deze leeftijd anders reageren. Men concludeerde dan weleens dat 'intelligentie' op deze leeftijd 'ontstaat'. Dat mag op het eerste oog

misschien zo lijken, toch wil dat niet zeggen dat een baby hiervóór nooit 'gedacht' heeft. Alleen deed hij dat op een manier die toen perfect paste bij zijn leeftijd, maar die wij niet meer begrijpen. Als je baby het vermogen krijgt om 'categorieën' te maken, komt zijn 'denkwerk' veel dichter bij dat van ons, volwassenen, te staan. Hij gaat dan denken zoals wij denken. En daarom kunnen wij hem gaan begrijpen.

Als je baby 'categorieën' waarneemt en ze zelf maakt, doet hij dat op de manier van een 37 weken oude baby. Hij maakt gebruik van vermogens die hij bij vorige ontwikkelingssprongen tot zijn beschikking heeft gekregen. Hij kan dat nog niet met vermogens die hij pas op latere leeftijd krijgt. Dus rond 37 weken kan je baby gaan leren 'sensaties', 'patronen', 'vloeiende overgangen', 'gebeurtenissen' en/of 'relaties' in te delen in 'categorieën'.

Dit vermogen tot het waarnemen en het zelf maken van 'categorieën' beïnvloedt het gedrag van je baby. Het doorstraalt alles wat je baby doet. Hij moet zijn hele belevingswereld herzien. Hij merkt dat hij mensen, dieren, dingen en gevoelens in kan delen in groepjes die iets gemeenschappelijks hebben. En dat die één naam krijgen.

Kun je je voorstellen dat je baby van slag is als dit tot hem doordringt? Voor ons volwassenen zijn 'categorieën' heel gewoon. Ons denken en onze taal zijn ervan doordrenkt. Beter nog: wij zijn ervan afhankelijk. Je baby maakt hier voor het eerst kennis mee.

Oefening
Ervaar de wereld door de ogen van je baby

Door deze oefening te doen, leer je in te zien hoe moeilijk het eigenlijk is om de wereld in categorieën in te delen. Aan de ene kant kunnen we het allemaal, doen we het allemaal iedere dag. Aan de andere kant kunnen we vaak niet onder woorden brengen hoe we dit doen. Onze hersenen kunnen dingen die we dus niet kunnen benoemen.

Stel je eens voor dat je nog helemaal geen categorieën kende. Dat je in de kamer waar je nu zit alles opnieuw zou moeten indelen. Probeer eens expres vijf 'foute' categorieën te maken. Maak bijvoorbeeld de categorie 'muurhangers', met schilderijen, posters en spiegels. Het gaat natuurlijk niet om de categorieën die je maakt, maar om het je bewust worden van dit indelingsproces. Je baby is daar de hele dag mee bezig. Best zwaar werk!

Categorie 1

Categorie 2

Categorie 3

Categorie 4

Categorie 5

De allemaal-nieuwe-dingenfase:
de ontdekking van de nieuwe wereld

Iedere baby heeft tijd en hulp nodig om zo goed mogelijk te begrijpen waarom iets nu binnen of buiten een bepaalde 'categorie' valt. Als ouder kun je hem daarbij helpen. Je kunt hem de gelegenheid en de tijd geven om zó te experimenteren en te spelen dat hij snapt waarom iets tot een bepaalde 'categorie' behoort. Je kunt hem aanmoedigen en troosten als hij dat nodig heeft. Je kunt hem nieuwe ideeën aanreiken.

Geef je baby de gelegenheid om zijn begrip van 'categorieën' te vergroten. Het doet er niet toe welke 'categorieën' je baby het eerst onderzoekt. Als hij eenmaal beseft hoe 'categorieën' in elkaar steken, kan hij dat begrip later makkelijk ook op andere 'categorieën' toepassen. De ene baby zal liever beginnen met 'dingen herkennen', de andere met 'mensen herkennen'. Laat je leiden door je baby. Hij kan nu eenmaal niet alles tegelijk doen. Tijdens het uitwerken van deze sprong kun jij je baby helpen door hem te stimuleren, in de gelegenheid te stellen en de ruimte te geven om categorieën te ontdekken.

Zo zijn baby's

Je baby is het meest geïnteresseerd in alles wat nieuw is. Reageer daarom altijd en vooral op nieuwe vaardigheden en interesses die je baby toont. Hij leert dan prettiger, makkelijker, sneller en meer.

Laat hem categorieën ontdekken

Als je baby zijn vermogen om 'categorieën' waar te nemen en te maken uitwerkt, merk je dat hij eigenlijk bezig is om een hele schakering kenmerken te onderzoeken en te vergelijken. Wat je dus ziet, is dat hij met 'relaties' speelt. Door zo te werk te gaan, leert hij de belangrijkste kenmerken kennen van datgene wat hij onderzoekt. Hij ontdekt of iets stuitert of niet, licht of zwaar is, groot of klein, rond of vierkant, hoe het aanvoelt, en ga zo maar door. Hij bekijkt iets van alle kanten, houdt het ding op de kop of houdt zijn hoofd scheef. Beweegt het langzaam en snel. Alleen zó 'werkend' komt hij tot de ontdekking: 'Dit is een bal, dat niet,' of: 'Dit blok is rond, dat andere niet.' Heb je weleens gezien hoe je baby iets in de verte bekijkt? Hij doet dat vaak terwijl hij zijn hoofd heen en weer beweegt. En hij doet dat niet zomaar. Hij merkt dat dingen even groot blijven en er hetzelfde uit blijven zien, ook als hij beweegt. Hij speelt met die ontdekking. Kijk wat hij leuk vindt en laat hem zijn gang gaan.

"Hij wil in het bad het stromende water pakken (als de kraan loopt). Hij knijpt in het water en als hij dan zijn handje opendoet, zit er niets in. Dat vindt hij maar raar. Hij kan daar lang mee bezig zijn."
Over Paul, week 43

"Ze onderzoekt alles de hele dag door. Hoekjes, gaatjes, verschillende materialen. Dat heb ik nog nooit eerder gezien bij haar."
Over Aya, week 43

Laat je baby spelen met de begrippen 'één' en 'meer dan één'
Bouw eens een toren voor je baby, zodat hij de blokken er een voor een af kan halen. Hetzelfde kun je doen met de ringen om een piramide. Geef hem ook eens een stapel tijdschriften, die hij dan een voor een kan verplaatsen. En kijk welke spelletjes je baby zelf verzint met 'één' en 'meer dan één'.

"Hij doet eerst één kraal in een doorschijnend, rond busje en schudt er dan mee. Dan doet hij er meer in en schudt weer. Hij luistert er iedere keer ernstig naar en vermaakt zich zo uitstekend."
Over Jan, week 41

Laat je baby spelen met de begrippen 'ruw' en 'voorzichtig'
Sommige baby's proberen uit wat er gebeurt als zij hardhandig of voorzichtig met een mens, dier of ding omgaan. Als je merkt dat je baby hardhandig bezig is, kun je hem laten weten dat het pijn doet of dat iets kapotgaat. Hij weet heus waar hij mee bezig is.

'Hij bijt me geregeld en gaat af en toe hardhandig met zijn speelgoed en dingen om. Toch kan hij ook overdreven voorzichtig doen. Hij aait dan met één vingertje over bloempjes en miertjes, om ze daarna te pletten. Als ik dan zeg: 'Sst, zachtjes,' gaat hij weer voelen met één vingertje.'
Over Bob, week 40

"Eerst onderzoekt ze met één wijsvingertje mijn ogen, oren en neus. Kietelt eroverheen. Dan wordt ze steeds wilder. Ze gaat steeds hardhandiger in mijn ogen prikken en porren, aan mijn oren en neus trekken en een vinger in mijn neusgat steken."
Over Nina, week 39

Laat je baby spelen met verschillende vormen
Sommige baby's zijn vooral geïnteresseerd in verschillende vormen, zoals ronde, vierkante en gekartelde vormen. Ze bekijken de vorm en volgen de omtrek met één vingertje. En doen dan hetzelfde met iets wat een andere vorm heeft. Ze vergelijken de vormen als het ware. Bij blokken worden ronde vormen er vaak als eerste uit gehaald en dus herkend. Als je baby geboeid is door vormen, geef hem dan verschillende blokken die allemaal anders zijn van vorm. Ook zul je zien dat je baby in huis genoeg dingen vindt waarvan de vorm hem boeit.

Laat je baby onderdelen van iets ontdekken
Veel baby's onderzoeken graag de verschillende onderdelen van dingen. Je ziet hem dan achtereenvolgens op de verschillende kanten van iets sabbelen. Of op de bovenkant, in het midden en aan de onderkant van iets drukken. Maar zijn onderzoeksreizen kunnen ook veel verder gaan.

"Hij prutst graag aan sloten van kasten en deuren. Als de sleutel een kwart gedraaid is, ziet hij nóg kans hem eruit te halen."
Over Jan, week 37

"Hij is helemaal wild van 'knopjes'. Deze week onderzocht hij hoekjes en gaatjes aan de stofzuiger. Zat ook aan de knopjes. Duwde per ongeluk op het goede knopje en zoef ging de stofzuiger aan. Hij schrok ontzettend."
Over Bob, week 38

Laat hem spelen met hoe materialen aanvoelen
Sommige baby's vinden het heerlijk om met hun handen te voelen hoe dingen aanvoelen. Ze testen zo de hardheid, kleverigheid, ruwheid, warmte, glibberigheid en ga zo maar door. Laat hem zijn gang gaan.

"Hij speelt nu veel geconcentreerder. Hij onderzoekt soms zelfs twee dingen tegelijk. Zo kan hij een hele tijd bezig zijn om in de ene hand een stuk banaan en in de andere een stuk appel te pletten. Ondertussen kijkt hij van zijn ene naar zijn andere hand."
Over Dirk, week 42

"Hij voelt aan zand, water, kiezels en suiker. Hij stopt het in zijn vuist en voelt. Pas veel later gaat het zijn mond in."
Over Bob, week 40

Ook vindt een baby het soms heerlijk om met andere delen van zijn lichaam over materialen te wrijven. Of ze pakken iets op en wrijven dat over hun lichaam. Ze willen dus met alle plekjes voelen hoe iets aanvoelt. Zo leren ze datgene wat ze onderzoeken, nóg beter kennen. Geef ze daartoe ook de gelegenheid.

"Ik heb een schommel voor hem neergehangen in de deuropening. Onder de zitting zit een knoop. En om die knoop is het hem nu te doen. Hij gaat onder de schommel zitten en houdt zichzelf vast aan de deurpost, zodat hij wat omhoog kan komen als die knoop over zijn haren strijkt. Hij zit daar dan en voelt hoe dat voelt."
Over Bob, week 39

Laat hem spelen met de begrippen 'zwaar' en 'licht'
Vergelijkt je baby het gewicht van speeltjes en andere spulletjes? Geef hem dan de gelegenheid om dat ook te doen, voor zover de inrichting van je huis dat toelaat natuurlijk.

'Ze loopt overal langs en tilt alles even op.'
Over Jetteke, week 41

Laat hem spelen met de begrippen 'hoog' en 'laag', 'groot' en 'klein'.
Je baby doet dat met zijn lichaam. Hij klimt overal op, onderdoor en overheen. Hij doet het uitproberend, rustig en gecontroleerd. Alsof hij bedenkt hoe hij het zal doen.

'Hij probeert overal onderdoor te kruipen. Kijkt een tijdje en gaat dan. Gisteren kwam hij knel te zitten onder de onderste tree van de trap. Paniek in de tent!'
Over Jan, week 40

Geef hem de ruimte om te ontdekken
Vanaf deze leeftijd wordt het meestal erg belangrijk dat je je baby de ruimte geeft om alle mogelijke 'categorieën' te onderzoeken. Laat hem ook eens lekker door het huis kruipen, overal op klimmen en zich optrekken aan de meest onmogelijke richeltjes. Maak bijvoorbeeld het traphekje vast op de tweede of derde tree en laat hem wat oefenen. Leg dan wel onder aan de trap een matrasje, zodat hij zich niet kan bezeren.

'Hij klimt overal tegenop, zelfs tegen een gladde muur.'
Over Jan, week 42

'Ze zat in haar kinderstoel aan tafel en voor ik het wist zat ze óp tafel. Moet dus ook ogen in mijn rug hebben. Ze is ook al eens met stoel en al (een gewone) achterovergevallen. Gelukkig was ze alleen erg geschrokken.'
Over Xara, week 42

Ook buiten kan je baby veel leren. Geef hem daar ook de ruimte. Bijvoorbeeld in het bos, op het strand, aan een meer, in de zandbak en in het park. Verlies hem echter geen moment uit het oog.

Maak zijn omgeving babyproof

Zorg dat de ruimte waarin je baby rondscharrelt veilig is. Maar verlies hem desondanks geen moment uit het oog. Hij weet altijd nog wel iets te vinden wat gevaarlijk kan zijn en waar je niet aan hebt gedacht.

Geef hem alle gelegenheid te doen alsof

Als je baby sociaal erg bijdehand is, kan hij vanaf nu doen alsof hij bedroefd is, dat hij lief is of dat hij in hoge nood zit. Zulke emotionele toestanden zijn immers ook categorieën. Dit betekent dat hij je kan gaan 'manipuleren', dat hij je voor zijn karretje kan gaan spannen. Meestal trappen ouders er even in. Sommigen kunnen zich niet voorstellen dat hun kind, een baby nog, bewust tot zoiets in staat is. Anderen zijn er eigenlijk best een beetje trots op. Als je merkt dat je baby een stukje theater opvoert, laat hem dan zo mogelijk het genoegen proeven van een overwinning. Maar laat tegelijkertijd merken dat je hem doorhebt. Hij leert zo dat het gebruik van emoties belangrijk is, maar dat hij je er niet mee kan manipuleren.

"Overdag is ze erg lastig, echt vervelend, maar als ze 's avonds naar bed moet, is ze poeslief aan het spelen, net of ze denkt: als ik me stilhoud, hoef ik nog niet naar bed. Het heeft ook geen zin om haar naar bed te doen als ze niet moe is, want dan vertikt ze het om te blijven liggen. Afgelopen vrijdag lag ze om halfel in bed."

Over Jetteke, week 37

"Als ik met iemand praat, heeft hij prompt hulp nodig of doet hij zich ergens pijn aan."

Over Thijs, week 39

"Ik merkte dat hij tegen anderen in de spiegel anders doet dan tegen zichzelf. Hij geniet gewoon van zichzelf. In de spiegel bestudeert hij hoe hij iets doet. Hij maakt geluiden tegen zichzelf en kijkt hoe hij dat doet. Hij doet dit al weken. Als hij echter een ander kind ziet, reageert hij heel anders. Hij 'slaat dan aan': dat betekent dat hij met armen en benen wappert van enthousiasme, zijn mond tuit en heel hoog 'hóéhóéhóé' zegt."

Over Thomas, week 40

Nog even dit

Ook het afleren van oude gewoontes en het aanleren van nieuwe regels horen bij de uitwerking van ieder nieuw vermogen. Dat, wat je baby nu als nieuw begrijpt, kun je ook van hem eisen. Niet méér maar ook niet minder.

Een baby kan nu de rol op zich nemen die zijn vader of moeder of een ouder kind eerst had. En hij kan dat omdat hij beseft dat hij net zo'n mens is als die ander. Met andere woorden: hij behoort met die andere mensen tot dezelfde categorie. Dat houdt in dat hij hetzelfde kan doen als die ander. Hij kan zich gaan verstoppen zoals papa of mama dat deed en hen laten zoeken. Hij kan zelf met speelgoed komen aandragen waarmee hij samen wil spelen. Ga daar altijd op in, ook al is het maar even. Hij leert dan dat hij wordt begrepen en ook belangrijk is.

"Deze week was er een kindje op bezoek van ruim een jaar oud. Ze hadden allebei een flesje drinken. Op een gegeven moment stopte dat kindje haar flesje bij mijn kind in zijn mond en liet hem zo drinken. Ze bleef zelf het flesje vasthouden. De volgende dag liet ik hem bij mij op schoot een flesje drinken (dat is de enige manier om hem eens lekker op schoot te houden) en ineens stopte hij het flesje bij mij in de mond, begon toen te lachen, dronk zelf weer, en gaf hem weer aan mij. Ik was stomverbaasd. Daarvóór had hij dat nog nooit gedaan."

Over Paul, week 41

Sommige baby's vinden het heel leuk om de rol van 'gever' te spelen. Het doet er dan niet toe wat het is. Als hij maar kan geven en ontvangen. Dat laatste liever dan het eerste. Als hij al geeft, is het natuurlijk wel de bedoeling dat hij het meteen weer terugkrijgt. Ook begrijpt hij vaak 'geef … maar' en 'alsjeblieft'. Je kunt het geef-en-krijgspelletje dus combineren met taal en zo zijn begrip ervan vergroten.

"Met een vette glimlach 'geeft' mijn dochter iedereen haar koekje. Het is natuurlijk niet de bedoeling dat je het koekje aanpakt. Als je daartoe aanstalten maakt, trekt ze snel haar hand terug. Gisteren 'gaf' ze haar koekje aan opa's hond, die het natuurlijk in een flits pakte en naar binnen schrokte. Verbijsterd keek ze naar haar lege hand en zette het toen van nijd op een brullen."
Over Victoria, week 41

Toon begrip voor 'rare' angsten

Als je baby bezig is zijn nieuwe vermogen uit te werken, ontdekt hij ook dingen of situaties die hij niet begrijpt. En sommige baby's worden dan bang. Hij ziet gevaren die voor hem tot nu toe niet bestonden. Een ervan is 'hoogtevrees'. Als je baby plotseling bang is, leef dan met hem mee.

"Ze liep altijd graag als ik met haar oefende. Nu ineens niet meer. Ze lijkt zelfs bang. Als ze maar even denkt dat ik één handje loslaat, gaat ze al direct zitten."
Over Ashley, week 46

"Hij kan niet tegen vastzitten. Als hij in een autostoeltje zit, wordt hij compleet hysterisch."
Over Paul, week 40

Het belang van een consequente aanpak

Ouders zijn altijd trots op de vorderingen en kunsten die hun spruit voor het eerst laat zien. Ze reageren ook vanzelf blij verrast. Zo is iets 'stouts' meestal ook een 'vordering' of iets grappigs, als het voor het eerst gebeurt. En natuurlijk reageert papa of mama daar net zo verrast op. Maar voor een baby klinkt dat als applaus. Hij denkt dat hij leuk was en herhaalt het keer op keer. Ook vaak nog als je 'nee' zegt. Je baby krijgt nu behoefte aan een consequentere aanpak. Als iets de ene keer niet mag, kun je het beter de volgende keer ook niet goed vinden. Je baby vindt het heerlijk om je uit te proberen.

> "Ze wordt steeds leuker, doordat ze ondeugend begint te worden. Zegt 'Brrr' als ze met haar mond vol pap zit, zodat ik onder zit. Zet kasten open waar ze niet aan mag komen, gooit het water van de poes door de keuken en ga zo maar door."
>
> **Over Laura, week 38**
>
> "Ze luistert niet naar me. Als ik 'nee' zeg, begint ze te lachen. Als haar oppas 'nee' zegt, begint ze te huilen. Ik vraag me constant af of dat niet komt doordat ik werk. Ik geef misschien te veel toe als ik thuis ben, uit een soort schuldgevoel."
>
> **Over Laura, week 39**

Jouw speltoppers van 'categorieën'

Dit zijn spelletjes en oefeningen die inspelen op het nieuwe vermogen dat je hebt verkregen en je ontzettend leuk vindt om te spelen!

Invulinstructie:

Kruis aan wat jouw baby's favoriete spelletjes zijn. Kijk na het invullen van de ontdekkingslijst of je een verband ziet tussen dat wat hem het meest interesseerde tijdens deze sprong en de spelletjes die hij het liefst deed. Het is even nadenken, maar je verkrijgt hierdoor een uniek inzicht in je baby's karakter.

Samen ontdekken

Sommige dingen hebben een magische aantrekkingskracht op je baby, maar omdat het nog onmogelijk is om dit allemaal te onderzoeken op eigen houtje, help je hem daarbij.

☐ BELLEN EN LICHTKNOPJES

Laat je baby eens op zijn eigen deurbel drukken. Hij hoort dan meteen wat hij doet. Je kunt hem ook in de lift op een knopje laten drukken. Hij voelt dan wat hij doet. Laat hem ook eens zelf het licht aandoen als het vrij donker is, zodat hij kan zien wat hij doet. En laat hem ook eens op het stopknopje in de bus drukken of op het knopje bij een oversteekplaats en vertel hem wat er gebeurt, waar hij naar moet kijken. Zo leert hij iets over het verband tussen wat hij doet en wat er dan gebeurt.

☐ SAMEN FIETSEN

Op deze leeftijd raken baby's buiten niet uitgekeken. Hij leert er ook veel van. Ziet veel nieuwe dingen. Kan dingen op een grote afstand bekijken. Ga samen met hem fietsen door de buurt. En stop natuurlijk af en toe om je baby iets beter te laten kijken, luisteren en voelen.

☐ LAAT HEM ZIEN HOE HIJ WORDT AAN- EN UITGEKLEED

Veel baby's lijken geen tijd te hebben om aangekleed en verzorgd te worden. Ze zijn te druk bezig. Maar ze kijken graag naar zichzelf en vinden zichzelf nog interessanter als er iets met hen gebeurt. Maak daar gebruik van. Droog je baby eens af voor de spiegel. Kleed hem voor de spiegel aan en uit, waarbij hij een soort kiekeboespel met zichzelf kan spelen.

Taalspelletjes

Je baby begrijpt vaak heel wat meer dan je denkt en hij geniet als hij dat kan tonen. Hij zal nu met plezier het aantal woorden dat hij al begrijpt, gaan vergroten.

☐ DINGEN BENOEMEN

Benoem de dingen waar je baby naar kijkt of luistert. En als je baby door gebaren te kennen geeft wat hij wil, verwoord dan datgene wat hij vraagt. Hij leert dan dat hij met woorden duidelijk kan maken wat hij wil.

☐ BENOEMEN IN BOEKJES

Neem je baby op schoot of gezellig naast je. Laat hem een boekje uitkiezen en geef het hem. Hij kan dan de bladzijden zelf omslaan. Wijs de afbeelding aan waar hij naar kijkt en benoem die. Je kunt ook het geluid maken dat past bij het dier of ding dat je aanwijst. Lok je baby ook eens uit om dat woord of geluid te imiteren. Ga nooit door als je baby geen zin meer heeft. Sommige baby's hebben na iedere bladzijde een korte knuffel- of kietelbeurt nodig om de interesse wat langer vast te houden.

☐ **SPELEN MET KORTE, EENVOUDIGE OPDRACHTJES**

Vraag je baby of hij dat wat hij vast heeft aan jou wil geven, zoals: 'Geef maar aan mama/papa.' Of vraag hem eens of hij het aan iemand anders in de kamer wil geven. Ook kun je hem vragen iets voor je te pakken, zoals: 'Pak je tandenborstel,' en: 'Zoek je bal.' Roep hem ook eens als je uit het zicht bent: 'Waar ben je?' en laat hem antwoorden. Of vraag hem naar je toe te komen: 'Kom eens hier.' Prijs hem als hij meedoet, en ga alleen door zolang je baby het leuk vindt.

Imitatiespelletjes

Je baby bestudeert andere mensen met interesse en hij doet met veel plezier na wat hij anderen ziet doen.

☐ **VOORDOEN EN NADOEN**

Lok je baby uit om datgene wat je doet na te doen en doe dan hém weer na. Hij kan vaak eindeloos doorgaan met dat om de beurt hetzelfde doen. Varieer ondertussen ook. Doe de gebaren eens wat sneller of langzamer. Doe ze eens met de andere hand of met twee handen. Doe ze eens met geluid of zonder en ga zo maar door. Doe dit spelletje ook eens bij een spiegel. Sommige baby's vinden het heerlijk om gebaren te herhalen voor de spiegel en dan zelf te zien hoe het gaat.

☐ **'PRATEN' VOOR DE SPIEGEL**

Als je baby geïnteresseerd is in mondstanden, oefen die dan eens voor een spiegel. Maak er een spelletje van. Ga samen voor de spiegel zitten en 'speel' met klinkers, medeklinkers of woorden. Net wat je baby het leukst vindt. Geef hem de tijd om te kijken en om het na te doen. Ook vinden veel baby's het leuk om zichzelf gebaren te zien imiteren, zoals hoofd- en handbewegingen. Probeer dat ook eens. Als je baby zichzelf ziet als hij je nadoet, ziet hij onmiddellijk of hij het net zo doet als jij.

☐ MEEDOEN MET EEN ZANG- EN BEWEGINGSSPELLETJE

Zing 'Klap eens in je handjes' en laat je baby de gebaren voelen die bij dat liedje horen. Pak daartoe zijn handjes vast en maak de gebaren samen met hem. Soms zal een baby uit zichzelf het meeklappen imiteren. Of hij zal zijn handjes omhoogsteken. Zelf alle gebaren na elkaar meedoen zal hij op deze leeftijd nog niet doen. Maar hij geniet er wel van.

Spelletjes waarbij je van rol kunt wisselen

Moedig je baby aan om alle rollen te spelen, want ook daar leert hij enorm veel van.

☐ ZAL IK JOU EENS PAKKEN?

Je kunt dit zien als een eerste tikspelletje. Het kan kruipend of lopend worden gespeeld. Draai het ook eens om. Kruip of loop weg en laat duidelijk merken dat je verwacht dat hij je probeert te vangen. Vlucht ook weg als je baby zelf aanstalten maakt om je te pakken. Als je baby je te pakken heeft of als jij hem gevangen hebt, knuffel hem dan of til hem hoog de lucht in.

☐ WAAR IS... NOU?

Verstop jezelf zodat hij je ziet verdwijnen en laat hem zoeken waar je bent. Doe ook eens of je hem kwijt bent en hem zoekt. Soms verstopt een baby zichzelf al snel en gaat heel stil achter zijn bed of in een hoekje zitten. Meestal kiest hij de plaats waar je zelf net hebt gezeten of eentje die op een vorige dag een groot succes bleek. Reageer enthousiast als je elkaar hebt gevonden.

Jouw favoriete speelgoed

- ☐ Deuren, deurtjes, kleppen en klepjes. Kortom, alles wat open en dicht kan.
- ☐ Pannen met deksels.
- ☐ Deurbellen, stopknopjes in bus of tram, liftknopjes, oversteekknopjes of fietsbellen.
- ☐ Föhn.
- ☐ Wekker.
- ☐ Knijpers.
- ☐ Tijdschriften en kranten om te scheuren.
- ☐ Servies met bestek.
- ☐ Dingen die groter zijn dan jijzelf, zoals dozen of emmers.
- ☐ Kussens en dekbedden om mee te stoeien.
- ☐ Vooral ronde busjes, potjes of flesjes.
- ☐ Alles wat je kan doen bewegen, zoals hendels, sloten of draaiknoppen.
- ☐ Alles wat uit zichzelf beweegt, zoals schaduwbeelden, bewegende takken, bloemen, flakkerende lichten of wapperende was.
- ☐ Ballen: van pingpongbal tot grote strandbal.
- ☐ Bromtol.
- ☐ Pop met een duidelijk gezicht.
- ☒ Blokken in allerlei vormen, niet al te klein.
- ☐ Buitenbadje.
- ☐ Zand, water, steentjes en een schepje.
- ☐ Schommel.
- ☒ Prentenboek met een of twee grote, duidelijk afbeeldingen per bladzijde.
- ☐ Poster met meerdere, duidelijke afbeeldingen.
- ☐ Autootjes.

Om te onthouden

Alle baby's hebben het vermogen tot het waarnemen en zelf vormen van 'categorieën' gekregen. De nieuwe 'wereld van categorieën' is voor allemaal toegankelijk, vol met nieuwe mogelijkheden. Jouw baby laat zien waar zijn voorkeur naar uitgaat en dus wat hem speciaal maakt. Voor de 'wereld van categorieën' doet hij dat tussen 37 en 42 weken. In die periode kiest hij dat wat het best past bij zijn aanleg, interesse, lichaamsbouw en gewicht. Vergelijk je baby daarom niet met een andere baby. Iedere baby is uniek. Kijk goed naar je baby. Stel vast waar zijn belangstelling naar uitgaat. In de ontdekkingslijst van de 'wereld van categorieën is ruimte om aan te geven wat je baby kiest tussen 37 en 42 weken. Zelf kun je er ook struinen om te zien of er dingen bij zijn waarvan je denkt dat je baby ze ook leuk zou vinden.

Ontdekkingslijst
van de wereld van categorieën

Dit zijn voorbeelden van vaardigheden die je baby vanaf dit moment zou kunnen gaan vertonen. Even voor de duidelijkheid: je baby doet niet alles uit deze lijst!

Invulinstructie:

Net zoals bij de andere sprongen vul je deze lijst tegen het einde van de sprong in. Maar… en nu wordt het iets anders dan bij de vorige sprongen… je doet er ook verstandig aan om tijdens de sprong regelmatig even door deze pagina's heen te bladeren. Simpelweg om even te zien waar je op moet letten. Deze sprong staat namelijk niet in het teken van de heel makkelijk waarneembare, nieuwe vaardigheden. Deze sprong is een stuk abstracter: de wereld in categorieën indelen… alle baby's doen het nu, maar hoe doet jóúw baby dat? Welke categorieën maakt hij? Dit is enorm moeilijk om als ouder te zien en te snappen. Eigenlijk zou je er lange gesprekken over willen voeren met je baby om hem echt goed te begrijpen, maar dat gaat natuurlijk niet. Dus moet je het van je intuïtie en je observatievermogen hebben. Door de lijst regelmatig even door te kijken, zie je waar je op kunt letten. Ze zijn samengesteld door dingen op te noemen die veel ouders nu merken aan hun baby. De kans is dus groot dat jij die dingen ook merkt als je weet waar je op moet letten. Echter, we geven je ook ruimte om jouw baby's manier van categorieën ontdekken op te schrijven voor het geval deze manier niet in de lijst staat. Want nogmaals: de manier waaróp een baby dit doet, wát hem interesseert, hoe hij ermee omgaat, enzovoort, dát maakt hem uniek. Blijf dit goed bijhouden, want zo creëer je echt een uniek verslag van het ontwikkelende karakter van je baby!

Deze sprong maakte jij op:
Op   brak het zonnetje weer door, en nu, aan het eind van deze sprong, zie ik dat je deze nieuwe dingen kunt.

HERKENNEN VAN DIEREN EN DINGEN

datum:

- ☐ Sommige dingen herken je nu goed, of je het nou op een plaatje, filmpje, foto of in het echt ziet.
- ☐ Dingen waarvan ik merk dat je ze nu echt herkent, zijn bijvoorbeeld:
  - ☐ een vliegtuig
  - ☐ een auto
  - ☐ een vis
  - ☐ een eend
  - ☐ een poes
  - ☐ een hond
  - ☐ een vogel
  - ☐ een paard
  - ☐ anders:
  - ☐
  - ☐
  - ☐
- ☐ Je laat merken dat je bijvoorbeeld 'rond' van andere vormen onderscheidt, omdat je steeds de ronde uit een stapel pakt.
  Andere vormvoorkeuren kunnen natuurlijk ook!
- ☐ Je laat merken dat je iets 'vies' vindt, bijvoorbeeld door te snuiven.
- ☑ Je laat merken dat je iets 'leuk' of 'lekker' vindt door bijvoorbeeld een bepaald geluid of een bepaalde beweging te maken of door *met je armpjes slaan*

- ☐ Je begrijpt namen van dieren of dingen, zoals tandenborstel, schaapje, poes, eend of mobile. Als ik vraag: 'Waar is   ?' dan kijk je ernaar. Of als ik zeg: 'Pak je   ' dan pak je het.

☐ Je zegt woordjes na.

☐ Je bekijkt nu graag iets door iets anders heen. Je kijkt bijvoorbeeld door een zandbakzeefje, door gaas van de hordeur, of door glas.

datum:

HERKENNEN VAN MENSEN ALS MENSEN

datum:

☑ Je begint je duidelijk naar andere mensen te richten met geluiden en/of gebaren.

☐ Je doet opmerkelijk vaak andere mensen na. Je imiteert wat zij doen. Dingen die je van anderen na hebt gedaan zijn:

☐

☐

☐

☐ Je wilt duidelijk vaker spelletjes doen met andere mensen.

☐ Je 'roept' mensen die je heel goed kent. Ieder heeft in ons gezin een eigen toontje, dat toontje is de 'naam' die jij roept.

datum:

HERKENNEN VAN INDIVIDUELE MENSEN ONDER VERSCHILLENDE OMSTANDIGHEDEN

☐ Je herkent mensen als je ze in een heel andere situatie terugziet.

☑ Je herkent mensen in de spiegel. Je zoekt ze bijvoorbeeld in de spiegel op als ze ergens in de kamer zijn.

☐ Je laat merken dat je jezelf herkent op een foto of in de spiegel.

☐ Bijvoorbeeld:

  ☐ Je trekt gekke gezichten tegen je spiegelbeeld.

  ☐ Je steekt je tong uit en lacht om je eigen spiegelbeeld.

  ☐ Anders:

  ☐

HERKENNEN VAN EMOTIES   datum:

☐ Je snapt nu wanneer ik lief doe tegen een ander kind en... je bent voor het eerst jaloers als ik een ander kind aandacht geef. Je zou niet jaloers zijn als ik boos zou worden op een ander kind.

☐ Je troost een knuffel als deze op de grond valt, of wanneer je die 'expres' op de grond gooit. Het troostmomentje gaat heel snel, je zou het bijna niet zien, maar je doet het wel!

☐ Je bent extra lief als je iets gedaan wilt krijgen.

☐ Je toont je stemming heel overdreven. Je speelt een rol om goed duidelijk te maken hoe jij je voelt...

☐ Je bent nu duidelijk gevoeliger voor stemmingen van anderen. Je huilt bijvoorbeeld als een ander kind huilt.

SPELEN VAN MOEDERS ROL　　　　　　　　　　　datum:

☐ Je kunt de rollen omdraaien en zélf een spel starten.

☐ Je speelt 'kiekeboe' met een jongere baby.

☐ Je geeft mij of   de fles.

☐ Je vraagt om een liedje te zingen, door bijvoorbeeld:

   ☐ in je handen te klappen.

   ☐ met je handjes over elkaar te wrijven.

   ☐

   ☐

☐ Je 'vraagt' om verstoppertje te spelen door zelf ergens achter te kruipen, of een doek over je hoofdje te doen.

☐ Je 'vraagt' om samen met de blokken te spelen door je blokken aan mij aan te geven.

☐ Andere spelletjes die jij initieert en hoe je dat doet:

   ☐

   ☐

   ☐

   ☐

Oefening

Aan het soort categorieën dat je baby ontdekt, kun je al veel van zijn karakter zien. Wat voor categorieën kiest hij uit? Zijn ze meer motorisch, verbaal, emotioneel enzovoort?

Help, mijn baby kan niet alles! Nee, natuurlijk niet, dat kan ook niet

De eerste fase (hangerigheid) van deze sprong is leeftijdsgebonden en voorspelbaar en begint rond de 34 weken. De meeste baby's komen 37 weken na de uitgerekende datum in de tweede fase van deze sprong terecht. Door het vermogen dat je baby krijgt bij de sprong van de categorieën kan hij groepen zoals 'dieren' of 'auto's' gaan herkennen. Echter, de kennis om groepen te herkennen krijgt hij door ervaring, door te vergelijken en door te experimenteren. Het verschil tussen het mentaal kunnen (vermogen) en het daadwerkelijk doen (vaardigheid) is ook afhankelijk van de voorkeuren van je baby. Daardoor kan de ene baby een bepaalde categorie weken of maanden eerder kennen dan de andere baby. Vaardigheden en activiteiten komen in *Oei, ik groei!* aan bod op de vroegst mogelijke leeftijd waarop baby's het vermogen krijgen, maar dus niet noodzakelijkerwijze gaan doen, zodat je erop kunt letten en ze kunt herkennen. (Ze kunnen aanvankelijk heel onopvallend zijn.) Zo kun je reageren op de ontwikkeling van je kindje en hem erbij helpen. Alle baby's krijgen dus hetzelfde vermogen op dezelfde leeftijd, maar het verschilt wat ze er wanneer mee gaan doen. Dat maakt iedere baby uniek.

De makkelijke periode:
de sprong is genomen

"Hij is op het moment een schatje. Hij lacht de hele dag door. Speelt soms wel een uur in de box en kan heel lief spelen. Hij lijkt de laatste week ook een ander kind. Hij ziet er niet meer zo opgeblazen uit en voelt heel soepel aan. Hij was altijd wat log, maar nu geeft hij veel meer mee. Hij is veel levendiger, actiever en ondernemender."

Over Dirk, week 42

"Hij begrijpt veel meer en krijgt een ander 'plaatsje'. Hij hoort er meer bij. Ik moet makkelijker met hem kunnen praten, dus heeft hij bijvoorbeeld aan tafel een plaatsje op praatafstand. Dat is belangrijk nu. Hij is buitenshuis ook veel meer op andere mensen gericht. Hij maakt meteen contact. Doet dat door bellen te blazen, bepaalde 'roepgeluiden' te maken of door vragend zijn hoofdje scheef te houden."

Over Bob, week 40

Rond 39 weken breekt weer een makkelijke periode aan en worden veel baby's een tot drie weken lang geprezen om hun vooruitgang, hun zelfstandigheid en hun vrolijkheid. Alles heeft nu hun interesse. Van mensen te paard tot bloemen, bladeren, mieren en mugjes. Veel kinderen zijn dan ook duidelijk liever buiten dan in huis. Ook andere mensen spelen opeens een veel grotere rol in hun leven. Ze maken veel vaker contact met hen en zijn eerder bereid om ook een spelletje met hen te spelen. Kortom, je baby's horizon is breder dan ooit.

Sprong 7

De wereld van opeenvolgingen

**LIEF EN LEED ROND 46 WEKEN
OFWEL BIJNA 11 MAANDEN**

Baby's zijn van nature rommelmakers. Tijdens het laatste sprongetje leek deze gave een hoogtepunt te bereiken. Je hebt je misschien vertwijfeld afgevraagd waar die neiging tot slopen vandaan kwam als je weer eens zag hoe hij alles wat op zijn pad kwam uit elkaar haalde, opzij smeet of fijnkneep en een spoor van vernielingen achterliet. Rond 46 (44-48) weken kun je plotseling getuige zijn van een complete omslag. Voor het eerst in zijn leven probeert hij dingen in elkaar te zetten. Daarmee laat hij zien dat zijn ontwikkeling een sprongetje maakt. Je baby heeft er het nieuwe vermogen bij gekregen om 'opeenvolgingen' waar te nemen en te gaan controleren. Vanaf deze leeftijd begint hij te beseffen dat hij dingen in een bepaalde volgorde moet afhandelen om veel van zijn doelen met succes te kunnen realiseren.

Zelf heeft hij deze sprong al eerder gevoeld. Rond 42 (40-44) weken wordt je baby weer hangeriger dan hij de laatste een tot drie weken was. Hij merkt dat zijn wereld anders is dan hij dacht, dat hij hem anders beleeft dan hij gewend is. Hij merkt dat hij dingen ziet, hoort, ruikt, proeft en voelt die onbekend voor hem zijn. Hij raakt daardoor van slag en klampt zich zo goed als hij kan vast aan de meest vertrouwde plek die hij kent: papa en mama. Deze lastige fase duurt bij de meeste baby's vijf weken, maar hij kan ook drie tot zeven weken duren.

De moeilijke fase:
het visitekaartje van de sprong

Alle baby's zijn huileriger dan ze de laatste week of weken waren. Ouders noemen hen hangerig, mopperig, zeurderig, pieperig, dreinerig, chagrijnig, ongedurig en onrustig. Ze doen alles om vaker óp, aan en rond papa of mama te komen en te blijven. Sommigen zijn daar de hele dag mee bezig, anderen alleen een gedeelte daarvan. De ene baby is ook veel fanatieker dan de andere. Er zijn er die alle mogelijkheden gebruiken. Net zoals bij de vorige sprong zul je wellicht merken dat je baby eenkenniger is, het lichaamscontact niet wil verbreken en meer beziggehouden wil worden. Veel baby's worden jaloers en hebben een heel wisselend humeur. Ook tijdens de nacht is het duidelijk dat hij in een sprong zit. Hij slaapt slechter en heeft vaker nachtmerries. Of je merkt dat hij 'stiller' is dan normaal, niet meer stilligt bij het verschonen of niet meer aangekleed wil worden. Soms doet hij overdreven lief om maar bij jou te kunnen zijn en soms weer

Om te onthouden

Als jouw baby hangerig is, let dan alvast op nieuwe vaardigheden of pogingen daartoe. Kijk alvast naar de ontdekkingslijst op pagina 298 om te zien waar je op kunt letten.

opvallend ondeugend. Sommige baby's doen dit allemaal, en andere ouders zien slechts een paar van deze typische sprongkarakteristieken bij hun baby.

Kortom, je baby gaat weer een nieuwe moeilijke fase in die gekarakteriseerd wordt door de drie H's (hij wordt **H**uileriger, **H**angeriger en **H**umeuriger) en minstens nog een paar van een hele lijst van kenmerken.

Dat is niet alleen moeilijk voor je kleintje maar ook voor jezelf, en het heeft zorgen, irritaties en ruzies tot gevolg. Daardoor sta je onder spanning.

Omdat ouders zich zorgen maken, houden ze hun baby extra goed in de gaten en ontdekken dan dat hun baby eigenlijk veel nieuwe dingen doet.

"Wanneer zijn broer een beetje in de buurt komt en hem aanraakt, begint hij al te huilen, omdat hij weet dat huilen een reactie bij mij veroorzaakt."
Over Rudolf, week 41

Alle baby's huilen minder als ze bij papa of mama zijn. En ze zeuren nog minder als papa's of mama's aandacht volledig op hen is gericht.

"Omdat ik het mekkeren zo veel mogelijk wil stoppen, doen we alles samen. Ik doe mijn huishouden met haar op mijn heup of op mijn arm, want als ze rond mijn been hangt, kan ik geen stap verzetten. Ik vertel haar wat ik doe, hoe ik koffiezet, de filter pak en ga zo maar door. Ook gaan we meestal samen naar de wc. En als ik alleen ga, laat ik de deur open. Enerzijds omdat ik dan kan zien of ze iets gevaarlijks doet, anderzijds omdat ze me dan kan zien en eventueel kan volgen. En dat gebeurt dan ook altijd. Alleen als ik zo te werk ga, is er 'rust' voor ons allebei."
Over Xara, week 43

Hoe merk je dat je baby een moeilijke fase is ingegaan?

Behalve de drie **H**'s kan je baby een paar van de volgende kenmerken vertonen als hij de volgende moeilijke fase ingaat.

Hangt hij vaker aan je?

Sommige baby's doen alle moeite om zo dicht mogelijk bij je in de buurt te zijn. Ze klampen zich letterlijk aan je vast, ook als er geen 'vreemden' in de buurt zijn. Er zijn ook baby's die niet per se aan hun ouders gaan hangen, maar die wel opvallend dichter bij hen in de buurt blijven. Ze houden hen wat meer in de gaten. En er zijn er die geregeld even teruggaan naar papa of mama, alsof ze even moeten 'tanken', om daarna weer met een gerust hart weg te kunnen gaan.

"Hij wil de hele dag op schoot, op de arm, over me heen kruipen, op me zitten of aan mijn benen hangen. Echt zo'n parasiet die op een vis geplakt zit. En zet ik hem neer, dan barst hij in tranen uit."
Over Bob, week 41

"Ze is momenteel veel bij mij in de buurt, maar ze gaat wel haar eigen gang. Ze cirkelt eigenlijk als een planeet rónd en mét Moeder Aarde mee. Ben ik in de kamer, dan is ze naast me bezig, en ga ik naar de keuken, dan ruimt ze daar naast me een kast uit."
Over Jetteke, week 47

Is hij eenkennig?

Als vreemden in de buurt zijn, naar de baby kijken, met hem praten of – erger nog – een hand naar hem uitsteken, worden veel baby's nog hangeriger dan ze vaak al zijn.

"Het viel me deze week op dat ze wat erg veel aan me gaat hangen. Wanneer nu een 'vreemde' zijn armen naar haar uitsteekt, klampt ze zich aan mij vast. Maar als men haar dan eventjes de tijd gunt, gaat ze toch vaak zelf op die ander af. Ze moeten haar niet te snel oppakken."
Over Ashley, week 47

"Hij is wat verlegen. Als hij nieuwe mensen ziet of als iemand plotseling binnenkomt, duikt hij weg in mijn nek. Het is wel weer snel over. Hij moet even wennen."
Over Thijs, week 42

Wil hij niet dat je het lichaamscontact verbreekt?
Sommige baby's klampen zich extra stevig vast als ze hun vader of moeder te pakken hebben of als ze op schoot zitten. Alsof ze hun niet de gelegenheid willen geven om het lichaamscontact te verbreken. Er zijn ook baby's die heel nijdig worden als ze neergezet worden of als papa of mama een stukje verder de kamer in loopt om even iets te pakken of te doen.

"Als we even uit elkaar gaan, huilt ze nijdig en 'aanvallend'. En als ik dan terug ben, slaat, krabt, knijpt en duwt ze me altijd eerst even. Is de hond in de buurt, dan pakt ze hem onmiddellijk. Ze heeft al eens een snorhaar in haar hand gehad."
Over Xara, week 43

Wil hij vaker beziggehouden worden?
De meeste baby's gaan meer aandacht vragen. Ook makkelijke baby's doen liever iets samen met papa of mama. Veel aandacht eisende baby's doen dat liefst dag en nacht. Sommigen zijn pas tevreden als je volledig op hen gericht bent. Je mag dan alleen naar hém kijken en met hém bezig zijn.

"Als hij aan de borst is, mag ik niets doen, met niemand praten, maar dan moet ik naar hem kijken, aan hem peuteren of hem aaien. Zodra ik daar even mee ophoud, wriemelt hij ongedurig en schopt nijdig, zo van: 'Hier ben ik'."
Over Thijs, week 43

Sprong 7

Tip

Wil je meer weten over slaap en sprongetjes, blader dan door naar pagina 463.

Is hij jaloers?

Hij is wat extra chagrijnig, ondeugend of overdreven lief als papa of mama aandacht heeft voor iets of iemand anders. Ouders vragen zich dan ook af of hij jaloers kan zijn. Die ontdekking verrast ze.

"Ik heb een oppasbaby van vier maanden in huis, die ik de fles moest geven. Hij vindt dat altijd heel interessant. Maar deze week was hij niet te genieten. Hij deed steeds dingen die hij normaal niet doet. Hij was echt lastig, stierlijk vervelend. Volgens mij was hij wat jaloers. De lieverd."
Over Jan, week 44

Heeft hij een sterk wisselend humeur?

Zo'n baby is de ene dag heel vrolijk en de volgende dag compleet het tegenovergestelde. Ook kan zijn stemming ineens omslaan. Het ene moment is hij vrolijk bezig, om dan te dreinen en te chagrijnen. Zomaar, zonder dat zijn ouders daar een aanleiding toe zien. Dit maakt hen soms onzeker.

"Ze was heel hangerig en huilerig en dan weer had ze het grootste plezier: Jantje lacht, Jantje huilt. Je weet dan niet wat je moet doen. Zou ze ineens pijn krijgen?"
Over Nina, week 43

Slaapt hij slechter?

De meeste baby's slapen minder. Ze willen niet naar bed, komen moeilijker in slaap en zijn eerder wakker. Sommigen zijn vooral overdag lastige slapers. Anderen 's nachts. Weer anderen gaan zowel overdag als 's avonds met tegenzin slapen.

"Ze is 's nachts wel twee à drie keer wakker en slaapt 's middags ook slecht. Soms ben ik wel drie uur bezig om haar in slaap te krijgen."
Over Jetteke, week 48

"Hij is onrustiger. Wordt 's avonds een paar keer wakker. Als hij naar bed gaat, moet je hem tot rust dwingen."
Over Dirk, week 45

Heeft hij nachtmerries?
Soms slaapt een baby heel onrustig. Hij kan zelfs zo tekeergaan dat je denkt dat hij een nachtmerrie heeft.

"Thomas had voor het eerst en maar één keer een echte nachtmerrie. Hij huilde hard en lang in zijn slaap. Tenminste, voor zijn doen was het hard en lang. Hij had nog nooit in zijn slaap gehuild. Sindsdien geeft hij weleens vaker even een kort schreeuwtje in zijn slaap."
Over Thomas, week 43

Is hij 'stiller'?
Sommige baby's zijn tijdelijk wat rustiger. Ze zijn minder actief of 'kletsen' wat minder. Soms doen ze even helemaal niets meer en staren wat voor zich uit. Dit laatste zien ouders niet graag. Ze vinden het 'abnormaal' en proberen de dromer te activeren.

"Ze is niet zo actief meer. Ze zit geregeld met grote ogen een tijdje rond te kijken."
Over Odine, week 45

"Hij is passiever, stiller. Soms staart hij een moment in de verte. Ik vind dat altijd akelig. Net of hij niet 'normaal' is."
Over Bob, week 41

Wil hij niet verschoond worden?

Veel baby's zijn ongeduldig en ongedurig als ze aangekleed, uitgekleed of verschoond worden. Ze zeuren, krijsen en draaien. Soms raken ouders geïrriteerd. Soms zijn ze bezorgd.

"Uitkleden, aankleden en verschonen waren een ramp. Was een tijdje geleden ook al het geval. Daarom dacht ik dat ze misschien wat last had van de onderkant van haar ruggetje. En dat maakte me steeds bezorgder. Ik ben toen naar de consultatiebureau-arts gegaan, maar haar rug was prima in orde. Hij wist het ook niet. En nu is het vanzelf over!"

Over Juliette, week 46

Eet hij slechter?

Veel baby's lijken minder geïnteresseerd in eten en drinken. Ze verorberen iets als en wanneer ze er zin in hebben. Ouders vinden slecht eten altijd zorgelijk en ergerlijk.

"Hij eet slecht. Wel wil hij overdag zomaar tussendoor aan de borst. Hij begint dan te jengelen en aan mijn bloes te trekken. Werd ook 's nachts veel wakker, wilde alleen borstvoeding. Ik vraag me dan steeds weer af of hij zo wel binnenkrijgt wat hij nodig heeft."

Over Thijs, week 43

Gedraagt hij zich babyachtiger?

Soms steekt schijnbaar verdwenen babygedrag weer even de kop op. Ouders zien het niet graag dat hun baby zich jonger gedraagt. Ze denken dat zoiets niet normaal is en willen er liefst zo snel mogelijk een einde aan maken. Toch is een achteruitgang tijdens een hangerige fase heel gewoon. Het betekent dat er een vooruitgang op komst is.

"Ze heeft duidelijk vaker gekropen deze week, in plaats van te lopen. Hopelijk komt het niet door haar heupen, of omdat ze zo vroeg liep."

Over Jetteke, week 44

"Hij wil niet meer zelf de fles vasthouden, maar wil het liefst languit in mijn armen liggen en dan op die manier drinken. Een tijdje geleden wou hij per se zelf de fles vasthouden. Ik voelde dat die terugval me eigenlijk flink dwarszat. Ik dacht: hou op jochie, dat kun je toch zelf. Een paar keer zette ik zijn handjes aan de fles, maar hij wou niet."
Over Bob, week 41

Is hij overdreven lief?
Baby's die hangerig zijn, kunnen ook op een vriendelijke manier meer lichaamscontact of aandacht vragen. Dit komt steeds vaker en verfijnder voor. Ze komen met boekjes of speelgoed aandragen, om daar samen mee te spelen. Ze lokken je uit om spelletjes te spelen. Ze leggen een hand op je schoot. Kruipen tegen je aan. Of leggen een hoofdje tegen je aan en lachen je vriendelijk toe. Vaak wisselen ze 'lastig' en 'lief' om lichaamscontact of aandacht vragen af. Baby's proberen vaak gewoon uit wat het beste werkt op dat moment van de dag in die situatie. Ouders van niet-knuffelige baby's vinden het heerlijk als ze hem eindelijk weer eens lekker kunnen vastpakken!

"Ze kwam af en toe even knuffelen. Kwam ook heerlijk bij me zitten als ik met iemand zat te praten. Ze was zeer innemend deze week."
Over Ashley, week 46

"Hij was erg knuffelig en wilde steeds aan mij hangen."
Over Thijs, week 42

"Als hij in het fietsstoeltje zit of in de wandelwagen, kijkt hij steeds om of ik er nog wel ben en geeft dan een handje."
Over Paul, week 44

Is hij opvallend ondeugend?

Sommige ouders valt het op dat hun baby ondeugender is dan hij was. Hij lijkt precies dat te doen wat niet mag. Hij is vooral ondeugend als papa of mama vlug iets af wil werken en dus druk bezig is.

"We mogen niet met onze eigen zaken bezig zijn. Alles wat verboden is, is dan opeens heel interessant, zoals de telefoon en de naald en knopjes van de draaitafel. We moeten constant opletten."
Over Jetteke, week 47

"Ze kruipt me steeds achterna. Ik vind dat enig. Maar als ze dat niet doet, zet ze de boel op stelten. Ze haalt de boeken uit de boekenkast en de aarde uit de bloempotten. En ze blijft ernaar teruggaan."
Over Ashley, week 43

Zo merk ik aan jou dat de sprong begonnen is:

- ☐ Je huilt vaker.
- ☐ Je bent vaker 'chagrijnig' of boos.
- ☐ Je bent het ene moment vrolijk, het andere moment in een slechte bui.
- ☐ Je wilt vaker beziggehouden worden.
- ☐ Je hangt vaker aan me en wil in de buurt van mij blijven.
- ☐ Je bent overdreven lief.
- ☐ Je bent opvallend ondeugend.
- ☐ Je krijgt (vaker) driftbuien.
- ☐ Je bent (vaker) jaloers.
- ☐ Je bent (vaker) eenkennig.
- ☐ Je protesteert als ik het lichaamscontact verbreek.
- ☐ Je slaapt slechter.
- ☐ Je hebt (vaker) nachtmerries.
- ☐ Je eet slechter.
- ☐ Je 'kletst' minder.
- ☐ Je bent minder beweeglijk.
- ☐ Je zit soms stilletjes te dromen.
- ☐ Je wilt niet verschoond/aangekleed worden.
- ☐ Je zuigt (vaker) op je duim.
- ☐ Je pakt (vaker) een knuffel.
- ☐ Je gedraagt je babyachtiger.
- ☐ En ik merk dat je

Let op, ook hier geldt: een baby hoeft niet al deze sprongkarakteristieken te vertonen! Het gaat meer om wélke je baby vertoont dan om hoeveel.

Zorgen[10], irritaties en ruzies
Ouders voelen zich onzeker
Ouders maken zich regelmatig zorgen als hun kind laat zien dat hij van slag is. Ook zoeken ze een reden voor het huileriger zijn. Dat stelt ze gerust. Op deze leeftijd zijn dat meestal 'doorkomende kiezen'.

"Hij huilde vaker, was op de een of andere manier niet uitgeslapen."
Over Dirk, week 43

"Ze is 'pieperig' en hangt om me heen als ik bezig ben. Misschien kan ze wat minder hebben van de twee andere meiden."
Over Juliette, week 42

Ouders raken uitgeput
Ouders van baby's die veel aandacht vragen en daarbij weinig slapen, voelen zich tegen het einde van de hangerige fase intens moe. Daarbij klagen enkelen van hen ook over rugpijn, hoofdpijn, misselijkheid en concentratiestoornissen.

"Ik voel me compleet ingestort, omdat ik geen steun en begrip krijg. Zou zo graag één avondje rust hebben. 's Avonds blijf ik op en neer naar boven lopen. Vaak tot midden in de nacht. Ik vind dit de moeilijkste leeftijd tot nu toe. Ik wilde al een tijd een bepaalde mail beantwoorden, maar ik kon me er niet op concentreren en stopte dan weer. Echt een instorting."
Over Xara, week 46

Ouders ergeren zich en doen er ook wat aan
Tegen het einde van deze hangerige fase beginnen ouders zich steeds vaker te ergeren aan het hangerige gedrag van hun baby. Ze ergeren zich eraan dat ze volledig in beslag worden genomen door hem en geen eigen leven meer overhouden.

---

10 *Vraag bij twijfel altijd advies aan je huisarts of het consultatiebureau.*

"Ik vind het vermoeiend om letterlijk geen stap te kunnen verzetten. En het continu aandacht vragen of anders een huilbui, vind ik langzaamaan zeer irritant. Soms krijg ik het gevoel dat ik naar zijn pijpen dans en dan voel ik weerstand in me opkomen. Ik word het dan een beetje zat. Ik zit ontzettend te dubben of ik hem toch weer terug zal brengen naar de kinderopvang. Ik heb hem een paar weken thuisgehouden. Dat voelde aanvankelijk beter, maar nu twijfel ik."
Over Bob, week 46

"Ik heb het druk en kan het niet meer hebben als ze aan mijn benen hangt of voor het aanrecht zit als ik daar bezig ben. Als ik er genoeg van heb, gaat ze nu haar bed in. Ik word misschien wat ongeduldiger."
Over Juliette, week 45

"Ik heb toch de makkelijkste baby die er bestaat, maar als hij een keer zo huilt, merk ik toch dat ik daar wat ongeduldig van word en hem dan zijn bed in wens."
Over Jan, week 43

Soms ergeren ouders zich omdat ze eigenlijk al aanvoelen dat hun baby meer kan dan hij laat zien en zich te 'babyachtig' gedraagt voor zijn leeftijd. Ze vinden dat het tijd wordt dat hij zich zelfstandiger gaat gedragen.

"Als ik hem op de bank leg voor een schone luier, zet hij altijd een keel op. Ook met schone kleren aantrekken. Dat ergert me steeds meer. Vind ik hem te groot voor, merk ik. Hij zou eigenlijk kunnen beginnen om wat mee te werken."
Over Bob, week 47

Ruzies

Aan het einde van iedere hangerige fase valt het steeds weer op dat moeders die borstvoeding geven, willen stoppen. Een van de redenen daarvoor is dat hun baby de hele dag aan de borst wil. De moeder raakt daardoor geïrriteerd en begint de borst te weigeren. Dat pikt haar baby niet en voor je het weet is er ruzie.

'Ik erger me steeds heviger en vaker omdat ik hem weer constant aan de borst in slaap moet sussen. Ik was daar opnieuw mee begonnen toen hij zo moeilijk in slaap kon komen. Het wordt nu weer een gewoonte. Hij wil trouwens veel borstvoeding en schreeuwt als hij zijn zin niet krijgt. Ik heb er geen zin meer in!'
Over Thijs, week 47

Als moeders toch borstvoeding blijven geven, herstelt zich het normale drinkpatroon weer meteen na de hangerige fase. En dan zijn moeders hun irritaties ook prompt weer vergeten.

Ruzies kunnen ook ontstaan rond de 'onderhandelingen' over lichaamscontact en aandacht.

'Ik erger me bij constant janken om op schoot te mogen. En het maakt me ontzettend boos als hij me bijt omdat ik niet vlug genoeg reageer. Het doet zo zeer dat ik hem automatisch een zet geef. Een keer viel hij hard met zijn hoofd tegen de verwarming. Dat was niet de bedoeling, maar ik was razend. Ik kan trouwens z'n gekleef ook niet meer hebben. Het irriteert me. Vooral als er andere mensen bij zijn.'
Over Rudolf, week 44

Als je baby zo heftig om aandacht vraagt, kun je daar inderdaad wanhopig van worden. Dat is heel normaal. Je mag alleen die gevoelens van wanhoop nooit omzetten in daden. Je baby, of kind, pijn doen is nooit een manier om hem regels bij te brengen.

Het nieuwe vermogen breekt door

Rond 46 weken ontdek je dat je baby rustiger wordt. Dat hij dingen probeert of doet die weer helemaal nieuw zijn. Je merkt dat hij anders omgaat met zijn speelgoed. Andere dingen leuk vindt. Dat hij preciezer bezig is dan ooit tevoren. Dat hij nóg meer op details let. Je baby's verkenningstocht in de 'wereld van opeenvolgingen', die een paar weken geleden begon, begint nu vruchten af te werpen en je baby begint die nieuwe vaardigheden te kiezen die het best bij hem passen. Jouw baby met zijn aanleg, voorkeur en temperament maakt zijn eigen keuzes. En als volwassene kun je hem daarbij helpen. Kijk regelmatig even naar de ontdekkingslijst op pagina 298 om te zien waar je op kunt letten.

De 'wereld van opeenvolgingen'

Sinds de vorige sprong beseft je baby dat sommige dingen zo veel met elkaar gemeen hebben dat ze tot één groepje ofwel categorie behoren. Daarbij was te zien dat hij dingen 'afbrekend', uit elkaar halend, bestudeerde. Zo brak hij bijvoorbeeld een blokkentoren blok na blok af. Of hij haalde een sleutel uit het slot of maakte een hendel los.

Als het vermogen tot het waarnemen en zelf uitvoeren van 'opeenvolgingen' doorbreekt, is je baby veelal 'opbouwend', in elkaar zettend of 'koppelend' bezig. Hij kan nu bijvoorbeeld een sleutel van tafel pakken en die daarna in het slot van de kast steken. Hij kan eerst zand op de schep scheppen en dat daarna in de emmer gooien. Als hij met of zonder je hulp achter een bal aan rent, richt hij eerst en schopt daarna tegen de bal. Bij het zingen van een liedje als 'Klap eens in je handjes' kan hij achtereenvolgens verschillende gebaren maken zonder dat je ze hoeft voor te doen. Hij kan nu voor het eerst zelf eten op zijn lepel scheppen en deze vervolgens in zijn mond stoppen. Hij kan proberen zijn schoen aan te trekken door hem te pakken en deze daarna tegen zijn voet te wrijven. Hij pakt de trui die je juist hebt uitgetrokken en op de grond hebt laten vallen en stopt die daarna in de wasmand (waar deze thuishoort!).

Je baby gaat nu beseffen dat hij iedere handeling altijd in een bepaalde volgorde zal moeten doen, als hij tenminste succes wil hebben. Je ziet nu dat je baby eerst bekijkt welke dingen bij elkaar passen en hoe ze bij elkaar passen, alvorens hij probeert ze in, aan of op elkaar te doen. Hij zal bijvoorbeeld eerst goed richten als hij het ene blok op het andere wil zetten. Hij zal pas een vorm door een gat in zijn blokkenstoof duwen nadat hij de vorm met het gat heeft vergeleken en het juiste heeft gekozen. Het valt dan ook op dat een baby nu 'doelgerichter' dan ooit bezig is. Dat hij nu weet wat hij doet.

Je kunt ook aan de reacties van je baby merken dat hij nu gaat beseffen hoe bepaalde gebeurtenissen elkaar normaal gesproken opvolgen. Hij weet dus wat de volgende stap in de 'opeenvolging' is.

"Als de muziek afgelopen is, kijkt hij op naar mijn telefoon (waar ik de muziek van afspeel), niet meer naar de geluidsbox. Hij weet nu dat ik daar iets moet doen, wil hij weer kunnen luisteren."

Over Bob, week 48

"Hij vindt niks leuker dan alles maar aan te wijzen waar ik het geluid van maak. Het is nu zo'n automatisme dat ik overal ongegeneerd geluiden maak, die hij dan kan aanwijzen. Je had de pubers in de bushalte moeten horen, toen ik opeens heel hard een koe nadeed... Hahaha."

Over Amit, week 47

Ook gaat je baby nu achtereenvolgens verschillende mensen, dieren of dingen aanwijzen en 'benoemen'. Als hij dat in z'n eentje doet, zegt hij nog vaak: 'da' in plaats van het juiste woord. Als hij het samen met jou doet, zal hij zelf aanwijzen en willen dat jij het benoemt. Of dat jij het geluid geeft dat bij het dier of ding hoort dat hij aanwijst. Andersom wil hij ook graag dat jij aanwijst en hij dan alles op zijn manier kan benoemen. En natuurlijk zal hij niet protesteren als jij én aanwijst én benoemt. Ook kun je nu gaan zien dat je baby, als hij op je arm zit, in de richting gaat wijzen waarin hij wil dat jij loopt.

Het actief benoemen van mensen, dieren of dingen, of onderdelen daarvan, komt rond deze leeftijd voor het eerst voor. Het kan worden gezien als het koppelen van een uitgesproken woord of geluid aan een mens, dier of ding. Als zodanig is het ook een opeenvolging.

Nu je baby opeenvolgingen kan waarnemen en zelf kan maken, heeft hij ook de keus ze níét te maken. Zo ging één baby het woord 'bah' niet alleen gebruiken bij alles wat vies was, maar ook bij alles waar hij voorzichtig mee moest omgaan.

Zo zijn baby's

Je baby is het meest geïnteresseerd in alles wat nieuw is. Reageer daarom altijd en vooral op nieuwe vaardigheden en interesses die je baby toont. Hij leert dan prettiger, makkelijker, sneller en meer.

Oefening
Ervaar de wereld door de ogen van je baby

Observeer eens een dag lang wat er zoal is opgebouwd uit achtereenvolgende acties. Veel hè? Al die dingen leert je baby nu voor het eerst. Zeg dus ook hardop dat je iets eerst pakt, voor je er iets mee doet. Probeer alle dingen die je in jouw dagelijks leven na elkaar doet en die simpel genoeg zijn voor je baby om te begrijpen, hardop uit te spreken terwijl je ze achtereenvolgens uitvoert.

De allemaal-nieuwe-dingenfase:
de ontdekking van de nieuwe wereld

Iedere baby heeft tijd en hulp nodig om het nieuwe vermogen zo goed mogelijk uit te werken in daadwerkelijk onder de knie gekregen vaardigheden. Als ouder kun je hem daarbij helpen. Je kunt hem de gelegenheid en de tijd geven om met 'opeenvolgingen' te spelen. Je kunt hem aanmoedigen en troosten als hem iets niet meteen lukt. Je kunt hem nieuwe ideeën aanreiken.

Geef je baby de gelegenheid zo veel mogelijk in contact te komen met 'opeenvolgingen'. Laat ze hem zien, horen, voelen, ruiken en proeven, net wat hij het prettigst vindt. Hoe meer hij ermee in contact komt, ermee speelt, hoe beter zijn begrip ervan wordt. Het doet er niet toe of je baby dat begrip nu het liefst leert op het gebied van observeren, het hanteren van speeltjes, taal, geluiden, muziek of op motorisch gebied. Hij zal dat begrip later makkelijk ook op andere gebieden gaan gebruiken. Hij kan nu eenmaal niet alles tegelijk doen.

Je zult merken dat je baby nu ook zelf wil gaan experimenteren, heel veel 'zelf' wil gaan doen. Soms raakt hij gefrustreerd als iets niet lukt. Andere keren zoekt hij de interactie en daagt hij je juist uit. Aan jou de taak om hem te vertellen wat hij 'fout' en wat hij 'goed' doet. Je kunt hem nu ook gaan afleiden door dingen te doen waarvan je weet dat hij ze leuk vindt. Je gaat merken dat je baby je dingen gaat 'vertellen'. Kortom, je baby doet allerlei nieuwe dingen na het nemen van deze sprong. Eén ding geldt voor iedere sprong, dus ook voor deze: dwing je baby nooit om iets te doen. Je baby doet wat hem interesseert en nu het beste bij zijn ontwikkeling past.

Experimenteert hij met 'zelf doen'? Let dan op!

Als je baby de 'wereld van opeenvolgingen' gaat verkennen, dringt het voor het eerst tot hem door dat hij dingen in een bepaalde volgorde moet doen, wil hij zijn doel bereiken. Ook al ziet hij volwassenen een bepaalde opeenvolging uitvoeren, toch kan hij die opeenvolging alleen maar zelf onder de knie krijgen met vallen en opstaan. Zijn 'oplossingen' zijn vaak merkwaardig. En dat is nog zachtjes uitgedrukt.

Probeert je kleintje uit of dingen ook anders kunnen? Probeert hij of er andere manieren zijn om de trap op of af te komen? Probeert hij of iets met zijn linkerhand even goed gaat als met zijn rechter? Stopt hij allerlei dingen ergens anders in, ook al weet hij dat het niet zo hoort? Als je baby dat doet, probeert hij gewoon uit. Hij bekijkt wat er gebeurt als je de 'volgorde' varieert. Want waarom moet wasgoed per se in de wasmand en niet in de vuilnisbak of het toilet? Daar past het immers ook in. Let dus altijd goed op. Je baby kent tenslotte nog geen gevaar.

'Hij trekt stekkers uit het stopcontact en probeert die dan in de muur te duwen. Ook probeert hij dingetjes met twee uitsteeksels in het stopcontact te steken. Moet dus nóg meer opletten.'
Over Bob, week 48

'Hij gooit alles naar beneden als hij in zijn stoel zit en kijkt of en hoe het opgeraapt wordt. Hetzelfde gebeurt in de winkel als hij het boodschappenlijstje vast mag houden. Ik vraag dan: 'Wil jij alsjeblieft mijn boodschappenbriefje héél goed vasthouden?' Thomas gooit het dan op de grond en kijkt of en hoe het opgeraapt wordt. Dit herhaalt zich zo'n tien keer.'
Over Thomas, week 42

'Als ze op een nachtkastje wil klimmen, trekt ze eerst een laatje open, gaat daarop staan en klimt dan op het nachtkastje. Als ze de la erg ver opentrekt, wankelt het kastje.'
Over Jetteke, week 49

Je baby weet hoe jij de trap op loopt, maar de treden zijn te hoog voor hem. Dus moet hij kruipen van de ene tree naar de volgende. Daar aangekomen gaat hij echter iedere keer staan.

Wil je baby alles 'zelf doen'?

Veel baby's weigeren hulp en verzetten zich tegen elke vorm van inmenging van anderen. Alles wat zo'n hummel kan of denkt te kunnen, wil hij ook zelf doen. Wil jouw kindje dat ook? Wil hij zelf eten? Zelf zijn haar borstelen? Zichzelf inzepen? Zelf proberen om los te gaan lopen? Wil hij alléén de trap op of af klimmen? En wil hij ook absoluut geen ondersteunende hand meer voelen? Probeer dan zo veel als mogelijk begrip te hebben voor dergelijke wensen. Ze horen bij deze leeftijd.

'Hij vond het altijd leuk om samen het lopen te oefenen. Maar als ik hem nu bij zijn handen pak, gaat hij direct zitten. Als ik dan wegga, probeert hij het zelf. En bij iedere looppoging die lichtelijk slaagt, kijkt hij me triomfantelijk aan.'
Over Paul, week 46

'Hij probeert met een potlood iets op papier te tekenen, net zoals zijn broer dat doet. Maar als zijn broer zijn hand pakt om hem te laten voelen hoe het moet, trekt hij die hand terug.'
Over Rudolf, week 48

'Hij heeft voor het eerst zelf met zijn lepel een hap eten gepakt en in zijn mond gestopt. Die hele dag al wilde hij een poging wagen.'
Over Thomas, week 42

Toon begrip voor frustraties

Het valt veel ouders op dat hun baby 'tegendraads' is. Maar als je goed nadenkt, is dat niet zo. Je kleintje wil gewoon meer zelf doen. Hij begint immers te beseffen wat bij elkaar hoort en in welke volgorde dingen gedaan moeten worden. En ook al moet hij nog veel leren, hij denkt het allemaal al te weten en te kunnen. Hij wil niet langer dat jij dingen voor hem doet, of hem vertelt hoe iets moet. Hij wil dat zelf doen. Maar als ouder ben je dit eigenlijk niet gewend. Automatisch help je, zoals je dat altijd al hebt gedaan. En je weet ook dat je baby datgene wat hij wil, nog niet kan zoals het hoort. En er dus ook een puinhoop van maakt.

De belangen van baby en ouder zijn hier dus strijdig, met alle gevolgen van dien. Je baby vindt jou lastig en jij vindt je baby lastig. Het is alom bekend dat pubers door een moeilijke periode gaan, maar baby's kunnen er ook wat van.

Daagt hij je uit?

Krijg je soms het gevoel dat je uren achter elkaar bezig bent met verbieden en afpakken? Observeer je kind dan eens goed. Is hij gewoon ondeugend of wil hij eigenlijk dingen 'zelf doen' en 'zelf beslissen'? En voelt hij zich 'tegengewerkt' omdat iets niet lukt of omdat hij iets niet mag?

'Als ik mopper, krijst en knijpt ze om zich heen of trekt een plant uit de pot. Ik erger me daar vreselijk aan. Ze is bij de oppas veel liever.'
Over Laura, week 49

'We zitten nu in een fase van: 'Nee, afblijven,' en: 'Nee, niet doen.' Maar hij weet wat hij wil en kan ontzettend kwaad worden als hij het ergens niet mee eens is. Laatst was hij zó kwaad dat hij niet eens in de gaten had dat hij los stond.'
Over Dirk, week 49

Vertel hem wat hij 'fout' doet

Rond deze leeftijd beginnen baby's uit te proberen hoever ze kunnen gaan voor iemand ze stopt. Maar als ze iets 'fouts', 'stouts' of 'gevaarlijks' doen, mogen ze dat best weten.

Nog even dit

Ook het afleren van oude gewoontes en het aanleren van nieuwe regels horen bij de uitwerking van ieder nieuw vermogen. Dát wat je baby nu nieuw begrijpt, kun je ook van hem eisen. Niet meer maar ook niet minder.

Vertel hem wat hij 'goed' doet

Als hij iets goed doet, prijs hem dan ook. Hij leert dan wat 'goed' en wat 'fout' is. De meeste baby's vragen daar trouwens zelf om. Als ze iets goed doen, vragen ze voortdurend om een pluim. Ze kijken je aan en lachen vol trots of roepen om aandacht. Ze kunnen het dan ook vele malen blijven herhalen, waarna ze iedere keer weer geprezen willen worden.

"Iedere keer als ze een ring om de piramide heeft gedaan, kijkt ze me met een vette glimlach aan en klapt in haar handjes."
Over Eefje, week 49

Leid hem af met dingen die hij leuk vindt

Als je baby gefrustreerd is omdat hij iets niet mag of kan, kun je hem nog makkelijk afleiden met iets wat hij extra interessant vindt. En natuurlijk is dat voor iedere baby wat anders.

"Deze week vond hij het heerlijk om te voetballen. Hij schopte dan heel hard tegen de bal en wij liepen dan (hem aan de handjes vasthoudend) er heel hard achteraan. Daar moest hij zo om lachen dat hij af en toe even op de grond moest gaan liggen om op te kunnen houden met lachen."
Over Paul, week 48

"Hij wil steeds helpen. Vindt dat prachtig. Glundert helemaal. Ik moet er wel de tijd voor nemen. Over een stapel luiers in de kast leggen doe ik wel tien keer zo lang. Hij geeft elke luier apart aan en voordat ik hem krijg, legt hij elke luier even op zijn schouder en voelt er met de zijkant van zijn kin overheen."
Over Thijs, week 48

Speelt je baby met woorden?

Een hummeltje dat de 'wereld van opeenvolgingen' is binnengegaan kun je ergens naar zien wijzen en dat horen benoemen. Aanwijzen of ergens naar kijken, gevolgd door een uitgesproken 'woord' is een 'opeenvolging'. Als je merkt dat jouw baby dat ook doet, speel dan daarop in. Luister naar hem en laat merken dat je hem geweldig vindt en dat je hem verstaat. Probeer niet zijn uitspraak te verbeteren. Daardoor gaat het plezier van het praten er voor je baby vanaf.

Gebruik zelf wel steeds het goede woord. Je baby leert dan de juiste uitspraak op den duur vanzelf.

"Ze gaat woordjes zeggen en naar datgene wat ze zegt wijzen. Op het ogenblik is ze verliefd op paarden. Als ze ergens een paard ziet, wijst ze en zegt 'paad'. Gisteren in het park haalde een grote Afghaanse hond haar in. Dat was ook een 'paad'."

Over Odine, week 48

"Tegen een speelgoedpoesje zei hij opeens 'nanna'. Wij hebben dat nooit gezegd. Hij heeft veel speelgoedbeesten. Als ik dan vroeg: 'Waar is nanna?' wees hij steeds het poesje aan."

Over Paul, week 48

Probeert je baby je iets te vertellen?

Sommige baby's 'vertellen' met lichaamstaal en geluiden dat ze zich een bepaalde situatie herinneren. Of dat ze bepaalde mensen al eens eerder hebben gezien. Als je merkt dat je baby dat kan en doet, speel daar dan op in. Praat veel met hem, zeg wat je ziet en luister naar wat hij je later daarover 'vertelt'.

"Wij gaan iedere week zwemmen. Meestal zijn daar dezelfde mensen. Op straat kwamen we toen een moeder en een andere keer een kindje tegen. Meteen riep hij 'oh oh' en wees naar hen alsof hij hen herkende. In het zwembad zag hij toen een meisje dat bij ons in de buurt woont en dat hij maar een paar keer heeft gezien, en hij reageerde hetzelfde."

Over Paul, week 49

"Op weg naar de winkel zagen we een hoge berg stenen. Ik zei: 'Kijk eens wat veel stenen.' Hij keek aandachtig. De dag daarna wees hij al op een afstand naar de stenen, keek me aan en riep: 'Die, die!'."

Over Steven, week 51

"Hij vraagt heel duidelijk of zijn kinderprogramma aan mag. Dat doet hij als volgt. Hij kijkt naar de tv, dan naar mij, naar de afstandsbediening en dan naar de tv. Hij geeft er gromgeluiden bij om het zaakje kracht bij te zetten. Enkele dagen eerder is hij al met dit 'vragen' begonnen, maar het geheel was nog niet zo compleet."

Over Thomas, week 42

Dwing je baby niet

Als je merkt dat je baby niet geïnteresseerd is, stop er dan mee. Hij is dan met andere dingen bezig. Dingen die hem op dat moment meer boeien.

'Ik ben driftig 'papa' aan het oefenen en spelletjes aan het spelen van: 'Waar is je neus?' en: 'Hoe groot is mijn schatje?' Maar tot nu toe met weinig resultaat. Hij lacht en springt alleen maar en bijt het liefst mijn neus eraf of trekt de haren uit mijn hoofd. Maar ik ben allang blij dat hij lichamelijk zo'n bezig baasje geworden is.'
Over Dirk, week 49

'Ik probeer wel liedjes met hem te zingen, maar ik heb het gevoel dat het nog weinig effect heeft. Hij heeft ook niet zo veel interesse, is meer met de dingen om hem heen bezig.'
Over Jan, week 47

Toon begrip voor 'rare' angsten

Als je baby bezig is zijn nieuwe vermogen uit te werken, zal hij ook dingen of situaties tegenkomen die hij maar half begrijpt. Eigenlijk ontdekt hij nieuwe gevaren. Gevaren die voor hem tot nu toe niet bestonden. Pas als hij alles beter begrijpt, zal zijn angst ook verdwijnen. Leef daarom met hem mee.

'Ze wil steeds weer op het potje. Ook al heeft ze niets gedaan, dan loopt ze toch met het potje naar de wc om het leeg te gooien en door te trekken. Het gaat haar dus om het doortrekken. Maar terwijl ze dat doortrekken boeiend vindt, is ze er op de een of andere manier ook bang voor. Ze is niet bang als ze zelf doortrekt, wel als een ander het doet. Dan moet ze er niets van hebben.'
Over Jetteke, week 50

'Ze vindt vliegtuigen vreselijk interessant. Overal herkent ze ze. In de lucht, op plaatjes en in tijdschriften. Deze week was ze ineens bang voor het geluid van heel laag overvliegende vliegtuigen, terwijl ze dat toch vaker gehoord heeft.'
Over Laura, week 46

Jouw speltoppers van 'opeenvolgingen'

Dit zijn spelletjes en oefeningen die inspelen op het nieuwe vermogen dat je verkregen hebt en je ontzettend leuk vindt om te spelen!

Invulinstructie:

Kruis aan wat jouw baby's favoriete spelletjes zijn. Kijk na het invullen van de ontdekkingslijst of je een verband ziet tussen dat wat hem het meest interesseerde tijdens deze sprong en de spelletjes die hij het liefst deed. Het is even nadenken, maar je verkrijgt hierdoor een uniek inzicht in je baby's karakter.

Helpen

Ook je baby vindt het fijn als hij 'nodig' is. Laat hem merken dat je zijn hulp goed kunt gebruiken. Op deze leeftijd zal hij geen echte hulp zijn, maar hij snapt de handelingen (de opeenvolgingen). Verder is het een goede voorbereiding op de volgende sprong.

☐ **HELPEN IN DE HUISHOUDING**

Laat hem zien hoe je kookt, poetst en opruimt. Haal hem erbij. En vertel wat je doet. Vraag hem je dingen aan te geven. Geef hem een van jouw stofdoeken. Die zijn immers interessanter dan een eigen lapje. En als je een cake bakt, geef hem dan ook een beslagkom met een lepel.

☐ **MEEHELPEN BIJ HET AANKLEDEN**

Dit is het leukst voor een spiegel. Kleed hem uit, droog hem af en kleed hem eens aan terwijl hij zichzelf kan zien. Benoem de onderdelen die je afdroogt. Als je merkt dat hij al mee gaat werken, vraag dan zijn hulp. Vraag of hij zijn been of arm wil uitsteken als je een trui of sok wilt aantrekken. En prijs hem als hij dat ook doet.

☐ **ZICHZELF 'VERZORGEN'**

Laat je baby ook eens zelf wat doen. Dat is het leukst voor een spiegel. Je baby ziet dan zelf wat hij doet. Hij leert dan sneller en geniet meer. Borstel zijn haar eens voor de spiegel en laat hem dat zelf ook proberen. Hetzelfde kun je doen met tandenpoetsen. Ook kun je proberen of hij zichzelf wil 'wassen'. Geef hem een washandje als hij in bad zit en zeg bijvoorbeeld: 'Was je gezicht maar.' Reageer enthousiast bij iedere poging. Je zult merken hoe trots hij dan op zichzelf is.

☐ **ZELF 'ETEN' MET EEN LEPEL**

Laat je baby zelf eens met een lepeltje eten. Of geef hem een taartvorkje waaraan hij zelf stukjes brood of fruit kan prikken. Leg een groot stuk plastic onder zijn stoel, zodat je het gemorste eten makkelijk kunt opruimen.

Aanwijs- en benoemspelletjes

Je baby begrijpt vaak heel wat meer dan je denkt en hij geniet als hij dat kan tonen.

☐ **'DIT IS JE NEUSJE'**

Lichaamsdelen aanraken en benoemen helpen je baby bij het ontdekken van zijn eigen lichaam. Je kunt het spelen terwijl je hem uit- en aankleedt, of als hij lekker bij je zit. Kijk ook eens of hij al weet waar jouw neus zit.

☐ **AANWIJZEN EN BENOEMEN**

Alle vormen van aanwijzen en benoemen of de bijpassende geluiden produceren is voor veel baby's een leuk spelletje. Je kunt het overal spelen. Op straat, in de winkel, op het aankleedkussen en met een boekje. Geniet ook van de 'fouten' die je baby maakt.

Zang- en bewegingsspelletjes

Je baby geniet van liedjes met bijbehorende gebaren en doet nu actief mee. En hij begint alle bewegingen die erbij horen ook zelf te maken. Deze liedjes zijn een enorme boost voor de hersenen. Ten eerste heeft muziek een positieve invloed op de hersenontwikkeling. Ten tweede leert je baby veel taal-gebaarcombinaties van het kijken naar filmpjes waar anderen zingen en de gebaren maken. Hierdoor kan hij het vervolgens zelf doen. Je zult ook merken dat je baby vraagt om dit soort liedjes te herhalen. Soms heel subtiel: je aankijken en de handjes tegen elkaar doen? Dat betekent dat hij in de stemming is voor 'Klap eens in de handjes'. Op bijvoorbeeld YouTube vind je talloze liedjes en bijbehorende filmpjes met gebaren. Kijk ze samen en doe ze mee!

Verstopspelletjes

Veel baby's vinden het leuk om een speeltje, dat je volledig laat verdwijnen, weer tevoorschijn te toveren.

☐ **EEN PAKJE UITPAKKEN**

Stop een speeltje in een geliefd papiertje of in een lekker krakende chipszak terwijl je baby ziet wat je doet. Geef hem dan het pakje en laat hem het speeltje weer tevoorschijn toveren. Moedig hem aan bij iedere poging die hij onderneemt.

☐ **ONDER WELK BEKERTJE LIGT HET?**

Leg een speeltje voor je baby neer en zet er een beker overheen. Zet er vervolgens eenzelfde beker naast en vraag aan je baby waar het speeltje is. Prijs hem steeds als hij het verstopte speeltje zoekt, ook als hij het niet meteen vindt. Als je baby het nog een beetje te moeilijk vindt, speel dit spelletje dan met een doekje. Hij kan immers dóór het doekje heen de vorm van het speeltje blijven zien. Laat je baby zelf eens iets verstoppen wat jij moet zoeken.

Jouw favoriete speelgoed

- ☐ Houten trein met blokken.
- ☐ Auto's.
- ☐ Pop (met fles).
- ☐ Trommel of potten en pannen om op te trommelen.
- ☐ Boekjes met afbeeldingen van beesten.
- ☐ Zandbak met emmer en schep.
- ☐ Ballen: van pingpongbal tot grote strandbal. Een niet al te harde, middelgrote bal is in trek bij voetballiefhebbers.
- ☐ Grote plastic kralen.
- ☐ Knijpers.
- ☐ Pluchen beest waaruit een muziekje klinkt als je erop drukt.
- ☐ (Kinder-)liedjes.
- ☐ Blokkenstoof met een deksel met gaten waarin verschillend gevormde blokken passen.
- ☐ Fiets, auto of tractor waar je zelf op kunt zitten.
- ☐ Grote bouwstenen of bouwblokken.
- ☐ Kleine plastic poppetjes.
- ☐ Spiegel.

Wat kiest jouw baby uit de wereld van opeenvolgingen?

Alle baby's hebben het vermogen tot het waarnemen en zelf maken van 'opeenvolgingen' gekregen. De nieuwe 'wereld van opeenvolgingen' is vol met nieuwe mogelijkheden en voor allemaal toegankelijk. Jouw baby maakt zijn eigen keuzes. Hij laat zien waar zijn voorkeur naar uitgaat. En dus wat hem speciaal maakt. Voor de 'wereld van opeenvolgingen' doet hij dat tussen 46 en 51 weken. In deze periode kiest hij dát wat het best past bij zijn aanleg, interesse, lichaamsbouw en gewicht. Vergelijk je baby daarom niet met een andere baby. Ieder kind is uniek. Kijk goed naar je baby. Stel vast waar zijn interesse naar uitgaat. In deze ontdekkingslijst is ruimte om aan te geven wat je baby kiest tussen 46 en 51 weken. Zelf kun je er ook rondkijken om te zien of er dingen bij zijn waarvan je denkt dat je baby ze ook leuk zal vinden.

De wie-loopt-er-het-eerst-wedstrijd

Al hopen we dat het overbodig is om (nog) een keer te zeggen: let niet alleen op de grofmotorische vaardigheden van je kind. Ja, vanaf nu kán een baby gaan lopen (geen grap: de vroegste lopers doen het nu echt op het eind van deze sprong en vanaf nu is íedere baby mentaal gezien in staat om te lopen). Maar lang niet iedere baby doet het, omdat de meesten simpelweg heel andere behoeftes hebben of hun lichaampje gewoon nog niet sterk genoeg is. De meeste baby's lopen pas over een paar maanden. Dat is heel normaal en onthoud: vroege lopers hoeven geen koplopers te zijn... Dat lopen, dat leren we echt allemaal ooit en het observeren of het leren communiceren is net zo belangrijk. Even wat loopfeiten op een rij: baby's leren tussen de 9 en 17 (!) maanden los te lopen. Het gemiddelde ligt op 11 maanden en 3 weken. Is het je opgevallen dat de periode waarin het heel normaal is om te leren lopen heel erg lang is? Het verschil tussen de vroegste en laatste leeftijd is acht maanden! En om het nog sterker te maken... soms is er zelfs niks aan de hand als een baby nog later dan dat leert lopen. Kortom: laat het lekker aan je kind over wanneer hij daar zin in heeft. Die cijfers en wedstrijd, daar koop je niks voor.

Ontdekkingslijst
van de wereld van opeenvolgingen

Dit zijn voorbeelden van vaardigheden die je baby vanaf dit moment zou kunnen gaan vertonen. Even voor de duidelijkheid: je baby doet niet alles uit deze lijst!

Invulinstructie:

Je ziet het al, na het nemen van deze sprong is het aantal nieuwe vaardigheden nog groter dan bij die van de vorige sprong. Hoe ouder je baby wordt, hoe duidelijker je ziet wat hij kiest, en wat hij niet kiest. Met iedere keuze die hij maakt om iets wel of niet meteen te gaan doen, komt zijn unieke karakter steeds meer naar boven. Die keuzes maakt hij overigens niet bewust, maar hij volgt zijn instinct en de drang naar het ontdekken van dat wat hem het meest aanspreekt. Kijk de lijsten regelmatig even door zodat je een beetje weet waar je op kunt letten bij deze sprong. Je zult zien dat als je weet waar je op moet letten je opeens veel meer aan je baby kunt ontdekken. Zorg ervoor dat je vóór het begin van de volgende sprong alle dingen hebt aangekruist die je baby heeft vertoond na het nemen van deze sprong. Later zet je de datum bij de dingen die hij dan pas vertoont (en dat kan een of twee of zelfs pas drie sprongen later zijn!).

Deze sprong maakte jij op:
Op _____ brak het zonnetje weer door, en nu, aan het eind van deze sprong, zie ik dat je deze nieuwe dingen kunt.

HET AANWIJZEN EN HET KOPPELEN VAN EEN WOORD OF GELUID AAN EEN MENS, DIER, DING OF ONDERDEEL DAARVAN

datum:

- ☐ Je wijst achtereenvolgens mensen, dieren of dingen aan die ik opnoem op een grote plaat, poster of in het echt.
- ☐ Je daagt mij uit door iets in een boek, op een poster of in het echt aan te wijzen en dan wil je dat ik het benoem.
- ☐ Je wijst dingen, dieren of mensen aan en benoemt ze dan zelf (met een geluidje dat voor jou dat ding, dier of mens betekent).
- ☐ Je bladert in een boekje en maakt dan allemaal geluiden bij de plaatjes.
- ☐ Als ik vraag: 'Waar is je …?', dan wijs je hem aan.
    - ☐ neus
    - ☐ mond
    - ☐ anders:
- ☐ Je draait het spelletje ook om: jij wijst bijvoorbeeld jouw of mijn neus aan en dan wil je dat ik die benoem.
- ☐ Je imiteert de geluiden van het dier dat ik opnoem. Als ik vraag: 'Wat doet een   ?', dan zeg jij: .
- ☐ Als ik je vraag 'Hoe groot word jij?', dan steek jij je armen hoog in de lucht.
    - ☐ Anders:
    - ☐ Als ik vraag '   ', dan doe jij '   '
- ☐ Je zegt 'hap' als je de volgende hap wilt.
- ☐ Je zegt 'nee nee' als je iets niet wilt doen of krijgen.
- ☐ Je zegt hetzelfde woord in verschillende situaties, omdat dit woord voor jou een bepaalde betekenis heeft. Je zegt bijvoorbeeld 'bah' als iets vies is, maar ook als je uit moet kijken of als je voorzichtig moet doen. 'Bah' betekent voor jou iets als: 'afblijven'.

Sprong 7

WETEN WAT 'BIJ ELKAAR' HOORT EN WAT 'NA ELKAAR' GEDAAN MOET WORDEN

datum:

- ☐ Je weet dat je een rond blok door een rond gat kunt duwen. Je kiest feilloos het ronde blok uit een stapel met blokken en duwt het door het ronde gat van bijvoorbeeld een blokkenstoof.
- ☐ Je kunt een eenvoudige, driedelige puzzel in elkaar zetten.
- ☐ Je kunt munten in gleufjes stoppen.
- ☐ Je probeert allerlei maten vierkante bakjes in elkaar te stoppen.
- ☐ Je pakt een sleutel van de tafel en steekt hem in het slot van de kast.
- ☐ Je kijkt naar het licht en grijpt ernaar als je op het lichtknopje drukt.
- ☐ Je weet dat bij mijn telefoon 'praten' hoort.
- ☐ Je stopt bijvoorbeeld blokjes in een doosje, doet het deksel dicht, doet het deksel weer open, haalt de blokjes eruit en begint weer opnieuw.
- ☐ Je doet ringen om een ringenpiramide.
- ☐ Je rijdt met auto's en maakt een 'brrrm'-geluid.
- ☐ Je schept zand op de schep en in de emmer.
- ☐ Je vult een gietertje onder water als je in bad zit en daarna giet je het weer leeg.
- ☐ Je bekijkt twee grote bouwstenen goed en probeert ze dan aan elkaar vast te maken.
- ☐ Je probeert met een potlood op papier te krassen.

WERKTUIGGEBRUIK datum:

☐ Je vindt zelf iets, een object, dat jou kan helpen bij het leren lopen.

☐ Je maakt een la open en gebruikt die als opstap om op een kast of tafeltje te klimmen.

☐ Je wijst vaak waar je naartoe wilt als je op de arm gedragen wordt. Je wilt dan dat ik daar naartoe loop.

MOTORIEK datum:

☐ Je klautert achterstevoren de trap, bank of stoel af. In het begin kruip je soms al achterstevoren een kamer uit voor je aan de rest van je tocht begint.

☐ Je gaat op je hoofd staan, en wil dan dat ik je (met veel hulp) een koprol laat maken.

☐ Je zakt door je knieën en strekt je benen daarna met kracht, zodat je met je voeten van de vloer springt.

☐ Je rent (met of zonder hulp) achter een bal aan, 'richt' en schopt de bal weg.

☐ Je kijkt eerst voor je gaat lopen of je binnen het aantal stappen dat je los kunt lopen een ander steunobject kunt bereiken.

UITNODIGEN TOT SPEL datum:

☐ Je speelt nu echt met mij. Je maakt duidelijk welke spelletjes je wilt spelen. Je begint dan aan een spelletje en kijkt mij vervolgens afwachtend aan.

☐ Je herhaalt een spelletje.

☐ Je lokt mij uit tot hulp. Je doet alsof je mijn hulp nodig hebt ergens mee, terwijl dat helemaal niet zo is.

ZOEKEN EN VERSTOPPEN

datum:

- [ ] Je zoekt iets wat ik helemaal onder iets anders heb verstopt. Dat doe ik omdat het een leuk spelletje is, maar ik verstop ook weleens iets ergens helemaal onder omdat ik niet wil dat je eraan komt. Maar je vindt het toch!
- [ ] Je verstopt nu ook zelf iets wat van iemand anders is. Je wacht dan af en lacht hartelijk als de ander het vindt!

NADOEN VAN EEN SERIE GEBAREN

datum:

- [ ] Je imiteert twee of meer gebaren die je na elkaar maakt.
- [ ] Je bestudeert hoe dezelfde serie gebaren er in werkelijkheid en in de spiegel uitziet.
- [ ] Je doet verschillende gebaren mee als ik een liedje met je zing.
- [ ] Met deze liedjes doe jij nu de gebaren mee:
    - [ ]
    - [ ]
    - [ ]

HELPEN IN DE HUISHOUDING datum:

☐ Je helpt me nu soms door dingen aan te geven die ik wil opbergen in de kast. Bijvoorbeeld jouw luiers. Je geeft die bij voorkeur een voor een aan!

☐ Je gaat en haalt soms iets voor me als ik daarom vraag.

☐ Bijvoorbeeld:

　☐ Je pakt de borstel als ik met mijn haar bezig ben en je daarom vraag.

　☐

　☐

☐ Je pakt de trui die ik net heb uitgetrokken en probeert die in de wasmand te doen.

☐ Je pakt een eigen emmertje met 'poppenwas' en stopt die in de wasmachine (met mijn hulp).

☐ Je pakt de stoffer of stofzuiger en 'veegt' daarmee over de vloer.

☐ Je pakt een doekje en 'stoft'.

☐ Je 'roert' ook in een kom als ik een cake bak.

JEZELF AANKLEDEN EN VERZORGEN datum:

☐ Je probeert jezelf uit te kleden. Je wilt bijvoorbeeld een sok uittrekken, maar trekt aan je tenen.

☐ Je probeert je hemd uit te trekken. Dat lukt natuurlijk niet, want je snapt niet dat het over je hoofd heen moet en het geen zin heeft om aan de voorkant heel hard te trekken.

☐ Je probeert zelf je sok of schoen aan te doen. Je pakt bijvoorbeeld je schoen en voet vast en wrijft deze tegen elkaar.

☐ Je kunt nu echt meewerken als ik je aankleed. Ik voel hoe je meebeweegt als ik je een trui uit- of aantrek. Je steekt je armpje een beetje uit als we met de mouwen bezig zijn en je steekt je voetje een beetje uit als ik met de sok of schoen kom.

☐ Je 'borstelt' je haren. Echt de klitten eruit halen... verre van. Maar als je een borstel ziet liggen, pak je hem en duw je hem tegen je hoofd. Dat is voor jou nu 'haren kammen'.

☐ Je 'poetst' je tanden. Ook hierbij geldt: echt het doel van tandenpoetsen bereik je er niet mee; je pakt de tandenborstel en doet deze tegen je mond aan. Maar goed, voor jou is het tandenpoetsen en ik ben trots op je.

☐ Je plast soms (heel soms, maar het begin is er) op een potje.

datum:

ZELF ETEN EN ANDEREN VOEREN

datum:

☐ Soms wil je tijdens het eten of drinken anderen een hapje eten of een slokje drinken aanbieden.

☐ Je 'blaast' je eigen eten koud voor je een hap neemt. Natuurlijk geldt hierbij ook weer: nee, het wordt niet koud door dat ene halve zuchtje. Maar je probeert het en snapt het en dat is fantastisch.

☐ Je kunt nu een stukje eten aan een kindervorkje prikken.

☐ Je kunt eten op je lepel scheppen en dan in je mond stoppen. Soms gaat het niet in je mond, maar tegen je mond of ergens in de buurt van je mond...

Help, mijn baby kan niet alles! Nee, natuurlijk niet, dat kan ook niet!

De eerste fase (hangerigheid) van deze sprong is leeftijdsgebonden en voorspelbaar en begint tussen de 40 en 44 weken. De meeste baby's komen 46 weken na de uitgerekende datum in de tweede fase van deze sprong terecht. Door het vermogen dat je baby krijgt bij de sprong van opeenvolgingen, wordt een hele reeks vaardigheden en activiteiten in gang gezet. De leeftijd waarop je baby deze vaardigheden en activiteiten voor het eerst laat zien kan enorm verschillen per kind. Het vermogen om opeenvolgingen te begrijpen is bijvoorbeeld noodzakelijk om aan een touwtje te kunnen trekken om bij een speelgoedring te kunnen die aan dat touwtje vastzit. Deze vaardigheid krijgt je baby ergens tussen de 46 weken tot vele weken of zelfs maanden later onder de knie. Het verschil tussen het mentaal kunnen (vermogen) en het daadwerkelijk doen (vaardigheid) is afhankelijk van de voorkeuren van je baby, zijn behoefte aan experimenteren en van zijn lichamelijke ontwikkeling. Vaardigheden en activiteiten komen in *Oei, ik groei!* aan bod op de vroegst mogelijke leeftijd waarop ze het vermogen krijgen, maar dus niet noodzakelijkerwijze gaan doen, zodat je erop kunt letten en ze kunt herkennen. (Ze kunnen aanvankelijk heel onopvallend zijn.) Zo kun je reageren op de ontwikkeling van je kindje en hem erbij helpen. Alle baby's krijgen dus hetzelfde vermogen op dezelfde leeftijd, maar het verschilt wat ze er wanneer mee gaan doen. Dat maakt iedere baby uniek.

De makkelijke periode:
de sprong is genomen

Rond 49 weken breekt weer een makkelijke periode aan. Een tot drie weken lang wordt een baby geprezen om zijn vrolijkheid en zelfstandigheid. Het valt ouders op dat hun baby veel beter luistert als je praat. Rustiger en gecontroleerder speelt. Weer goed alleen speelt. Zelf weer de box in wil, waarbij een enkeling er zelfs niet meer uit wil. En er opvallend ouder en wijzer uitziet.

"Ze wordt steeds leuker. Ze vermaakt zich steeds beter. Kan nu echt aandachtig met iets bezig zijn. Overigens heb ik deze week de box weer tevoorschijn gehaald. Maar wat me het meest verbaast is dat ze het nu helemaal niet erg vindt om er af en toe een uurtje in te zitten. En een paar weken geleden schreeuwde ze nog moord en brand zodra ze erboven hing. Het is net of ze haar speelgoed opnieuw ontdekt en of ze het eigenlijk wel lekker rustig vindt in de box."

Over Ashley, week 52

"Ze is echt een speelkameraadje voor haar grote zus. Ze reageert dan ook duidelijk zoals verwacht. Huilend, lachend. Ze doen veel meer dingen samen. Ze gaan ook samen in bad. Beiden genieten hier duidelijk van."

Over Odine, week 47

"Het waren heerlijke weken. Hij is weer meer een kameraadje. De kinderopvang gaat nu prima. Hij komt er goedgeluimd vandaan en vindt het steeds weer leuk om de andere kinderen terug te zien. Hij slaapt 's nachts beter. Snapt veel meer. Speelt geboeid met zijn speelgoed. Kruipt ook weer alléén een andere kamer in. Lacht veel. Ik geniet met volle teugen."

Over Bob, week 51

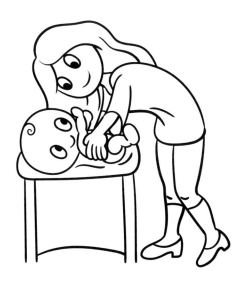

Sprong 8

De wereld van programma's

LIEF EN LEED ROND 55 WEKEN
OFWEL BIJNA 13 MAANDEN

De eerste verjaardag is heel speciaal. Deze markeert voor veel ouders het begin van het einde van de babytijd. Je kleine lieve baby'tje staat op het punt gepromoveerd te worden tot dreumes. In veel opzichten is hij natuurlijk nog een baby. De wereld heeft nog zo veel geheimen voor hem in petto, die hij nog allemaal moet gaan ontdekken en verkennen. Hij is nu veel mobieler en stort zich vol overgave op alles wat hem interesseert.

Kort na zijn eerste verjaardag, rond 55 (plus of minus 2) weken, merk je dat je dreumes er weer een nieuw vermogen bij heeft gekregen. Hij heeft toegang gekregen tot de 'wereld van programma's'. Daarmee komt hij ineens weer zo veel 'wijzer' over. Als je goed oplet, zie je zijn nieuwe begrip van de wereld opbloeien.

Het woord 'programma' is erg abstract. Je moet je daarbij het volgende voorstellen. Bij de vorige sprong leerde je baby omgaan met 'opeenvolgingen' – ofwel het feit dat 'gebeurtenissen' achtereenvolgens optreden of dingen op een bepaalde manier in elkaar passen. Een 'programma' is een tikkeltje ingewikkelder dan een 'opeenvolging', in die zin dat het einddoel op verschillende manieren bereikt kan worden. Zodra je kind het vermogen heeft gekregen om 'programma's' waar te nemen, begint hij te begrijpen wat het betekent om de was te doen, de tafel te dekken, te lunchen, op te ruimen, je aan te kleden, een toren te bouwen, te telefoneren, en de talloze andere dingen te doen waaruit het dagelijks leven is opgebouwd. Dat zijn stuk voor stuk programma's.

Je dreumes heeft deze sprong al eerder aangevoeld. Rond 51 (plus of minus 2) weken wordt je baby meestal wat hangeriger dan hij de laatste een tot drie weken was. Hij merkt dat zijn wereld anders is dan hij gewend is, dat hij hem anders beleeft. Hij merkt dat hij dingen ziet, hoort, ruikt, proeft en voelt die nieuw voor hem zijn. Hij raakt daardoor van slag en klampt zich zo goed als hij kan vast aan de meest vertrouwde plek die hij kent: papa of mama. Deze hangerige fase duurt bij de meeste kinderen vier of vijf weken, maar kan ook drie tot zes weken duren.

Om te onthouden

Als jouw dreumes hangerig is, let dan alvast op nieuwe vaardigheden of pogingen daartoe. Kijk alvast naar de ontdekkingslijst op pagina 339 om te zien waar je op kunt letten.

De moeilijke fase:
het visitekaartje van de sprong

Alle kinderen huilen sneller dan hun ouders van hen gewend zijn. Ze willen op, aan en rond papa of mama hangen. Ouders noemen hun dreumes hangerig, mopperig, chagrijnig, zeurderig, ongedurig en driftig. Sommige kinderen willen je de hele dag zo dicht mogelijk bij zich hebben, andere bij vlagen. Het ene kind is daarbij ook veel fanatieker dan het andere. Daarnaast merken veel ouders dat hun baby dezelfde sprongkarakteristieken vertoont als bij de lastige fase van de vorige sprong. Baby's zijn eenkenniger, willen niet dat je het lichaamscontact verbreekt, willen vaker beziggehouden worden, zijn jaloerser dan normaal, hebben een opvallend wisselend humeur, slapen slechter en hebben (vaker) nachtmerries. Overdag zien ze hun baby vaker stilletjes zitten te dromen, eet hun baby slechter en gedraagt hij zich babyachtiger. Baby's doen weer vaker 'overdreven' lief of doen juist opvallend ondeugend, sommige krijgen zelfs echte driftbuien. Ze grijpen vaker naar een troostmiddel, zoals een knuffel.

Kortom, je baby gaat weer een nieuwe moeilijke fase in die gekarakteriseerd wordt door de drie **H**'s (hij wordt **H**uileriger, **H**angeriger en **H**umeuriger) en minstens nog een paar van een hele lijst van kenmerken.

Dat is niet alleen moeilijk voor je kleintje maar ook voor jezelf, en het heeft zorgen, irritaties en ruzies tot gevolg. Daardoor sta je onder spanning.

Omdat ouders zich zorgen maken, houden ze hun baby extra goed in de gaten en ontdekken dan dat hij eigenlijk veel nieuwe dingen doet.

"Hij was soms behoorlijk uit zijn hum. Niet de hele tijd. Een tijd speelde hij alleen en dan ineens was het finaal over en was hij een flinke tijd ontzettend huilerig. Hij wilde dan op de arm bij mij zijn. Dit bijvoorbeeld allemaal op één morgen."
Over Bob, week 52

"Ze huilde ontzettend snel. Op een 'nee' van mij volgde meteen een stevige huilbui. Niets voor haar."
Over Eefje, week 52

Alle baby's huilen minder als ze bij je zijn of als je op de een of andere manier met hen bezig bent, met hen speelt of naar hen kijkt.

"Ik moet op de bank blijven zitten terwijl ze bezig is, en liefst niks doen. Ik hoop dat ik ooit nog eens stiekem wat kan breien als ik daar zit."
Over Xara, week 53

"Op de momenten waarop ik bezig ben, wil hij opgetild worden. Maar als hij eenmaal op schoot zit, wil hij er ook snel weer af en moet ik achter hem aan! Hij is zeer ongedurig."
Over Dirk, week 52

Hoe merk je dat je baby een moeilijke fase is ingegaan?

Behalve de drie **H**'s kan je baby een paar van de volgende kenmerken vertonen als hij de volgende moeilijke fase ingaat.

Hangt hij vaker aan je?

Sommige kinderen klampen zich weer vaker aan hun ouders vast. Ze willen gedragen worden of hangen aan je benen. Anderen hoeven niet per se lichaamscontact met papa of mama te hebben, maar komen wel steeds even bij hen in de buurt. Ieder kind komt op zijn eigen manier 'papa of mama tanken'.

"Ze is weer meer om me heen, even spelen en weer naar me terug."
Over Odine, week 54

"Zolang hij wakker is doe ik niets meer. Als hij op de vloer is, loopt hij constant voor mijn voeten en als hij in de box zit, moet ik erbij blijven, anders zet hij het op een brullen."
Over Dirk, week 55

"Als ik van het zitgedeelte naar de keuken loop, komt ze meteen achter me aan en wil op de arm. Ze maakt een hele scène. Heel theatraal. Alsof er iets vreselijks gebeurt."
Over Xara, week 53

Is hij eenkennig?

Als er vreemden in de buurt zijn, klampen veel baby's zich nog fanatieker aan hun ouders vast dan ze vaak al doen. Ze willen ineens weer minder van anderen weten. Soms willen ze ook even niets van hun vader weten.

"Ze was soms ineens helemaal uit haar doen. Ze wilde dan alleen bij mij zijn. Zette ik haar neer of gaf ik haar aan mijn man, dan raakte ze helemaal in paniek."
Over Jetteke, week 56

"Ze pakt niets te eten aan van vreemden, geen plakje worst of koekje."
Over Nina, week 54

Ook kan een baby ineens alleen bij vader willen zijn!

"Ze is twee avonden helemaal gek op haar vader geweest. Ze wilde toen niets met mij te maken hebben, hoewel ik haar niets gedaan had. Als hij haar dan niet meteen oppakte, was het huilen geblazen."
Over Juliette, week 53

Wil hij niet dat je het lichaamscontact verbreekt?

Sommige baby's houden zich stevig vast als ze op je arm zitten. Ze willen niet dat je ze neerzet. Er zijn ook baby's die het wel goed vinden als ze neergezet worden, maar die niet willen dat papa of mama daarna wegloopt. Als er iémand weggaat, wil hun baby dat zelf zijn.

"Ik moest op een avond weg. Toen ik hem neerzette en mijn jas aantrok, begon hij te huilen, pakte me vast en trok aan mijn hand, alsof hij niet wou dat ik ging."
Over Paul, week 52

"Ik moet echt opletten als ik haar neerzet en vervolgens even een stukje verder de keuken in loop om iets te pakken. Ze gaat meteen op de hond af, doet alsof ze hem aait en trekt tegelijk snor- of andere haren uit."
Over Xara, week 53

Wil hij vaker beziggehouden worden?
De meeste baby's vragen meer aandacht. Veeleisende baby's willen dat de hele dag. Maar ook makkelijke, rustige baby's doen graag iets samen met papa of mama.

"Ze komt me steeds halen, trekt me aan de hand mee om samen te spelen, bijvoorbeeld met haar blokken of met de poppen, of om samen een boekje te lezen."
Over Jetteke, week 53

Is hij jaloers?
Sommige baby's worden wat chagrijniger, ondeugender of driftiger als hun ouders aandacht hebben voor iets of iemand anders. Anderen zijn overdreven lief en knuffelig om papa's of mama's aandacht te trekken.

"Als ik de baby op wie ik pas iets geef, is hij jaloers."
Over Thijs, week 53

"Mijn vriendin was hier met haar baby. Als ik even met hem praatte, kwam de mijne er met een overdreven grijns tussen."
Over Jetteke, week 54

Heeft hij een sterk wisselend humeur?
Zo'n baby is het ene moment gezellig bezig, om vervolgens verdrietig, boos of driftig te worden. Zonder dat je daar aanleiding toe ziet.

"Soms zit hij bijvoorbeeld heel lief zijn blokken te betasten en te bekijken en wordt dan ineens heel boos. Slaakt een paar harde kreten en slaat met zijn blokken of smijt ze door de kamer."
Over Steven, week 52

Slaapt hij slechter?
De meeste kinderen slapen minder. Ze willen niet naar bed, komen moeilijker in slaap en zijn eerder wakker. Sommigen slapen vooral overdag minder, anderen 's nachts. Weer anderen willen zowel overdag als 's nachts niet naar bed.

"Deze week merkte ik voor het eerst dat ze 's nachts vaak even wakker is. Soms huilt ze een beetje. Meestal pak ik haar even op en dan slaapt ze zo weer in."
Over Ashley, week 54

"We zouden graag willen dat ze eens wat makkelijker ging slapen. Dat gaat gepaard met een hoop gehuil en gebrul, soms op het hysterische af, terwijl ze toch doodmoe is."
Over Jetteke, week 52

"Op het ogenblik slaapt hij weer erg lang. Hij doet dat vaak voordat hij aan de volgende sprong begint. Het is een soort 'Thomas wordt lastig'- aankondiging."
Over Thomas, week 49

Tip

Wil je meer weten over slaap en sprongetjes, blader dan door naar pagina 463.

Heeft hij nachtmerries?

"Hij is 's nachts geregeld wakker en is dan danig overstuur. Echt paniek. Het duurt soms lang om hem weer tot bedaren te krijgen."
Over Bob, week 52

Zit hij weleens stilletjes te dromen?

Sommige baby's kunnen af en toe even voor zich uit zitten staren. Net of ze in een eigen wereldje zijn. Ouders vinden dit dromen 'akelig'. Ze proberen hun baby dan ook altijd te 'storen'.

"Soms zit ze wat ingezakt en op en neer schommelend in de verte te staren. Ik laat dan prompt alles vallen om haar wakker te schudden. Ik ben dan doodsbang dat ze een afwijking heeft. Je ziet dat gedrag ook bij kinderen die geestelijk achter zijn."
Over Juliette, week 54

Eet hij slechter?

Veel baby's lijken minder geïnteresseerd in eten en drinken. Ouders vinden dit bijna altijd zorgelijk en ergerlijk. Baby's die nog borstvoeding krijgen, willen vaak aan de borst liggen. Zomaar zonder echt te drinken, maar gewoon om lekker dicht bij mama te zijn.

"Ze heeft de laatste tijd ineens minder aandacht voor het eten. Voorheen was alles binnen een kwartier op. Ze kon nooit genoeg krijgen. Ze zou het rauw allemaal nog gegeten hebben. Nu zit ik soms wel een halfuur met haar aan tafel."
Over Ashley, week 53

"Hij 'blaast' al zijn middageten eruit. Alles zit dan onder! De eerste dagen vond ik het grappig. Nu niet meer."
Over Bob, week 53

Gedraagt hij zich babyachtiger?

Soms steekt schijnbaar verdwenen babygedrag weer de kop op. Ouders zien dit niet graag. Ze verwachten vooruitgang. Toch is terugvallen tijdens hangerige fases heel gewoon. Het betekent dat er een vooruitgang op komst is.

"Ze heeft weer enkele keren gekropen, maar waarschijnlijk deed ze dat om aandacht te trekken."
Over Jetteke, week 55

"Ze stopt weer wat vaker iets in haar mond. Net als ze vroeger deed."
Over Odine, week 51

"Hij wil weer gevoerd worden. Doe ik dat niet, dan duwt hij het eten weg."
Over Rudolf, week 53

Is hij overdreven lief?
Sommige kinderen komen ineens even 'knuffelen' en gaan dan weer.

"Hij komt soms echt naar me toe kruipen om lief tegen me te doen. Hij legt dan even heel lief zijn bolletje op mijn knieën bijvoorbeeld."
Over Bob, week 51

"Ze komt vaak even 'knuffelen'. Zegt 'aai' en dan krijg je ook echt een aaitje."
Over Ashley, week 53

Is hij opvallend ondeugend?
Veel baby's trekken je aandacht door ondeugend te zijn. Ze lijken dat vooral te doen als je druk bezig bent en eigenlijk geen tijd voor hen hebt.

"Ik moet steeds maar weer verbieden, want ze doet het erom. Als ik niet reageer, houdt ze vanzelf op. Maar dat kan niet altijd, omdat datgene wat ze hanteert, dan weleens stuk kan gaan."
Over Jetteke, week 53

"Hij is bewerkelijk op het moment. Hij zit overal aan en luistert slecht. Als hij in bed ligt, kan ik pas wat gaan doen."
Over Dirk, week 55

"Ik heb het gevoel dat hij soms bewust niet luistert."
Over Steven, week 51

Heeft hij opvallend veel driftbuien?
Soms raakt een kind volledig over zijn toeren als hij zijn zin niet krijgt. Ook kan het soms lijken of hij 'spontaan' zo'n driftbui krijgt. Vaak wil hij dan dingen waarvan hij bij voorbaat al aanneemt dat hij die niet zal krijgen.

"Hij wil dat ik hem weer op schoot zijn flesje met vruchtensap geef. Als hij maar denkt dat dat niet snel genoeg gebeurt, gooit hij het flesje weg en gaat dan liggen gillen, schreeuwen en trappelen om het terug te krijgen."
Over Thijs, week 52

"Als ik niet onmiddellijk reageer als ze aandacht wil, wordt ze heel nijdig. Schreeuwt en knijpt om zich heen. Zo draait ze dan velletjes tussen twee vingers. Ze doet dat heel gemeen, snel en hard."
Over Xara, week 53

Pakt hij wat vaker een knuffel?
Veel baby's knuffelen met wat meer enthousiasme. Ze doen het vooral als ze moe zijn of als papa of mama druk bezig is. Ze knuffelen met knuffels, doekjes, pantoffels en vuile was. Alles wat zacht aanvoelt, kan lekker zijn. Ook aaien en kussen ze hun knuffels. Ouders vinden dit vertederend.

"Als ik bezig ben, knuffelt hij wat af. Hij pakt het oor van zijn olifantje in de ene hand en steekt twee vingers van zijn andere hand in zijn mond. Een gezellig tafereeltje."
Over Jan, week 51

Zo merk ik aan jou dat de sprong begonnen is:

- ☐ Je huilt vaker.
- ☐ Je bent vaker 'chagrijnig', mopperig of dreinerig.
- ☐ Het ene moment ben je vrolijk, het andere moment huilerig.
- ☐ Je wilt vaker beziggehouden worden.
- ☐ Je hangt meer aan mij en wilt de hele tijd in mijn buurt zijn.
- ☐ Je bent overdreven lief.
- ☐ Je bent opvallend ondeugend.
- ☐ Je krijgt vaker driftbuien dan normaal.
- ☐ Je bent jaloers.
- ☐ Je bent (vaker) eenkennig.
- ☐ Je protesteert als ik het lichaamscontact verbreek.
- ☐ Je slaapt slechter.
- ☐ Je hebt (vaker) nachtmerries.
- ☐ Je eet slechter.
- ☐ Je zit (vaker) stilletjes te dromen.
- ☐ Je zuigt (vaker) op de duim.
- ☐ Je pakt (vaker) een knuffel.
- ☐ Je gedraagt je babyachtiger.
- ☐ En ik merk dat je

Let op, ook hier geldt: een baby hoeft niet al deze sprongkarakteristieken te vertonen! Het gaat meer om wélke je baby vertoont dan om hoeveel.

Zorgen[11], irritaties en ruzies

Als ouder wil je niets liever dan dat je baby altijd gelukkig is. En als er dan 'iets' is, dan word je onzeker. Die onzekerheid kan tot irritatie en zelfs ruzies leiden.

Ouders voelen zich onzeker

In het begin van de hangerige fase zijn ouders meestal bezorgd. Ze willen begrijpen waarom hun baby van slag is. Maar op deze leeftijd gaan zorgen al vrij snel over in ergernis. Ook vragen sommige ouders zich in deze fase weleens af waarom hun kind niet zo snel loopt als ze hadden verwacht. Ze zijn bang dat er lichamelijk iets aan de hand is.

'Ik oefen het lopen regelmatig en ben verwonderd dat ze het nog niet alleen doet. Ze loopt al zó lang aan de hand. Ze had het allang moeten kunnen. Ik vind trouwens dat haar linkervoetje naar binnen staat, waardoor ze eroverheen valt. Heb dat ook laten zien op het consultatiebureau. Ik hoorde toen dat meer ouders op deze leeftijd bezorgd zijn over een 'naar binnen staand voetje'. Toch zal ik blij zijn als ze loopt.'

Over Xara, week 53

Ouders ergeren zich en doen er ook wat aan

Tegen het einde van de hangerige fase kunnen ouders zich steeds vaker gaan ergeren aan het hangerige gedrag van hun baby. Ook doen ze wat aan het 'expres ondeugend zijn' en aan de driftbuien die hun baby gebruikt om zijn zin door te drijven.

'Ik erger me zo aan die huilbuien als ik de kamer uit ga. Ook kan ik het moeilijk hebben dat zij direct achter me aan kruipt en aan mijn been gekluisterd mee kruipt. Ik kan zo niets doen. Als ik er genoeg van heb, gaat ze dan ook haar bed in.'

Over Juliette, week 52

---

11 *Vraag bij twijfel altijd advies aan je huisarts of het consultatiebureau*

"Ze wordt om de haverklap enorm driftig als iets niet mag en als iets niet lukt. Ze smijt het dan weg en gaat vreselijk zitten mopperen. Ik probeer niet te reageren. Maar krijgt ze enkele buien na elkaar, dan stop ik haar in bed. Toen ze hier twee weken geleden mee begon, vond ik het komisch. Nu erger ik me er echt aan. Haar zussen lachen haar uit. Als ze dat ziet, wil de boze bui nogal eens over zijn en lacht ze een beetje verlegen mee. Meestal werkt dat. Niet altijd."

Over Ashley, week 53

Ruzies

Tijdens deze hangerige fase ontstaan ruzies meestal rond driftbuien. Soms kan het je inderdaad ineens te veel worden. Maar slaan, of een tik op de billen, lost niets op. Het doet je baby alleen maar onnodig pijn en het beschadigt de vertrouwensband tussen jou en je baby.

Tijdens iedere hangerige fase willen moeders die borstvoeding geven, hiermee stoppen. Tijdens deze fase is dat omdat haar baby, bij vlagen, steeds weer aan de borst wil. Of omdat het aan de borst willen vergezeld gaat met een driftbui.

'Ik ben nu echt gestopt. Hij kreeg al een driftbui als hij aan de borst dacht. Onze hele 'verhouding' werd een puinhoop. Hij maar aan mijn trui trekken, trappelen en schreeuwen en ik maar boos worden. Misschien verdwijnen die driftbuien nu ook wel wat. Hij heeft de laatste keer gedronken op de avond van zijn eerste verjaardag.'

Over Thijs, week 53

Het nieuwe vermogen breekt door

Rond 55 weken ontdek je dat je baby minder hangerig is. En dat hij dingen doet of probeert die weer helemaal nieuw zijn. Je merkt dat hij 'volwassener' met mensen, speelgoed en andere spulletjes omgaat. Dat hij andere dingen leuk vindt. Je baby's verkenningstocht in de 'wereld van programma's', die een paar weken geleden begon, begint nu vruchten af te werpen en je baby begint die nieuwe vaardigheden te kiezen die het best bij hem passen. Jouw baby met zijn aanleg, voorkeur en temperament maakt zijn eigen keuzes. En als volwassene kun je hem daarbij helpen. Kijk regelmatig even naar de ontdekkingslijst op pagina 339 om te zien waar je op kunt letten.

De 'wereld van programma's'

Als je baby 'programma's' kan waarnemen en zelf kan uitvoeren, weet hij wat dingen betekenen als 'de was doen', 'afwassen', 'tafeldekken', 'eten', 'stoffen', 'opruimen', 'aankleden', 'koffiedrinken', 'toren bouwen', 'telefoneren' en ga zo maar door. Dit zijn allemaal programma's.

Het kenmerk van een programma is dat het geen voorgeschreven volgorde heeft, maar flexibel is. Niet iedere keer als je 'stoft' moet dat per se op dezelfde manier gebeuren. Je kunt immers eerst een poot stoffen en dan de bovenkant of andersom. Je kunt ook eerst vier poten stoffen. Je kunt eerst de stoel doen en dan de tafel of andersom. Steeds kun je die opeenvolging kiezen die je het best vindt voor die dag, die kamer, die stoel. Wat je ook kiest, het programma waar je mee bezig bent is en blijft 'stoffen'. Een 'programma' is dus een netwerk van mogelijke opeenvolgingen die niet vastliggen en heel gevarieerd kunnen zijn.

Als je baby met een programma bezig is, kan hij steeds een andere weg bewandelen binnen dat programma. Hij komt immers steeds knooppunten tegen waarop hij moet kiezen hoe hij verdergaat. Zo kan hij tijdens 'eten' na iedere hap de keus maken of hij nog een hap neemt of liever een slok. Of misschien wel drie slokken. Hij kan kiezen of hij de volgende hap met zijn vingers zal eten of met een lepel. Wat hij ook kiest, het is en blijft een 'eetprogramma'.

Je baby 'speelt' met de verschillende keuzes die hij bij ieder knooppunt kan maken. Hij probeert uit. Hij moet nog leren wat de gevolgen zijn van zijn keuzes bij een knooppunt. Hij kan bijvoorbeeld kiezen om de volgende volle lepel boven de grond om te keren in plaats van in zijn mond. Je baby bedenkt ongetwijfeld een hele schakering van mogelijke en onmogelijke keuzes.

Hij kan nu ook zelf 'plannen' om aan een bepaald programma te beginnen. Hij kan de veger uit de kast halen om te gaan vegen. Hij kan zijn jas gaan halen om naar buiten te gaan, of om te gaan winkelen. Misverstanden

Zo zijn baby's

Je baby is het meest geïnteresseerd in alles wat nieuw is. Reageer daarom altijd en vooral op nieuwe vaardigheden en interesses die je baby toont. Hij leert dan prettiger, makkelijker, sneller en meer.

ontstaan helaas nogal makkelijk. Hij kan immers nog niets uitleggen. Zijn ouders begrijpen hem algauw verkeerd. Hun baby raakt dan gefrustreerd en kan een driftbui krijgen. Ook kan de ouder nog niet van plan zijn om naar buiten te gaan. Ook dan is een baby snel gefrustreerd. 'Wachten' snapt hij op deze leeftijd nog niet.

Je baby voert niet alleen programma's uit, maar kan nu ook waarnemen welk programma aan de gang is. Hij begrijpt bijvoorbeeld dat je bezig bent om koffie te zetten en dat er dan een koffiepauze volgt (met of zonder een koekje). Nu je baby programma's kan waarnemen en zelf kan uitvoeren, heeft hij ook de keus om een bepaald programma te weigeren. Hij wil bijvoorbeeld niet dat je doet wat je doet, is gefrustreerd en krijgt soms zelfs een driftbui. Voor jou lijkt het alsof die bui uit het niets komt.

Oefeningen
Ervaar de wereld door de ogen van je baby

OEFENING 1

We hebben al een heleboel dagelijkse programma's verklapt. Toch zijn er in ieder huishouden nog wel tientallen te bedenken, als het geen honderdtallen zijn. Probeer eens tien andere programma's te bedenken. Hoe meer je je hoofd hierover breekt, hoe beter je snapt wat je baby nu bezighoudt!

OEFENING 2

Schrijf uit je hoofd op hoe jij stap voor stap jezelf aankleedt. Stap voor stap:

Ga vervolgens na of je deze stappen ook echt zo uitvoert zoals je ze beschreef. Trek je echt wel eerst je sokken aan voor je je hemd aantrekt? Of merk je dat je toch nog weleens tussen bepaalde stappen in het programma varieert? Ga ook eens na welke onderdelen van dit programma per se eerst moeten gebeuren, en bij welke onderdelen je kunt variëren.

Ongetwijfeld merk je dat je een vaste routine hebt waarmee jij je programma's uitvoert. Jij doet het op jouw manier. Die manier die jij meestal toepast, is de manier waarop jouw baby denkt dat het programma uitgevoerd moet worden. In die volgorde en op die manier. Pas een sprong later zul je merken dat hij sommige onderdelen in een programma kan gaan variëren en aan de situatie kan aanpassen.

De allemaal-nieuwe-dingenfase:
de ontdekking van de nieuwe wereld

Geef je baby de gelegenheid om met 'programma's' te spelen. Laat hem kijken als jij met een 'programma' bezig bent. Laat hem je helpen en laat hem zelf bezig zijn met 'programma's'. Laat hem ook vaak zélf dingen doen, zoals het (gedeeltelijk) zelf eten. Speel bepaalde basisonderdelen van 'programma's' na met speelgoed. Laat hem eens spelen met 'echte' dingen, of doe juist eens extra veel 'doen alsof'-spelletjes. Omdat verhaaltjes ook een programma zijn, is het ook leuk om daar eens op in te spelen door te 'spelen met verhaaltjes'. Ook zul je merken dat conversaties nu op een heel ander niveau gevoerd worden en krijg je waarschijnlijk weer bevestigd dat ook liedjes nog steeds favoriet zijn tijdens deze sprong, met name omdat liedjes ook een 'programma' zijn. Wat betreft de sociale vaardigheden ga je merken dat je baby steeds liever jou wil gaan helpen. Stimuleer dat! En... dit is ook de fase dat je baby kan gaan leren om met jou rekening te houden. Laat je baby lekker nieuwe oplossingen zoeken en 'onderzoekertje' spelen. Alleen op die manier krijgt hij een goed begrip van 'programma's'. Hoe je dat kunt doen, lees je hier.

Spelen met aankleden en verzorgen

Als je baby het leuk vindt om bezig te zijn met uitkleden, aankleden en verzorgen, laat hem dan zien hoe jij dat doet. Leg hem ook uit wat je doet en waarom je dat doet. Hij begrijpt meer dan hij kan zeggen. Geef hem ook eens de gelegenheid zichzelf of iemand anders te wassen, af te drogen en aan te kleden. Ook al doet hij dat nog niet perfect, hij weet al wel wat de bedoeling is. En help hem als je merkt dat hij dat fijn vindt.

"Ze probeert zelf haar broek omhoog te trekken of zelf haar pantoffels aan te doen, maar dat lukt nog niet. Toen liep ze ineens op mijn pantoffels."
Over Jetteke, week 55

"Als ze aangekleed is, kruipt ze naar mijn toilettafel en probeert zich met parfum te besproeien."
Over Laura, week 57

"Hij doet de laatste week van alles op zijn hoofd. Dan weer een theedoek of een handdoek. Af en toe een onderbroek van deze of gene. Hij loopt dan stoïcijns door het huis en zijn broer en zus maar lachen."
Over Dirk, week 59

Dirk is hier een prachtig voorbeeld van het spelen met programma's wat betreft het 'aankleden'. Gelukkig zag deze vader precies wat zijn zoon deed: zich aankleden met een 'hoed'. Veel te veel ouders zouden dit meteen afdoen als 'dat is geen aankleden, want het is een doek'. En deels hebben ze gelijk: natuurlijk is een doek geen muts of hoed. Maar voor Dirk was het er wel een. Hij kleedde zich aan. Compliment voor Dirk voor het spelen met programma's en het experimenteren. Zonder experimenteren geen leren. Compliment voor de vader die doorhad wat hij deed en het niet afdeed als iets doms. Want... zeer zelden doen baby's iets doms, meestal zijn wij volwassenen gewoon niet in staat om te snappen wat baby's doen.

Spelen met zelf eten

Als je baby zelf wil eten, laat hem dat dan eens proberen. Bedenk wel dat hij, creatief als hij is, allerlei manieren van 'eten' kan gaan uitproberen die nogal wat rommel kunnen geven. Leg daarom een groot stuk plastic onder zijn stoel op de grond, zodat je alles makkelijk weer kunt opruimen. Je zult je dan minder ergeren.

"Sinds hij geleerd heeft hoe hij zelf zijn pap of warm eten kan eten met een lepel, wil hij dat ook helemaal alleen doen. Anders eet hij niets. Ook wil hij per se op zijn stoel aan tafel zitten als hij iets eet."
Over Rudolf, week 57

"Hij vindt het geweldig om zelf rozijntjes uit een doosje te eten."
Over Thijs, week 57

"Hij wilde per se zelf eten en accepteerde geen hulp meer. Hij hamerde, roerde wild met zijn lepel en probeerde van alles. Hij deed dat met een krachtgreep. Kon echter de draai niet maken. Gooide het dan zijn mond in. Hij is wel drieënhalve kilo afgevallen. Misschien komt dat door al dat zelf willen eten en geen hulp willen krijgen en misschien ook omdat hij nu kruipt en veel meer energie verbruikt. We moeten dat in de gaten houden. Sinds kort kan hij redelijk zelf eten met zijn lepel. Alle oefening en het afvallen zijn dus niet voor niets geweest. Hij laat zich ook weer wat makkelijker voeren, misschien omdat hij aan de ene kant weet dat hij het zelf mag en kan, maar het aan de andere kant ook wel erg veel moeite vindt om zelf te eten. Trouwens, als het hem met de lepel en het 'zelf doen' niet vlug genoeg gaat, zet hij zijn mond aan zijn bord en probeert het eten dan van het bord af te zuigen alsof hij drinkt. Ook steekt hij weleens zijn andere hand in het eten om het met een knuistje vol in zijn mond te kunnen steken."

Over Thomas, week 56

Spelen met 'speelgoed'

Veel baby's krijgen nu interesse in speeltjes waarmee ze een 'programma' kunnen naspelen. Zoals een garage met auto's, een trein met toebehoren, een boerderij met dieren, poppen met verzorgingsartikelen, serviesjes met potten en pannen of een winkel met pakjes en doosjes. Geef je baby de gelegenheid om daarmee bezig te zijn. En help af en toe een handje. Het is nog heel moeilijk voor hem.

"Als ik naast hem op de grond zit en hem aanmoedig, bouwt hij soms torens van acht blokken."

Over Thijs, week 57

"Hij amuseert zich veel beter. Ziet overal veel meer mogelijkheden in en van. Zijn knuffels, treinen en auto's gaan steeds meer voor hem leven."

Over Bob, week 55

"Wat hij heel leuk vindt nu, is als je met zijn auto's of motor echt over de straten van het speelkleed rijdt. Als je alle bochten volgt. Als je fileparkeert. Hij moest dan echt lachen."

Over Thomas, week 56

"Ze voert haar poppen, doet ze in bad en in bed en als ze op het potje is geweest, doet ze de poppen ook op de pot."
Over Jetteke, week 56

Laat hem ook eens de 'echte dingen' bekijken. Is je baby geïnteresseerd in garages, neem hem dan mee naar een garage. Wordt hij meer geboeid door paarden, laat hem dan een manege zien. En als zijn tractor of hijskraan favoriet is, zal hij zeker willen bekijken hoe die 'echte' werken.

Spelen met 'echte dingen'

Tassen, portemonnees met geld, tv, radio, poetsspullen, make-up, alles willen veel baby's gebruiken zoals papa of mama het gebruikt. Sommige baby's laten het eigen speelgoed dan ook in een hoek liggen. Begrijp waar je baby mee bezig is, ook al maakt hij je het niet altijd makkelijk.

"Ik zag hem vandaag voor het eerst met mijn telefoon tegen zijn oor druk babbelen. Soms zei hij: 'dada'. Ook voordat hij neerlegde."
Over Dirk, week 56

"Hij is dol op de wc. Gooit er van alles in. Maakt hem om de haverklap schoon met de borstel en zorgt er tevens voor dat de badkamervloer kletsnat wordt."
Over Seth, week 56

"Hij komt me regelmatig kranten, lege flesjes en schoenen brengen. Hij wil die opgeruimd hebben."
Over Dirk, week 56

'Doen alsof'-spelletjes

Hij zal ook graag verhaaltjes uitbeelden, zeker als ze over hemzelf gaan. Door middel van fantasiespelletjes kan hij de 'echte dingen' tevoorschijn toveren.

"Hij speelt al 'doen alsof'-spelletjes, fantasiespelletjes. Hij telefoneert met een dop van een fles of met een blokje en zegt: 'Ja ja'."
Over Thomas, week 56

"Hij speelt 'baby' samen met mij. We zijn dan allebei baby. Seth praat dan met een babyachtige, hoge 'lalala-taal'. Ik ook. Seth vindt dat heel leuk. Ik doe dan alsof ik dingen niet kan als baby. Bijvoorbeeld het traphekje openmaken. Ik rammel dan wat aan het hekje. Seth speelt dan een tijdje mee. Maar op een gegeven moment wordt het hem te gortig en maakt hij met een gewone stem duidelijk dat het nu afgelopen moet zijn en dat ik best weet hoe dat hekje open moet."
Over Seth, week 57

Spelen met 'verhaaltjes'

Als je baby 'programma's' gaat verkennen, wordt hij zeer geboeid door verhaaltjes. Je kunt hem deze laten horen en zien. Je kunt hem naar een vertelling op tv laten kijken, je kunt een verhaaltje op YouTube laten horen, of je kunt zelf een verhaaltje vertellen, met of zonder een prentenboek. Zorg wel dat de verhaaltjes aansluiten bij datgene wat je baby zelf meemaakt of waar zijn interesse naar uitgaat. Bij het ene kind zullen dat auto's zijn en bij het andere bloemen, water of knuffels. Bedenk ook dat de meeste baby's zich niet langer dan drie minuten kunnen concentreren op één verhaaltje. Elk verhaaltje moet dus kort en eenvoudig zijn.

"Hij kijkt echt naar de tv, naar het programma. Bij een peuterprogramma kan hij echt even 'weg' zijn. Heel grappig. Voorheen interesseerde hem dit niet."
Over Rudolf, week 58

Geef je baby ook eens de gelegenheid om zelf een verhaaltje te vertellen als je samen een prentenboek bekijkt.

"Ze begrijpt een plaatje in een boek. Ze zegt wat ze ziet. Bijvoorbeeld: ze ziet dat een kindje op een plaatje een spekje geeft aan een ander kind en ze zegt: 'Hap'."
Over Odine, week 57

Hij zal ook graag verhaaltjes uitbeelden, zeker als ze over hemzelf gaan.

"Thomas verstaat alles. Toen ik mijn moeder door de telefoon al zijn nieuwe vaardigheden vertelde, herhaalde hij steeds even al zijn kunsten in de kamer. Zo zei hij woorden na, telefoneerde hij, liet zien hoe groot hij was, hoe mooi hij was, enzovoort. Ik moet zeggen: oma heeft hem in maanden niet zo rustig op de achtergrond horen spelen. Het was best een lang gesprek. Het was mij voor het eerst duidelijk dat Thomas meeluisterde en zich misschien in het middelpunt voelde staan, omdat al zijn kunsten de revue passeerden. Tot slot heeft oma nog even met Thomas kunnen praten en hij kuste zowaar de telefoon tijdens hun gesprek."
Over Thomas, week 56

Spelen met 'conversaties'

Veel baby's zijn gretige babbelaars. Ze vertellen hele 'verhalen', compleet met 'vragen', 'uitroepen' en pauzes. Ze verwachten dan ook antwoord. Probeer zijn verhalen serieus te nemen, ook al versta je nog niet wat hij zegt. En als je goed luistert, ontdek je soms een woordje dat je kunt verstaan.

"Hij kletst je de oren van het hoofd. Hij converseert echt. Hij doet dat soms in vraagvorm. Heel schattig om te horen. Ik zou weleens willen weten wat hij allemaal te zeggen heeft."
Over Dirk, week 58

"Hij babbelt enorm veel. Hij converseert echt. Hij houdt zijn mond soms en kijkt me aan tot ik wat terugzeg en vervolgt zijn verhaal dan weer. Van de week leek het of hij 'kusje' zei en toen gaf hij me inderdaad een kusje. Ik luister nu met tien keer zo veel interesse. Heel leuk."
Over Seth, week 59

Spelen met 'muziek'

Veel baby's luisteren graag naar een eenvoudig kinderliedje dat niet langer dan drie minuten duurt. Zo'n liedje is ook een 'programma'. Ze kunnen nu ook leren om daar alle bijbehorende gebaren bij te maken.

Vaders gaan anders om met hun zonen dan met hun dochters

- Vergeleken met vaders van zonen zijn vaders van dochters meer aandachtig bezig met hun dochters, zingen meer voor hun dochters, en hun taalgebruik is meer analyserend en gerelateerd aan verdriet en het lichaam.
- Vaders van zonen daarentegen stoeien meer met hun zonen en spreken meer over prestaties.

"In de maneschijn is verreweg haar favoriete liedje nu. Ze heeft moeite met het eerste gebaar (een mooi rondje maken met je handen), dus het duurde even voor ik doorhad wat ze bedoelde met haar gebaar. Maar nu ik het weet, zingen we het de hele dag en doet ze heel veel gebaren mee op haar manier!"
Over Yasmin, week 58

"Ze doet zelf 'Klap eens in de handjes' compleet met onverstaanbare zang."
Over Jetteke, week 57

Ook vinden sommige baby's het heel leuk om zelf muziek te maken. Vooral trommels, piano's, orgels en fluiten zijn dan erg in trek. Natuurlijk zullen de meeste baby's een voorkeur hebben voor een instrument dat van 'de groten' is. Maar hij kan natuurlijk minder brokken maken met een speelgoedinstrument.

"Ze is gek op haar pianootje. Speelt meestal met één vinger en luistert naar wat ze doet. Ze kijkt ook graag toe als haar vader op zijn piano speelt, loopt naar haar piano en rammelt er dan met twee handen op."
Over Odine, week 58

Wees blij met je baby's hulp

Als je merkt dat je baby je wil helpen, laat hem dat dan doen. Hij begrijpt waar je mee bezig bent en kan zijn steentje bijdragen.

"Ze wil altijd helpen. Ze wil de boodschappen dragen. Ze hangt de theedoek terug als ik klaar ben. Ze brengt de onderzetters en haar eigen bestek naar de tafel als ik de tafel dek, en ga zo maar door."
Over Xara, week 62

"Ze weet dat appelsap en melk in de koelkast moeten staan en opent alvast de deur. Voor koekjes gaat ze onmiddellijk naar de kast en pakt de trommel."
Over Jetteke, week 57

"Thomas start zijn eigen 'programma'. Hij pakt bijvoorbeeld de afstandsbediening om tv te gaan kijken. Sinds kort richt hij duidelijk de afstandsbediening op de tv en hij steekt daarbij zijn arm ver naar voren, naar de tv. Een ander voorbeeld: als papa beneden in zijn atelier zit en Thomas wil computeren, rammelt hij met het traphekje. En een laatste voorbeeld, Thomas kiest een computerspelletje en weet hoe papa dat op moet starten. Hij wordt boos als hij merkt dat papa eerst nog even zijn mail wil checken. En dus zijn programma 'computerspelletje opstarten' onderbreekt."
Over Thomas, week 58

Leer je baby rekening met jou te houden

Veel baby's kunnen nu begrijpen dat ook jij met een 'programma' bezig kunt zijn. Bijvoorbeeld dat je bezig bent met afwassen, of met opruimen. Als je merkt dat je baby zoiets begrijpt, kun je ook van hem vragen rekening met jou te houden, zodat jij jouw 'programma' even af kunt maken. Natuurlijk mag dat nog niet te lang duren.

Nog even dit

Ook het afleren van oude gewoontes en het aanleren van nieuwe regels horen bij de uitwerking van ieder nieuw vermogen. Dát wat je baby nu begrijpt, kun je ook van hem eisen. Niet meer maar ook niet minder.

Laat je baby nieuwe oplossingen zoeken

Laat hem spelen met de verschillende gedragingen binnen hetzelfde 'programma'. Soms weet een baby wel hoe het eigenlijk hoort, maar vindt hij het toch leuk om het ook eens anders te proberen. Hij probeert uit. Binnen hetzelfde 'programma' kiest hij dan een andere weg naar hetzelfde einddoel. Hij leert hierdoor dat je iets niet altijd op dezelfde manier hoeft te doen. Hij verandert zijn tactiek na 'nee' gezegd te hebben. Doet dan bijvoorbeeld hetzelfde, maar met een voorwerp. Hij is niet meer voor één gat te vangen, maar hij wordt vindingrijk.

"Als hij bezig is met iets, bijvoorbeeld bouwen, kan hij ineens 'nee' schudden en zeggen en het vervolgens anders gaan doen."
Over Rudolf, week 55

"Ze pakt haar locomotiefje om daarop te gaan staan als ze haar spullen uit de kast wil pakken. Eerst pakte ze altijd haar stoel."
Over Jetteke, week 56

"Als ik vraag: 'Moet jij op de pot?' dan gaat ze als ze ook echt moet. Plast, draagt het zelf naar de wc en trekt door. Soms echter zit ze, staat op en plast naast de pot."
Over Jetteke, week 54

"Hij gaat buiten armbereik op de grond liggen als hij zijn zin door wil drijven. Ik moet dan wel naar hem toe komen."
Over Thijs, week 56

Laat je baby 'onderzoekertje' spelen

Sommige baby's kunnen eindeloos bezig zijn dingen te onderzoeken. Je kunt hem het volgende programma of experiment zien uitvoeren: hoe komen die speeltjes neer, hoe rollen ze om en hoe ketsen ze? Je kleine Einstein kan daar een eeuwigheid mee doorgaan. Zo kan hij bijvoorbeeld 25 keer verschillende poppetjes oppakken en op de tafel laten vallen, om dit daarna wel 60 keer te herhalen met allerlei bouwblokjes. Als je baby zo bezig is, laat hem dan rustig zijn gang gaan. Hij experimenteert namelijk op die manier heel systematisch met de eigenschappen van dingen. Hij kijkt hoe ze neerkomen, omrollen en stuiteren. En die informatie kan hij later weer goed gebruiken, als hij midden in een 'programma' moet kiezen of hij iets zus zal doen of zo. Wie denkt dat je kleintje alleen maar speelt, heeft het mis. Hij werkt eigenlijk heel hard en maakt 'lange dagen'.

"Daan kan makkelijk twee blokjes op elkaar zetten, misschien nog wel meer. Hij zou dus best een toren kunnen bouwen. Maar hij heeft er gewoon geen zin in. Op de een of andere manier lijkt het of Daan de blokjes gewoon 'los' wil hebben. Wat hij wel doet, is twee blokken op of aan elkaar zetten en dan bestuderen hoe ze ten opzichte van elkaar draaien. Ik heb eens onderzocht waarom Daan niet wil dat twee blokken op elkaar gezet worden en wat bleek? Daan speelt met de zuigkracht! Hij doet dat met één blokje in iedere hand. Die blokjes schuift hij gedeeltelijk in elkaar om ze daarna meteen weer uit elkaar te trekken, in elkaar te schuiven en weer uit elkaar te halen, enzovoort. Ik ontdekte dat als je de blokken te ver over elkaar schuift, die zuigkracht weg is."

Over Daan, week 56

"Heel erg geïnteresseerd in vormen sorteren (in de sorteerdoos) is hij niet. Maar hij doet het wel als het zinvol is. Als het een doel heeft. Hij verzamelde bijvoorbeeld al dagen stukjes papier, etensresten en kleine dunne zaken in de lange gleuf die in de onderkant van de koelkast zit voordat ik zijn geheime plekje ontdekte."

Over Jim, week 56

"Lars is een echt observeerkind. De hele dag bestudeert hij hoe anderen bezig zijn. Hij doet dat vooral bij zijn vader. Hij bekijkt hoe iedereen doet wat hij doet: hoe ze lopen, draaien, voelen, enzovoort. Hij bekijkt hoe anderen met dingen omgaan: hoe ze bijvoorbeeld met de autootjes rijden en spelen. Vaak doet zijn handje de bewegingen na die de ander met het voorwerp doet. Later doet hij alles zelf met het voorwerp. Hij bestudeert ook hoe dingen werken. Hij doet dat heel rustig, met beleid, en lijkt er zwaar in op te gaan. Hij hoort je niet als hij echt bezig is."

Over Lars, week 56

Maak je huis babyproof

Sommige kinderen zijn supercreatief in het bedenken en uitproberen van verschillende wegen naar hetzelfde einddoel. Bijvoorbeeld hoogbegaafde kinderen. Dit is vanzelfsprekend heel vermoeiend voor hun ouders.

- Zij proberen steeds of het ook anders kan.
- Zij zoeken altijd naar een oplossing als iets niet lukt of mag.
- Het lijkt voor hen een uitdaging om nooit twee keer iets op dezelfde manier te doen. Dingen herhalen vinden ze saai.

Toon begrip voor 'rare' angsten

Als je baby bezig is zijn nieuwe vermogen uit te werken, zal hij ook dingen of situaties tegenkomen die nieuw zijn en die hij maar half begrijpt. Eigenlijk ontdekt hij nieuwe gevaren. Gevaren die voor hem tot nu toe niet bestonden. Hij kan er nog niet over praten. Pas als hij alles beter begrijpt, zal ook zijn angst verdwijnen. Leef met hem mee.

"Hij was bang voor de scheepslamp als die brandde, waarschijnlijk omdat hij zo fel is."
Over Paul, week 57

"Ze is wat bang in het donker. Niet om in te slapen, maar om van een lichte naar een donkere kamer te lopen!"
Over Jetteke, week 58

"Hij is bang als ik een ballon opblaas. Snapt het niet."
Over Thijs, week 58

"Ze schrok van een opblaasbal die leegliep."
Over Eefje, week 59

"Hij schrikt enorm van harde geluiden, bijvoorbeeld van straaljagers. Maar ook van de telefoon en de deurbel."
Over Bob, week 55

"Ze schrikt van alles wat haar snel nadert. Van de fladderende parkiet rond haar hoofd, van haar broer die haar wil 'pakken', en van een auto op afstandsbediening van een vriendje van haar grote broer. Het ging haar te snel."
Over Xara, week 56

"Hij wil absoluut niet in het grote bad. Wel in het kleine badje in het grote bad."
Over Dirk, week 59

Jouw speltoppers van 'programma's'

Dit zijn spelletjes en oefeningen die inspelen op het nieuwe vermogen dat je verkregen hebt en je ontzettend leuk vindt om te spelen!

Invulinstructie:

Kruis aan wat jouw baby's favoriete spelletjes zijn. Kijk na het invullen van de ontdekkingslijst of je een verband ziet tussen dat wat hem het meest interesseerde tijdens deze sprong en de spelletjes die hij het liefst deed. Het is even nadenken, maar je verkrijgt hierdoor een uniek inzicht in je baby's karakter.

Zelfstandig een karweitje opknappen

Veel baby's vinden het heerlijk om helemaal alleen iets heel volwassens te mogen doen. Kliederen met water is het meest in trek. Bovendien worden de meeste kinderen rustig van spelen met water, vooral de drukke kinderen. Probeer het eens.

☐ POP WASSEN IN BAD

Vul een babybadje of teiltje met lauw water. Geef je baby een washand en een stuk zeep en laat hem zijn pop of knuffel eens lekker inzepen. Ook het haren wassen is meestal erg in trek. Geef hem pas de handdoek als hij klaar is met de wasbeurt. Anders belandt deze ook in het water.

☐ LOOPAUTO OF TRACTOR EEN GOEDE BEURT GEVEN

Zet de loopfiets op een plaats waar je kind flink tekeer kan gaan met water. Bijvoorbeeld buiten. Vul een emmer met lauw water en schuim en geef je baby een borstel. Ook kun je hem de tuinslang geven, waaruit een klein straaltje water komt. Hiermee kan hij dan het schuim afspoelen.

☐ **AFWAS DOEN**

Zet je kind eens met een grote schort voor op een stoel aan het aanrecht. Vul een bak met lauw water en geef hem je afwasborstel en een variëteit van babyvriendelijke afwas, zoals plastic borden, kopjes, eierdopjes, houten lepels en zeefjes en trechters. Een lekkere berg schuim zal zijn werklust nog groter maken. Let wel op dat de stoel waarop hij staat, niet glibberig wordt als deze nat wordt, waardoor je baby in zijn enthousiasme uitglijdt.

Helpen bij belangrijke karweitjes

De meeste bezigheden kan je baby nog niet alleen, maar hij kan wel helpen. En hij doet niets liever! Hij kan helpen bij het eten klaarmaken, het tafeldekken en het boodschappen doen. Natuurlijk schiet je er niet bepaald harder door op. Hij kan je zelfs ineens van de wal in de sloot helpen als hij 'iets nieuws' uitprobeert. Maar hij leert er veel van. En als hij meedoet met iets belangrijks, zal hij zich 'groot' en tevreden voelen.

☐ **BOODSCHAPPEN UITPAKKEN EN OPRUIMEN**

Breng eerst kwetsbare en gevaarlijke spullen in veiligheid en laat je baby dan meehelpen met uitpakken. Je kunt hem de boodschappen een voor een, naar eigen keuze, laten aangeven of brengen. Of je kunt hem vragen: 'Geef de... maar en nu de...' Je kunt hem ook vragen waar hij het zou opbergen. En tot slot kan hij de kastdeuren sluiten als jullie klaar zijn. Laat altijd merken dat je blij bent met zijn hulp als hij zijn best heeft gedaan. Veel baby's vinden het leuk om na gedane arbeid samen iets lekkers te eten en te drinken.

Verstopspelletjes

Dit soort spelletjes kun je nu 'ingewikkelder' maken dan voorheen. Als je baby in de stemming is, vertoont hij meestal met plezier zijn kunsten. Pas je aan je baby aan. Maak het spelletje niet te moeilijk of te makkelijk voor hem.

☐ DUBBEL VERSTOPPEN

Zet twee bekers voor je baby neer en stop onder een van de bekers een speeltje. Verwissel hierna de bekers al schuivend over de tafel van plaats. Dus waar beker A stond staat nu beker B, en andersom. Zorg dat je baby toekijkt als je de bekers verschuift. En prijs hem voor elke poging om het speeltje te vinden. Dit is echt heel moeilijk voor hem.

☐ WAAR KOMT DAT GELUID VANDAAN?

Veel baby's vinden een geluidje zoeken heel leuk. Neem je baby op schoot en laat hem iets zien en horen wat speelt, bijvoorbeeld een muziekdoosje. Neem vervolgens je baby op schoot en laat iemand anders dat spelende ding verstoppen. Zorg dat je baby niet kan zien waar het verstopt wordt. Als het uit het zicht verdwenen is, moedig hem dan aan het te zoeken.

Jouw favoriete speelgoed

- ☐ Pop (die ook in het water kan), poppenwagen en poppenbedje.
- ☐ Boerderij, boerderijdieren en hekken.
- ☐ Garage en auto's.
- ☐ Trein, rails, tunnel.
- ☐ Onbreekbaar theeserviesje.
- ☐ Potten, pannen en houten lepels.
- ☐ Telefoon.
- ☐ Grote bouwblokken of bouwstenen.
- ☐ Fiets, auto, tractor, paard of locomotief waar hij zelf op kan zitten.
- ☐ Duwkar waarin hij van alles kan vervoeren.
- ☐ Hobbelpaard, schommelstoel.
- ☐ Blokkenstoof met een deksel met gaten, waarin verschillend gevormde blokken passen.
- ☐ Stapelbakjes.
- ☐ Ringenpiramide.
- ☐ Zwabber, borstel, handveger en blik.
- ☐ Allerlei soorten en kleuren sponzen om te 'poetsen' of om in bad mee te spelen.
- ☐ Grote vellen papier en dikke stiften.
- ☐ Boekjes met dieren en hun jongen, met kinderen die bekende dingen doen, met auto's, vrachtwagens en tractoren.
- ☐ Muziekinstrumenten, zoals een trommel, piano en orgel.
- ☐ Cd met eenvoudige, korte verhaaltjes.
- ☐ Eenvoudige, korte televisieprogramma's voor de allerkleinsten.

Wat kiest jouw baby uit de 'wereld van programma's'?

Alle baby's hebben het vermogen tot het waarnemen en zelf maken van 'programma's' gekregen. De nieuwe 'wereld van programma's' is vol met nieuwe mogelijkheden en voor allemaal toegankelijk. Jouw baby maakt zijn eigen keuzes. Hij laat zien waar zijn voorkeur naar uitgaat. En dus wat hem speciaal maakt. Voor de 'wereld van programma's' doet hij dat tussen 54 en 60 weken. In deze periode kiest hij dát wat het best past bij zijn aanleg, interesse, lichaamsbouw en gewicht. Vergelijk je baby daarom niet met een andere baby. Iedere baby is uniek. Kijk goed naar je baby. Stel vast waar zijn interesse naar uitgaat. In de ontdekkingslijst van de wereld van programma's is ruimte om aan te geven wat je baby kiest tussen 54 en 60 weken. Zelf kun je er ook struinen om te zien of er dingen bij zijn waarvan je denkt dat je baby ze ook leuk zal vinden.

Ontdekkingslijst
van de wereld van programma's

Dit zijn voorbeelden van vaardigheden die je baby vanaf dit moment zou kunnen gaan vertonen. Even voor de duidelijkheid: je baby doet niet alles uit deze lijst!

Als je deze lijst gaat lezen, zul je wellicht soms denken... nu al? Ja, maar het is vaak zo subtiel dat je het makkelijk kunt missen. Zonde, want je kind doet het wel! Een doekje even op de grond duwen met een kleine beweging? Het duurt nog geen twee seconden, maar voor zijn gevoel helpt hij je en maakt hij de vloer schoon. Houd daarom bij het lezen van deze lijst de intenties van je baby in het achterhoofd. Als hij voor zijn gevoel schoonmaakt, dan vinden wij dat hij dat doet. En ja, dat er geen vlek uit gaat, is logisch. Het gaat hier om de intenties, niet om de perfectie van de programma's. Let dus ook op pogingen of interesses als jij deze programmalijst invult. Dus, niet vergeten: je baby's intentie staat centraal!

Invulinstructie: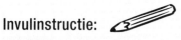

Nu je baby bijna een dreumes wordt, zul je merken dat het invullen van deze lijsten steeds lastiger wordt. Simpelweg omdat er honderden zo niet duizenden 'programma's' bestaan en we slechts een aantal van de meest voorkomende programma's kunnen noemen. Daarom is het heel belangrijk dat je echt goed begrijpt wat een programma is voor je deze lijsten gaat invullen. Hierdoor herken je de programma's beter en kun je de variaties beter herkennen. Kijk dan ook regelmatig even terug naar deze lijst en bedenk: je bent niet per se op zoek naar exact deze vaardigheden (alhoewel deze voorbeelden vaak voorkomen), maar ook naar soortgelijke acties van je baby.

Deze sprong maakte jij op:
Op   brak het zonnetje weer door, en nu, aan het eind van deze sprong, zie ik dat je deze nieuwe dingen kunt.

ZELF HET PROGRAMMA STARTEN   datum:

- ☐ Je pakt een stoffer, doekje of stofdoek en gaat vegen of stoffen. Het is maar een beweging en veel krijg je dus niet schoon, maar het gaat om de intenties. Je gebruikt ook niet altijd een doek die bedoeld is om mee schoon te maken. Je pakt gewoon dat wat binnen handbereik ligt.
- ☐ Je vindt het maar al te leuk om de wc-borstel te pakken en ermee door de wc te gaan.
- ☐ Je komt spulletjes, die je opgeruimd wilt hebben, naar me toe brengen.
- ☐ Je pakt de koektrommel en verwacht dan een thee- of koffiepauze.
- ☐ Als ze voorhanden zijn, pak je je jas, muts en een tas en dat betekent dat je wilt gaan winkelen.

datum:

- ☐ Je pakt je jas, je muts, een emmertje en een schepje en dat betekent dat je naar de zandbak wilt gaan.
- ☐ Je pakt de hondenriem en wilt naar buiten.
- ☐ Je pakt je kleren en wilt die aantrekken. Dat lukt natuurlijk nog niet en je pakt alleen de kleren die voorhanden liggen.

Programma's die jij startte, hoe je dat deed en wanneer:

- ☐
- ☐
- ☐
- ☐
- ☐

MEEDOEN ALS EEN PROGRAMMA GAANDE IS   datum:

- ☐ Je gooit alvast de kussens uit de stoel als ik aan het poetsen ben, zodat ik erbij kan.
- ☐ Je hangt de theedoek terug als ik klaar ben.
- ☐ Je kunt sommige spulletjes of etenswaren in de goede kast opbergen.
- ☐ Je zet je eigen bord, bestek of onderzetter neer als ik de tafel aan het dekken ben.
- ☐ Je maakt me nu duidelijk dat het toetje moet komen wanneer je klaar bent met het hoofdgerecht. Je zegt dan bijvoorbeeld 'ijs'.
- ☐ Je doet de lepels in kopjes en roert meestal alvast.
- ☐ Je pakt iets wat ik net heb gekocht, en je wilt dat dan zelf dragen.

datum:

☐ Je probeert zelf ook iets aan te doen als ik je aankleed. Je probeert je voet in een pantoffel te krijgen of je trekt zelf je broek een stuk omhoog als ik je benen al in de pijpen heb gedaan.

☐ Je vindt en kiest je favoriete app op mijn telefoon.

☐ Je weet de aan-knop van de tv te vinden.

Programma's waar jij aan meedeed, hoe je dat deed en met wie:

☐

☐

☐

☐

☐

ZELF UITVOEREN VAN EEN PROGRAMMA ONDER BEGELEIDING

datum:

☐ Je stopt nu blokken van verschillende vormen door de goede gaten van de blokkenstoof als ik aanwijs welke vorm waarin moet.

☐ Je plast op het potje als ik dat vraag en als je ook moet plassen. Je brengt je plasje vervolgens zelf naar de wc, of helpt daarbij (als je niet loopt), en trekt door.

☐ Je pakt stiften en papier en 'tekent' als ik je vertel hoe je dat moet doen.

Dit zijn voorbeelden van programma's die jij deed onder begeleiding:

☐

☐

☐

☐

☐

ZELFSTANDIG UITVOEREN VAN PROGRAMMA'S

datum:

- ☐ Je voert je poppen of knuffels en doet dan eigenlijk mijn 'programma' van jou eten geven na.
- ☐ Je doet de pop in bad en doet ook hierbij mijn 'programma' van jou in bad doen na.
- ☐ Je zet de pop op de pot, soms nadat je zelf bent gaan zitten (en soms ook echt een plasje deed).
- ☐ Je eet zonder (veel) hulp je bord leeg. Het liefst zit je daarbij netjes aan tafel, net zoals grote mensen dat doen.
- ☐ Je eet zelf je rozijntjes/   uit een doosje.
- ☐ Je bouwt een toren van drie blokken (of meer).
- ☐ Je vindt mijn mobiele telefoon maar wat interessant. Soms druk je eerst op wat plekken op het scherm, begint dan wat te praten en zegt dan 'doe' (=doei) en legt de telefoon neer op het eind van het 'gesprek'.
- ☐ Je kruipt dc kamer door en volgt daarbij 'wegen' die je zelf kiest. Je wijst vaak eerst de richting aan voor je van richting verandert. Je kiest als het ware al kruipend 'wegen', onder stoelen en tafels door. Je kruipt door kleine tunneltjes.
- ☐ Je kruipt met een auto of trein de kamer door en zegt 'broem, broem'. Ook hierbij volg je allerlei wegen: onder de stoel en tafel door of tussen de bank en de muur.
- ☐ Je kunt nu iets vinden wat ik zo heb verstopt dat je het helemaal niet meer kunt zien.

TOEKIJKEN BIJ PROGRAMMA'S DIE ANDEREN UITVOEREN

datum:

- ☐ Je kijkt naar een dreumesprogramma op tv, op de computer of op de tablet en houdt dat zo'n drie minuten vol.
- ☐ Je luistert naar een kort, eenvoudig verhaaltje dat is aangepast aan jouw leeftijd. Het verhaaltje mag niet langer duren dan drie minuten.
- ☐ Je laat merken dat je een plaatje in een boek begrijpt. Je zegt bijvoorbeeld 'hap' als het kindje of het dier op het plaatje eet of eten aangeboden krijgt.
- ☐ Je vindt het enorm interessant als ik met jouw poppen of knuffels speel. Ze bijvoorbeeld 'in bad doe', of 'eten geef', of aankleed, of tegen ze praat en ze dan 'terug laat praten'.
- ☐ Je bekijkt graag hoe oudere kinderen met hun speelgoed een 'programma' spelen. Bijvoorbeeld met een:
    - ☐ serviesje
    - ☐ garage met auto's
    - ☐ pop en poppenbed
    - ☐ anders:
    - ☐
    - ☐
- ☐ Je bestudeert mij wanneer ik met een 'programma' bezig ben. Denk hierbij aan:
    - ☐ aankleden
    - ☐ eten
    - ☐ koken
    - ☐ knutselen
    - ☐ timmeren
    - ☐ iemand bellen
    - ☐
    - ☐
    - ☐
    - ☐

Help, mijn baby kan niet alles! Nee, natuurlijk niet, dat kan ook niet

De eerste fase (hangerigheid) van deze sprong is leeftijdsgebonden en voorspelbaar en begint tussen de 49 en 53 weken. De meeste baby's komen 55 weken na de uitgerekende datum in de tweede fase van deze sprong terecht. Door het vermogen dat je baby krijgt bij de sprong van programma's wordt een hele reeks vaardigheden en activiteiten in gang gezet. De leeftijd waarop je baby deze vaardigheden en activiteiten voor het eerst laat zien, kan enorm verschillen per kind. Zo is kennis van programma's noodzakelijk om te kunnen 'afwassen' of 'stofzuigen'. Deze vaardigheid krijgt hij ergens tussen de 55 weken en vele maanden later onder de knie. Het verschil tussen het mentaal kunnen (vermogen) en het daadwerkelijk doen (vaardigheid) is afhankelijk van de voorkeuren van je baby, zijn behoefte aan experimenteren en van zijn lichamelijke ontwikkeling. Vaardigheden en activiteiten komen in *Oei, ik groei!* aan bod op de vroegst mogelijke leeftijd waarop ze het vermogen krijgen, maar dus niet noodzakelijkerwijze gaan doen, zodat je erop kunt letten en ze kunt herkennen. (Ze kunnen aanvankelijk heel onopvallend zijn.) Zo kun je reageren op de ontwikkeling van je kindje en hem erbij helpen. Alle baby's krijgen dus hetzelfde vermogen op dezelfde tijd, maar het verschilt wat ze er wanneer mee gaan doen. Dat maakt iedere baby uniek.

De makkelijke periode:
de sprong is genomen

Rond 58 weken zijn de meeste baby's weer wat makkelijker dan ze waren. Sommigen worden vooral geprezen om hun gezellige babbelkunst. Anderen om hun bereidheid 'het huishouden over te nemen'. Ook maken de meeste baby's wat minder gebruik van driftbuien als ze hun zin willen doordrijven. Kortom, hun zelfstandigheid en vrolijkheid komen weer iets bovendrijven. Toch blijven veel ouders hun kind wat bewerkelijk vinden.

"Ze is een pietje-precies. Alles heeft een eigen plekje. Als ik iets veranderd heb, merkt ze het en zet het weer terug. Ook houdt ze zich nergens meer aan vast als ze loopt. En ze wandelt rustig de hele kamer door. Ik heb me dus zorgen gemaakt voor niets."

Over Xara, week 60

"Nu hij als een kievit door het hele huis loopt, doet hij ook vaak dingen die niet mogen. Hij is voortdurend bezig kopjes, bierflesjes en schoenen op te ruimen en kan daarin zeer creatief zijn. Als ik even niet oplet, belanden die dingen in de vuilnisbak of wc-pot. Als ik dan boos wordt, is hij heel verdrietig."

Over Dirk, week 59

"Ze speelt niet meer met speelgoed, kijkt er niet meer naar om. Het bekijken, nadoen en meedoen met ons is nu veel boeiender. Ze neemt ook initiatieven. Pakt haar jas en tas als ze naar buiten wil. Pakt de bezem als er gepoetst moet worden. Ze is ineens heel groot."

Over Nina, week 58

"Hij amuseert zich weer opperbest in de box. Wil er soms niet meer uit. Ik hoef ook niet meer met hem mee te spelen. Hij vermaakt zichzelf, vooral met zijn auto's, blokkenstoof en puzzel. Hij is veel vrolijker."

Over Paul, week 60

"Het is een heerlijk meidje. Ze kan zo gezellig 'keuvelend' zitten spelen. En ze is vaak zo ontzettend blij, bijvoorbeeld als je binnenkomt. Ook die ergerlijke driftbuien lijken verleden tijd. Maar misschien kan ik dat beter afkloppen."

Over Ashley, week 59

Sprong 9

De wereld van principes

LIEF EN LEED ROND 64 WEKEN
OFWEL BIJNA 15 MAANDEN

Na het vorige sprongetje begon je dreumes te begrijpen wat een programma is. Jouw eet-, winkel-, wandel-, speel- of afwasprogramma komt hem al niet meer onbekend voor. De ene keer krijg je de indruk dat hij zich wat meer aan jouw bezigheden aanpast, een andere keer zie je hem vol overgave bezig met een eigen programma. Misschien is het je ook opgevallen dat je kleintje zijn werkjes nog niet zo uitvoert zoals jij dat zou doen. Hij 'stofzuigt' met een stukje touw, 'dweilt' met een doekje waaraan hij steeds even moet likken en 'ruimt op' door als een volleerd goochelaar je huisraad in een zelfbedacht opruimplekje te laten verdwijnen: de wc, de prullenbak of, hup, over het balkon. Opgeruimd staat netjes. Je hulp in de huishouding zit nog gevangen in vaste routines. Zijn programma's hebben daardoor nog iets robotachtigs. Hij is dan ook nog een beginner in die ingewikkelde programmawereld. Je kind is nog niet in staat om het programma dat hij uitvoert aan te passen aan allerlei wisselende omstandigheden. Om daarin net zo bedreven te worden als wij, heeft hij jaren ervaring nodig. Wij hebben die ervaring als volwassenen al.

 Wij zijn in staat om ons steeds weer aan te passen aan de omstandigheden. We spelen met de volgorde waarin we een programma afhandelen. Zien we tijdens het winkelen dat het druk is bij de broodafdeling en er bij de slagerij niemand staat, dan kunnen we besluiten om eerst het vlees in te slaan. Misschien doe je dat omdat je zo snel mogelijk van het winkelen af wilt zijn, of omdat je hoopt dat je eens rustig kunt vragen hoe je een marinade klaarmaakt. Ook passen we onze programma's aan de mensen aan met wie we omgaan. Als iemand onze mening ergens over vraagt, passen we deze en de woorden die we gebruiken aan de vrager aan. We houden rekening met zijn status en zijn leeftijd. Wij zijn ook in staat om ons aan te passen aan onze stemming of aan de stemming die we willen creëren. Je kookt andere dingen en dekt de tafel op een andere manier als je snel naar een vergadering moet dan wanneer je een gezellig dinertje voorbereidt. Je speelt in op alles wat er om je heen of met je gebeurt. Je weet wat je wilt en hoe je er het best kunt komen. Je zorgt dat je je doel bereikt. Onze programma's komen daardoor soepel en natuurlijk over.

 Je dreumes begint te leren hoe hij beter in kan spelen op allerlei situaties zodra hij het volgende sprongetje maakt. Hij belandt dan in de wereld van 'principes'. Rond 64 weken – bijna 15 maanden – merk je meestal dat je kleintje dingen uitprobeert die nieuw zijn. Je dreumes voelde dit sprongetje zelf al eerder aankomen.

Om te onthouden

Als je dreumes hangerig is, let dan alvast op nieuwe vaardigheden of pogingen daartoe. Kijk alvast in de ontdekkingslijst op pagina 394 om te weten waar je op moet letten.

Rond 61 (59-63) weken – 14 maanden – merkt je dreumes dat zijn wereld verandert. Een wirwar van nieuwe indrukken zet zijn vertrouwde belevingswereld op zijn kop. Hij kan al die nieuwigheden niet meteen verwerken. Eerst moet hij orde in de chaos scheppen. Hij gaat terug naar iets ouds en bekends. Hij wordt hangerig. Hij moet weer even 'papa of mama tanken'.

De moeilijke fase:
het visitekaartje van de sprong

Huilt jouw kleintje ook sneller? Veel ouders vinden het erg dat ze hun kind bijna nooit meer horen lachen, maar 'vaker ernstig' of 'vaker verdrietig' zien. En die treurige momenten komen vaak onverwacht, duren meestal kort en hebben ook geen duidelijke reden. Ook kan je kleintje sneller prikkelbaar, ongeduldig, gefrustreerd of boos zijn, bijvoorbeeld als hij maar even denkt dat je niet meteen klaarstaat om hem op zijn wenken te bedienen, als je niet snel genoeg begrijpt wat hij wil of zegt, of als je iets afpakt of verbiedt. Hij kan zelfs zo uitbarsten als zijn slordig gebouwde toren instort, de stoel niet onmiddellijk verschuift of hij tegen de tafel aan loopt.

Kortom, hij gaat een nieuwe moeilijke fase in die gekarakteriseerd wordt door de drie **H**'s (hij wordt **H**uileriger, **H**angeriger en **H**umeuriger) en minstens nog een paar van een hele lijst van kenmerken.

Dat is niet alleen moeilijk voor je kleintje maar ook voor jezelf, en het heeft ergernissen en ruzies tot gevolg.

Gelukkig komt er weer een einde aan die moeilijke fase en is je baby straks weer het zonnetje in huis. Het nieuwe vermogen breekt merkbaar door en hij gaat allerlei nieuwe dingen doen.

"Deze week huilde hij vaak.. Waarom? Ik weet het niet. Op onverwachte momenten was hij zomaar in tranen."
Over Gregoor, week 64, ofwel 14½ maand

"Als ik niet meteen tijd voor haar heb, gaat ze theatraal op de grond liggen en zet ze een enorme keel op."
Over Joosje, week 62, ofwel 14 maanden

"Hij heeft het erg moeilijk met zichzelf. Als hij iets wil maken of doen en het lukt niet onmiddellijk, begint hij meteen te simmen en te smijten."
Over Gregoor, week 66, ofwel 15 maanden

Hoe merk je dat je dreumes een moeilijke fase is ingegaan?

Behalve de drie **H**'s kan je dreumes een paar van de volgende kenmerken vertonen als hij de volgende moeilijke fase ingaat.

Hangt hij vaker aan je?

De meeste dreumesen hebben er alles voor over om wat vaker dichter bij papa of mama in de buurt te zijn. Maar… kleine kinderen worden groot. Heel soms is een enkeling al tevreden als hij zijn vader of moeder kan uitlokken tot een spelletje 'even oogcontact op afstand'. Een hele stap op weg naar zelfstandigheid. Maar vaker is de dreumes weer even een kleine baby. Dan is hij alleen maar tevreden als hij op schoot kan zitten of rondgedragen kan worden. Soms wil hij zo veel klitcontact dat je besluit je drammertje dan maar in een draagdoek door het huis te sjouwen – iets wat je kind meestal erg fijn vindt.

"Hij sjouwde me steeds achterna met zijn speelgoed. Als ik even stond of zat, speelde hij voor mijn voeten of hing hij tegen me aan te spelen. Ik werd er wel een beetje moe van."

Over Rudolf, week 62, ofwel 14 maanden

"Hij vindt het heerlijk om over een afstand even contact met me te hebben en even naar elkaar te kijken. Hij straalt bij zo'n wederzijdse verstandhouding."

Over Lodewijk, week 63, ofwel 14 maanden en 1 week

"Hij hing deze week aan me. Letterlijk. Hij klom op mijn rug. Hing aan mijn haar. Kroop tegen me aan. Zat tussen mijn benen op de grond terwijl hij ze beide zo stevig vasthield dat ik geen stap meer kon zetten. Steeds maakte hij er een lolletje van, zodat ik moeilijk boos kon worden. En intussen had hij toch zijn zin."

Over Thijs, week 65, ofwel bijna 15 maanden

Is hij eenkennig?

De meeste kinderen wijken niet van je zijde als er vreemden in de buurt zijn. Sommigen willen het liefst ín je kruipen. Ze willen absoluut niet door anderen opgetild worden. Hun papa of mama is de enige die hen mag aanraken, soms zelfs de enige die tegen hen mag praten. Zelfs papa is weleens te veel. Meestal lijken ze bang te zijn. Soms denk je dat ze verlegen worden.

"Zodra ik de kamer uit loop en hem even bij anderen achterlaat, huilt hij. Hij moet en zal met mij mee de keuken in. Met name vandaag plakte hij aan me, en dat terwijl zijn oma in de kamer zat. Hij kent haar toch heel goed en ziet haar elke dag."

Over Dirk, week 63, ofwel 14 maanden en 1 week

"Ook als haar vader haar aandacht vraagt, draait ze haar hoofd af. En als hij haar in bad wil doen, begint ze te brullen. Ze wil alleen maar bij mij zijn."

Over Joosje, week 64, ofwel 14½ maand

Wil hij niet dat je het lichaamscontact verbreekt?

Vaak wil een kleintje niet dat zijn vader of moeder de afstand tussen hen vergroot. Als er al íemand op pad gaat, wil de dreumes diegene zijn. Papa en mama moeten blijven op de plaats waar ze staan, zitten of liggen.

'Hij is boos als ik hem op de kinderopvang achterlaat en dat laat hij merken als ik hem ophaal. Hij ziet me een tijdje niet staan. Ik ben gewoon lucht voor hem. Maar als hij na een tijdje klaar is met me te negeren, kan hij zo lief zijn hoofd op mijn schouder leggen en me knuffelen.'
Over Marc, week 66, ofwel 15 maanden

Wil hij vaker beziggehouden worden?

De meeste dreumesen willen niet graag in hun eentje spelen. Ze willen dat papa of mama meedoet, ze willen zich niet alleen voelen. Daarom kruipt of loopt zo'n kleintje je achterna als je wegloopt. Hij zegt eigenlijk: 'Als jij geen zin hebt in mijn spel, houd ik jou wel gezelschap.' En omdat jouw bezigheden meestal huishoudelijk zijn, lijkt het alsof het huishouden nu erg in trek is. Soms is dat ook wel zo, maar zeker niet altijd of bij ieder kind. Af en toe bedenkt een slimmerikje een nieuwe strategie om je tot spel te verleiden met een speelse smoes of een grap en grol. Zo'n initiatief is moeilijk te weerstaan. En dat je dan niet opschiet met je werk, neem je voor lief. Je dreumes wordt al groot.

'Ze speelt bijna niet meer, ze loopt me voortdurend achterna. Wil alleen maar zien wat ik in het huishouden doe en daar met haar neus bovenop hangen.'
Over Jetteke, week 64, ofwel 14½ maand

'Hij wilde bijna nooit alleen spelen. De hele dag was het paardjerijden en mama was paard. Met een grapachtig smoesje zorgde hij er elke keer weer voor dat ik met hem bezig was en hij dacht ook nog dat ik hem niet doorhad.'
Over Thijs, week 65, ofwel bijna 15 maanden

Is hij jaloers?

Soms vragen dreumesen een dosis extra aandacht van hun ouders als die bezig zijn met anderen – vooral als die anderen kinderen zijn. Ze worden onzeker. Ze willen papa of mama voor zichzelf, hun aandacht mag alleen op hen gericht zijn.

"Hij wil vooral aandacht als ik met andere mensen bezig ben. En helemaal veel als die anderen kinderen zijn. Hij is dan jaloers. Toch luistert hij wel als ik op een gegeven moment zeg dat hij zelf moet gaan spelen, maar hij blijft wel in mijn buurt."

Over Thomas, week 61, ofwel 14 maanden

Heeft hij een sterk wisselend humeur?

Soms zien ouders dat de stemming van hun kleintje in snel tempo volledig kan veranderen. Het ene moment is zo'n kleine kameleon het chagrijn zelve, het andere moment is hij een en al vrolijkheid. Of hij is erg kusserig, dan weer zo boos dat hij met een driftige zwaai de kopjes van tafel veegt, en vervolgens heel triest waarbij er grote tranen uit zijn ogen opwellen, en ga zo maar door. Je zou kunnen zeggen: je dreumes oefent alvast in het puberen. Kleintjes van deze leeftijd hebben al veel gedragingen tot hun beschikking waarmee ze uiting kunnen geven aan hun gevoelens. En een kind dat met zichzelf in de knoop zit, probeert ze allemaal uit.

"Ze was afwisselend chagrijnig en vrolijk, hangerig en zelfstandig, ernstig en melig, tegendraads en meegaand. En al die stemmingen wisselden elkaar af alsof het de normaalste zaak van de wereld was. Ik had er mijn handen vol aan."

Over Juliette, week 62, ofwel 14 maanden

"Het ene moment haalt hij kattenkwaad uit, het volgende moment is hij een toonbeeld van gehoorzaamheid. Het ene moment slaat hij me, het volgende moment kust hij me. Het ene moment is hij heel zelfstandig en mag ik nergens bij helpen en het volgende moment is hij superzielig en zeer hulpbehoevend."

Over Marc, week 65, ofwel bijna 15 maanden

Slaapt hij slechter?

Veel kleintjes slapen minder. Ze willen niet naar bed en huilen als het zover is, ook overdag. Soms zeggen ouders dat het hele slaappatroon van hun kind lijkt te veranderen. Ze vermoeden dat hun kind op het punt staat over te gaan van twee slaapjes overdag naar één middagslaapje. Ook als de kinderen eenmaal slapen, hebben veel ouders geen rust: de slechte slapertjes huilen in hun slaap, of ze worden geregeld wakker en kunnen dan heel zielig zijn. Ze zijn duidelijk bang voor iets. Soms slapen ze weer in als ze even getroost worden. Maar er zijn ook kleintjes die alleen nog maar verder willen slapen als je bij hen blijft of als ze heerlijk tussen papa en mama in het grote bed liggen.

"Als ze 's avonds en 's nachts wakker wordt, klampt ze zich helemaal aan mij vast. Net of ze bang is."
Over Jetteke, week 62, ofwel 14 maanden

"Ze wordt heel druk, klierig en bijterig als het bedtijd wordt. Op de een of andere manier wil ze niet alléén slapen. Als ik doorzet, slaapt ze wel na veel gedoe en gehuil, maar dan ben ik zelf mentaal uitgeput. Vannacht heeft ze tussen ons in geslapen. Ze ligt dan heel breed, met een arm en een been bij papa en een arm en een been bij mama."
Over Xara, week 64, ofwel 14½ maand

Heeft hij nachtmerries?

Veel dreumesen hebben vaker een nachtmerrie. Soms worden ze verdrietig wakker, soms angstig of in paniek. En andere keren heel gefrustreerd, boos of driftig.

"Twee keer werd hij deze week wakker, krijsend, badend in het zweet en helemaal in paniek. Hij heeft toen nog een halfuur nagehuild. Hij was bijna ontroostbaar. Dit is nog nooit voorgekomen. Ik merkte ook dat hij daarna nog een hele poos van slag was."
Over Gregoor, week 62, ofwel 14 maanden

Tip

Wil je meer weten over slaap en sprongetjes, blader dan door naar pagina 463.

Zit hij weleens stilletjes te dromen?
Soms zit of ligt een kleintje even opvallend stil en dromerig voor zich uit te staren. Hij is even helemaal in zichzelf gekeerd.

"Het viel me op dat hij soms zo stil was. Hij zat dan en staarde wat voor zich uit. Dat deed hij eigenlijk nooit."
Over Thomas, week 63, ofwel 14 maanden en 1 week

Eet hij slechter?
Veel dreumesen zijn lastige etertjes. Soms slaan ze vastberaden een maaltijd over. Ouders vinden het altijd vervelend als hun kind slecht eet, en hierdoor krijgt het slechte etertje de aandacht die hij nu zo nodig heeft. Borstdreumesen willen weer vaak drinken, tenminste, zo lijkt het. Maar zodra ze een slokje hebben genomen, laten ze de tepel weer los en kijken rond. Of ze houden de tepel stevig vast zonder te drinken.

"Hij wordt 's nachts weer vaker wakker en wil dan aan de borst. Uit gewoonte of omdat hij dat nodig heeft? Als hij zo vaak komt, vraag ik me dat weleens af. Ook vraag ik me af of ik hem niet te veel aan me bind."
Over Bob, week 63, ofwel 14 maanden en 1 week

Gedraagt hij zich babyachtiger?
Misschien lijkt het soms of je dreumes weer 'baby' is. Toch is dat niet zo. Terugvallen tijdens een hangerige fase betekent dat er vooruitgang op komst is. En omdat kinderen op deze leeftijd al zo veel meer kunnen, zijn terugvallen duidelijker zichtbaar.

"Hij kruipt weer vaker."
Over Lodewijk, week 63, ofwel 14 maanden en 1 week

"Als we op het juiste moment vroegen of ze moest plassen, ging ze vaak naar het potje en plaste erin, maar nu gaat alles weer in de luier. Net of ze het niet meer weet."
Over Jetteke, week 62, ofwel 14 maanden

Is hij overdreven lief?

Sommige ouders vallen vaker ten prooi aan een stevige knuffel-, kus- of aai-aanval van hun kinderen. De kleintjes hebben beslist gemerkt dat papa of mama al die liefdesbetuigingen moeilijker kan weerstaan dan dreinen, klitten en lastig zijn. En zo kunnen ze toch lekker 'tanken' als de behoefte groot is.

"Soms is ze echt heel aanhalig. Ze komt dan knuffelen, slaat een arm om mijn nek en drukt haar wang tegen mijn wang, aait mijn gezicht en geeft me kusjes. Aait en kust zelfs het bontkraagje van mijn jasje. Zo aanhankelijk is ze nog nooit geweest."
Over Nina, week 65, ofwel bijna 15 maanden

Pakt hij wat vaker een knuffel?

Sommige dreumesen zitten vaker te knuffelen met doekjes, knuffels en alles wat lekker en zacht is. Ze doen het vooral als je druk bezig bent.

"Hij knuffelt veel met zijn speelgoedbeesten."
Over Thijs, week 65, ofwel bijna 15 maanden

Is hij opvallend ondeugend?

Veel dreumesen zijn expres ondeugend. Ondeugend zijn is een perfecte manier om aandacht te krijgen. Immers, als iets kapot kan gaan, vies of gevaarlijk is, of als het huis overhoopgehaald wordt, móét je wel naar de ondeugd toe komen en hem toespreken. Ongemerkt 'tankt' hij dan aandacht bij je.

"Ik was echt boos toen hij expres spullen over het balkon naar beneden gooide. Ik ben die dan kwijt, omdat ze in het water terechtkomen. Bij iedere volgende weggooipoging heb ik hem opgepakt, meteen in de box gezet en omstandig uitgelegd dat zoiets niet kan."
Over Lodewijk, week 62, ofwel 14 maanden

"Ze is bewust ondeugend. Komt aan alles wat niet mag en wat ze goed weet. Ze rammelt met traphekjes (liggen nu uit elkaar), haalt de breipennen uit het breiwerk en ga zo maar door. Ik word er helemaal onrustig van."
Over Vera, week 65, ofwel bijna 15 maanden

Heeft hij opvallend veel driftbuien?

Veel dreumesen zijn sneller geprikkeld, bozer en vaker buiten zinnen dan ouders van hen gewend zijn. Zo'n kleintje rolt krijsend, slaand en stampend over de grond als hem iets niet zint, als iets niet meteen lukt, als hij niet snel genoeg begrepen wordt, of zomaar zonder duidelijke aanleiding.

"Ze had de eerste driftbuien. Die zijn helemaal nieuw. Bij de eerste dachten we dat het kramp door kiespijn was, ze zakte namelijk door haar knieën en begon te krijsen. Het blijken echter driftbuien te zijn. Niet makkelijk!"
Over Joosje, week 63, ofwel 14 maanden en 1 week

Zo merk ik aan jou dat de sprong begonnen is:

- ☐ Je huilt vaker.
- ☐ Je bent vaker 'chagrijnig. Bijvoorbeeld:
- ☐
- ☐
- ☐ Je moppert vaker.
- ☐ Het ene moment ben je vrolijk, het andere moment huilerig.
- ☐ Je wilt veel vaker beziggehouden worden.
- ☐ Je hangt het liefst de hele dag aan me.
- ☐ Je wilt dichter bij me in de buurt zijn.
- ☐ Je bent soms 'overdreven' lief.
- ☐ Je bent soms opvallend ondeugend.
- ☐ Je krijgt vaker dram- of driftbuien.
- ☐ Je bent jaloers.
- ☐ Je bent eenkenniger.
- ☐ Zo merk ik dat:
- ☐
- ☐
- ☐ Je laat heel duidelijk merken dat je het niet leuk vindt als ik het lichaamscontact verbreek.
- ☐ Je slaapt slechter.
- ☐ Je hebt vaker nachtmerries.
- ☐ Je eet slechter.
- ☐ Je zit vaker stilletjes te dromen.
- ☐ Je pakt (vaker) een knuffel.
- ☐ Je gedraagt je babyachtiger.
- ☐ Je bent opstandiger tijdens het aankleden.
- ☐ En ik merk dat je

Let op, ook hier geldt: een dreumes hoeft niet al deze sprongkarakteristieken te vertonen! Het gaat meer om wélke je dreumes vertoont dan om hoeveel.

De gevolgen: ergernissen en ruzies

Veel ouders hebben duidelijk minder geduld met het gehang, gedrein en geprovoceer van een kind van deze leeftijd. Toen de dreumes nog een kleine baby was, lokte het hangerige gedrag vooral zorgen uit, nu vooral ergernis. Ook al is het zwaar om een dreumes in je omgeving te hebben die dramt, zeurt en provoceert, vergeet niet dat deze sprong nog zwaarder voor de dreumes is.

Zodra ouders zich ergeren, laten ze dat duidelijk merken. Op deze leeftijd krijgt een drammende dreumes duidelijk te horen dat papa en mama zijn gedrag afkeuren. Met woorden die hij begrijpt, leggen ze hem uit wat hun niet bevalt. Taal gaat nu een veel grotere rol spelen. En een dreinend doorzettertje belandt sneller in de box of in bed dan toen hij jonger was. Het geduld van ouders is eerder op. Ze vinden nu dat hun kind groot genoeg is om zich beter te gedragen. Bovendien vinden ze dat hun dreumes kan leren beter rekening met hen te houden.

"Bij het eten koken gaat hij vaak voor mijn voeten zitten. Wordt het me te veel en wil hij maar niet aan de kant gaan als ik het vraag, dan gaat hij in de box. Dan is mijn geduld op."
Over Dirk, week 64, ofwel 14½ maand

"Soms wil hij net opgepakt worden als ik bezig ben en dan erger ik me weleens. Ik probeer dan op een simpele manier uit te leggen waarom ik hem niet kan oppakken. En uitleggen helpt!"
Over Gregoor, week 65, ofwel bijna 15 maanden

"Ik voel me behoorlijk nijdig worden als hij doet alsof hij niet hoort wat ik zeg. Ik pak hem dan vast en draai hem naar me toe, zodat hij wel naar me móét kijken en móét luisteren als ik iets zeg."
Over Ties, week 65, ofwel bijna 15 maanden

Laat ruzies niet escaleren

Je dreumes wordt groot. Steeds vaker is hij het niet eens met papa of mama. Als deze hem verbiedt te drammen, te klitten of tegendraads te zijn, komt hij daar fel tegen in opstand. Echte ruzies zijn dan het gevolg. Meestal zijn deze uitbarstingen aan het einde van de hangerige fase. Dan is voor ouder en kind eerder de maat vol. Hoe erg de uitbarstingen of ruzies ook zijn, blijf rustig en consequent. Gillen of fysiek pijn doen is nooit goed, het is geen goed voorbeeld en werkt averechts. Dus ook geen kleine tik op de billen of op de vingers. Fysiek geweld is nooit te rechtvaardigen.

Het nieuwe vermogen breekt door

Rond 64 weken – bijna 15 maanden – merk je dat veel hangerigheid weer gaat verdwijnen. Je dreumes is weer wat ondernemender. Misschien zie je al dat hij anders is, zich anders gedraagt. Dat hij een sterke eigen wil krijgt. Dat hij anders denkt. Anders met speelgoed en spullen omgaat. Hij heeft een andere humor. De verkenningstocht van je dreumes in de 'wereld van principes', die een paar weken geleden begon, begint nu vruchten af te werpen en je dreumes begint die nieuwe vaardigheden te kiezen die het best bij hem passen. Jouw dreumes met zijn aanleg, voorkeur en temperament kiest waaraan hij als eerste wil werken. Begrijp waar hij mee bezig is en help hem. Het nieuwe vermogen dat hij nu krijgt, bezorgt hem soms kopzorgen.

"Hij wil niet meer zo vaak op schoot, is weer ondernemender."
Over Thomas, week 67, ofwel 15 maanden en 1 week

"Alle hangerigheid en kwade buien zijn voorbij. Ook ging ze weer vrolijk naar de kinderopvang. De moeilijke fase is weer voorbij."
Over Joosje, week 66, ofwel 15 maanden

Hij speelt weer wat langer alleen en is rustiger, ernstiger, meer in zichzelf, ondernemend, bestuderend, observerend, zelfstandig in de betekenis van alles zelf doen. Hij heeft minder interesse in speelgoed. Zijn belangstelling richt zich meer op het huishoudelijke. Verder vindt hij buiten rondstruinen, zomaar wat rondscharrelen en de boel verkennen vaak het allerfijnst. Hij heeft jou wel eindeloos in zijn nabijheid nodig.

De 'wereld van principes'

Nu je dreumes zijn eerste stapjes in de wereld van 'principes' zet, merk je dat hij allerlei 'programma's' soepeler, natuurlijker en duidelijker afwerkt. Je snapt ineens beter waar hij mee bezig is of wat hij wil. Dat komt doordat je kind anders gaat denken, ingewikkelder, meer zoals wij. Principes gaan zijn denkwerk beïnvloeden. Hij komt als het ware een beetje 'boven de stof' te staan, net als een leraar boven de stof moet staan om het goed te kunnen uitleggen. Je dreumes zit niet meer 'gevangen' in een programma, maar kan dat 'creëren' of veranderen en er zelfs de waarde van afwegen. Hij begint na te denken over programma's. En aangezien hij bij het uitvoeren van programma's bij elke handeling al nadenkt en beslist of hij het zus of zo zal gaan doen, begint je kind in de wereld van principes na te denken over dat nadenken. Hij is meer met zijn hoofd bezig. En dat voelt hij.

'Hij tast de wereld af met zijn hoofd. Letterlijk. Allerlei zaken raakt hij met zijn voorhoofd aan: de grond, de tafelpoot, een boek, zijn bord en ga zo maar door. Hij roept me ook om dat te laten zien. Ik weet niet wat hij bedoelt. De ene keer denk ik dat hij wil zeggen dat je je aan alles kunt stoten. De andere keer denk ik dat dit het begin is van een bepaald soort denken, alsof hij voelt dat hij met zijn hoofd de wereld kan bevatten.'

Over Lodewijk, week 67, ofwel 15 maanden en 1 week

In de wereld van 'principes' gaat je kleintje vooruitdenken, nadenken, de gevolgen van zijn daden overwegen, plannen maken en deze wikken en wegen. Hij gaat strategieën bedenken: 'Zal ik papa of oma inschakelen om dat snoepje te pakken?' 'Hoe kan ik het onopvallendst treuzelen?' Natuurlijk beraamt je dreumes zijn plannetjes nog niet zo handig, vanzelfsprekend en ingewikkeld als wij. Daar hebben wij jaren voor nodig gehad. Al doende heeft ieder van ons zich een principe eigen gemaakt door programma's uit te voeren en te controleren in vele duizenden verschillende situaties. Jouw kleine beginner kan de betekenis van al dat nieuwe nog niet volledig bevatten. Als een Alice in Wonderland stapt hij rond in de ingewikkelde wereld van principes. Het dringt al wel tot hem door dat hij van 's morgens vroeg tot 's avonds laat voor keuzes gesteld wordt. Ja, hij merkt dat hij er zelfs niet onderuit komt: hij moet kiezen, kiezen en nog eens kiezen. Misschien is het je weleens opgevallen dat je kleintje soms eindeloos staat te twijfelen wat hij wil of zal doen. Zijn denkwerk is een dagtaak.

> *'Hij beseft nu dat hij de hele dag door voor allerlei keuzes gesteld wordt. Hij kiest heel bewust en neemt er de tijd voor. Hij staat dan eindeloos te twijfelen of hij de tv zal aanzetten, of toch maar niet. Of hij iets over de rand van het balkon zal gooien, of toch maar niet. Of hij in het grote of in het kleine bed zal gaan slapen, en of hij bij zijn vader of bij mij zal gaan zitten. En ga zo maar door.'*
>
> **Over Lodewijk, week 67, ofwel 15 maanden en 1 week**

In de wereld van 'principes' moet je kind niet alleen kiezen wát hij zal gaan doen, maar terwijl hij bezig is blijft hij voor keuzes gesteld worden. 'Zal ik mijn toren omgooien, gewoon laten staan of nog hoger maken?' En als hij dat laatste kiest, moet hij weer kiezen hóé hij dat wil doen. 'Zal ik op mijn toren een volgend blok zetten of deze keer eens een popje?' Bovendien moet hij bij alles wat hij doet steeds weer kiezen. 'Zal ik zorgvuldig, slordig, roekeloos, snel, wild, gevaarlijk of voorzichtig te werk gaan?' En als papa of mama vindt dat het bedtijd is, moet hij kiezen of hij zich daar lief en behulpzaam bij neer wil leggen of liever wat tijd wil rekken. En weer moet hij kiezen. 'Welke strategie houdt mij het langst uit bed? Zo snel mogelijk wegkruipen of -lopen? Een plant uit de pot trekken? Of een grapje uithalen?' En als hij deksels goed weet dat iets niet mag, moet hij kiezen of hij manmoedig het verbodene zal doen of dat hij liever wacht tot de kust vrij is. Hij wikt en weegt, kiest, probeert uit en drijft papa en mama tot waanzin.

Door al dat kiezen dringt het tot je dreumes door dat ook hij de regie kan voeren, net zoals mama, papa en ieder ander. Hij wordt ook bezitterig. Speeltjes die van hem zijn, geeft hij niet graag meer uit handen, zeker niet aan een ander kindje. Zijn persoontje telt mee. Zijn 'eigen willetje' maakt overuren. Het ene moment besluit hij om zijn volle beker zorgvuldig op tafel neer te zetten en een volgend moment smijt hij hem erop zodat de inhoud over tafel spat. Het ene moment probeert hij je een koekje te ontfutselen door je met kusjes en aaitjes te overladen. Een ander moment overvalt hij je met een drambui. En je weet niet eens dat het om een koekje gaat!

Je dreumes zit vol verrassingen. Door al zijn probeersels in de strijd te gooien en jouw reactie en de reacties van andere mensen te bestuderen, ontdekt hij dat de verschillende strategieën die hij inzet verschillende

uitkomsten hebben. Zo ontdekt je dreumes wanneer hij het best vriendelijk, behulpzaam, agressief, drammerig, zorgvuldig of beleefd kan zijn. En ga zo maar door. Sommige van die strategieën bedenkt je kind zelf, andere imiteert hij. 'O, dat kindje geeft mama een klap, zal ik ook eens proberen.' Je dreumes dwaalt rond in de wereld van 'principes' en hij heeft papa en mama en anderen hard nodig bij zijn leerproces.

Wij volwassenen hebben al jaren ervaring in de wereld van 'principes'. Met vallen en opstaan zijn we bedreven geworden in deze wereld. We weten bijvoorbeeld wat rechtvaardigheid, vriendelijkheid, medemenselijkheid, behulpzaamheid, vindingrijkheid, matigheid, zuinigheid, trouw, soberheid, voorzichtigheid, samenwerking, zorgvuldigheid, mondigheid, assertiviteit, geduld en zorgzaamheid voor ons inhouden. We weten wat het betekent om met anderen rekening te houden, efficiënt te zijn, samen te werken, liefdevol te zijn, respectvol te zijn, en we weten hoe we anderen op hun gemak kunnen stellen. Toch vult niet iedereen van ons al die principes op dezelfde manier in. Iedereen doet dat op zijn eigen manier. We weten bijvoorbeeld dat we beleefd moeten zijn en daarom geven we iemand een hand als we ons voorstellen. Tenminste, in Nederland. In Engeland heeft men die hand echter liever niet. Daar vindt men een knikje en een groet ver genoeg gaan. En in Tanzania verwacht men beide handen. Geef je daar maar één hand, dan geef je je maar half. Je houdt immers een hand in de aanslag om de andere mee terug te trekken, en dat is onbeleefd. Afhankelijk van onze persoonlijkheid, het gezin en de cultuur waarin we zijn opgegroeid vullen we al onze principes anders in.

In het algemeen kun je zeggen dat, als we een bepaald doel nastreven, een principe een algemene strategie kan zijn die we toepassen zonder dat daarbij alle specifieke stappen op weg naar dat doel concreet uitgewerkt worden. De voorbeelden die tot nu toe gegeven zijn, komen hoofdzakelijk uit de hoek van de morele principes. Die hebben te maken met waarden en normen. Maar er zijn ook heel andere soorten principes. Een principe bij het schaakspel kan bijvoorbeeld zijn om 'controle te houden over het centrum' van het bord. Je houdt dan de mogelijkheid open om met je stukken naar het centrum op te rukken. Dat maakt veel meer vervolgzetten mogelijk dan vanaf de zijkanten van het bord. Een ander voorbeeld is het principe om een reis van een paar dagen comfortabel te maken door voldoende slaaptijd in te plannen. Weer een ander principe is dat je bij het schrijven van een artikel rekening houdt met de doelgroep voor wie je schrijft. Of het principe van een dubbele boekhouding bijhouden, of het ontwikkelen van een muzikaal 'thema'. Om maar niet te spreken van de natuurkundige 'wetten' die beschrijven hoe dingen bewegen, de scheikundige vergelijkingen die beschrijven hoe ingewikkelde stoffen uit simpele elementen kunnen worden opgebouwd, of de aardwetenschap die de effecten beschrijft van de bewegingen van de aardkorst. Dat heeft allemaal met principes te maken.

Een dreumes is natuurlijk nog lang niet toe aan dergelijke volwassen uitwerkingen van principes, zoals een schaakstrategie, natuurkundige wetten of volwassen waarden en normen. Dat zijn allemaal heel zware woorden die normaal niet bij ons opkomen bij dreumesen. Maar op zijn eigen, primitieve manier maakt je kind een begin in die wereld van principes. Hij heeft al wel zijn strategieën om soms wat langer op te mogen blijven! (sociale strategie)! En sommige dreumesen liggen eindeloos op de grond te spelen met hellinkjes en kijken hoe autootjes daar vanaf rijden (de basis van een natuurkundig principe).

De vorm waarin een principe in de dagelijkse praktijk van volwassenen concreet wordt uitgewerkt, kan sterk verschillen. We spelen constant in op de wisselende omstandigheden die zich voordoen. Zo zijn we niet onder alle omstandigheden even geduldig, zorgvuldig of zuinig, en tegen iedereen altijd en op dezelfde manier even zorgzaam, voorzichtig en respectvol. Dat zou ook niet goed zijn. Soms vinden we het bijvoorbeeld minder belangrijk om eerlijk tegen iemand te zijn, dan vinden we het belangrijker om met de omstandigheden of leeftijd van een ander rekening te houden. Stel, je partner en je dreumes geven je een tekening van een aap en kijken je hoopvol aan. Waarschijnlijk ben je tegen je partner eerlijker. Hem lach je gewoon op een vriendelijke manier uit en durf je zo te zeggen dat zijn aap meer op een hond lijkt. Je dreumes daarentegen prijs je voor zijn product. Ook al staren de krassen je aan, je vertelt hem dat dit de mooiste aap is die je ooit hebt gezien. En als blijk van waardering prik je zijn aap aan de muur. Zonder erbij na te denken hield je rekening met de leeftijd van de maker.

Het zou ook niet goed zijn geweest als je echt eerlijk was geweest tegen je dreumes. Misschien had hij zelfs nooit meer willen tekenen.

Op deze leeftijd kan je dreumes nog niet inspelen op allerlei wisselende omstandigheden. Hij heeft die souplesse nog niet. Hij zit nog vast aan de strategieën die het eerst zijn opgeweld. Dat komt doordat hij nog maar net aan principes begint te ruíken en hij die alleen nog star kan toepassen. Pas als hij het volgende sprongetje gemaakt heeft, merk je dat je kind soepeler begint in te spelen op zijn omgeving. Hij past zijn strategie aan. Net zoals je baby boven de stof van de programma's kwam te staan nadat hij de sprong in de wereld van 'principes' had gemaakt, zo begint je dreumes ook pas na de volgende sprong te snappen dat hij kan kiezen wat hij wil zijn: eerlijk, vriendelijk, behulpzaam, voorzichtig, geduldig, vindingrijk, efficiënt, rechtvaardig, zorgzaam of zuinig. En dat hij er ook voor kan kiezen om dat juist niet te zijn. Hij begint te begrijpen dat hij met opa rekening kan houden, of juist niet. Dat hij een vriendje op zijn gemak kan stellen, of juist niet. Dat hij respect voor de hond kan hebben, of juist niet. Dat hij beleefd kan zijn tegen de buurvrouw en kan samenwerken met papa of mama, of juist niet...

"Noa is stiekem aan de wandel gegaan! Oma was aan het koken en ze speelde lief met haar pop en toebehoren. Langzaam verlegde ze haar speelterrein naar de gang. Maar ze was niet van plan daar te spelen. Heel zachtjes moet ze toen de tussendeur gesloten hebben en heel voorzichtig de voordeur geopend hebben. Al snel vond oma het erg rustig in de gang. Ze keek om en de dichte tussendeur deed haar het ergste vermoeden. In alle staten rende ze naar buiten. Twee straten verder zag ze haar. Als een haas snelde Noa achter haar buggy met poppenkind aan de wijde wereld in, ver weg van oma's huis. Toen ze oma zag, schrok ze enorm en protesteerde onmiddellijk hevig: 'Noa vindt dit niet leuk, Noa vindt dit niet leuk.' Ze wilde in haar eentje en ongestoord verder wandelen. Baalde zij even dat ze betrapt was. Voortaan zit er een slot op oma's voordeur."

Over Noa, week 87, ofwel 20 maanden

"Ze heeft al vaker de wc een goede beurt willen geven, wat niet gelukt was. En toen ineens was ze ons te slim af. Ze had een oplossing voor haar poetsmanie gevonden. Plotseling hoorden we de wc-deur in het slot vallen en een enorm poetslawaai steeg op uit het kleinste kamertje. Er werd geschuurd, doorgetrokken, gerommeld met iets wat op emmerlawaai leek. En weer doorgetrokken, en weer en weer. Het geklots van water maakte dat de hele familie aan de deur stond te kloppen en te roepen. Maar hoe opa, oma en ik ook smeekten, de deur bleef op slot en het gekletter ging onverstoord door. Langzaam sijpelde het water onder de deur door. Maar de deur bleef dicht. Zo'n twintig minuten later ging de deur open en kwam de schoonmaakster naar buiten. Kletsnat, trots en voldaan. 'Klaar,' zei ze en ze liep weg. Alles was nat, de muren, de pot, de grond. De wc-rollen lagen in de pot en losse stukken kleefden aan de muur. En op de grond lagen een pan, de afwasborstel en de theedoek. Ze had haar werkzaamheden gedegen voorbereid."

Over Angelique, week 92, ofwel 21 maanden

Hersenwerk

Uit Amerikaans onderzoek onder 408 identieke tweelingen bleek dat er rond 14 maanden een duidelijke erfelijke invloed was op de mentale ontwikkeling. De ontwikkeling betrof zowel non-verbale vaardigheden als het begrijpen van de spraak van anderen.

Zo zijn baby's

Je baby is het meest geïnteresseerd in alles wat nieuw is. Reageer daarom altijd en vooral op nieuwe vaardigheden en interesses die je baby toont. Hij leert dan prettiger, makkelijker, sneller en meer.

De allemaal-nieuwe-dingenfase:
de ontdekking van de nieuwe wereld

In de wereld van 'principes' gaat je dreumes ontdekken dat er verschillende manieren zijn om een doel te bereiken. Strategieën die hij allemaal kan inzetten: 'Zal ik zorgvuldig, roekeloos, drammerig of kusserig te werk gaan? Of zal ik eens een grapje uitproberen?' Je dreumes wordt steeds vindingrijker. Dat komt doordat hij op allerlei gebieden al snel gewiekster wordt. Hij gaat beter lopen en kan er sneller vandoor gaan. Hij begrijpt beter wat je zegt en kan soms zelfs antwoorden. Hij kan spelen met emoties en oefent ze soms stiekem. Hij kan vooruitdenken en weet dat zijn persoontje meetelt. Hij wordt steeds handiger met zelf eten en drinken, met opruimen, torens stapelen en dingen in elkaar zetten. Hij kan gerichter met spullen gooien en ga zo maar door.

Alles gaat hem de komende weken beter af. En steeds weer zal hij elke nieuw verworven kunst inzetten om een nieuwe strategie uit te proberen die naar zijn doel leidt. Dat wil natuurlijk niet zeggen dat elke strategie die je kind bedenkt, zijn gewenste doel bereikt. Daar zijn tijd en oefening voor nodig. Al uitproberend merkt je dreumes dat verschillende strategieën verschillende uitkomsten hebben. Sommige zijn heel succesvol, andere hebben het tegenovergestelde effect en de meeste zijn maar zozo.

Geef je kind de gelegenheid om met allerlei strategieën te experimenteren, ze uit te proberen en reageer erop. Alleen door zijn vindingrijkheid, jouw reactie en heel veel oefening leert hij hoe hij zich in een bepaalde situatie het best kan gedragen. Je zult merken dat al deze manieren om te experimenteren met en te leren over 'principes' te verdelen zijn in: het behendiger worden, drammen & zin doordrijven, aardig zijn en slijmen. Sommige dreumesen ontwikkelen opeens 'rare angsten', en voor alle dreumesen is nu de tijd van regels leren aangebroken.

Behendigheid

Als je dreumes in de wereld van 'principes' zijn weg probeert te vinden, wil hij ook weten welke dingen hij met zijn lijf kan doen. Met andere woorden: hoe hij zijn lichaam kan gebruiken als hij snel, langzaam, voorzichtig, grappig of slim wil zijn. Ook wil hij het buitenleven leren kennen, wil hij handiger worden om met spullen om te gaan (daar is hij heel creatief in!), wordt hij handiger met taal, gaat hij anderen imiteren, wil hij mensen naspelen, gaat hij oefenen met emoties en gaat hij voor het eerst vooruitdenken. Je zult ook merken dat hij het heerlijk vindt om eindeloos te herhalen terwijl hij varieert en experimenteert. Zo ontdekt hij wat de beste manier is. Hier lees je wat al deze nieuwe 'behendigheden' precies inhouden en lees je voorbeelden van andere ouders. Deze voorbeelden zijn niet alleen leuk om te lezen, maar geven je ook een idee van de nieuwe vaardigheden waar je bij jouw kind op kunt letten.

Capriolen met het lichaam

Je kleintje gaat met zijn lijfje experimenteren. Hij probeert de mogelijkheden ervan uit. Welke capriolen kan mijn lichaam uithalen? Pas ik daartussen? Hoe ga ik de trap op? Hoe ga ik eraf? En hoe ga ik de glijbaan af? Kan ik lekker liggen op al dat huisraad en speelgoed? En wat ligt niet lekker of waar pas ik niet in? Hoe sterk ben ik? Kortom, je kind wordt vindingrijk met zijn lichaam. Soms lijkt hij roekeloos en dat maakt papa en mama bang.

"Ze gaat met losse handen en rechtop lopend een traptree op en af of een opstapje op. Ze oefent dat de hele dag door. Ik zoek nu steeds naar objecten van verschillende hoogte waarop ze deze vaardigheid kan trainen."
Over Odine, week 67, ofwel 15 maanden en 1 week

"Hij ontdekt elke dag nieuwe spelletjes. Hij heeft het smalle tunneltje achter zijn commode en bed ontdekt en loopt er met veel plezier telkens weer doorheen. Hij schuift liggend onder de bank en bestudeert ondertussen in welke positie hij klem komt te zitten. En hij vindt het heel grappig om niet meer op zijn voeten te lopen maar op zijn knieën de kamer rond te schuiven."
Over Thijs, week 70, ofwel 16 maanden

"Ze oefent verschillende manieren van lopen. Achteruitlopen, rondjes draaien, snel lopen, langzaam lopen. Heel bestuderend is ze met al die kunsten bezig."

Over Eefje, week 64, ofwel 14½ maand

"Ze gaat overal in en op liggen: in het poppenbadje, in het poppenbedje en op dekens en kussens die op de grond verspreid liggen."

Over Ashley, week 64, ofwel 14½ maand

"Ze gymnastiekt op een matras die we voor die gelegenheid op de grond gelegd hebben. Met enorm veel lol galoppeert ze eroverheen, ze laat zich erop vallen en ze probeert kopje te duikelen. Ze blijft maar uitproberen wat ze op die zachte ondergrond kan doen."

Over Joosje, week 66, ofwel 15 maanden

Het buitenleven leren kennen

Veel dreumesen vinden het heerlijk om in de natuur rond te struinen. Ze lijken zomaar wat rond te scharrelen, maar in feite verkennen ze de boel. Dat wil niet zeggen dat ze je niet nodig hebben: juist wel! Velen vragen immers eindeloos bij alles wat het is en hoe het heet. En alle kinderen nemen dat wat je zegt en dat wat ze zien ook heel geconcentreerd in zich op.

"Ze schrok toen ze door een plas liep en nat werd. Ze liep terug om de plas te bekijken en te onderzoeken."

Over Ashley, week 64, ofwel 14½ maand

"Ze stond oog in oog met een levensgrote koe en wist niet wat ze zag. Dat was bij de kinderboerderij. Aaien durfde ze het dier niet, ook niet toen ze op papa's arm zat. Op weg naar huis was ze nog stil en denkerig. Zo was ze onder de indruk van de grote boekjeskoe in levenden lijve."

Over Victoria, week 61, ofwel 14 maanden

Behendig worden met spullen

Je kind gaat in de wereld van 'principes' steeds vindingrijker met speeltjes en spullen om. Zijn eten eet hij alleen braaf op als hij het zelf in zijn mond mag stoppen. Help je per ongeluk, dan heb je grote kans dat alles op de grond belandt. Bouwen, het ringenspel en puzzelen lukken soms al heel aardig. Maar let op! Ook kranen, flessen en potjes met een schroefdeksel probeert hij nu geregeld open te krijgen. Dat komt doordat je dreumes in deze wereld vooral geïnteresseerd is in 'uitproberen' welke strategie het succesvolst is als hij iets wil bereiken. Hij wikt, weegt en experimenteert. 'Wat gebeurt er als ik de sleutelbos achter de kast laat vallen? En wat als ik die onder het bed stop? En wat gebeurt er met de sleutelbos als ik die tussen de muur en de bank laat glijden? En hoe tover ik die sleutelbos weer tevoorschijn? En als ik er zelf niet meer bij kan, lukt het me dan wel met een stok?' Kortom, hij leert nu hoe hij iets moet verstoppen, opbergen en terughalen. Straks, als hij behendig is of denkt te zijn, gebruikt hij zijn kunsten misschien als grapje om jou te amuseren. Ook kan hij dan een speeltje verstoppen als hij bijvoorbeeld niet wil dat een vriendje ermee speelt. Snap waar hij mee bezig is, zet gevaarlijke spullen weg en houd je onderzoekertje goed in de gaten.

"We puzzelen samen. Hij vindt het nu leuk en doet enthousiast mee. Niet dat het altijd goed gaat, maar het begin is er."
Over Rudolf, week 65, ofwel bijna 15 maanden

"Ze gooit op elk onverwacht ogenblik spullen op de grond. Ze bestudeert dan het effect dat haar worp op die dingen heeft."
Over Joosje, week 64, ofwel 14½ maand

"Als ze met haar stofzuiger op batterijen zuigt, gaat haar werkvoorkeur vooral uit naar de meest onmogelijke plekjes. Ze poetst daar als een bezetene: onder de kast, tussen stoel- en tafelpoten, in open kasten. De makkelijke, grote ruimte laat ze links liggen."
Over Victoria, week 61, ofwel 14 maanden

"Ze trok telkens weer een la van mijn bureau open, dus heb ik die maar op slot gedaan. Toen probeerde ze op verschillende manieren de la open te trekken. Zat op haar hurken en trekken, zitten en trekken, staan en trekken. Helemaal gefrustreerd werd ze ervan."
Over Laura, week 65, ofwel bijna 15 maanden

Behendig worden met taal

In de wereld van 'principes' snapt je dreumes steeds beter wat de grote mensen om hem heen tegen elkaar en tegen hem zeggen. Hij kan ook steeds beter korte opdrachtjes begrijpen en voert ze vaak met veel enthousiasme uit. Hij voelt dan dat hij meetelt. Ook wijst hij met plezier lichaamsdelen aan als jij die benoemt. Hetzelfde gebeurt met huisraad op de grond, aan de muur en aan het plafond. Veel ouders denken dat hun kleintje al veel meer zou moeten praten dan hij doet omdat hij al zo veel weet. Maar dat is niet zo. Pas als het volgende sprongetje genomen is, begint het 'zelf praten' aan zijn vliegende start. Je kind is dan zo'n 21 maanden oud. In de wereld van 'principes' nemen de meeste kinderen genoegen met het uitspreken van losse woordjes, het imiteren van dierengeluiden en het nabootsen van allerlei andere klanken.

Daag je kleintje eens uit om samen een aanwijsspelletje te spelen. Zeg zelf het woord en laat je kind aanwijzen waar het ding, speeltje of lichaamsdeel zich bevindt. En probeer ook eens wat je kind vindt van een roepspelletje. Het best kun je beginnen als je kind jou roept. Roep dan zijn naam en daag hem uit jou weer te roepen. Roep dan zijn naam weer. Veel kinderen voelen zich trots en belangrijk bij zo veel erkenning van hun ikje dat meetelt.

'Hij verstaat steeds meer. Ongelooflijk hoe snel zo'n kind nieuwe woorden oppikt. Toch kiest hij slechts enkele woorden uit bij het spreken. Bij voorkeur is dat een woord dat met een b begint, maar deze woorden betreffen ook zijn lievelingsdingen: bloemen en bal. Hij heeft deze woorden heel correct en vol uitgesproken. Het lijkt of hij al weet hoe hij ze moet uitspreken, maar er geen controle over heeft."

Over Harrie, week 69, ofwel bijna 16 maanden

"Ze riep 'papa' toen ik in de keuken bezig was. Automatisch ging dat geroep over in een taalspelletje. Om de beurt riepen we elkaars naam: 'Anna'... 'papa'... 'Anna'... 'papa'. Eindeloos. Nu gebeurt dat om de haverklap als we even uit elkaars zicht verdwijnen."

Over Anna, week 70, ofwel 16 maanden

Imiteren van anderen

In de wereld van 'principes' gaat je dreumes observeren hoe volwassenen of andere kinderen te werk gaan en welk effect hun daden hebben. 'Hoe doet hij dat zo handig?' 'Dat kindje krijgt ineens van iedereen aandacht als ze oma bijt.' 'Mama en papa zitten geregeld op de wc, dat hoort zeker bij het 'groot' zijn'. 'Hij schopt steeds tegen de benen van de buurvrouw, zeker grappig zo'n schop want ze lacht.' En ga zo maar door. Hij kijkt af, imiteert en probeert op die manier uit wat hij ziet. De mensen om hem heen zijn zijn voorbeeld. Ook de gedragingen die hij in boekjes of op tv ziet, zijn voor hem een onuitputtelijke bron van ideeën.

Reageer op het gedrag van je dreumes. Laat hem merken wat je van zijn gedrag vindt. Alleen op deze manier leert hij wat wel en niet is toegestaan, en of hij iets nog beter, sneller, efficiënter of leuker kan doen.

'Imiteren is nu echt datgene wat hem bezighoudt. Hij imiteert elk gedrag dat hij ziet: een ander stampt, hij stampt, een ander slaat, hij slaat, een ander valt, hij valt, een ander gooit, hij gooit, een ander bijt, hij bijt.'
Over Thomas, week 63, ofwel 14 maanden en 1 week

'Ze poetst haar acht tanden graag zelf. Ze schuift de borstel één keer op en neer in haar mond en tikt er vervolgens, tik tik tik, mee op de rand van de wasbak. Schuift de borstel weer op en neer in haar mond en tikt weer, tik tik tik, op de wasbak. En zo gaat het poetsen door. Het gekke is dat ze mij eigenlijk nadoet. Ik doe dat tikken ook, maar alleen als ik helemaal klaar ben en de tandenborstel gespoeld heb. Ik doe dat om de borstel droog te kloppen.'
Over Victoria, week 61, ofwel 14 maanden

'Eerst duwde ze steeds met haar vinger op de knop van haar stofzuigertje om die aan te zetten. Toen zag ze ineens dat ik de mijne met mijn voet aanzette. Sindsdien zet zij die van haar ook met een stamp van haar voet in werking.'
Over Victoria, week 61, ofwel 14 maanden

Naspelen

In de wereld van 'principes' speelt je kind de dagelijkse gang van zaken in huiselijke kring en daarbuiten na. Hij 'kookt', 'winkelt', 'wandelt', 'neemt afscheid' en 'verzorgt zijn poppenkinderen'. Natuurlijk doet hij dat alles nog op zijn dreumesmanier. Toch ga je zijn bedoelingen steeds beter herkennen. Je ziet bovendien of hij zijn best doet om voorzichtig of behulpzaam te zijn of dat hij juist een bazige toon aanslaat, of superlief 'slijmt'. Misschien doet hij dat gewoon omdat hij vindt dat het bij zijn rol hoort of omdat hij de mensen in zijn omgeving naspeelt.

Geef je kind de gelegenheid om zich in te leven in zijn rol. Speel ook eens mee. Je dreumes voelt dan dat hij meetelt en dat het belangrijk is wat hij doet. Veel dreumesen op deze leeftijd zijn heel gevoelig voor een blik van waardering. Zij willen graag begrepen worden.

"Hij bakt zandtaartjes: schept en schept emmers vol en draait ze om. Hij vindt het hele gebeuren heel interessant."
Over Thomas, week 66, ofwel 15 maanden

"Sinds een paar dagen giet hij water van het ene bakje in het andere. Hij is daar heel druk mee. Zo nu en dan krijg ik het verzoek weer wat water in een bakje te doen. Verder lijkt hij mij vergeten te zijn en gaat hij geheel op in het 'kokkerellen'."
Over Steven, week 63, ofwel 14 maanden en 1 week

"Meneer winkelt de hele dag... Hij pakt een tas of een bak en 'zoekt' allemaal spulletjes uit in de woonkamer die hij wil 'kopen'. Als hij uit gewinkeld is, krijg ik de tas of de bak. En trots dat hij is!"
Over Elijah, week 65, ofwel bijna 15 maanden

"Hij knuffelt, kust, troost en aait zijn poppen en beren vaak. Ook legt hij ze te slapen. Echt met liefde."
Over Lodewijk, week 66, ofwel 15 maanden

Soms imiteert een kind het vader of moeder zijn. Hij bestudeert daarmee hoe het is om papa of mama te zijn. Als een meisje mama wil zijn, loopt de echte mama eigenlijk in de weg. Dan lijken ze concurrenten. Natuurlijk gebeurt hetzelfde als vader thuis is en zoonlief in papa's schoenen wil staan. En als een jongetje papa speelt, wil hij weten hoe mama op deze nieuwe papa reageert.

Snap waar je kind mee bezig is. Geef hem de gelegenheid zich in te leven in zijn rol en speel het even mee. Je kleintje leert er veel van. Hij heeft er behoefte aan zich zo te uiten en even te voelen hoe het is om papa of mama te zijn.

"Hij gaat uitgebreid op zijn vaders bed zitten en kijkt rond alsof het zijn bezit is. Ook gaat hij net als zijn vader in zijn stoel de krant lezen. Dat papa nadoen vindt hij heel belangrijk. Hij wil ook dat ik daarop reageer."
Over Jim, week 66, ofwel 15 maanden

"Zodra ik mijn schoenen uitdoe, stapt zij erin. En dan volgt een rondje door het huis op mijn schoenen. Ook wil ze geregeld in mijn stoel zitten. Ik moet er dan uit. Ze begint aan mij te trekken en te sjorren en als ik dan niet meegeef, krijgt ze een driftbui."
Over Nina, week 69, ofwel bijna 16 maanden

Oefenen met emoties

In de wereld van 'principes' experimenteren veel dreumesen met hun emoties. 'Hoe voelt het aan als ik blij, treurig, verlegen, boos, grappig of driftig ben? En hoe als ik iemand begroet? Hoe staat mijn gezicht dan? Hoe beweegt mijn lichaam? En hoe kan ik die emoties inzetten als ik anderen duidelijk wil maken hoe ik me voel? En hoe moet ik me gedragen als ik iets erg graag wil hebben of doen?'

"Hij loopt soms heel kunstmatig te lachen alsof hij experimenteert hoe lachen voelt. Hetzelfde doet hij met huilen."
Over Bob, week 63, ofwel 14 maanden en 1 week

"Ze wilde voor de achtste keer hetzelfde boekje lezen en merkte dat ik er langzaam genoeg van kreeg. Even zat ze daar, met haar hoofd naar beneden. Heel stiekempjes oefende ze een pruillip. Toen ze vond dat haar gezicht de juiste stand had, keek ze me met een perfecte pruillip aan en stak ze het boekje weer naar me uit."
Over Joosje, week 65, ofwel bijna 15 maanden

Het vooruitdenken is begonnen

In de wereld van 'principes' kan je dreumes vooruitdenken, wikken, wegen en plannen maken. Hij kan nu ook begrijpen dat papa of mama dat kan en doet. Dit merk je weldra aan zijn reactie. Hij beseft wat de gevolgen zijn van iets wat jij wilt, doet of wilt dat hij doet. En plotseling geeft hij commentaar op iets wat hij vroeger heel normaal of zelfs leuk vond. Maar bedenk wel dat hij niet tegendraads is. Zijn ontwikkeling maakt een sprongetje. Het is vooruitgang!

"Ze vindt het ineens moeilijk als ik naar mijn werk ga. Tot voor kort rende ze vrolijk vooruit naar de deur om me uit te zwaaien. Nu protesteert ze en trekt me terug. Ik denk dat dat komt doordat ze de gevolgen beseft. Uitzwaaien is misschien wel leuk, maar als mama weg is, komt ze de eerste uren niet meer terug. En dat is minder leuk."

Over Eefje, week 67, ofwel 15 maanden en 1 week

"Het vooruitdenken is begonnen! Ik poets haar tanden altijd nadat ze het eerst zelf heeft gedaan. Dat is tegenwoordig altijd aanleiding tot vreselijke schreeuwpartijen. Tot voor kort rende ze bij de mededeling 'tandenpoetsen' vrolijk op haar tandenborstel af. Nu smijt ze de borstel in de hoek als ik hem aanreik, omdat ze weet wat er na het 'vreugdevolle zelf doen' volgt."

Over Laura, week 67, ofwel 15 maanden en 1 week

"Hij herinnert zich nu waar hij dingen heeft verstopt of achtergelaten, zelfs als dat gisteren was."

Over Lodewijk, week 63, ofwel 14 maanden en 1 week

"Voor het eerst kon ik merken dat ze een duidelijke verwachting had. We hadden met vingerverf gewerkt en ze had de spiegel ermee versierd. Toen ze in bad zat, had ik de spiegel stiekem schoongemaakt. Dat had ik beter niet kunnen doen. Toen ze uit bad kwam, liep ze regelrecht naar de spiegel en zocht haar versiering. Zielig."

Over Joosje, week 65, ofwel bijna 15 maanden

Drammen en zijn zin doordrijven

Tja, of je het nu wilt of niet: drammen en de zin doordrijven hoort nu eenmaal bij deze leeftijd. Sterker nog: je kindje leert er veel van. Je moet hem natuurlijk wel leren dat dit niet de bedoeling is en dat er andere manieren, andere 'principes' zijn waardoor hij zijn doel beter en op een leukere manier bereikt. Je zult het de komende tijd meemaken: dramtoneelstukjes, de drang naar inspraak, zelfs agressie, en het experimenteren met het 'mijn' en 'dijn'...

Het dramtoneelstuk

Probeert je kleintje vaak krijsend, rollend, stampend en spullen rondgooiend zijn zin door te drijven? Gaat hij om het minste of geringste door het lint? Bijvoorbeeld als hij niet snel genoeg aandacht krijgt, als hij iets niet mag, als je zijn spel onderbreekt om te gaan eten, als de toren die hij bouwt voortijdig valt of zomaar zonder dat je ook maar vermoedt dat iets hem dwars kan zitten? Waarom geeft een dreumes zo'n toneelstuk weg? Gewoon: jij en speeltjes reageren niet zoals hij vindt dat ze móeten reageren. Hij is gefrustreerd en moet dat uiten. Dat doet hij ook en wel met de meest voor de hand liggende strategie: zo boos mogelijk worden en zo veel mogelijk stampij maken.

Succesvollere, snellere, lievere strategieën moet hij nog ontdekken en oefenen om jou over te halen te doen wat hij wil, of om een betere toren te bouwen. Je drammende dreumes kan alleen maar zijn eigen willetje kenbaar maken door te reageren zoals hij doet.

Snap de frustratie van je dreumes. Laat hem uitrazen als hij daar behoefte aan heeft. En help hem te ontdekken dat er andere en betere strategieën zijn die hij kan gebruiken als hij iets voor elkaar wenst te krijgen, manieren die beter aanslaan en meer succes hebben. Laat je kind ook merken dat je heus wel rekening met hem wilt houden, als hij maar duidelijk maakt wat hij precies wil.

"Ze krijgt steeds meer driftbuien. Gisteren haalde ik haar uit bed en ze kreeg zomaar een driftbui. Het duurde echt heel lang, met rollen over de grond, met haar hoofd overal tegenaan bonzen, trappen en schoppen, mij wegduwen en worstelen. En ondertussen krijsen! Niets wat ik probeerde hielp, knuffelen niet, afleiden niet en streng toespreken niet. Op een gegeven moment ben ik helemaal radeloos op de bank neergestreken en heb volkomen machteloos toegekeken hoe ze op de grond tekeerging. Daarna ben ik de keuken in gegaan en heb ik een appeltje geraspt. Langzaam werd ze rustig, kwam naar de keuken en ging naast me staan."

Over Giulia, week 65, ofwel bijna 15 maanden

"Hij heeft deze week heel wat driftbuien gehad. Bij een ervan werd hij zelfs helemaal slap. Als hij zijn zin niet krijgt, wordt hij heel erg kwaad en moet ik al echt strijd met hem voeren. Hij heeft een echt eigen willetje! Hij luistert op het moment heel slecht."

Over Hoin, week 67, ofwel 15 maanden en 1 week

Zo zijn jongens, zo zijn meisjes en zo zijn ouders

Jongens leven hun gevoel van onmacht en ongenoegen sterker uit dan meisjes dat doen. Dat komt doordat ouders dergelijke uitingen makkelijker van een zoon dan van een dochter accepteren. Een meisje moet zich vaker braaf en aangepast gedragen. Daarom slaan bij meisjes gevoelens van onmacht en ongenoegen makkelijker naar binnen. Ze worden eerder depressief.

Hij wil inspraak

In de wereld van 'principes' ontdekt je kleintje dat ook hij zijn eigen wil heeft. Net als grote mensen. Hij wordt mondiger. En soms slaat hij door: zijn wil is dan wet en onverstoord gaat hij zijn gang. Dat komt doordat het steeds helderder tot hem doordringt dat hij zelf de oorzaak kan zijn van iets wat hij zelf in gang kan zetten. Zijn persoontje telt mee! Hij beseft dat hij zelf, net als papa of mama, kan beslissen of, waar en wanneer hij ergens aan begint, hoe hij het zal doen en wanneer hij ermee stopt. Bovendien wil hij een duidelijke vinger in de pap als papa of mama iets wil doen. Hij wil ook dan meebeslissen hoe het gebeurt. En als hij zijn zin niet krijgt, of als iets niet gaat zoals hij verwacht, wordt hij boos, teleurgesteld of verdrietig. Heb begrip voor je kleintje. Hij moet nog leren dat dingen die hij wil doen niet altijd meteen mogen of kunnen. En hij moet nog leren dat hij rekening moet houden met de mensen om hem heen. Zelfs als hij assertief wil zijn en voor zichzelf op wil komen.

"Ze wil heel nadrukkelijk zelf bepalen aan welke borst ze zal gaan. Ze twijfelt een tijdje, kijkt van de ene naar de andere borst, wijst de winnaar aan en zegt dan 'da'. Soms lijkt het of het om twee heel verschillende smaken gaat."
Over Juliette, week 65, ofwel bijna 15 maanden

"Als hij iets in zijn hoofd heeft, is hij niet meer op andere gedachten te brengen. Hij luistert dan voor geen meter. Hij loopt gewoon naar de andere kamer en haalt daar zijn kattenkwaad uit. De laatjes van zijn broer en zus, die vol zitten met speelgoed waar hij niet aan mag komen, vielen deze week in de prijzen. Hij had vooral zijn zinnen gezet op de kleipot. Hij weet heel goed wat wel en wat niet mag, maar wat ik vind is voor hem van minder belang."
Over Dirk, week 65, ofwel bijna 15 maanden

"Als meneer niet wenst te luisteren, schudt hij 'nee'. Tegenwoordig loopt hij de hele dag nee-schuddend rond en ondertussen gaat hij gewoon zijn eigen gang. Toen hij laatst over de rand van de vuilnisbak in de smurrie hing te hengelen, werd ik boos op hem. Even later zag ik hem in een hoekje verdrietig zitten huilen."
Over Jan, week 70, ofwel 16 maanden

"Ze krijgt ineens een eigen willetje! We hadden in de kinderboekwinkel een boekje uitgezocht. Supergezellig was het. Toen ik het tijd vond om weg te gaan, was zij het daar niet mee eens. Ze brulde eerst de hele winkel bij elkaar en toen de hele straat. Eenmaal op de fiets ging ze steeds in het fietsstoeltje staan en moest ik haar steeds weer naar beneden drukken. We hadden bijna echt ruzie. Zij wilde in de winkel blijven en ik had gewoon niets in te brengen. Ik sta er nog versteld van."
Over Joosje, week 68, ofwel 15½ maand

Agressie

Veel ouders zeggen dat hun lieve dreumes soms ineens een echt agressief katje wordt. Ze vinden dat niet leuk. Toch is die verandering heel begrijpelijk. In de wereld van 'principes' onderzoekt je kind alle sociale gedrag. Agressief zijn hoort daar ook bij. Je dreumes bestudeert hoe papa of mama, andere volwassenen en kinderen reageren als hij slaat, bijt, duwt of schopt. Of als hij bewust iets vernielt of kapotgooit. Laat je kind merken wat je van zijn gedrag vindt. Alleen op die manier leert hij dat agressief zijn niet lief, interessant of grappig is. Hij leert zo dat het pijn doet en dat volwassenen agressief gedrag en dingen kapotmaken niet leuk vinden.

"Ze sloeg me in mijn gezicht. Toen ik zei: 'Niet doen,' deed ze het weer en begon te lachen. Ik was er echt door van slag. Duidelijke grenzen stellen is moeilijk hoor."
Over Odine, week 70, ofwel 16 maanden

"Op de kinderopvang heeft hij een kind gebeten. Zomaar zonder aanleiding."
Over Marc, week 70, ofwel 16 maanden

Agressieweetjes

Het volgende blijkt uit onderzoek. Kort na de eerste verjaardag rapporteren ouders de eerste fysieke agressie. Van 17 maanden oude kinderen rapporteert 90 procent van de ouders dat hun kind weleens agressief is. Fysieke agressie piekt vlak voor de tweede verjaardag. Daarna neemt dit gedrag gestaag af. En als kinderen de basisschoolleeftijd bereiken, is het grotendeels verdwenen. Tenminste, onder normale omstandigheden. Natuurlijk heeft het ene kind meer aanleg om agressief te worden dan het andere. Toch is de omgeving van het kind ook heel belangrijk. Deze bepaalt mede hoelang een kind agressief blijft. Als kleintjes leven tussen volwassenen en kinderen die agressief zijn, dan is het niet verwonderlijk dat ze gaan denken dat 'agressief zijn' normaal sociaal gedrag is. Maar een kind kan ook in een omgeving leven waar agressie niet wordt getolereerd en waar lief en vriendelijk gedrag wordt beloond. Het gevolg is dan dat het kind niet meteen zal beginnen te schoppen en te slaan als het gefrustreerd is, iets wil hebben of terechtgewezen wordt, maar dat het 'lievere' manieren kent om zich te uiten.

Het 'mijn en dijn'

In de wereld van 'principes' ontdekt je kleintje dat sommige speeltjes in huis van hem en van hem alleen zijn. Net als grote mensen is hij plotseling de trotse eigenaar van eigen bezittingen. Een hele ontdekking voor een dreumes. Hij moet dan ook tijd krijgen om te snappen wat het mijn en het dijn eigenlijk inhoudt. En terwijl hij voor die taak staat, gaat zijn pad niet altijd over rozen. Sommige kleintjes raken aardig van slag als een ander kind hun spullen uit hun handen grist. Zomaar, zonder hen als eigenaar te erkennen. Bij zo veel onbegrip beginnen ze triest te huilen. Andere voorkómen de afpakkerij: ze worden heel bezitterig. Ze beschermen hun territorium naar beste kunnen. Ze bedenken allerlei strategieën om te voorkomen dat anderen in de buurt van die eigendommen kunnen komen of, erger nog, met hun vingers aan hun spullen kunnen zitten. Zeker kinderen vertrouwen ze niet. Je dreumes moet nog leren uitlenen, delen en samen spelen.

"Ze ontwikkelt een zekere bezitsdrang. Als er iemand bij ons op bezoek komt, 'showt' ze vol trots haar bezittingen. En als we bij een vriendinnetje gaan spelen, graait ze snel de dingen van zichzelf bij elkaar om ze bij mij in bewaring te geven. Ze wil zo voorkomen dat haar vriendinnetje ermee speelt."
Over Eefje, week 64, ofwel 14½ maand

"Iedere keer als zijn vriendje een speeltje van hem afpakt, huilt hij bittere tranen."
Over Robin, week 68, ofwel 15½ maand

"Hij laat niets van zich afpakken. Je kunt hem ook niet verleiden met een 'prima ruil'. Wat hij in zijn handen heeft, blijft in zijn handen. Hij pakt wel vlot de spullen van een ander af. Heeft dan totaal geen scrupules."
Over Rudolf, week 65, ofwel bijna 15 maanden

Aardig zijn en slijmen

Een ontwikkelend eigen willetje, z'n zin willen krijgen, drambuien, het hoort er echt bij. Maar… je dreumes is nu ook slim genoeg om te weten dat er ook andere strategieën zijn om zijn zin te krijgen. Strategieën waar mensen eerder 'in trappen', bewust of onbewust. Hij heeft nu door dat je door heel aardig te doen, of door grapjes te maken, door hulp te vragen, door samen te werken, door behulpzaam te zijn of heel netjes en zorgvuldig te zijn óók je zin kunt krijgen. Positieve emoties gebruiken als middel om een doel te bereiken. Slim hè?!

Grapje als strategie

In de wereld van 'principes' gaan grappen en grollen een steeds belangrijkere rol spelen. Misschien maakt je dreumes nu zelf zijn eerste grapjes en lacht hij er zelf het hardst om. Of je merkt dat hij het kan waarderen als anderen een grapje uithalen. Veel kinderen doen dat. Ze genieten van grapjes. Of van mensen en dieren die onverwachte bewegingen maken of dingen doen, zomaar in het dagelijks leven of op tv. Ze lachen erom. Ze vinden het ook spannend. Ook zijn er dreumesen die grapjes uithalen om zo de regels om te buigen of ermee te spelen.

Misschien merk je zelf ook dat 'grappig zijn' als een strategie wordt gebruikt om iets gedaan te krijgen wat anders niet zou lukken. Iets onverwachts en leuks is immers succesvoller om papa of mama gunstig te stemmen dan een drambui. Geef je kind de gelegenheid om creatief met grappen en grollen om te gaan. En laat ook duidelijk merken waar hij een grens overschrijdt. Uit zichzelf kan hij dat niet weten.

"Hij maakt zelf steeds grapjes en heeft dan enorm veel lol. Ook als hij met zijn vriendjes gekke spelletjes doet, moet hij erg lachen. En dieren die iets geks of verrassends doen, vindt hij het einde. Hij ligt dan krom van het lachen."
Over Robin, week 68, ofwel 15½ maand

"Gewoon gek doen vindt hij prachtig. Hij schatert dan. En als zijn zus gek doet, ligt hij dubbel van het lachen."
Over Hein, week 69, ofwel bijna 16 maanden

"Hij vindt het prachtig als ik achter hem aan hol met: 'Ik ga je pakken'. Dus als ik zijn jas aan wil doen, rent hij al gillend weg en maakt een lolletje van dat hele gebeuren."
Over Hein, week 70, ofwel 16 maanden

"Ze haalt graag een grapje uit. Als we bij de voordeur aankomen, wacht ze niet tot ik de sleutel in het slot heb gestoken, maar loopt snel nog een trap op naar de volgende verdieping. Ze vindt zichzelf dan erg leuk."
Over Ashley, week 70, ofwel 16 maanden

Onderhandelen en aftasten

Vroeger was de wil van de ouders wet. Kinderen moesten gehoorzamen. Een weerwoord werd door volwassenen niet bijzonder gewaardeerd. Tegenwoordig is dat anders, en gelukkig maar. Dat komt doordat men er nu van uitgaat dat kinderen opgroeien tot betere, zelfstandig denkende mensen als ze hebben geleerd te onderhandelen. Als je dreumes in de wereld van 'principes' belandt, zie je dat onderhandelen ontluiken.

"Ze weet dat ze geen nootjes uit de bakjes van tafel mag pakken. Dus bedacht ze een truc, zodat ze wel nootjes kon eten en zich toch aan de regels kon houden. Ze haalde haar eigen etensbordje en lepeltje en schepte met dat lepeltje wat nootjes op het bord. Daarna at ze haar buit met haar lepel op. In haar filosofie mocht ze de nootjes zo wel eten."
Over Ashley, week 68, ofwel 15½ maand

Experimenteren met 'ja' en 'nee'

Experimenteert je dreumes weleens met de woordjes 'ja' en 'nee'? Soms doet een kleintje dat met knikken en schudden. Een andere keer met het uitspreken van de woordjes zelf. De ene keer gebruikt hij de ja's en nee's in hun goede betekenis en een andere keer doet hij het expres fout. Hij vindt zichzelf dan erg grappig. Soms keuvelt hij zijn ja's en nee's tegen zijn knuffels. Een andere keer gewoon in zichzelf, bijvoorbeeld als hij bouwt, past en meet, of als hij door het huis struint op weg naar kattenkwaad. Maar het meest oefent hij zijn ja's en nee's toch met zijn ouders. Met jullie kan hij zelfs grapjes oefenen.

Geef je kind de gelegenheid om vindingrijk om te gaan met de begrippen ja en nee. Door ermee bezig te zijn, tast hij af hoe hij zijn ja's en nee's moet laten klinken als hij een bepaald doel wil bereiken. En hoe jij dat doet. Dus welke ja-en-neestrategie het best, soepelst en natuurlijkst past in een bepaalde situatie. Hij ontdekt zo ook welke strategie hem het gewenste resultaat oplevert.

"Hij kan allerlei vragen gewoon met ja en nee beantwoorden. Soms maakt hij nog een vergissing. Hij zegt dan 'ja' als hij 'nee' bedoelt, en als ik dan daarnaar handel, begint hij te lachen en zegt snel 'nee', op een toon van 'toch maar niet'."
Over Lodewijk, week 65, ofwel bijna 15 maanden

"Ze test de woorden ja en nee steeds op mij uit: is haar 'ja' echt ja en blijft haar 'nee' ook nee? Of valt er door mij nog wat te sjoemelen? Ze tast af hoever ze met mij kan gaan."
Over Nina, week 70, ofwel 16 maanden

"Hij weet heel goed wat hij wil en kan steeds meer vragen met een duidelijk 'ja' of 'nee' beantwoorden. Hij heeft ook verschillende ja's en nee's. Sommige ervan hebben heel duidelijke, absolute grenzen. Als hij die uitspreekt, weet ik dat ik hem niet op andere gedachten kan brengen. Maar zijn andere ja's en nee's hebben die grenzen niet. Daarop valt door mij nog wat af te dingen. Dan kan ik gaan onderhandelen."
Over Paul, week 71, ofwel 16 maanden en 1 week

Hulp vragen

Je dreumes kan heel vindingrijk proberen om een ander voor zijn karretje te spannen. Hij kan dat snugger, gewiekst, bevelend of lief doen. Hij moet nog leren hoe hij dat het best kan doen.

Kijk eens hoe jouw kleintje te werk gaat om jou of een ander in te schakelen als hij iets wil hebben of doen. En reageer. Je kind is nog zoekende in de wereld van 'principes'. Hij leert van jouw reacties.

"Als hij me vraagt iets te pakken en ik vraag waar ik het neer moet zetten, loopt hij naar een plekje en wijst aan wat ik moet doen. Hij is dan uiterst vriendelijk en meegaand."
Over Steven, week 65, ofwel bijna 15 maanden

"Ze weet steeds duidelijker te maken wat ze wil. Ze trekt me mee als ze een schone luier wil. Ze pakt mijn vinger als ze wil dat die vinger iets moet doen, bijvoorbeeld als die voor haar een knopje in moet drukken. En ze trekt me mee naar situaties waar ze zelf niet alleen op af durft te gaan. Of ik nou bezig ben of niet, dat is voor haar niet belangrijk. Zij wil iets en ze wil het op dát moment."
Over Joosje, week 67, ofwel 15 maanden en 1 week

"Hij gaat steeds meer naar dingen wijzen. Hij wijst ook de dingen aan die je voor hem moet pakken. Deze week lokte hij zijn oma naar de keuken, liep naar de kast waar de koekjes liggen en wees naar de bovenste plank."
Over Dirk, week 63, ofwel 14 maanden en 1 week

"De laatste weken is hij als een generaal aan het commanderen. Hij roept steeds op een heel harde en bevelende toon: 'Mama! Mama!' als hij iets wil hebben. Als ik dan naar hem kijk, zie ik hem met een uitgestrekte arm wijzen naar de gewenste speeltjes of auto's. Hij wil ze dan gebracht krijgen en als dat ook gebeurt, gaat zijn arm uit de wijsstand en speelt hij verder. Dat bevelen is voor hem (en mij) langzaamaan de gewoonste zaak van de wereld geworden. Eigenlijk drong dat deze week pas goed tot me door."
Over Thijs, week 68, ofwel 15½ maand

Samenwerken

In de wereld van 'principes' kan je kind kiezen: 'Ben ik tegendraads of werk ik mee?' 'Heb ik lak aan papa's of mama's wensen of pas ik me aan?' Bovendien wordt je dreumes elke dag mondiger en kundiger. Korte opdrachtjes begrijpt hij steeds beter, zoals: 'Pak je schoenen,' 'Haal je fles,' 'Gooi maar in de prullenbak,' 'Geef maar aan papa,' 'Breng maar naar de gang' of: 'Doe maar in de wasmand.' Misschien heb je al gemerkt dat je soms niet meer hoeft te zeggen wat er moet gebeuren. Je kleintje snapt dan al wat je van plan bent en werkt mee. Het wordt steeds makkelijker om een soort afspraken met hem te maken.

Probeer je kind te betrekken in de beslommeringen van alledag. En laat je ook betrekken in zijn gedoe. Hij voelt zich dan begrepen, gewaardeerd en belangrijk. Zijn ikje groeit. En prijs hem als hij al vooruitloopt op iets wat je van plan was te doen. Hij laat dan immers weten dat hij weet wat er gaat gebeuren.

"Elke keer als we weggaan, haalt ze zelf haar jas."
Over Joosje, week 65, ofwel bijna 15 maanden

"Hij begrijpt beter dat hij op straat met me mee moet lopen."
Over Lodewijk, week 66, ofwel 15 maanden

"Ze loopt nu meteen mee naar haar aankleedkussen als ze verschoond moet worden. Ze blijft ook stiller liggen en werkt zowaar mee."
Over Laura, week 63, ofwel 14 maanden en 1 week

Behulpzaam zijn

Als dreumesen in de wereld van 'principes' belanden, blijven de meesten bijzonder geïnteresseerd in alles wat zich rond het huishoudelijke gebeuren afspeelt. Alleen heb je nu grote kans dat je kleintje niet meer tevreden is met alleen kijken naar wat je doet. Hij wil helpen. Hij wil je werk uit handen nemen.

Laat je kind zijn steentje bijdragen. Hij wil dolgraag geloven dat hij een grote hulp is. Dat het zonder hem een puinhoop zou worden of het eten niet zo lekker zou zijn. Geef hem dan ook zijn welverdiende pluim. Natuurlijk kan hij nog niet de tafel dekken, of poetsen of opruimen. Op zijn manier probeert hij echter wel zijn steentje bij te dragen, en op deze manier ervaart hij het dus alsof hij poetst, de tafel dekt of je met andere zaken helpt. Omdat zijn intentie goed is en het eindresultaat daaraan ondergeschikt, is het eigenlijk heel reëel naar een kind toe dat we dit gewoon zo noemen zoals hij bedoeld heeft: hij helpt mee de tafel te dekken, helpt poetsen en helpt met andere dingen.

"Hij neemt voortdurend initiatieven om mij te helpen. Of het nou is om op te ruimen, schoon te maken, naar bed of naar buiten te gaan, dat doet er niet toe. Hij wil graag aan het dagelijks leven deelnemen, helemaal vanuit zichzelf. Als hij daarin serieus genomen wordt, is hij innig tevreden. Elkaar begrijpen staat tegenwoordig centraal."

Over Jim, week 64, ofwel 14½ maand

"Ze wil bijna altijd helpen met drankjes maken. Soms laat ik haar haar eigen drankje mixen, ze doet er dan allerlei ingrediënten in. Als ze dat dan opdrinkt, loopt ze uitgebreid te 'mummen'."

Over Juliette, week 68, ofwel 15½ maand

"Zodra ik mijn stofzuiger pak, pakt zij haar speelgoedstofzuiger. Ze wil o zo graag helpen. Maar wat blijkt? De stofzuiger waar ik mee begin, is die waar zij mee wil werken. Die is blijkbaar het best. Daarom begin ik met haar stofzuiger en zodra die uit mijn handen gegrist wordt, kan ik rustig met die van mij doorgaan."

Over Victoria, week 61, ofwel 14 maanden

Zorgvuldig zijn

Experimenteert je dreumes met 'onbezonnen' en 'zorgvuldig' zijn? 'Smijt ik mijn beker op de grond of zet ik die voorzichtig op de tafel?' Vooral het roekeloze gedrag lijkt erg in trek. Hard rennen, hoog klimmen, wilde spelletjes en roekeloos omgaan met spullen lijken dan ook favoriete bezigheden. Maar bedenk wel: door zo te experimenteren en jouw reactie erop te krijgen, leert je kleintje wat het betekent om roekeloos of zorgvuldig te zijn.

"Ze gooit op alle mogelijke en onmogelijke momenten haar fles weg, bijvoorbeeld als we fietsen, en bestudeert vervolgens uit haar ooghoeken hoe wij reageren op haar wegwerpgedrag."

Over Odine, week 64, ofwel 14½ maand

"Hij is een enorme klimgeit. Hij klimt overal op. Hij klimt erg veel op stoelen. Ook vind ik hem voortdurend boven op de eettafel, waar hij natuurlijk niet meer vanaf kan! Hij is wel voorzichtig. Hij is zich van gevaar bewust, maar soms kan hij behoorlijk vallen."

Over Dirk, week 66, ofwel 15 maanden

"Stoeien met zijn broer vindt hij nu erg interessant. Soms kan het niet wild genoeg gaan."

Over Rudolf, week 69, ofwel bijna 16 maanden

"Ze had wat druppels op de grond geknoeid met haar drinken. Ik pakte snel een vieze sok die in de buurt lag en dweilde het op. Verbijsterd en verontwaardigd keek ze me aan, stapte demonstratief naar de babydoekjes, pakte er een uit de doos en deed het dweilen nog eens over. Toen ze klaar was keek ze me aan alsof ze wilde zeggen: 'Zo hoort het.' Ik was beduusd over zo veel netheid, maar ik heb haar wel de hemel in geprezen."

Over Victoria, week 61, ofwel 14 maanden

"Ze weet heel goed duidelijk te maken dat ze iets vies vindt. Zo zegt ze steeds 'bah' tegen het kleinste viezigheidje in bed. Ik hoop maar dat dit van voorbijgaande aard is en dat ze niet zo keurig netjes wordt."

Over Joosje, week 64, ofwel 14½ maand

"Toen haar broer in de poppendoos zocht naar een speciale 'bionicle', vlogen al de andere poppen met een zwaai op de grond. Ook haar babypop. Onmiddellijk rende ze op haar gevallen kind af, pakte dat op, haastte zich naar me toe en duwde de pop aan mijn borst. Toen keek ze haar broer boos aan."

Over Elisabeth, week 63, ofwel 14 maanden en 1 week

Toon begrip voor 'rare' angsten

Als je dreumes bezig is zijn nieuwe vermogen uit te werken, zal hij ook dingen of situaties tegenkomen die nieuw zijn en die hij maar half begrijpt. Eigenlijk ontdekt hij nieuwe gevaren, gevaren die voor hem tot nu toe niet bestonden. Hij kan er nog niet over praten. Pas als hij alles beter begrijpt, zal ook zijn angst verdwijnen. Leef met hem mee.

"Hein is bang voor een eendje van zijn zus. Hij loopt er met een grote boog omheen als het op de grond ligt. Als hij het vastpakt, laat hij het meteen weer vallen."
Over Hein, week 66, ofwel 15 maanden

"Het lijkt alsof ze bang is om alleen in het grote bad te zitten. Gillen, krijsen. De reden is voor ons onbekend. Ze wil er wel in als een van ons er ook in gaat. Ook in het zwembad is ze niet bang. Daar gaat ze graag het water in."
Over Joosje, week 67, ofwel 15 maanden en 1 week

Regels leren

Dreinen en piepen om de zin door te drijven, kinderachtig gedrag zoals het constant geamuseerd moeten worden en het altijd maar die speen willen hebben, slordig zijn als het eigenlijk al netjes kan, onvoorzichtig zijn en een ander expres pijn doen, expres stoute dingen doen – je vraagt je misschien af of je de enige bent die zich zo ergert aan dit soort gedrag. Nee, natuurlijk niet. Je dreumes is geen baby meer. De tijd is nu gekomen om grenzen te gaan stellen. Je dreumes is eraan toe en dan kun je ook steeds meer van hem eisen. Sterker nog: hij is op zoek naar grenzen. Nu hij de wereld van principes is binnengegaan, hunkert hij naar regels. Hij varieert eindeloos om die te leren kennen. Net zoals hij honger heeft en recht op dagelijks eten, zo heeft hij ook recht op regels. En de meeste regels kan hij alleen maar ontdekken door ze van jou aangereikt te krijgen. Vooral als het om sociale regels gaat: jij moet hem duidelijk maken wat hoort en niet hoort. Daarmee doe je hem echt geen geweld aan. Integendeel, je bent het aan hem verplicht. En wie kan het hem beter leren dan iemand die van hem houdt?

"Ik vind dat hij nu kan leren om dingen 'netjes' op tafel te zetten. Ik erger me er nu aan als hij zijn brood en fles weggooit als hij geen trek meer heeft. Dat hoeft niet meer. Hij kan ze netjes neerleggen."

Over Thomas, week 67, ofwel 15 maanden en 1 week

"Ze blijft dreinen en piepen om haar zin door te drijven. Maar het is zo moeilijk om consequent te blijven. Ik heb het gevoel dat ik nu echt met opvoeden moet beginnen. Het is veel makkelijker om toe te geven, want dan ben ik van het dreinen af. Geef ik haar niet haar zin, dan hebben we oorlog. Dan volgt een machtsstrijd, die zo'n kleine dreumes met gemak van me wint. Ik ben me nog nooit zo bewust geweest van macht als in dit geval."

Over Joosje, week 68, ofwel 15½ maand

"Hij moet voortdurend gecorrigeerd en gedisciplineerd worden. Ik vind dat eigenlijk heel naar. Ik vind het moeilijk om daarin de juiste toon te vinden. Als hij dingen doet die niet mogen, dwing ik hem om zelf 'nee, nee' te zeggen. Als hij het zelf heeft gezegd, kan ik ervan op aan dat hij het stoute gedrag enige tijd niet vertoont. Dat geeft weer een rustig gevoel."

Over Lodewijk, week 70, ofwel 16 maanden

Jouw speltoppers van 'principes'

Deze spelletjes vindt je nu helemaal het einde en ze spelen perfect in op de mentale sprong die je nu maakt. Terwijl je speelt, train je dus eigenlijk je brein!

Invulinstructie:

Kruis aan wat jouw dreumes' favoriete spelletjes zijn. Kijk na het invullen van de ontdekkingslijst of je een verband ziet tussen dat wat hem het meest interesseerde tijdens deze sprong en de spelletjes die hij het liefst deed. Het is even nadenken, maar je verkrijgt hierdoor een uniek inzicht in je dreumes' karakter.

Behendigheid

Dreumesen zijn in de wereld van 'principes' een stapje boven 'programma's' komen te staan en vinden het heerlijk om die eindeloos te herhalen terwijl ze variëren en experimenteren. Al doende worden ze behendig en ontdekken ze hoe ze wanneer iets op de beste manier kunnen doen. Ze kijken het ook graag van anderen af.

☐ **JE SPEELT GRAAG LICHAMELIJKE SPELLETJES ZOALS:**

☐ rennen
☐ klimmen
☐ achter andere kinderen aan hollen
☐ lopen over een matras/waterbed/iets anders zachts en je dan laten vallen
☐ koprollen
☐ over de grond rollen
☐ met andere kinderen stoeien
☐ 'ik ga je pakken'
☐ op richeltjes staan en balanceren
☐ van verhogingen af springen
☐
☐
☐

☐ **BUITENLEVEN VERKENNEN**

☐ buiten rondstruinen, lekker rondscharrelen
☐ buiten met van alles experimenteren en onderzoeken
☐ de kinderboerderij
☐ de speeltuin
☐ de dierentuin
☐ vanuit de rugdrager/op de rug/op de fiets alles bekijken

☐ **AANWIJSSPELLETJES**

☐ 'Waar is …'-spelletjes. Bijvoorbeeld:
lichaamsdelen:
speelgoed:
personen:
dieren:

☐ **SPELLETJES MET HANDEN EN VOETEN IN RIJMPJES EN LIEDJES**

☐ Favoriete liedjes met gebaren zijn:
☐
☐
☐

☐ **ROEPSPELLETJES.**

Jij roept mij, ik roep jou. Je voelt je dan trots en je ervaart erkenning: jouw persoontje telt mee.

Grapjes

In de wereld van 'principes' gaan grappen en grollen een steeds belangrijkere rol spelen. Intussen weet je dreumes hoe een en ander gewoonlijk gaat. Als de loop der gebeurtenissen dan afwijkt van normaal, kan hij zijn lol niet op, of het nu gaat om afwijkende bewegingspatronen of regels die geschonden worden.

☐ **GEK DOEN EN KIJKEN NAAR ANDEREN DIE GEK DOEN.**
Dit vond jij hilarisch:

☐
☐
☐

☐ **TV-PROGRAMMA'S OF BOEKJES BEKIJKEN MET IETS WAT GEK IS OF GEK DOET OF WAARIN IETS ONVERWACHTS GEBEURDE.**

Huishoudelijke spelletjes

In de wereld van 'principes' speelt je kind de dagelijkse gang van zaken na, zowel in het gezin als daarbuiten. Geef hem de gelegenheid en speel ook eens mee. Je dreumes voelt dan dat hij meetelt. Het mooiste is natuurlijk als hij kan helpen met het echte werk.

☐ **KOKEN**

Als ik je een bakje met water geef en wat kleine stukjes echte etenswaar, dan maak jij er een prutje van en geeft bijvoorbeeld de pop of mij een hapje.

☐ **STOFZUIGEN**

Met de echte even op en neer gaan of met een speelgoedvariant.

☐ **AFWASSEN**

Schoon wordt het niet, maar je bent dol op water, sop en flink roeren met de borstel.

Spelletjes met emoties

Je dreumes gaat nu ook experimenteren met emoties, bijvoorbeeld bij een begroeting of als hij iets gedaan wil krijgen. Speel mee door bijvoorbeeld de tijd te nemen voor zo'n begroeting. Of je kunt een beetje de draak steken met zijn gespeelde emotie door die na te doen en te spelen dat jij ook erg zielig bent. Meestal moet hij dan lachen.

☐ Gekke gezichten trekken die emoties uitbeelden.
☐ Emoticons nadoen.

Verstoppertje

☐ Van onszelf.
☐ Van dingen.

Jouw favoriete speelgoed

☐ Klimtoestel, glijbaan met trap.
☐ Ballen.
☐ Boekjes.
☐ Zandbak.
☐ Theeserviesje: water of koude thee in kopjes en bakjes.
☐ Puzzels.
☐ Plastic flessen.
☐ Huishoudelijke spullen.
☐ Speelgoedstofzuiger.
☐ Speeltje aan een touwtje.
☐ Kinderprogramma's zoals *Sesamstraat*.
☐ Tekenfilms.

Ontdekkingslijst
van de wereld van principes

Dit zijn voorbeelden van vaardigheden die je dreumes vanaf dit moment zou kunnen gaan vertonen. Even voor de duidelijkheid: je baby doet niet alles uit deze lijst!

Invulinstructie:

Iedereen met een kindje in deze sprong weet: door deze sprong verandert er veel. Dit is een grote en heftige sprong! Houd er daarom extra goed rekening mee dat we hier slechts voorbeelden hebben beschreven en dat jouw dreumes andere dingen kan doen die dezelfde strekking hebben. Juist nu is het heel erg belangrijk dat je de tijd neemt om de keuzes van jouw kind te observeren en kort op te schrijven.

Deze sprong maakte jij op:

Op _____ brak het zonnetje weer door, en nu, aan het eind van deze sprong, zie ik dat je deze nieuwe dingen kunt.

DIT KAN OF DOE JE OPEENS BETER   datum:

☐ Je wordt steeds handiger met het zelf eten en drinken. Dat gaat nu echt opeens veel beter.

☐ Je loopt veel beter en gaat er sneller vandoor.

☐ Je bouwt steeds stabielere/hogere torens van blokken.

☐ Je kunt nu dingen in elkaar zetten, een voorbeeld hiervan is:

☐ Je kunt gerichter met spullen gooien.

☐ Ook al lijk je buiten maar wat rond te scharrelen, je bent eigenlijk heel goed de boel aan het verkennen.

LICHAMELIJKE STRATEGIEËN BEDENKEN EN UITVOEREN

datum:

- ☐ Je probeert ook strategieën met je lichaam. Je gebruikt je lichaam als het ware om iets te laten zien, of iets mee te experimenteren:
  - ☐ Je laat met je lichaamstaal zien dat je slim/snel/grappig/langzaam wilt zijn.
  - ☐ Je lijkt vaak roekelozer en neemt meer risico's.
  - ☐
  - ☐
  - ☐
- ☐ Je experimenteert met hellinkjes en verhoginkjes. Je gaat er bijvoorbeeld voorzichtig met je vingertje overheen of laat er een speeltje vanaf glijden.
- ☐ Ik zie dat je je afvraagt: zal ik het zorgvuldig of onbezonnen doen? De ene keer zet je je beker keurig neer, de andere keer smijt je hem bijvoorbeeld op tafel of op de grond. Het gaat je niet zozeer om die beker, maar om hóó je iets op meerdere manieren met je lijfje kunt doen en wat de effecten hiervan zijn.
- ☐ Je experimenteert met voorwerpen verstoppen en terughalen.
- ☐ Je experimenteert met ergens in of achter kruipen en er weer uit zien te komen.
- ☐ Je houdt ervan om eindeloos te herhalen, en soms te variëren om te experimenteren met lichamelijke dingen zoals:

SOCIALE STRATEGIEËN BEDENKEN   datum:

☐ Je kiest bewust.

☐ Je neemt initiatieven.

☐ Je kunt vooruitdenken. Dat merk ik door:

_____

_____

☐ Je observeert graag grote mensen.

☐ Je observeert graag kinderen.

☐ Je experimenteert met de betekenis en het gebruik van 'ja' en 'nee'.

☐ Je houdt me graag voor de gek. Je doet bijvoorbeeld alsof je ongehoorzaam bent.

☐ Je maakt grapjes om iets (gedaan) te krijgen bij anderen.

☐ Je bent (vaker) behulpzaam of probeert dat te zijn. Je wilt als het ware graag samenwerken.

☐ Je accepteert vaker dat je nog klein bent, hulp nodig hebt en daarom moet gehoorzamen. Je snapt bijvoorbeeld dat het op straat gevaarlijk is en dat je daarom aan de hand moet lopen.

☐ Je schakelt een ander in om iets gedaan te krijgen wat jou zelf niet lukt en wat ik niet goed vond. Je hoopt bijvoorbeeld dat je het koekje dat je van mij niet kreeg en waar je niet bij kon, wel van een ander krijgt...

☐ Je bent vaker gehoorzaam of doet je best dat te zijn.

☐ Je bent vaker extra lief om je zin te krijgen.

☐ Dit zijn vier voorbeelden van hoe ik zie dat jij je doel wilt bereiken en een strategie kiest om dat te bereiken:

datum:

☐ Wat je wilt bereiken   Hoe

☐ Deze gelegenheden heb ik je gegeven om te experimenteren met strategieën:

☐ Je houdt ervan om eindeloos te herhalen, en soms te variëren om te experimenteren met sociale dingen zoals:

Sprong 9

Lief en leed rond 64 weken ofwel bijna 15 maanden

DRAMBUIEN... ALS JE STRATEGIE NIET WERKT

datum:

☐ Je probeert vaker je zin te krijgen door een drambui.

☐ Je geeft vaker uiting aan je emoties door een drambui te krijgen.

☐ Zo heb ik je laten merken dat een bepaalde strategie niet werkt, of zelfs het tegenovergestelde bewerkstelligt en zo reageerde je op mijn correcties. Je paste je strategie aan...

Jouw oude strategie	Mijn correctie	Deze nieuwe strategie paste jij toe
☐ boos		
☐ drammerig		
☐ zeurend		
☐		
☐		
☐		

Let op!

De mate waarin jij de 'negatieve' strategie van je kind doorhebt, de manier waarop je hem corrigeert en de kans geeft om andere strategieën te proberen, zijn van grote invloed op de nabije toekomst. De peuterpuberteit, ook wel de fase van drammen, drammen en drammen genaamd, hoeft namelijk helemaal niet zo erg te zijn als je op tijd begint om je kind te begeleiden bij het zoeken naar de juiste weg. Neem dus echt de tijd om hem te observeren, te corrigeren en de kans te geven de juiste strategie te vinden die wel werkt en positief is. Deze invuloefening zegt niet alleen veel over zijn karakter, maar helpt jou misschien nog wel meer door inzicht te geven in jouw rol als ouder!

KEUZES MAKEN: WAT WIL IK EN HOE GA IK DAT LICHAMELIJK DOEN?

datum:

- ☐ Je experimenteert met spullen. Wat kun je ermee doen en hoe doe je dat?
- ☐ Je bent (vaker) voorzichtig of zorgvuldig of probeert dat te zijn.
- ☐ Je experimenteert met je lijfje. Als je iets aan het doen bent, zie ik dat je je zit te bedenken hóé je iets gaat doen. Ik zie je denken: hoe ga ik de trap af? Hoe ga ik van de bank af? Op welke manier kan ik nog meer ergens op klimmen? Het gaat nu duidelijk om hoe je iets gaat doen, veel minder om het resultaat daarvan.
- ☐ Je doet fijnmotorische vaardigheden na die je anderen ziet doen zoals het vasthouden van een potlood.
- ☐ Je imiteert dingen die afwijken van het normale. 'Rariteiten', zoals mank lopen of krom lopen.
- ☐ Je kijkt op welke manieren je allerlei motorische capriolen kunt uithalen.
- ☐ Je doet grofmotorische dingen na die je een ander ziet doen, zoals koprollen of klimmen.

SOCIALE KEUZES MAKEN: WÁT EN HÓÉ?

datum:

- ☐ Je bent de hele dag bezig met keuzes maken.
- ☐ Als je iets wilt bereiken, dan 'kies' je voor de volgende strategieën, maniertjes:
    - ☐ zorgvuldig
    - ☐ roekeloos
    - ☐ drammerig
    - ☐ boos
    - ☐ kusjes geven
    - ☐ heel lief

datum:

☐ heel behulpzaam

☐ zielig

☐

☐

☐

☐

☐ Dit zijn voorbeelden van hoe ik zag dat jij het 'wat-wil-ik-en-hoe-doe-ik-dat?' toepaste:

Wat je wilde Hoe je dat wilde bereiken

☐ Je imiteert lief/agressief/   /

  / gedrag.

☐ Je imiteert dat wat je op tv of in een boekje zag.

☐ Je zit soms te spelen met emoties. Ik zie je emoties oefenen. Je leert jezelf acteren!

EIGEN WILLETJE
datum:

☐ Je wilt inspraak als anderen bezig zijn.

☐ Je hebt een grotere behoefte om erbij te horen, om geaccepteerd te worden.

☐ Je wordt bezitterig met je speelgoed.

☐ Je wilt inspraak, al is het zonder echt te praten natuurlijk, als we iets gaan doen. Je wilt eigenlijk laten zien: 'Hé, ik heb ook mijn mening! Ik tel ook mee!'

☐ Je doet vaker gewoon waar je zin in hebt, je gaat je eigen gang.

ANGSTEN

datum:

☐ Je hebt ineens 'rare' angsten voor:

☐

☐

☐

TAAL

datum:

☐ Je begrijpt steeds beter wat volwassenen tegen elkaar zeggen.

☐ Je begrijpt steeds beter wat wij tegen jou zeggen.

☐ Je begrijpt korte opdrachtjes steeds beter en voert ze dan met enthousiasme uit.

☐ Als ik je vraag: 'Waar is je …?', dan wijst jij datgene aan waar ik naar vroeg.

☐ Je spreekt alleen nog maar losse woordjes uit (dus geen zinnetjes).

☐ Je imiteert diergeluiden.

☐ Je bootst allerlei klanken steeds beter en vaker na.

☐ Je begrijpt beter wat ik zeg en je kunt soms zelfs al antwoorden.

☐ Dit zei ik:

☐ Jouw antwoord is dan:

☐ Dit zei ik:

☐ Jouw antwoord is dan:

☐ Dit zei ik:

☐ Jouw antwoord is dan:

De makkelijke periode:
de sprong is genomen

Rond 66 weken – ruim 15 maanden – zijn de meeste dreumesen weer wat makkelijker dan ze waren. Ze zijn groter en wijzer geworden en doen gewoon mee met de dagelijkse dingen. Je zou bijna vergeten dat ze nog maar heel klein zijn.

"Hij lijkt slanker, minder gedrongen, zijn gezicht is smaller, hij is ouder geworden. Hij kan bijvoorbeeld soms heel rustig geconcentreerd zitten eten. Dan lijkt hij wel erg groot."
Over Lodewijk, week 66, ofwel 15 maanden

"Alles gaat haar makkelijker af, van zelf eten tot opruimen. Ze leeft het leven gewoon mee. Ik vergeet steeds vaker dat ze nog maar een heel klein kindje is."
Over Eefje, week 67, ofwel 15 maanden en 1 week

Sprong 10

De wereld van systemen

**LIEF EN LEED ROND 75 WEKEN
OFWEL RUIM 17 MAANDEN**

Na het vorige sprongetje begon je dreumes te begrijpen wat principes zijn. Doordat hij als het ware 'boven de stof' kwam te staan, verloren zijn programma's hun robotachtige karakter. Hij was nu voor het eerst in staat om bestaande programma's te beoordelen en eventueel te veranderen. Je kon hem een programma eindeloos zien variëren, om daarna de gevolgen te bestuderen. Je kon zien hoe hij capriolen oefende, het buitenleven leerde kennen, behendiger werd met spullen en met taal, anderen imiteerde, de dagelijkse gang van zaken naspeelde, met emoties oefende, vooruit begon te denken, dramtoneelstukjes begon op te voeren, inspraak opeiste, agressief kon zijn, onderscheid begon te maken tussen het mijn en dijn, grapjes begon te gebruiken als strategie om iets gedaan te krijgen, begon te experimenteren met 'ja' en 'nee', vindingrijk werd om een ander voor zijn karretje te spannen, leerde samenwerken, behulpzaam wilde zijn in het huishouden en experimenteerde met 'onbezonnen' en 'zorgvuldig'.

Evenals zijn programma's iets 'robotachtigs' hadden voordat hij 'boven die stof kwam te staan', zo hadden ook zijn principes nog geen souplesse. Hij kon ze alleen nog maar star toepassen, altijd op dezelfde manier, ongeacht de omstandigheden.

Wij volwassenen zijn wel in staat om onze principes aan te passen aan de steeds wisselende omstandigheden. Wij hebben overzicht. Wij kunnen zien hoe bepaalde principes samenhangen en een geheel vormen, een systeem. Het begrip 'systeem' is het overkoepelende idee dat men heeft van een georganiseerde eenheid. We noemen iets een systeem als het als een geheel werkt doordat de onderdelen waaruit het opgebouwd is van elkaar afhankelijk zijn. Er zijn heel tastbare voorbeelden, zoals een ouderwetse klok die opgewonden moet worden, een elektriciteitsnetwerk of het menselijke spiersysteem. Die systemen vormen een samenhangend geheel van principes betreffende – achtereenvolgens – tandwieloverbrenging, elektrische potentialen en weerstanden, en uitgebalanceerde spierspanningen.

Er zijn ook veel minder tastbare voorbeelden. Denk maar eens aan menselijke organisaties: die hangen aan elkaar van principes die niet onmiddellijk aanwijsbaar zijn. Er zijn regels (ofwel overeenkomsten) voor de taken die bij een bepaalde positie horen, regels voor sociaal gedrag zoals op tijd komen, en regels voor het je eigen maken van de doelen die de baas bedacht heeft. Zo heb je de banketbakkerij, de kapsalon, de scouting, het gezin, de toneelvereniging, het politiebureau, de kerk, onze samenleving, onze cultuur en de wet, om er maar een paar te noemen.

Als je dreumes het volgende sprongetje maakt, belandt hij in die wereld van systemen. Voor het eerst in zijn leven kan hij systemen waarnemen. Natuurlijk komt hij nog maar net kijken. Het zal nog heel wat jaren duren voordat hij heeft geleerd wat onze samenleving, onze cultuur of de wet inhoudt. Hij begint heel simpel en dicht bij huis. Hij krijgt een idee van zichzelf als systeem. En samen met papa en mama vormt hij een gezin. En zijn gezin is niet hetzelfde gezin als dat van zijn vriendinnetje. En zijn huis is niet hetzelfde huis als dat van de buren.

Net zoals je kind boven de stof van de programma's kwam te staan toen hij eenmaal de sprong in de wereld van principes had gemaakt, zo ook begint je dreumes pas na deze sprong in de wereld van systemen souplesse te tonen in het toepassen van principes. Nu begint hij te snappen dat hij kan kiezen wat hij wil zijn: eerlijk, behulpzaam, voorzichtig, geduldig, enzovoort. Of juist niet. Hij past de principes minder star toe en begint te leren hoe hij verfijnder in kan spelen op allerlei veranderende omstandigheden.

Rond 75 weken – 17 maanden en een dikke week – merk je meestal dat je kleintje dingen uitprobeert die nieuw zijn. Maar hij voelde de sprong in de 'wereld van systemen' al eerder aankomen. Vanaf week 71 – ruim 16 maanden – merk je dreumes dat zijn wereld verandert. Een wirwar van nieuwe indrukken zet zijn vertrouwde belevingswereld op zijn kop. Hij kan al die nieuwigheden niet meteen verwerken. Eerst moet hij orde in de chaos scheppen. Hij gaat terug naar iets ouds en bekends. Hij wordt Huilerig, Humeurig en Hangerig. Hij moet weer even 'papa of mama tanken' om orde te scheppen in de tiende 'nieuwe wereld' die voor hem opengaat als hij deze sprong maakt.

Om te onthouden

Als jouw dreumes hangerig is, let dan alvast op nieuwe vaardigheden of pogingen daartoe. Kijk alvast naar de ontdekkingslijst op pagina 452 om te zien waar je op kunt letten.

De moeilijke fase:
het visitekaartje van de sprong

In dit hoofdstuk beschrijven we niet meer in detail hoe je kunt herkennen dat de sprong zich aankondigt. Dat weet je nu ondertussen wel. Daarom herhalen we alleen maar het kader hierna als geheugensteuntje. Het handige ezelsbruggetje is dat van de drie **H**'s (**H**uilerigheid, **H**angerigheid en **H**umeurigheid) en nog een paar van de opgesomde kenmerken. Bedenk daarbij dat het je dreumes uiteindelijk alleen maar gaat om jouw onverdeelde aandacht en nabijheid. En hij is inmiddels zo veel groter en slimmer geworden dat hij vele wegen naar Rome weet te vinden.

Ergernissen en ruzies

In het begin was je alleen maar bezorgd dat er iets mis was als je baby weer zo hangerig, huilerig en humeurig was. Toen hij een halfjaar was, begon je je steeds vaker te ergeren als je merkte dat er echt niets aan de hand was, maar meestal hield je die gevoelens voor je. Hij was toch ook nog zo klein. In het tweede jaar liet je de dingen niet op hun beloop als je je ergerde en ging je er wat aan doen. En je kreeg ook wel ruzie met je dreumes. Je mocht van de echte geneugten van het ouderschap genieten! Bij deze sprong rapporteren alle ouders dat ze 'ruzie' hebben met hun puberende peuter. Pubers hebben de naam dat ze het leven van hun ouders aardig zuur kunnen maken. Maar peuters kunnen er ook wat van! Dat geeft je alvast een voorproefje van wat je later te wachten staat. Het hoort er allemaal bij.

Ouders ergeren zich en doen er ook wat aan

'Als ze heel dreinerig vraagt of ik iets wil doen, zeg ik heel vriendelijk: Ja, mama wil je...' Dan herhaalt ze heel lief: 'Mama, wil je...'.'
Over Anna, week 71, ofwel ruim 16 maanden

'Deze week heb ik me echt geërgerd. Hij wilde overdag niet slapen. Het hoeft niet meer als hij niet wil. Dat geeft me meer rust en het scheelt onnodige energie. Ook wil hij geen luier meer aan. Ik laat hem vaak zonder luier lopen.'
Over Ties, week 73, ofwel bijna 17 maanden

Zo merk ik aan jou dat de sprong begonnen is:

- ☐ Je huilt vaker.
- ☐ Je bent vaker chagrijnig, mopperig of dreinerig.
- ☐ Het ene moment ben je vrolijk, het andere moment huilerig.
- ☐ Je wilt vaker beziggehouden worden.
- ☐ Je wilt de hele tijd bij mij zijn.
- ☐ Je protesteert meteen als ik het lichaamscontact verbreek.
- ☐ Je bent 'overdreven' lief.
- ☐ Je bent opvallend ondeugend.
- ☐ Je krijgt (vaker) driftbuien.
- ☐ Je bent (vaker) jaloers.
- ☐ Je bent (vaker) eenkennig.
- ☐ Je slaapt slechter.
- ☐ Je zit (vaker) stiletjes te dromen.
- ☐ Je pakt (vaker) een troostmiddel, zoals een knuffel.
- ☐ Je gedraagt je babyachtiger.
- ☐ En ik merk dat je:

Let op, ook hier geldt: een dreumes hoeft niet al deze sprongkarakteristieken te vertonen! Het gaat er meer om wélke je dreumes vertoont dan om hoeveel.

"Ik vond het moeilijk om door haar zo volledig in beslag genomen te worden. Ze dreef me soms tot wanhoop: 'Doe ik het wel goed?' Ik probeer me te ontspannen. Mijn plannen op te geven. Laten komen wat komt, maar het valt niet mee."

Over Ashley, week 73, ofwel bijna 17 maanden

"Ze heeft de rok van mijn schoonmoeder ontdekt... Vreselijk. Ze wil en zal er per se onder gaan staan om zich (denk ik) te verstoppen. Mijn schoonmoeder wil dat absoluut niet en wordt zelfs erg boos ervan. Dus doet ze het nog een keer, nog een keer en nog een keer..."

Over Amira, week 73, ofwel bijna 17 maanden

"Ik heb hem deze week zo nu en dan dreinend en wel even weggezet. Hij was zo dwingend, ongedurig. Hij wilde steeds zijn zin hebben."

Over Dirk, week 74, ofwel 17 maanden

"Ik was weer eens erg bang een vreselijk verwend secreetje gecreëerd te hebben."

Over Elisabeth, week 74, ofwel 17 maanden

Ruzies

"Ik heb regelmatig ruzie met haar gehad. Ze wil vaak snoep als ze het ziet en dat krijgt ze niet altijd. Maar ze houdt op als ze beseft dat het niet anders kan. Ik heb niet het idee dat ze dan boos is op mij."

Over Giulia, week 72-74, ofwel 16-17 maanden

"Ik heb verscheidene keren echt ruzie met hem gehad. Hij mag in het vakantiehuisje niet op dezelfde manier de keuken overhoophalen als thuis. Vorige week ging dat redelijk goed. Nu was hij steeds ongehoorzaam. Ik heb hem zo nu en dan buiten gezet met de deur open. Dus hij kon er zo weer in, maar het maakte hem zeer ongelukkig."

Over Lodewijk, week 74, ofwel 17 maanden

Het nieuwe vermogen breekt door

Rond 75 weken – 17 maanden en een dikke week – merk je dat veel hangerigheid weer gaat verdwijnen. De driftbuien en de ruzies met je puberende peuter nemen af. Hij is weer wat ondernemender. Misschien zie je al dat hij anders is, zich anders gedraagt. Dat hij zich heel sterk van zichzelf bewust wordt. Dat hij anders denkt. Een beter tijdsbegrip krijgt. Anders met speelgoed en spullen omgaat. Zijn fantasiespel neemt een grote vlucht. Hij heeft een andere humor. Je peuters' verkenningstocht in de 'wereld van systemen', die een paar weken geleden begon, begint nu zijn vruchten af te werpen en je peuter begint die nieuwe vaardigheden te kiezen die het best bij hem passen. Jouw peuter met zijn aanleg, voorkeur en temperament kiest waaraan hij als eerste wil werken. Begrijp waar hij mee bezig is en help hem. Maar pas op! Hij wil het absoluut allemaal zelf doen.

"Bij de dingen die ik als vader met hem doe merk ik dat hij uitstel beter kan verdragen."
Over Gregoor, week 74, ofwel bijna 17 maanden

"Het ging weer veel soepeler met haar, hoewel ze zeer eigenwijs is en veel aandacht vraagt."
Over Juliette, week 75, ofwel 17 maanden

De 'wereld van systemen'

Als je kindje de wereld van systemen binnengaat, komt hij 'boven de stof' van principes te staan. Dan past hij principes niet meer star, maar juist soepel toe. Hij kan het gebruik van principes aanpassen aan de wisselende omstandigheden. Hij kan er nu bijvoorbeeld voor kiezen om een moreel principe toe te passen, of juist niet. Vanaf deze leeftijd kun je het prille begin van gewetensvorming zien, van het systematisch hanteren van waarden en normen.

'Ze schrikt als wij haar betrappen met iets wat ze niet mag en ze zegt dan hard 'nee'.'
Over Jetteke, week 73, ofwel ruim 16½ maand

Het systeem waar je kindje dag in, dag uit mee leeft en dat hij het best kan leren kennen, is zichzelf. Zijn eigen ik. Als de wereld van systemen voor hem opengaat, dan komt zijn zelfbegrip, zijn zelfbewustzijn, tot ontwikkeling. Dat heeft allerlei gevolgen. Zo ontdekt je kindje dat hij de bezitter is van zijn eigen lichaam en dat hij controle heeft over zijn eigen lichaam. Ook ontdekt hij dat hij gebeurtenissen kan laten plaatsvinden, dat hij zélf iets kan doen, dat hij macht heeft over dingen, dat hij zijn eigen wil kan laten zien, dat hij beslissingen kan nemen. Allemaal zaken die te maken hebben met zijn groeiende zelfbegrip.

'Hij doet nu expres dingen anders dan er van hem verwacht of gevraagd wordt. Als je bijvoorbeeld vraagt: 'Geef mama eens een kusje?' dan geeft hij iedereen een kusje, loopt dan naar mij en zegt: 'Hihihihihi,' en geeft me geen kus. Volgens mij laat hij hiermee duidelijk zien dat hij 'hij' is. Dat hij niet meer één is met mij, maar een individu. Dat is het eigenlijk.'
Over Thomas, week 80, ofwel ruim 18 maanden

Je peuter gaat nu ook begrijpen dat mama een aparte persoon is en papa ook. Hij gaat begrippen als 'jij' en 'ik' hanteren en is zeer geïnteresseerd in het lichaam van papa en dat van mama. Een jongetje ontdekt bijvoorbeeld dat hij een piemel heeft, net als papa. En dat die van papa veel groter is dan die van hem. Dat vindt hij niet leuk. Hij brengt alle overeenkomsten en verschillen feilloos in kaart. Voor het eerst in zijn leven kan je peuter zich verplaatsen in een ander nu hij beseft dat hij een individu is en dat een ander ook een individu is. Voor het eerst heeft hij bijvoorbeeld in de gaten dat een andere persoon niet dezelfde voorkeur hoeft te hebben als hijzelf. Dat kwam op een eerdere leeftijd absoluut niet in hem op. Met een mooi woord zeggen we dat hij minder egocentrisch is geworden. Dat heeft allerlei gevolgen. Hij kan nu echt iemand troosten. Zijn pantomime bereikt een hoogtepunt. Hij aapt alles na wat los en vast zit, de hele dag. Zijn fantasiespel komt nu van de grond.

Je ontdekkingsreiziger is ook gefascineerd door andere levende wezens, van mieren tot honden. Het zijn immers allemaal 'systemen'.

Je puberende peuter gaat beseffen dat hij in een gezin leeft. En dat zijn gezin anders is dan het gezin van zijn vriendinnetje, waar hij twee dagen in de week naartoe gaat. Per slot van rekening is zijn gezin de eerste menselijke organisatie die hij van binnenuit leert kennen. En hij heeft feilloos in de gaten dat je in het gezin van zijn vriendinnetje niet eerst een boterham met hartig beleg hoeft te eten voordat je aan de zoetigheid mag beginnen. In háár gezin worden andere regels gehanteerd.

Net zoals je peuter zijn gezin als een systeem gaat herkennen, zo gaat hij ook zijn familie onderscheiden van de familie van anderen. Met zijn vrienden gaat het al net zo. En met zijn huis en zijn buurt. Hij kan steeds beter de weg vinden in zijn bekende omgeving buiten zijn huis.

Hij wordt zich heel erg bewust van zijn kleren, hij kan heel ijdel zijn en is zeer bezitterig als het om zijn speelgoed gaat.

Je kunstenmaker gaat nu kunst met een grote K maken: hij krast niet meer bij het tekenen, maar tekent nu bijvoorbeeld 'paarden' en 'boten' en 'zichzelf'. En hij kan echt van muziek genieten – ook dát is een systeem.

Je peuter begint nu een tijdsbesef te ontwikkelen. Hij wordt veel beter in het zich herinneren van voorbije ervaringen en in het voorspellen van toekomstige gebeurtenissen.

Hij kan nu voor het eerst zinnetjes gaan zeggen. Dat wil niet zeggen dat iedere peuter dat nu ook doet. Net als met de uitwerking van alle andere vaardigheden verschillen kinderen onderling heel sterk in de leeftijd waarop ze daarmee beginnen. Alle peuters begrijpen nu veel van wat je tegen ze zegt, maar sommige spreken nog maar weinig woorden. Andere spreken wel veel woorden en doen veel aan mime, maar spreken nog geen zinnetjes. En weer andere gaan ook zinnetjes spreken. Of jouw peuter dat wel of niet doet, is mede afhankelijk van de manier waarop je met hem omgaat.

Om een idee te geven van wat je allemaal onder systemen kunt verstaan, zijn voorbeelden uit de wereld van volwassenen verhelderend.

Neem bijvoorbeeld het beoefenen van wiskunde. Op het niveau van programma's denken we na, gebruiken we logica en hanteren we wiskundige symbolen. Op het niveau van principes denken we na over dat nadenken en dus ook over hoe we wiskunde bedrijven. En op het niveau van systemen beschouwen we wiskunde in haar totaliteit als een intellectueel systeem.

Op soortgelijke wijze is de wetenschap van de natuurkunde een groots systeem dat opgebouwd is uit zeer zorgvuldig ontdekte principes. En dat geldt ook voor de wetenschap van de biologie met zijn evolutietheorie en de daarbijbehorende principes van de natuurlijke selectie. En hetzelfde geldt voor andere wetenschappen.

Zaken als wereldbeeld of levensvisie horen thuis onder systemen. Er zijn ook voorbeelden te noemen uit het dagelijkse leven. Onze overtuiging wat betreft onze voeding leidt tot principes betreffende het verkrijgen van voedsel en die sturen op hun beurt weer eetprogramma's aan. Zo gaat het ook met onze overtuiging over de functie van slaap. En onze opvatting over het economisch functioneren van onze maatschappij. Ook democratie is een begrip op het niveau van systemen. Net als bij andere menselijke organisaties zijn sommige aspecten tastbaar of aanwijsbaar terwijl andere heel vluchtig zijn. Tegen de tijd dat een ander in jouw positie is om hetzelfde waar te nemen, kan de situatie volkomen veranderd zijn. We kunnen de gebouwen van de Tweede Kamer aanwijzen, de jaarlijkse begroting die gepresenteerd wordt op Prinsjesdag, of sommige ministers die op de fiets naar het Binnenhof komen. Maar wat je niet aan kunt wijzen is autoriteit, samenwerking, achterkamertjespolitiek, compromis of organisatie in het algemeen. Je kunt aanwijzen wat volgens jou bewijs is van het bestaan ervan, maar je kunt het bestaan niet toetsen zoals je het bestaan van iets simpels en tastbaars als een steen toetst.

Andere voorbeelden van systemen als menselijke organisaties zijn het gezin, de school, de kerk, de bank, de fabriek, het leger, de regering, de voetbalclub en de bridgeclub. Dergelijke sociale instituties hebben de belangrijke taak om hun leden aan te moedigen zich de doelstelling en de normen van de institutie eigen te maken. Soms stáán ze er zelfs op. In het gezin noemen we dat socialisatie. Het overnemen van waarden, normen en andere principes gaat daar bijna vanzelf, omdat dreumesen en peuters alles imiteren en omdat er dagelijks talloze momenten zijn waarop die dingen aan de orde komen. Vaak niet uitdrukkelijk, maar voorgeleefd zonder dat je erbij stilstaat.

Anders lijkt dat met een systeem als natuurkunde of wiskunde. 'Daar is zo'n hummeltje toch nog lang niet aan toe', zullen de meeste mensen zeggen. 'Dat komt pas als hij naar het voortgezet onderwijs gaat.' Maar als je zijn spel met dingen goed observeert, als je ziet hoe hij bijvoorbeeld steeds weer een bal onder water duwt die weerstand uitoefent, en als je ziet hoe hij eindeloos bezig kan zijn om van alles van een helling te laten rollen of zelf hellinkjes op en af te hollen, dan kun je je niet aan de indruk onttrekken dat hij bezig is te experimenteren met principes betreffende elementaire, natuurkundige verschijnselen om systeem aan te brengen in zijn waarnemingen. En dan is hij in goed gezelschap. Want zelfs de beroemde natuurkundige Newton hield zich ooit bezig met iets simpels als vallende appels. Misschien is het geen gek idee dat docenten natuurkunde te rade gaan bij spelende peuters om nog een paar leuke proefjes te bedenken voor in de klas.

Dat geldt natuurlijk voor meer systemen dan alleen natuur- of wiskunde. Zo is je peuter bijvoorbeeld ook geïnteresseerd in elementaire bouwkunde. Hij kan uren naar bouwvakkers kijken of aapt zijn vader of moeder na bij het maken van cement. Hij is de hele dag water en zand aan het mengen en gaat dan 'stuken'. Ook worden zijn bouwsels nu ingewikkelder. Hij kan bijvoorbeeld de rails leggen tot een spoor en er met een trein overheen rijden.

Hersenwerk

Tussen 16 en 24 maanden stijgt het aantal zenuwverbindingen in de grote hersenen explosief, zowel binnen bepaalde gebiedjes in die grote hersenen als tussen verschillende gebiedjes. In de laatste helft van het tweede levensjaar rijpt een deel van de grote hersenen vlak achter het voorhoofd (het zogenoemde orbitofrontale deel) en dat gaat gepaard met een waterval van nieuwe vermogens. De rechter hersenhelft eindigt zijn eerste, sprongsgewijze groeiperiode met ongeveer anderhalf jaar, wanneer de later rijpende linker hersenhelft begint te groeien – die te maken heeft met taalontwikkeling. Het begrijpen van losse woorden wordt met de leeftijd van 20 maanden beperkt van de totale grote hersenen tot een paar gebiedjes in de linkerhelft.

Zo zijn peuters

Je peuter is het meest geïnteresseerd in alles wat nieuw is. Reageer daarom altijd en vooral op nieuwe vaardigheden en interesses die je peuter toont. Hij leert dan prettiger, makkelijker, sneller en meer.

Oefeningen
Ervaar de wereld door de ogen van je peuter

Wij zijn eigenlijk saaie mensen. De mooiste en grappigste dingen vallen ons al helemaal niet meer op. Dat is zonde! Want door er wel op te letten, snap je veel beter hoe mooi de wereld van je kind eruitziet en wat zijn fascinaties en pleziertjes zijn. Dus... tijd om het kind in jezelf te herontdekken. Probeer de volgende dingen eens uit, superleuk om te doen! Eigenlijk schuilt er een Einstein in ons allemaal.

- Ga op een drempeltje staan en wiebel op en neer. Grappig, hè, dat hoogteverschil?
- Stop je vinger langzaam in het water in een beker en kijk hoe het water omhooggaat; haal je vinger eruit en kijk hoe het water weer naar beneden gaat.
- Maak een sopje, pak een rietje en blaas eens wat zeepbellen.
- Leg je arm op tafel, trek hem rustig terug en voel hoe je arm langzaam van de tafel glijdt. Draai rondjes met je hoofd en voel hoe dit eerst langzaam gaat, maar hoe je hoofd vervolgens op een bepaald punt opeens snel naar voren valt. Voel hoe je hoofd moeite heeft de 'helling' van je schouders op te gaan, maar hoe makkelijk het naar beneden rolt.

De allemaal-nieuwe-dingenfase:
de ontdekking van de nieuwe wereld

In de wereld van 'systemen' gaat je peuter ontdekken dat hij kan kiezen als het om 'principes' gaat. Hij gaat zichzelf ontdekken, en zijn gezin, zijn familie, zijn vrienden, zijn huis, zijn buurt, zijn kunst en ga zo maar door. Geef je kind de gelegenheid om ervaring op te doen met allerlei systemen. Alleen door zijn vindingrijkheid, jouw reactie en heel veel oefening leert hij hoe de wereld van systemen in elkaar zit.

Let op!

Toen je de beknopte uitleg van deze sprong las heb je waarschijnlijk een aantal zinnen opnieuw moeten lezen. Het idee wat een 'systeem' is, is al moeilijk te begrijpen, maar het idee hoe een peuter zo'n 'systeem' waarneemt is nóg moeilijker om te begrijpen. Het is ook bijna niet uit te leggen. Veel makkelijker wordt het als je concrete voorbeelden ziet. Daarom hebben we extra veel voorbeelden opgenomen in dit hoofdstuk in de vorm van quotes van ouders die over hun peuter vertellen. Daardoor zie je hoe breed en divers het nieuwe vermogen van 'systemen' waarnemen is. De voorbeelden zijn nog lang niet compleet. Per onderdeel kunnen we er nog wel honderd noemen. Maar door de ervaringen van andere ouders te lezen, krijg je wel een heel goed idee waar je op moet letten. En dan zul je zien: een peuter kan zó veel meer dan we gewoonlijk denken.

Ik en mijn geweten

Het geweten is een systeem van morele principes, van waarden, normen en regels. Gewetensvorming gaat niet vanzelf. Je peuter moet al doende zijn geweten vormen aan de hand van de voorbeelden die hij tegenkomt en met de terugkoppeling die hij van jou krijgt. Jij moet aangeven wat hoort en wat niet hoort. Het kost tijd, veel tijd, totdat je peuter zo veel voorbeelden heeft meegemaakt dat daar conclusies uit te trekken zijn. En dan is het maar te hopen dat je consequent bent in je reacties. Als je de ene keer dit en de andere keer dat zegt, dan kost het je peuter nog veel meer tijd. Dat geldt ook als de signalen die hij krijgt zo verwarrend zijn, dat hij er helemaal niet meer uitkomt. Vanaf deze leeftijd probeert je regelneefje overal systeem in te ontdekken, ook in waarden, normen en regels. Hij hongert als het ware naar regels en test uit waar de grenzen liggen. Net zoals hij recht heeft op dagelijks eten, zo heeft hij ook recht op dagelijkse regels.

"Ze heeft door dat de spullen die hoog in de kast staan alleen voor haar broer zijn. Nu klimt ze snel in de kast om stiekem iets te pakken. Als je het ziet, laat ze het snel uit haar handen vallen en kijkt je aan met een blik van: 'Hoe komt dat daar nou?'"

Over Victoria, week 76, ofwel 17 maanden en ruim 1 week

"Hij doet alles na wat hij op de televisie ziet. Hij gaat bijvoorbeeld expres vallen. En in de film Town Torn Apart zag hij kinderen vechten. Hij observeerde dit en ging zichzelf slaan."

Over Thomas, week 80, ofwel ruim 18 maanden

"Verder viel me zijn slechte luisteren op en zijn wat lompe gedrag. Ik kende hem zo niet. Hij timmerde zonder enige aanleiding op iemands hoofd of trok aan een T-shirt tot de ander omviel. Ik vind het hoogst irritant en ben een paar keer erg boos geweest. Telkens weer leg ik uit dat het pijn doet. Misschien praat ik te veel tegen hem, zodat hij Oost-Indisch doof is geworden. Het heeft absoluut geen effect als ik hem iets verbied of hem een opdracht geef. Ik heb zelf bedacht dat ik naar hem toe moet gaan, dan iets moet zeggen en vervolgens met hem samen de opdracht moet uitvoeren. Bijvoorbeeld een flesje op een vaste plaats zetten in plaats van alsmaar wegsmijten."

Over Jim, week 81, ofwel 18½ maand

"Ik heb gemerkt dat Ties, als hij valt, minder snel huilt en goed tegen een stootje kan. Maar als hij vindt dat hij een verbod krijgt dat oneerlijk is, is hij erg gekwetst en in de war. Bijvoorbeeld toen hij zo huilde omdat hij niet met zijn laarsjes op bed mocht. Ik had het hem toegestaan omdat ze schoon waren, maar Ellen wist dat niet en begreep het niet. Ik kon aan zijn huilen merken dat hij het erg vond en het deed hem echt pijn, terwijl het toch niet zo dramatisch was. Ik hoor hem zelden zo. Wel hoor ik deze huil als hij bij zijn vader is geweest en als hij van mij iets niet mag wat hij van zijn vader wel mag."

Over Ties, week 81, ofwel 18½ maand

"Hij kan nu 'liegen'. Wanneer hij bijvoorbeeld op een feestje een koekje aan het eten is met zijn hele mond onder de chocola, en er iemand langskomt met nog iets lekkers, stopt hij snel zijn hand met koek achter zijn rug en zegt dat hij nog niets heeft. Als hij dan iets mag pakken, lacht hij en laat triomfantelijk zijn koekje zien."

Over Thomas, week 87, ofwel 20 maanden

Ik en mijn zelfbegrip

Het systeem waar je peuter het meest mee te maken heeft, is zichzelf. Dat systeem leert hij dan ook het eerst kennen. Dat heeft allerlei gevolgen. Zo ontdekt je peuter dat hij de bezitter is van een eigen lichaam en dat hij controle heeft over zijn eigen lichaam. Ook ontdekt hij dat hij gebeurtenissen kan bewerkstelligen, dat hij een eigen wil heeft en zelf beslissingen kan nemen, en dat hij macht kan uitoefenen. Hij denkt helemaal in termen van ik, ik, ik.

Hier lees je een heleboel ervaringen van andere ouders, onderverdeeld in de categorieën: 'ik en mijn lichaam', 'ik heb controle over mijn lichaam', 'ik kan zelf iets doen', 'ik heb een eigen wil' en 'ik wil macht'. Ze zullen je stuk voor stuk op weg helpen om je peuter nog beter te begrijpen en in te zien hoe hij met het nieuwe vermogen 'systemen waarnemen' omgaat.

Ik en mijn lichaam

Met deze sprong lijkt het wel alsof peuters hun lichaam, of lichaamsdelen opnieuw aan het ontdekken zijn. Hoe voelt iets? Wat kun je ermee? De volgende ervaringen van andere ouders laten dit goed zien.

"Hij is enorm in zijn piemel geïnteresseerd. Hij plukt er vaak aan en wrijft ermee over allerlei voorwerpen. Ik laat hem dan ook vaak bloot rondlopen."

Over Marc, week 72, ofwel 16½ maand

"Het lijkt wel alsof ze haar tenen herontdekt heeft. Ze bestudeert ze stuk voor stuk, minutenlang."

Over Victoria, week 73, ofwel ruim 16½ maand

"Ze noemt zichzelf Mita. Ze heeft deze nieuwe naam aan zichzelf toegekend."
Over Victoria, week 75, ofwel 17 maanden

"Hij bonst, en vaak hard, met zijn hoofd tegen de muren. Dat geeft mij een rotgevoel. Ik wil dat hij dat laat. Ik denk dat hij dat doet om zijn zelfgevoel te ervaren."
Over Rudolf, week 76, ofwel 17 maanden en ruim 1 week

"Niemand mag aan hem komen. De dokter niet bij het wegen en meten, de kapster ook niet, al was ze een vriendin, en zelfs zijn oma niet bij het aankleden."
Over Thijs, week 82, ofwel ruim 18½ maand

"Ze zegt ook: 'Is mij'."
Over Odine, week 83, ofwel 19 maanden

"Als iemand tegen hem zegt: 'Wat een mooie krullen,' dan strijkt hij met zijn handen door zijn haar zoals de hoofdrolspeler in de film Grease dat doet."
Over Thomas, week 86, ofwel bijna 20 maanden

Ik heb controle over mijn lichaam

Met het nieuwe vermogen van 'systemen waarnemen' zal je peuter ook staan te springen (soms letterlijk) om zijn lichaam op allerlei manieren te gaan inzetten voor trucjes, kunstjes en acrobatiek. Dat kan best even eng zijn... Los van het feit dat hij door dit soort dingen zijn lichaam traint, is hij ook bezig om deze bewegingen en de gevolgen als systemen waar te nemen. Deze capriolen zijn dus lichamelijke en mentale sport! Ook hier geven we je weer voorbeelden van andere ouders waar jij je voordeel mee kunt doen.

"Hij loopt nu rechtop de trap op met grote stappen. Dit wil zeggen: rechtervoet op de ene tree en linkervoet op de volgende, enzovoort."
Over Bob, week 72, ofwel 16½ maand

"Ik heb me deze week echt boos gemaakt. Ze klom een gevaarlijke trap op terwijl ik het al een paar keer verboden had."
Over Eefje, week 74, ofwel 17 maanden

"Ze vindt allerlei manieren om toch ergens bij te kunnen waar ze niet bij mag komen. Ik heb bepaalde dingen weggelegd of beschermd. Dat heeft nu geen zin meer. Ze vindt toch wel een manier om erbij te kunnen. Al sleept ze er een stoel bij en moet ze op een ladder klimmen."
Over Victoria, week 76, ofwel bijna 17½ maand

"Ze leerde kopjeduikelen, glijdt alleen van de glijbaan en klimt er zelf op, en klimt zelf in en uit haar bed."
Over Noa, week 81-83, ofwel 18½-19 maanden

"Hij is veel van grotere hoogte aan het springen. Hij voelt dan goed of hij het denkt aan te kunnen. Zo niet, dan zegt hij 'eng' en strekt zijn arm uit, wat zoveel wil zeggen als: 'Ik durf niet alleen, laten we het samen doen.' Hij loopt ook graag over smalle muurtjes. Evenwichtsoefeningen. Hij geniet als het hoge muurtjes zijn (1.5 meter). Ik doe uiterlijk heel kalm, maar houd vanbinnen mijn hart vast."
Over Lodewijk, week 83-86, ofwel 19 tot bijna 20 maanden

Ik kan iets zelf doen

Maak je borst maar nat, want de peutertijd staat in het teken van alles 'zelluf' willen doen. En zo hoort het ook. Een heel goede, natuurlijke ontwikkeling, maar soms best eng… Waar leg je de grens? Hoeveel laat je hem zelf doen en wanneer doe jij het voor hem? Als vuistregel kun je aanhouden: als het gevaarlijk is doe jij het, als het hoogstens frustrerend is dat het je peuter (nog) niet lukt of dat hij moeite moet doen, dan doet hij het zelf. Die frustratie en moeite, daar leert hij namelijk alleen maar van! Sterker nog: frustratie en moeite doen zijn twee essentiële onderdelen om te leren dat je in het leven, de rest van je leven, nou eenmaal goed je best moet doen en dat het dan uiteindelijk lukt. Te veel frustratie is natuurlijk ook weer niet goed voor het zelfvertrouwen. Help hem dan door de randcondities net even wat makkelijker te maken, zodat je peuter het nog wel zelf kan voltooien. En nog even voor de duidelijkheid… je peuter doet er vaak langer over dan jij. Dat is natuurlijk heel normaal. Geef hem die tijd. Ga je niet haasten en het zelf doen omdat het dan sneller gaat. Dan zeg je namelijk alleen maar: jij kunt het niet goed genoeg en ik kan het beter. Niet met die woorden, maar dat is dan wel wat hij ervaart. Ook hier lees je weer talloze voorbeelden van ouders die jou kunnen inspireren, om zo goed te zien hoe jóuw peuter met deze sprong en het nieuwe vermogen omgaat.

"Ze pelt en eet zelf mandarijnen, opent de deuren en kan haar eigen naam zeggen. Ze windt zelf haar speelgoedradio op en loopt er dan mee aan haar oor."
Over Juliette, week 72, ofwel 16½ maand

"Ze wil minder in de kinderstoel en wil graag op een gewone stoel aan de eettafel zitten. Verder wil ze geen slab om en ze wil absoluut zelf eten."
Over Giulia, week 73-75, ofwel rond 17 maanden

"Hij sjouwde deze week rond met doekjes. Die gebruikte hij vervolgens als een soort slab of schoonmaakdoekje, maar vooral als een soort handvat. Ik bedoel: als hij iets wil vastpakken, legt hij het doekje eroverheen en pakt het dan vast. Hij deed dit vooral bij handvatten van de keukenkasten."
Over Paul, week 74, ofwel 17 maanden

"Nu staat niet meer centraal dat ik hem laat zien wat we eten en het benoem, maar dat hij kijkt en dat hij zegt wat het is. Ook met de vormenstoof spelen is opeens iets heel anders geworden. Het gaat hem erom dat hij de stukken er op zijn manier in doet. Vormen die hij allang kent, probeert hij met geweld door het verkeerde vakje te duwen. Als hij ze per ongeluk in het goede vakje doet, trekt hij snel terug. Hij wil de dingen er op zijn manier in stoppen, niet volgens de regels van de stoof."
Over Dirk, week 76, ofwel bijna 17½ maand

"Als ik vraag: 'Moet mama het doen?' zegt zij: 'Nee, Anna.' Ook als ze iets stuk heeft gemaakt en wij vragen wie dat gedaan heeft, zegt ze 'Anna'. Ze is zich dus heel erg bewust van zichzelf. Ze lacht ook zomaar als ze iets laat vallen of expres op de grond gooit."
Over Anna, week 77, ofwel 17½ maand

"Hij kan nu gebruikt worden als 'loopjongen'. Hij haalt meteen alles wat hem wordt opgedragen. Geeft de afstandsbediening aan. De krant. De sokken. Hij haalt de schoenen. Pakt schoonmaakmiddelen. En als hij met de flightsimulator speelt op de computer met papa, volgt hij papa's bevelen op: 'Gas!' 'Landingsgear!' 'Eject!' Ik ben trots op mijn kleine grote man. Hij slooft zich uit. Doet onmiddellijk alles wat hem wordt opgedragen."
Over Thomas, week 80, ofwel 18 maanden en 1 week

"Ze kan nu kleuren sorteren, ze zag dat op een kleurstift de verkeerde dop zat."
Over Victoria, week 84, ofwel ruim 19 maanden

Sprong 10

"Hij kan zijn neus snuiten. Hij probeert nu overal zijn neus in te snuiten, zelfs in de onderzettertjes."

Over Gregoor, week 88, ofwel 20 maanden

Ik en mijn zindelijkheid

Veel peuters zijn nu ook met hun lichaam bezig in de vorm van zindelijkheid. Geef hem de kans om zindelijk te worden door dit zo makkelijk mogelijk voor hem te maken. Zet in alle kamers (vaste plekken!) een potje neer, laat hem vaak bloot rondlopen. Als hij iets voelt aankomen, moet hij snel bij een potje kunnen zijn. Neem de tijd, forceer niks.

"Ze gaat zelf op de pot zitten als ze in haar blote billen loopt. Als ze een broekje aan heeft, plast ze wel in haar broek, maar zegt het meteen."

Over Odine, week 87, ofwel 20 maanden

"Ze wil nu af en toe op de po zitten. Ze zit dan een seconde en gaat dan heel overdreven haar billen afvegen, maar heeft dan nog niets op de po gedaan."

Over Eefje, week 85, ofwel 19½ maand

"Ze snapt dat ze op het potje kan plassen en poepen. Twee keer ging ze erop zitten met haar luier aan en poepte."

Over Joosje, week 73, ofwel bijna 17 maanden

"Hij kwam deze week heel trots met een po vol poep en pies aanlopen. Ik was net zo trots als hij. Als hij zonder luier loopt, geeft hij aan dat hij op de po wil of hij zit er al op voordat ik er erg in heb. Hij houdt zijn plas op tot hij de po heeft. Hij perst uit alle macht en ieder klein poepje moet naar de wc gebracht worden. Enig. Vervolgens zegt hij: 'Meer.' Dat betekent dat hij er weer op wil. En tot slot zegt hij: 'Klaar'."

Over Marc, week 78-79, ofwel bijna 18 maanden

"Hij loopt graag naakt rond na zijn bad en gaat dan op zijn hurken zitten persen om te plassen. Hij heeft een keer in zijn kast geplast."

Over Robin, week 82, ofwel bijna 19 maanden

Ik heb een eigen wil

De peuterpuberteit staat bekend om de drambuien en de 'ik wils'. We kunnen je zeggen: die peuterpuberteit is eigenlijk al begonnen. Maar dat had je waarschijnlijk al door... De drambuien en de 'ik wils' ontstaan nu vaak rondom de frustratie die optreedt bij het ontdekken van 'systemen'. Hier lees je weer veel voorbeelden van peuters die tijdens deze sprong 'systemen' aan het ontdekken zijn.

'Hij was de laatste maanden de hele tijd ondeugend om de grenzen te ontdekken, om te kijken wat wel mag en wat niet en wat de gevolgen zijn. Momenteel weet hij donders goed wat niet mag. Nu is hij vooral ondeugend om te laten zien: 'Ik doe toch wat ik wil. Kijk maar! En wat doen jullie daaraan?"
Over Harrie, week 76, ofwel bijna 17½ maand

'Hij wil niet veel meer aannemen wat gevaren betreft. Hij lijkt te beweren dat hij weet wat hij aankan. Proefondervindelijk leren staat nu dus centraal: vallen, hitte, scherpe spijzen, enzovoort. Hij bepaalt wat hij eet, wanneer en op welke manier.'
Over Thijs, week 76, ofwel bijna 17½ maand

'Hij vermaakt zich wel met van alles, maar ik moet toch voortdurend dichtbij zijn omdat het te gevaarlijk is wat hij doet of omdat hij de grenzen tart van wat mag. O, wat was ik boos toen hij probeerde het gas aan te steken terwijl er een hete pan op het fornuis stond. Ik schrok me rot. Gelukkig had hij zijn hand slechts heel licht verbrand, waardoor de schade minimaal was en hij toch een echte, fysieke waarschuwing kreeg. Ik hoop dat het er nu in zit gebakken dat hij niet aan het gas mag komen. Het is zo gezellig om samen te koken en anders kan het niet meer.'
Over Steven, week 78, ofwel bijna 18 maanden

'Ze speelt op het moment niet zo veel met speelgoed, meer met dingen waar ze niet aan mag zitten, zoals de tablet.'
Over Laura, week 78, ofwel bijna 18 maanden

'Hij is een echte clown. Hij heeft lak aan alles, gaat gewoon zijn eigen gang. Hij houdt wel van een lolletje. Hij wordt 'kleine tuinkabouter' genoemd.'
Over Hein, week 80, ofwel ruim 18 maanden

"Haar zelfbewustzijn groeit dagelijks. Ze geeft aan wat ze wil en wat ze niet wil. Ze zoent van een afstand om afscheid te nemen en als ze iets aan je geeft, ziet ze echt dat je een ander mens bent."
Over Ashley, week 83-86, ofwel 19 tot bijna 20 maanden

Ik kan zelf beslissingen nemen

Bij het ontdekken van het 'ik' hoort ook het zélf beslissingen maken. Nou, je peuter is daar nu druk mee bezig! Ook hier weer veel voorbeelden van andere ouders, zodat je een idee krijgt van waar jij op kunt letten bij jouw peuter om dat beslissingsvermogen te zien.

"Ze begint zelf al te lachen als ze iets ondeugends van plan is."
Over Eefje, week 76, ofwel bijna 17½ maand

"Hij deelt alles mee wat hij doet. Hij wijst steeds naar zichzelf."
Over Rudolf, week 76, ofwel bijna 17½ maand

"Ze heeft nu duidelijk door dat het 'bah' is als ze een vieze broek heeft. Ze komt dan en zegt: 'Beh'. Als ze mag kiezen waar ze verschoond wordt, laat ze zich zonder scène verschonen. Dan laat ze het dus toe. Ze zoekt de raarste plaatsen uit voor dit gebeuren. Het verkleden gaat tegenwoordig ook zo. 'Zoek je plaatsje', en daar gaat ze."
Over Noa, week 86, ofwel bijna 20 maanden

"Hij wil tegenwoordig zijn eigen kleren uitzoeken. Hij heeft echt voorkeuren. Zijn lekkere broek van joggingstof met muizen erop is 'uit'. Soms heeft hij papa's colbert aan en zijn stropdas en maakt hij mama zo wakker."
Over Thomas, week 86, ofwel bijna 20 maanden

Ik wil macht

Bij het herontdekken van de eigen wil hoort ook een nieuwe, andere vorm van 'macht' zoeken. Macht is een vrij abstract begrip als het gaat om de manier van macht die peuters proberen uit te oefenen. Lees maar eens mee met de ervaringen van andere ouders, dan zie je vanzelf in welke vormen 'macht' zich nu kan laten zien…

"De drambuien zijn nu echt begonnen. Ze kan echt heel hard schreeuwen. Kort maar krachtig. Ook let ze heel aandachtig op als haar broer dramt. Het lijkt wel alsof ze in haar hersenen notities maakt."
Over Victoria, week 72, ofwel 16½ maand

"Hij maakt me bang met slangen en muizen, en zijn buurmeisje ook."
Over Dirk, week 74, ofwel 17 maanden

"Hij slaat steeds en soms knijpt hij als hij zijn zin niet krijgt. Als hij boos is, mept hij hard, voor een grapje wat zachter. De algemene lijn is dat ik het hem probeer af te leren door het rustig te verbieden, een kussen aan te bieden om op te slaan of tot zachtheid te manen. Soms word ik boos als het echt pijn doet. Hij is dan heel ongelukkig en gaat kusjes geven."
Over Lodewijk, week 76, ofwel bijna 17½ maand

"Hij wil per se steeds eten en drinken wat ik heb, ook al heeft hij hetzelfde. Hij wil datgene wat ik heb. Hij pikt mijn eten en drinken af. Dat vechten we soms uit als twee kleine kinderen."
Over Gregoor, week 76, ofwel bijna 17½ maand

"Opvallend is dat hij over het algemeen ruwer is geworden. Ook smijt hij met kracht dingen weg en heeft er een hekel aan als hij zijn zin niet krijgt. Hij gooit soms dingen naar de poes, bijvoorbeeld de wekker."
Over Thijs, week 77, ofwel 17½ maand

"Als ze van mij naar binnen moet komen uit de tuin, dan huilt en dramt ze. Vaak krijgt ze dan een time-out."
Over Vera, week 79, ofwel 18 maanden

"Hij gooit en smijt alles op de grond, ver van zich af. Hij bijt en slaat. Echt boos was ik deze week toen hij zijn eten en drinken ver over de grond uitspreidde."
Over Jan, week 79, ofwel 18 maanden

"Als ik even de kamer uit ga of niet meteen aandacht geef, zit ze steeds weer in de aarde van mijn plant."
Over Laura, week 80, ofwel ruim 18 maanden

"De poezen pest hij genadeloos. Hij is steeds aan het controleren waar ze allebei zijn. En dan moet en zal hij ze aaien."
Over Jim, week 83-86, ofwel 19 tot bijna 20 maanden

"Ze wil niet gezien worden als 'klein'. We gingen ijsjes kopen in een dure zaak, waar een bolletje 2 euro kost. Papa zei: 'Elisabeth eet wel met ons mee.' Toen het ijsje kwam, mocht zij likken maar het niet vasthouden. Dat leverde een driftbui op. Ze wilde weg. Ze was beledigd omdat ze te klein gevonden werd. Papa is toen naar een goedkope zaak gehold voor een softijsje. Ze heeft dat vastgehouden, maar er niet van gegeten. Haar driftbui ging ondertussen door. Ze was zwaar beledigd. Een halfuur tot drie kwartier was ze niet te genieten. Ze sloeg papa ook."
Over Elisabeth, week 86, ofwel bijna 20 maanden

Ik en het begrip dat iemand die uit het zicht is toch nog bestaat en zich kan verplaatsen

Omdat je peuter nu snapt dat hij een 'afzonderlijk' systeem is, begrijpt hij ook dat voor hem hetzelfde geldt als voor andere personen en voorwerpen in zijn omgeving. Hij snapt nu dat die niet ophouden te bestaan als ze uit het zicht verdwenen zijn. Tevens snapt hij nu dat ook hij voor papa en mama blijft bestaan als hij uit hun zicht is verdwenen. Verder snapt hij dat andere personen niet per se blijven zitten waar ze zitten als die uit het zicht verdwenen zijn. Het begint hem te dagen dat ze zich kunnen verroeren als ze weg zijn en van plaats kunnen veranderen. Als hij papa zoekt, snapt je peuter nu dat hij niet alleen op het plekje moet kijken waar hij hem voor het laatst zag.

"Hij kroop graag in kasten en wilde dan alle deuren dicht."
Over Steven, week 81, ofwel 18½ maand

"Ze verstopt zich in de kast, schuift de deuren dicht en roept dan 'mama'. Ze moet erg lachen als we haar dan vinden."
Over Joosje, week 85, ofwel 19½ maand

Ik en jij

Nu je peuter zichzelf als een aparte persoon is gaan zien, gaat hij begrippen als 'ik' en 'jij' hanteren. Hij snapt dat ook papa en mama aparte personen zijn die hun eigen leven leiden. Hij gaat zichzelf met hen vergelijken en brengt de verschillen en overeenkomsten feilloos in kaart.

"Ze heeft ontdekt dat haar vader een piemel heeft. Die noemt ze 'Pino'."
Over Victoria, week 72, ofwel 16½ maand

"Momenteel wijst hij eerst naar zichzelf en dan naar mij, alsof hij het verschil tussen ons wil aangeven."
Over Marc, week 75, ofwel ruim 17 maanden

"Als ik voorstel: 'Zullen we samen uitgaan?' wijst ze op zichzelf alsof ze wil zeggen: 'Bedoel je mij?' en alsof er nog andere mensen in de kamer zijn."
Over Nina, week 75, ofwel ruim 17 maanden

"Hij vindt het heerlijk als ik met woorden bevestig dat hij Loodje is. Hij wijst naar zichzelf ter onderscheiding van mij en als bevestiging dat hij het is."
Over Lodewijk, week 77, ofwel 17½ maand

"Als ik bepaalde stereotiepe uitspraken of gedragingen van haar nadoe, moet ze heel erg lachen."
Over Odine, week 78, ofwel bijna 18 maanden

"Als vader ben ik kennelijk een rolmodel voor hem. Hij is zeer geïnteresseerd in mij: onder de douche, in bed, op de wc. Hij volgt mij overal en heeft het steeds over mij."
Over Dirk, week 79-86, ofwel 18 tot bijna 20 maanden

"Ze leerde deze week de termen 'ikke' en 'jij' en 'jou'."
Over Juliette, week 86, ofwel bijna 20 maanden

Nu je peuter onderscheid kan maken tussen zichzelf en anderen, kan hij zich ook gaan verplaatsen in die ander. In een simpel proefje is aangetoond dat een dreumes van 13-15 maanden nog niet kan bedenken dat een andere persoon een andere keus zou kunnen maken dan hijzelf. Met anderhalf jaar kan jouw peuter dat voor het eerst in zijn leven wel. Dat heeft allerlei gevolgen.

"Bij de uitgang van de winkel stond zo'n speelgoedhelikopter waar kinderen in kunnen zitten. Als je er dan geld in gooit, gaat hij een tijdje bewegen en gaan de lichtjes knipperen. Noa is daar gek op en mocht een keertje. Maar er zat al een kindje in, dat er na haar beurt niet uit wilde gaan. Noa keek rond en rende op een miniwinkelwagentje af en ging ermee rijden. Het kindje kwam meteen de helikopter uit en wilde ook met dat wagentje rijden. Noa schoot naar de helikopter toe en klom erin."

Over Noa, week 87, ofwel 20 maanden

Ik en mijn pantomime

Net als een pantomimespeler gaat je peuter nu lichaamshoudingen en handelingen uitbeelden die hij anderen heeft zien doen.

"Hij bootst stemmingen na. Hij zegt bijvoorbeeld 'nou!' op een manier waarop meisjes dat doen, een beetje kattig. Hij imiteert bepaalde gebaren, zoals het hoofd en bovenlichaam wegdraaien terwijl hij met een handje een wegduwende beweging maakt."

Over Ties, week 80, ofwel ruim 18 maanden

"Het imiteren van lichaamshoudingen en handelingen is een voortdurende bezigheid. Zelfs de katten probeert ze te imiteren."

Over Marije, week 83-86, ofwel 19 tot bijna 20 maanden

"Hij had van de apen afgekeken hoe die noten openmaken. Op straat verzamelen we hazelnoten en thuis pelt hij ze zelf, heel bedreven."

Over Bob, week 83-86, ofwel 19 tot bijna 20 maanden

"Ze doet de andere kinderen erg veel na. Als ze op een hekje klimmen, probeert zij het ook. Als ze op een ruit tikken, doet zij dat ook. Elk kuchje en zuchtje doet zij na."

Over Vera, week 87, ofwel 20 maanden

Ik en mijn fantasiespel

In zijn 'doen alsof'-spel gaat hij zijn speeltjes nu gebruiken alsof het autonoom handelende personen zijn die iets kunnen bewerkstelligen. Je peuter kan dit op talloze manieren doen, de fantasiewereld kent immers geen grenzen! Dat fantaseren en doen alsof is immens belangrijk bij de ontwikkeling. Speel mee en zie hoe hij geniet, en groeit!

"Ze pakte een denkbeeldig iets uit haar hand en stopte het in haar mond. Dat deed ze een paar keer. Heel opvallend. Het leek wel het eerste fantasiespel."
Over Joosje, week 71, ofwel ruim 16 maanden

"Ze is opeens veel zelfstandiger. Ze vermaakt zich uitstekend alleen. Af en toe lijkt ze zelfs in een droomwereldje te zitten. Ze fantaseert. Dat heb ik nog niet eerder gemerkt. Ze speelt een spel met poppen. Soms vertelt ze me haar fantasieën."
Over Victoria, week 75 ofwel ruim 17 maanden

"Hij maakt een tekening van 'ábah, bah' en stampt er dan op. Iets wat op straat niet mag."
Over Paul, week 77, ofwel 17½ maand

"Nadat hij op een middag zijn eigen babyfoto's had gezien, waren al zijn knuffeldieren baby's en speelde hij er 's middags in zijn bedje mee."
Over Gregoor, week 84, ofwel ruim 19 maanden

"Ze geeft nu veel duidelijker aan wát zij wil en ze is zichtbaar gefrustreerd als ik niet snap wat ze bedoelt. Dat heeft ook vooral te maken met fantasiespel. Ze geeft me dan een knuffelhond en dan moet ik maar begrijpen dat zij wil dat de hond aan de borst gaat."
Over Xara, week 86, ofwel bijna 20 maanden

"Hij speelt trouwens veel fantasiespelletjes. Kopje thee drinken met een serviesje. Samen ergens gaan zitten: in zijn speelgoedkar, op het trapje. Hij klopt dan uitnodigend naast zich en vindt het vreselijk gezellig als wij daar samen zitten."
Over Thomas, week 86, ofwel bijna 20 maanden ofwel ruim 17 maanden

"Ze zegt tegen ons dat wij moeten huilen en dan geeft ze ons een kusje en aait over ons gezicht."
Over Jetteke, week 79-80, ofwel 18 maanden

Andere levende wezens

Andere levende wezens zijn allemaal afzonderlijke systemen met hun eigen gedragsregels en programma's. Je peuter is erdoor gefascineerd. Ieder kind gaat weer anders om met het ontdekken van de 'systemen' van andere levende wezens. Dit hangt van zijn interesse af en van dat waar hij mee in aanraking komt. Daarom is het zo belangrijk dat je er met je peuter op uittrekt om hem zo in contact te laten komen met andere levende wezens.

"Ze had deze week veel interesse voor vogels. Ze lachte als een vogel weer terugkwam die zij met haar ogen had gevolgd en had zien verdwijnen. Ze lachte ook toen ze zag waar het geluid van een vogel vandaan kwam, dat ze al hoorde voordat ze die vogel zag. Datzelfde gold voor vliegtuigen. Ook vindt ze het leuk om te onderzoeken hoe een plant ruikt."
Over Eefje, week 73, ofwel bijna 17 maanden

"Hij zag een slak op de weg en zei dat ook, en nog voordat ik het zelf in de gaten had, wist hij me te vertellen dat de slak dood was. Bij navraag bleek dat dat thema bij zijn vader een paar keer aan de orde was geweest."
Over Harrie, week 79, ofwel 18 maanden

"Ze lag dubbel van het lachen toen een slang een muis opat in een natuurfilm."
Over Laura, week 84, ofwel ruim 19 maanden

"Hij had deze week opvallend veel interesse voor een mier buiten in de tuin."
Over Thijs, week 84, ofwel ruim 19 maanden

"Tegenwoordig wil zij de planten water geven. Ze maakt dat duidelijk door smakgeluiden te maken, zo van: 'De planten willen eten.' Ze geeft ze dan ook liefst een paar keer per dag eten. Voor Ashley is het 'inschenken' en 'uitschenken' van de gieter het plezier dat zij beleeft aan haar goede daad."
Over Ashley, week 85, ofwel 19½ maand

"Ze moet erg lachen als we met de katten spelen of als de katten gek doen."
Over Jetteke, week 71-76, ofwel ruim 16 tot bijna 17½ maand

Ik leef in een gezin

Het gezin is een systeem zoals andere menselijke organisaties. Het gezin is de eerste menselijke organisatie waar je peuter van binnenuit ervaring mee heeft, al van jongs af aan. Maar nu krijgt hij er oog voor dat het gezin een eenheid is, een systeem. Ook hier hebben we weer een heleboel inspirerende ervaringen van andere ouders voor je op een rij gezet.

"Ze houdt tegenwoordig een strikte functiescheiding aan. Papa moet het drinken aangeven, en mama moet het glas neerzetten."
Over Victoria, week 73, ofwel bijna 17 maanden

"Ze snapt nu dat we een gezin zijn, een groep. Als ik in één zin alleen de namen Xaviera, Marco en Thomas noem, vult zij dat bijna dwangmatig aan met Mita (Victoria) en Kitan (Christian)."
Over Elisa, week 74, ofwel 17 maanden

"Ze weet precies wie bij wie hoort of wat ze van wie gekregen heeft."
Over Vera, week 75, ofwel 17 maanden

"Hij wijst naar zijn vader, naar mij en naar zichzelf. En dan moet ik zeggen dat we alle drie iemand anders zijn en toch bij elkaar horen. En dan knikt hij vol overgave 'ja' en zucht van tevredenheid."
Over Dirk, week 76, ofwel bijna 17½ maand

"Als we haar broer naar school toe brachten of van school ophaalden, had ze er eerst moeite mee dat ik andere vrouwen 'de mama van die' noemde. Er was maar één mama en dat was ik. Nu snapt ze dat er nog meer gezinnen zijn en dat die vrouwen de mama zijn van andere kindjes. Maar ze protesteert nog steeds als die zonder meer 'mama' genoemd worden. Dat ben ik nog steeds. Het moet zijn 'de mama van die'."
Over Julia, week 79, ofwel 18 maanden

"Ze snapt nu dat er naast ons gezin nog andere gezinnen zijn. Laatst gingen we haar broer ophalen, die bij een vriendje gespeeld had. We bleven een kop koffie drinken. Ze was duidelijk ontdaan en noemde steeds de naam van de zus van het vriendje en vroeg waar die was. Maar die zus was bij een vriendinnetje spelen. Het gezin was onvolledig zonder die zus en dat zat haar duidelijk dwars. Dat klopte niet in haar ogen."
Over Mara, week 84, ofwel ruim 19 maanden

"Hein wordt door zijn broer en zus nogal eens afgezonderd als zij een spelletje willen doen. Ze zetten hem dan op de gang en doen de deur voor zijn neus dicht. Hij komt dan zeer verontwaardigd bij mij om getroost te worden."
Over Hein, week 87, ofwel 20 maanden

Ik en mijn familie of vrienden

Net zoals het gezin een systeem is, zo zijn ook de familie en de vriendenkring systemen. Je peuter gaat dat nu ook herkennen. En hij leert het verschil kennen tussen zijn eigen familie en die van vriendjes.

"Ze kwam met de telefoon en een foto van de opa's en oma's naar me toe en gebaarde dat zij ze wilde bellen."
Over Juliette, week 78, ofwel bijna 18 maanden

"Als ik over zijn vriend praat, dan weet hij wie dat is en roept verheugd zijn naam. Hij heeft daar een duidelijk beeld bij."
Over Steven, week 78, ofwel bijna 18 maanden

"We leven echt samen. Hij volgt mijn gesprekken en mijn interactie met anderen. Hij reageert op uitspraken, ook als ze niet tot hem gericht zijn. Toen mijn vriendin bijvoorbeeld haar zoontje riep, die een eind was weggelopen, en tegen mij zei dat haar zoon niet naar haar luistert, ging mijn zoon razendsnel op pad om zijn vriendje op te halen. Hij probeerde hem mee te sleuren, maar zijn vriend nam hem in een judogreep en dat leverde een schreeuwpartij op, omdat mijn zoon er niet tegen kan vastgehouden te worden."
Over Lodewijk, week 79, ofwel 18 maanden

"Toen de buurvrouw naar huis ging om te koken, wilde hij met haar mee naar haar huis. Hij mocht, en ik zwaaide hem uit. Ik had verwacht dat hij wel weer snel terug zou willen, maar dat was niet zo. Na anderhalf uur kreeg ik het benauwd en ging dus maar even poolshoogte nemen. Maar Thomas wilde niet mee naar huis. Hij wilde dat ik ook bleef. Vervolgens liet hij alles zien wat hij daar bekeken had, zoals de koelkast, de druiven enzovoort. Hij heeft het geweldig bij haar, want hij mag daar alles, meer dan thuis. Toen zij kookte, zat hij bijvoorbeeld op het aanrecht met zijn voeten in de gootsteen in het water te spelen."
Over Thomas, week 80, ofwel ruim 18 maanden

"Oma en opa wonen om de hoek. Daar komen we vaak langs en we gaan natuurlijk niet altijd naar binnen. Steevast roept ze 'ama' of 'apa' als we voor het huis van oma en opa zijn."
Over Victoria, week 82, ofwel bijna 19 maanden

Mijn huis, mijn buurt en hoe ik de weg kan vinden

Het eigen huis is ook een systeem, net als de buurt eromheen. Je peuter leert dat nu herkennen en hij leert hoe hij de weg kan vinden. Hij bouwt in zijn hoofd een kaart op van zijn omgeving. Zo'n mentale kaart is eigenlijk ook een systeem.

"Hij oriënteert zich. Zelfs in een betrekkelijk vreemde omgeving herkent hij punten, zoekt hij naar andere herkenningspunten en is hij heel blij als hij ze ziet. Dat wil hij meedelen en hij wil ook al aankondigen wat komen gaat."
Over Harrie, week 74, ofwel 17 maanden

"Hij onthoudt waar we naar op weg zijn. Als ik hem ernaar vraag, zegt hij het."
Over Jan, week 79, ofwel 18 maanden

"Hij kent de weg van de camping naar de zee toe."
Over Jim, week 80-81, ofwel bijna 18½ maand

"Ties en ik zijn verhuisd naar een andere verdieping in hetzelfde hofje. Ties vond het nieuwe huis fijn en liep gelijk na de eerste verbazing met zijn karretje rond. Hij kent het huis nog van de vorige bewoners. Die hadden twee kinderen. Het leek of hij meteen gewend was."

Over Ties, week 82, ofwel bijna 19 maanden

"Hij heeft een goede plattegrond van zijn directe omgeving in zijn hoofd. Hij weet precies waar hij iets kan vinden, in huis, buiten, of op papa's werk. Hij kan bijvoorbeeld precies wijzen hoe ik moet lopen om naar de supermarkt te gaan of naar papa's werk en vervolgens hoe je in dat gebouw moet lopen om papa's kamer te vinden. Hij kent ook het huis van de buurvrouw erg goed. Weet precies waar alles is, de druiven en zo. Meestal heeft ze die ook in huis. Hij is dan ook erg teleurgesteld als ze niet op de juiste plaats liggen."

Over Thomas, week 83, ofwel 19 maanden

"Ze vraagt 'ama' of 'apa' als we in de buurt de hond uitlaten en wijst in de goede richting, ook al ligt het huis van oma en opa nog om de hoek. Ze wil er duidelijk naartoe."

Over Victoria, week 86, ofwel bijna 20 maanden

"Mijn vriendin en ik gingen die zomer regelmatig een dagje naar het strand. Onze zonen konden het heel goed met elkaar vinden. Ze zijn nog steeds dol op elkaar. Jim had verwacht zijn vriendje op het centraal station te zien. Hij vroeg alsmaar naar hem. Dat was normaal ook onze ontmoetingsplaats. Nu stonden ze in Castricum op ons te wachten."

Over Jim, week 87, ofwel 20 maanden

Ik en mijn eigendom

Bij een gezinssysteem horen allerlei principes, waaronder ook waarden, normen en regels. Denk bijvoorbeeld aan 'eerlijk zullen we alles delen', of 'gij zult niet stelen'. Er zijn regels voor wat van wie is en wat iedereen toebehoort. Je peuter leert die regels in de praktijk. Dat gaat soms vanzelf, zoals je dan blij verrast merkt. Andere keren is er wat meer overredingskracht voor nodig.

Om helemaal duidelijk te krijgen hoe peuters dat 'ik en mijn eigendom' demonstreren, hebben we weer veel ervaringen van andere ouders voor je op een rij gezet. Ze zijn onderverdeeld in de categorieën: 'ik en mijn kleren' en 'ik en mijn spullen'. Je kunt je voorstellen dat de lijst 'ik en mijn...' eindeloos lang is. Dit zijn dus maar een paar voorbeelden.

Ik en mijn kleren

"Ze weet precies welke tassen, jassen en dergelijke bij welke kinderen horen en als we weggaan, komt ze netjes alles brengen."
Over Nina, week 82, ofwel bijna 19 maanden

"Als ik de was uit de wasmachine haal, leg ik elk stuk eerst op de wasmachine en trek het recht voordat ik het in de droger doe. Zij staat met haar neus overal bovenop en zegt feilloos bij elk kledingstuk van wie het is: Is papa, is Thomas, is mama, is 'Mita' (Victoria)."
Over Victoria, week 83, ofwel 19 maanden

"Hij lijkt zich bewust van nieuwe kleren: ondergoed en hemd in plaats van rompertje vindt hij zeer interessant. Zijn nieuwe schoenen zijn het helemaal."
Over Paul, week 83-86, ofwel 19 tot bijna 20 maanden

Ik en mijn spullen

"Op visite bij zijn vriendje had hij ook met een autootje van dat vriendje gespeeld, dat niet mee mocht toen we weggingen. Hij heeft de hele terugweg gehuild en gooide thuis zijn eigen auto's weg."
Over Robin, week 76, ofwel bijna 17½ maand

"Ze weet waar ze dingen gelaten heeft. Als ik vraag waar iets is, herinnert ze zich dat."
Over Xara, week 78, ofwel bijna 18 maanden

"Ze vindt de ene 'diramant' na de andere. Haar broer verzamelt mooie stenen en spreidt die tentoon op zijn kamer. Dus zij moet ook mooie stenen zoeken. Het ene na het andere kiezelsteentje verdwijnt in haar zak en die mogen absoluut niet weggegooid worden."
Over Victoria, week 78, ofwel bijna 18 maanden

'Op een dag kwam ze naar me toe, pakte mijn hand en trok me mee naar de serre waar al het speelgoed van de kinderen ligt. En ze wees aan: 'Isse Thomas, isse Thomas, isse Thomas... En Mita?' Dit was een zwaar protest. De laatste tijd mocht ze van Thomas niet meer aan zijn speelgoed komen, omdat ze het soms kapotmaakte. En dan bleef er voor haar inderdaad niet veel meer over!'

Over Victoria, week 83, ofwel 19 maanden

'Als haar nichtje Lia (nu 25 maanden) op visite komt, is het vreselijk. Lia mag nergens mee spelen. Als Lia iets in haar handen heeft, pakt Odine het gauw af.'

Over Odine, week 87, ofwel 20 maanden

'Hij wil zijn speelgoed niet meer delen met andere kindjes. Hij wordt kwaad en driftig als ze zijn speelgoed pakken.'

Over Robin, week 88, ofwel ruim 20 maanden

Je peuter... wil alles opgeruimd hebben(!)

Je weet niet wat je overkomt. Hij kan niet tegen rommel. Geniet er maar van, want het duurt maar kort. Tot de volgende sprong om precies te zijn. En dan duurt het vele jaren tot het weer terugkomt – áls het nog ooit terugkomt. Hij wil alles systematisch opgeruimd zien.

'Hij kan geen rommel zien. Hij wordt dan kwaad. Dus ik zei tegen mijn ouders: 'Wat jullie niet voor elkaar kregen, krijgt mijn zoon wel voor elkaar. Ik ruim nu altijd op.' 's Avonds ruimen we altijd de blokken op. En elke keer als er een boekje uit is, legt hij dat eerst terug voor hij een ander uitzoekt.'

Over Thomas, week 86, ofwel bijna 20 maanden

Speelgoed als systeem

Bepaald speelgoed is ook een systeem. Het bestaat uit kleine onderdelen die allemaal verband houden met elkaar en samen een geheel vormen. Neem nou het meest letterlijke voorbeeld hiervan: een puzzel, bestaande uit puzzelstukjes. Een georganiseerde eenheid (de gehele puzzel als tekening/foto) die een geheel is dankzij de onderlinge afhankelijkheid (welk stukje past waar) van de onderdelen (de puzzelstukjes) waaruit het is opgebouwd. Maar zo zijn er talloze andere voorbeelden van speelgoed te bedenken. Als je weet waar je op moet letten, dan zie je opeens waar je peuter mee bezig is!

"Wat hij graag deed was dierenpuzzels leggen. Een van twaalf en een van zeven stukjes. Hij weet feilloos waar ze horen, doet het razendsnel en heeft niet het geduld de stukjes er goed in te passen. Hij herkent de stukken ook aan de achterkant."
Over Rudolf, week 72, ofwel 16½ maand

"Ze wordt motorisch steeds verfijnder. Ze is deze week extra geïnteresseerd in kralen op stokjes doen en de stokjes weer in gaatjes steken. Ook wil ze graag het geld uit de portemonnee halen en uitgeven."
Over Anna, week 73, ofwel bijna 17 maanden

"Ik deed alsof ik een puzzel niet kon leggen. Elke keer als ik met een puzzelstukje boven het verkeerde gat hing, zei hij: 'Nee, nee,' en zei dan waar het in moest. Nadat ik die hele show diverse keren had herhaald, kreeg ik er genoeg van. Ik haalde heel de puzzel (een zachte) uit elkaar en legde alle puzzelstukjes razendsnel. Ik speelde dat ik heel trots was en zei: 'Zie je, ik kan het ook.' Waarop hij onmiddellijk zei: 'Nee.' Wat bleek? Eén superklein hoekje van één puzzelstukje stak een beetje omhoog. Hij klapte het erin. Toen was het goed!"
Over Thomas, week 80, ofwel ruim 18 maanden

Zelf een spelletje bedenken

Een puzzel is een systeem dat een ander bedacht heeft. Je peuter kan nu ook zelf een systeem gaan bedenken, bijvoorbeeld een spelletje waarbij hij zelf de regels bedacht heeft. Of een goocheltruc.

"Hij heeft ook zelf een spelletje verzonnen. Om de beurt met een grote dobbelsteen gooien. De een gooit, de ander moet hem dan oprapen. Hij is erg streng op de volgorde. Hij zoekt steeds moeilijke hoekjes om de steen neer te leggen."
Over Marc, week 83-86, ofwel 19 tot bijna 20 maanden

"Vandaag deed ze een goocheltruc die ze zelf verzonnen had. Ze ziet haar broer vaak goochelen. Ze deed een knikker in een fles en zei: 'Oh-oo.' Ze schudde de fles op en neer en zei: 'Nee.' Ze bedoelde daarmee dat de knikker er niet uit kon. Vervolgens draaide ze een rondje (zoals een goochelaar ook doet) en hield de fles op z'n kop. Tatataaaa!"
Over Victoria, week 83, ofwel 19 maanden

Ik en mijn kunst

Na anderhalf jaar gaat je peuter speelgoed gebruiken op een manier waaruit blijkt dat hij snapt waar het speelgoed voor staat, wat of wie het vertegenwoordigt. Uit zijn spel blijkt dat hij de uit het leven gegrepen mensen, dingen en situaties kent die het speelgoed representeert. Het speelgoed symboliseert iets of iemand uit de echte wereld. Met die symbolen kan je peuter zijn fantasiespel spelen.

Zijn vermogen tot symboliseren stelt hem nu ook in staat om heel andere tekeningen te gaan maken die iets uit die echte wereld weergeven, bijvoorbeeld een auto, een hond of... zichzelf. Dit nieuwe vermogen is niet geleidelijk aan ontstaan. Het is er ineens met een sprong en is kwalitatief iets nieuws. Kunst is geboren. Als je kleine artiest er zin in heeft, krijg je de tekenvellen amper op tijd aangeleverd. Het begin van een gigantische verzameling kondigt zich aan. Als hij iets opwindends heeft meegemaakt, zoals het vuurwerk met oudjaar, heb je kans dat hij een tekening gaat maken en zijn indrukken vastlegt.

Hij gaat niet alleen tekenen, maar ook hele constructies bouwen. En als je toevallig een kleine muziekliefhebber hebt, dan gaat hij op zijn elektronische piano 'spelen' en kan hij best lang naar muziek luisteren en ervan genieten.

Let op!

Het gaat niet om kwaliteit, maar om de moeite en het doel dat je peuter voor ogen had. Dus als je peuter met een paar krassen een voor jou onherkenbaar 'paard' tekent en tegen je zegt dat dat een paard is, dan is dat een paard. Hoe onherkenbaar en gekrast de tekening ook is. Heel vaak krijgen wij de opmerking dat het belachelijk is dat kinderen van deze leeftijd een paard, of iets anders, kunnen tekenen. Maar we blijven achter onze mening staan (nou, eigenlijk staan we achter de mening van de peuter): als hij iets heeft getekend, dan vinden wij dat dat zo is. En dat is eigenlijk best logisch, toch?

"Haar tekeningen zijn tegenwoordig heel anders. De grootse krassen zijn vervangen door kleine rondjes, minuscuul klein. Ze is echt bezig met details. Ook begint ze tekeningen in te kleuren. Ze krast precies over een vakje heen en gaat nauwelijks buiten de lijntjes."
Over Victoria, week 78, ofwel bijna 18 maanden

"Hij tekent nu ook 'paarden' en 'boten' en vanmorgen tekende hij opeens heel geconcentreerd een cirkel in een vierkant en vervolgens wees hij op zichzelf. Hij had zichzelf getekend."
Over Lodewijk, week 79, ofwel 18 maanden

"Hij begint nu vaker te bouwen, terwijl hij tot nu toe meestal afbrak."
Over Ties, week 83, ofwel 19 maanden

"Hij heeft een auto getekend. Het was een goede tekening van een auto. Hij kan alleen zo'n goede tekening maken als hij dat op zijn zij op de grond liggend kan doen met zijn hoofd rustend op zijn gestrekte arm. Hoe zijn auto eruitziet? Het zijn twee rondjes, de wielen, met een streep ertussen. Rondjes zijn 'broembroem'. Hij tekent ook 'vliegtuigen' en sinds kort 'benen'. Een 'spiraal' is een stuur, een stuur draait immers."
Over Thomas, week 83, ofwel 19 maanden

"Hij is erg dol op muziek. Hij speelt graag op zijn elektronische piano en zet dan een 'ritme naar keuze' op ter begeleiding van zijn spel. In de winkel heeft hij bijna een hele cd van Wibi Soerjadi afgeluisterd, zittend in zijn buggy. Bijna een uur lang. Hij was boos toen ik hem halverwege wilde onderbreken om verder te gaan winkelen. De koptelefoon moest terug op zijn hoofd."

Over Thomas, week 86, ofwel bijna 20 maanden

"Fout ... Fout ... Fout ... Fout ... Opa!!!"

"Hij zei dat hij opa ging tekenen, maar hij was steeds niet tevreden. Tot vier keer toe tekende hij een hoofd en zei dan: 'Fout.' De vijfde keer, toen het sikje op de goede plaats zat, was hij tevreden en zei: 'Opa!'"

Over Thomas, week 101, ofwel 23 maanden; vergelijk met de tekening op pagina 6

Ik en mijn tijdsbesef: verleden, heden en toekomst

Je peuter begint nu tijdsbesef te ontwikkelen. Hij wordt nu veel beter in het zich herinneren van voorbije ervaringen en in het voorspellen van toekomstige gebeurtenissen.

"Ik kan haar niet meer 's ochtends vertellen dat we 's middags iets leuks gaan doen. Ze herinnert me er dan de hele dag aan: 'Nu apa ama toe?'"

Over Victoria, week 78, ofwel bijna 18 maanden

"Ze gaat dingen plannen. Als we aan tafel gaan, vraagt ze of ze kan tekenen. Ik zeg haar dan dat we eerst gaan eten. Vervolgens zegt ze tegen mij waar straks haar papier en potlood moeten komen te liggen. Ik moet dan zeggen dat ik het begrijp en dat ik dat ga doen. Als ik het vergeet na het eten, wordt ze heel erg boos. Ze is beledigd."

Over Victoria, week 80, ofwel ruim 18 maanden

"Hij onthoudt afspraken. Als ik beloof dat we na het badje iets gaan doen, dan helpt hij me daaraan herinneren. Als hij 's morgens wakker wordt, refereert hij aan wat we voor het slapengaan hebben gedaan."

Over Gregoor, week 82, ofwel bijna 19 maanden

Elementaire natuurkunde

Als je zijn spel goed observeert, kun je je niet aan de indruk onttrekken dat hij soms bezig is met elementaire, natuurkundige verschijnselen. Dat klinkt heel zwaar, maar lees maar eens mee.

"Hij gaat dingen onder water dompelen die weerstand uitoefenen, zoals een bal. Hij haalt ook een klein elektronisch telefoontje uit elkaar en kijkt er anders naar dan eerst, toen het alleen geluid maakte. Het is nu wel stuk door zijn experiment. Extra interessant vond hij smijten en uit elkaar frummelen. Hij probeert dingen uit."

Over Harrie, week 77, ofwel 17½ maand

"Ze kan ook erg druk bezig zijn met het overgieten van vloeistof van het ene in het andere gebruiksvoorwerp, zoals flesjes, glazen, borden of kopjes. Ze kan er uren mee zoet zijn en praat er dan druk bij."

Over Ashley, week 78, ofwel bijna 18 maanden

"Ze is op kleuren aan het letten: groen, rood, geel. Rood en geel bij elkaar. Was duidelijk aan het grappen toen ik zei dat het bij elkaar hoorde."

Over Joosje, week 78, ofwel bijna 18 maanden

Bij principes hebben we gezien hoe de peuter begint te 'denken over het denken'. Als hij de wereld van systemen is binnengegaan, kan hij voor het eerst de uit zijn ervaringen opgebouwde principes gaan samenvoegen tot een systeem. Het zou goed kunnen dat je peuter dat zit te doen als hij een 'denkpauze' neemt.

"Soms wil hij even alleen zijn. Hij zegt dan: 'Dag,' en gaat alleen in zijn kamertje zitten. Hij denkt dan na over het leven. Soms doet hij dat een halfuur mét een speeltje. Andere keren gaat hij tien minuten zitten staren en denken als een man van vijftig. Hij wil dan even rust na heel leuk gespeeld te hebben. Als hij zijn denkpauze gehad heeft, komt hij terug en is dan heel vrolijk, begroet mij, wil even aan de borst en gaat daarna slapen. Of leuk spelen. Hij heeft die privacy dus echt even nodig."
Over Thomas, week 80, ofwel ruim 18 maanden

"In het begin was hij bang voor de elektrische tandenborstel, maar nu ik hem eraan heb laten wennen gaat het goed en zegt hij: 'Aan'."
Over Jan, week 83, ofwel 19 maanden

"Ze snapt dat de trein batterijen heeft. En dat ze leeg waren. Ze kwam toen zelf met nieuwe."
Over Odine, week 86, ofwel bijna 20 maanden

Elementaire bouwkunde

Zijn interesse in natuurkundige verschijnselen geldt natuurlijk voor meer systemen dan alleen natuurkunde. Zo is hij bijvoorbeeld ook geïnteresseerd in elementaire bouwkunde. Hij kan uren naar bouwvakkers kijken. En in zijn spel zie je vanaf deze laatste sprong dat hij meer constructies gaat bouwen, zoals torens of series van in elkaar geschoven kopjes, en dat hij meer dingen kan samenvoegen.

"Mijn man heeft deze week de vijver gestuukt met cement. Hij heeft aan mijn oudste zoon uitgelegd hoe je cement moet maken. Die heeft dat vervolgens weer uitgelegd aan Victoria. Nu zijn ze samen de hele dag bezig zand en water te mengen en dan te stuken. Ze doet alles na. Thomas is haar grote voorbeeld."
Over Victoria, week 79, ofwel 18 maanden

"Auto's zijn niet meer zo erg in trek. Het zijn nu meer de bijzondere vervoermiddelen zoals motoren, vrachtwagens, heftrucks, trams. Hij kan ook uren naar bouwvakkers kijken."
Over Marc, week 80, ofwel ruim 18 maanden

"Hij probeert tegenwoordig de heel kleine Lego-steentjes op en in elkaar te zetten. Het lukt hem nog niet, want je moet hard duwen. Maar hij probeert het wel. Hij bouwt niet meer met de grote stenen."
Over Thijs, week 86, ofwel bijna 20 maanden

Ik en mijn praatjes

Tussen 17 en 22 maanden gaan peuters het volwassen taalsysteem gebruiken met een explosieve stijging van de gesproken woordenschat en de gemiddelde duur van een uiting, en ze gaan woorden tot zinnetjes combineren. Ze kunnen nu ook twee verschillende taalsystemen van elkaar onderscheiden en een van de twee negeren. En verder is er een indrukwekkende toename in het begrijpen van gesproken taal rond 18 maanden.

Er is grote individuele variatie in de spraakontwikkeling. Sommige peuters zeggen rond deze sprong maar heel weinig woorden (een stuk of zes). De ouders weten dat ze eigenlijk veel meer woorden begrijpen en daarom kunnen sommige ouders zich hieraan gaan ergeren. Andere kinderen zeggen heel veel woorden, nagezegd (soms alleen de eerste lettergreep) of zelf begonnen, maar nog geen zinnen. Zij kunnen wel alles duidelijk maken, letterlijk met handen en voeten. Zij mimen hun aandeel. Een derde groep zegt al zinnen, maar mimet ook nog. Die variatie is heel normaal, en laat je net als bij de 'loopt-jouw-kind-nog-niet' wedstrijd niet gek maken. Het wordt tijd dat we dit allemaal niet meer als een wedstrijd gaan zien.

Sprong 10

Veel begrijpen, weinig woorden

Dat je peuter al heel erg veel begrijpt, dat is duidelijk. Hij gaat ook steeds meer zelf zeggen en die woordjes, of dat wat hij ervan maakt, zijn echt om nooit meer te vergeten! Het is leuk om de woordjes van andere peuters te lezen, maar het is nog leuker om zelf de woordjes van jouw peuter op te schrijven. En ook als je nu denkt dat je later die leuke woordjes gaat onthouden, geloof ons, dat is meestal toch niet het geval…

"De woordjes die hij nu zegt zijn beperkt: 'koek', 'fles', 'au', 'dáááánk', 'mama', 'papa', 'brood' en 'pel' (= appel; hij spreekt alleen de laatste lettergreep uit). Hij begrijpt wel alles en voert ook opdrachten uit."
Over Hein, week 76, ofwel bijna 17½ maand

"Hij doet zijn armpjes omhoog bij 'hiep, hiep, hoera' en schreeuwt zelf ook iets van 'oera!'. Hij kent nu ook alle gebaren van 'Klap eens in je handjes'. En als iets niet lukt zegt hij 'Damme' (gadverdamme)."
Over Robin, week 76, ofwel bijna 17½ maand

"Hij zegt drie woorden: 'die dah' is tiktak, 'maa' is maan en 'hi hi' is paard."
Over Robin, week 80, ofwel ruim 18 maanden

"Hij praat nog niet veel, maar begrijpen doet hij alles! En hij laat ook precies merken wat hij wil."
Over Hein, week 81, ofwel 18½ maand

"Hij begrijpt heel veel, duidelijk alles wat je zegt en vraagt. Hij is zeer ondernemend, altijd in de weer, loopt het hele huis zingend door en brabbelt de hele dag."
Over Hein, week 83, ofwel 19 maanden

"Hij pikt steeds meer woordjes op, bijvoorbeeld 'mier' en 'meer'. Hij kent nu 'papa', 'pappie', 'mama', 'mammie', 'kaas', 'au', 'boem', 'mier', 'meer', 'tiktak', 'da', 'die', 'maan' en 'sars' (= zon)."
Over Robin, week 84, ofwel ruim 19 maanden

"Hij gaat nu duidelijk wat meer woordjes zeggen. Hij antwoordt nu soms met 'ja'. 'Kaa' (= kaas) en 'eten' horen nu ook tot zijn repertoire. Over het algemeen is het nog geen prater. Met wijzen en 'eh, eh' begrijpt men hem ook wel. Hij krijgt voor elkaar wat hij wil."
Over Hein, week 86, ofwel 19½ maand

Jouw woordjes

'Echte woord'   Wat jij zegt

Veel begrijpen, veel woorden, veel mime, geen zinnen
Dit is echt het stadium dat tussen de losse woordjes en het zinnetjes zeggen in zit. Het ritme, de uitleg, de intentie van een zin is er al, maar de zin wordt niet volledig in woorden maar in ritme met gebaren en losse woorden 'verteld'. Het gekke is: jij snapt het! Zo goed zijn jullie al op elkaar ingespeeld.

"Een heerlijk moment deze week was wel het intense contact dat we hadden toen we een spelletje met 'geluiden maken' deden. Het was tegelijkertijd een grap. Het ging om de tong in en uit de mond met geluid en later de 'lll' in de mond: 'Lala.' Zij vond het spannend en uitdagend en wilde hetzelfde doen als ik. Tegelijk was er zoiets als 'ik ga je pakken'. Ik zag zo veel verschillende gevoelsuitdrukkingen op haar gezicht. Zij en ook ik vonden het steeds leuker en lachten steeds uitbundiger, zeker toen ze eenmaal 'lala' zei spontaan met kus."
Over Ashley, week 73, ofwel bijna 17 maanden

"Zijn manier van praten is weer veranderd. Ook al praat hij grotendeels onverstaanbaar, toch lijkt het of hij meer zinnen vormt, zodat ik denk: 'Ik versta het!' Hij legt duidelijk met gebaren en 'woorden' uit wat hem overkomen is terwijl ik er niet bij was. Bijvoorbeeld toen hij bij zijn omi in de keuken was en naar de slaapkamer kwam en ik vroeg wat hij gedaan had. Hij zei een onverstaanbare zin en voegde er wel het woord 'kaas' aan toe, waardoor ik begreep dat hij een stukje kaas van oma had gekregen. Desgevraagd knikte Ties ja."

Over Ties, week 74-77, ofwel 17 tot bijna 18 maanden

"Zijn manier van communiceren vond ik erg interessant deze week. Hij lijkt zinnen te zeggen zonder taal. Hij houdt vol tot ik hem versta. Een voorbeeld: we lopen voor de tweede keer over de duinweg naar zee, Loodje bij zijn vader op de rug, ik met de tas met strandspullen waar de schep zichtbaar uitsteekt. Opeens gilt hij: 'Da da, da.' Het duurt even voor ik doorheb dat het om de schep gaat. Als ik zeg: 'Ja, de schep hè?' zegt hij 'ja' en wijst vervolgens van de schep naar de zee. Ik herhaal in woorden: 'Ja, we gaan met de schep naar het strand.' Tevreden zucht hij en leunt opgelucht achterover in zijn rugzitje. Dit soort dialogen voeren we legio."

Over Lodewijk, week 74, ofwel 17 maanden

"Ze maakt zinnen die lijken op een lang woord, maar waar ook nog letters in weggelaten zijn. Toch is ze te verstaan, zelfs als ik niet goed oplet. Ze zag bijvoorbeeld dat het stoplicht rood was en wees ernaar. Ik had dat nog niet gezien, maar hoorde haar dat zeggen en keek. En het klopte inderdaad. Toch weet ik nog niet wat ze precies zei. Een vreemde gewaarwording! Het was alsof ze zelf niet wist wat ze zei, maar wel iets van klanken zei die bij dat beeld pasten."

Over Ashley, week 76, ofwel bijna 17½ maand

"Hij zegt veel woorden, nog steeds vooral de eerste lettergreep. Steeds meer woorden die ik niet vóór hoef te zeggen. De vreugde die hij schept in het spreken is ontroerend."

Over Bob, week 77, ofwel 17½ maand

"Hij komt met samengeknepen duim en wijsvinger op me af en dat wil 'geld' zeggen."

Over Ties, week 84, ofwel ruim 19 maanden

Veel begrijpen, veel woorden en ook zinnen

Er zijn nu ook peuters die niet alleen alles begrijpen, maar ook veel woorden uitspreken en zelfs zinnetjes maken. Maar net zoals bij de motorische vaardigheden: iedere baby en peuter doet dingen in zijn eigen tempo!

"Ze 'leest' nu echt boekjes. Ze vertelt een verhaal terwijl ze naar de plaatjes kijkt. Totaal onverstaanbaar, maar wel heel aandoenlijk. Ze kan overigens ook verstaanbare zinnetjes zeggen."
Over Victoria, week 75, ofwel 17 maanden

"Als ze de kat wil hebben, roept ze: 'Wittie, kom maar'."
Over Jetteke, week 75, ofwel 17 maanden

"Ze zegt meerdere dingen achter elkaar, bijvoorbeeld 'kan niet', 'niet doen' of 'papa en mama'."
Over Xara, week 81, ofwel 18½ maand

"Hij wilde badgel. Maar ik had geen zin om in te gaan op 'eh, eh' en zei: 'Zeg het dan?' Toen zei hij: 'Ja, die die, ik'."
Over Thomas, week 82, ofwel bijna 19 maanden

"Als ik vraag: 'Hoe is het met je oog?' zegt ze 'goed'. Alles waar ze eerder '-ie' op het eind zei, zegt ze nu '-je'. Bijvoorbeeld 'fiepie' werd 'fiepje', 'pappie' werd 'papje', 'kakkie' werd 'kakje' en 'noemie' werd 'noepje'. Ook zegt ze bijvoorbeeld: 'Waar is ie?'"
Over Jetteke, week 82, ofwel bijna 19 maanden

"Ze zegt nu twee of drie woorden aaneen."
Over Xara, week 83, ofwel 19 maanden

Toon begrip voor 'rare' angsten

Als je peuter bezig is zijn nieuwe vermogen uit te werken, zal hij ook dingen of situaties tegenkomen die nieuw zijn en die hij maar half begrijpt. Eigenlijk ontdekt hij nieuwe gevaren, gevaren die tot nu toe voor hem niet bestonden. Pas als hij alles beter begrijpt, zal ook zijn angst verdwijnen. Leef met hem mee.

"Ze is bang voor onweer, zegt ook 'bang, boem'."
Over Marije, week 71, ofwel ruim 16 maanden

"Hij ergerde zich mateloos aan de stofzuiger en aan een lopende waterkraan. Die moest per se uit."
Over Paul, week 72, ofwel 16½ maand

"Hij is bang voor ballonnen. Ook durft hij op de kinderboerderij niet tussen de schapen en de geiten te lopen. Hij wil dan gedragen worden. In de draaimolen op een beest zitten vindt hij ook eng. Ernaar kijken vindt hij prima."
Over Thijs, week 73, ofwel bijna 17 maanden

"Hij is al een tijdje bang voor de stofzuiger. Vroeger kroop hij erop als ik begon te zuigen. Nu gaat hij mooi in een hoekje staan wachten tot het karwei klaar is."
Over Steven, week 85, ofwel 19½ maand

"Hij laat steeds aan papa de trollenkoning uit de Efteling zien. Papa moet er dan over vertellen. In de Efteling was hij juist een beetje bang voor deze figuur: 'on the edge of terror' dus."
Over Thomas, week 86, ofwel bijna 20 maanden

"Hij was bang voor een spin in de tuin en voor vliegen."
Over Harrie, week 88, ofwel ruim 20 maanden

Jouw speltoppers van 'systemen'

Dit zijn spelletjes en oefeningen die inspelen op het nieuwe vermogen dat je verkregen hebt en je ontzettend leuk vindt om te spelen!

Invulinstructie:

Kruis aan wat de favoriete spelletjes zijn van jouw peuter. Kijk na het invullen van de ontdekkingslijst of je een verband ziet tussen dat wat hem het meest interesseerde tijdens deze sprong en de spelletjes die hij het liefst deed. Het is even nadenken, maar je verkrijgt hierdoor een uniek inzicht in het karakter van je peuter.

- ☐ Samen gek doen: woorden raar uitspreken en vreemde lichaamsbewegingen maken.
- ☐ Een spelletje dat we maken van het herkennen van sommige mensen.
- ☐ Op zijn hoofd staan, ingewikkeld klauteren, evenwichtsoefeningen.
- ☐ Tekenen.
- ☐ Bellenblazen.
- ☐ Springen en evenwichtsoefeningen op muurtjes.
- ☐ Gewoon gek doen.
- ☐ Kietelen en wilde spelletjes.
- ☐ Stoeien en geintjes uithalen.
- ☐ Buiten spelen.
- ☐ Andere kindjes, spelletjes en stoeien.
- ☐ Ballen.
- ☐ Spookspelletjes.
- ☐ In de rondte zwieren, 'dronken' worden en op bed gegooid worden.
- ☐ Circus spelen.
- ☐ Hop, hop, paardje.
- ☐ Paardjerijden op de rug.
- ☐ Pakkertje spelen.
- ☐ Verstoppertje spelen.
- ☐ Voorlezen.
- ☐ Tongspelletje: vader of moeder duwt de tong tegen de binnenkant van zijn of haar wang; laat de peuter ertegenaan duwen en laat dan de tong naar buiten komen.

Jouw favoriete speelgoed

- ☐ Auto's.
- ☐ Klei (waar hij het liefst op kauwt).
- ☐ Kindertelevisieprogramma's.
- ☐ Boekjes.
- ☐ Kleine frutseltjes, potjes en flesjes (die tezamen een geheel vormen).
- ☐ Garage met auto's.
- ☐ Speelgoedvliegveld met veel onderdelen.
- ☐ Kleurpotloden en papier.
- ☐ Emmer, zand en water.
- ☐ Duw-/zitauto.
- ☐ Plastic stoeltje.
- ☐ Bal.
- ☐ Fietsje.
- ☐ (Pluchen) beesten, beren en poppen.
- ☐ Stickers.
- ☐ Zandbak.
- ☐ In de tuin graven.
- ☐ Kinderliedjes.
- ☐ Glijbaan.
- ☐ Truck met aanhanger.
- ☐ Bellenblaas.
- ☐ Treinen.
- ☐ Schommelstoel en andere voorwerpen om mee te schommelen.
- ☐ Hobbelpaard.
- ☐ Puzzels tot 20 stukjes.
- ☐ Molentje voor op de fiets.

Wat kiest jouw peuter uit de 'wereld van systemen'?

Alle peuters hebben het vermogen gekregen om zelf 'systemen' waar te nemen en ze te hanteren. Ze hebben jaren nodig om zich dit helemaal eigen te maken, maar als peuters krijgen ze al toegang tot die wereld. Ze zetten hierin de eerste, prille stapjes. Op deze leeftijd kiest een peuter er bijvoorbeeld voor om veel met zichzelf en de controle over zijn lichaam bezig te zijn en laat hij gesproken taal nog even voor wat het is: een paar woordjes en geen zinnetjes. Of hij is heel erg met zijn gezin, familie, vrienden, huis en buurt bezig. Of hij gaat op in zijn kunst en tekent eindeloos en luistert graag naar muziek. En zoals elke peuter kiest hij als eerste datgene wat het best bij zijn aanleg, mobiliteit, voorkeur en omstandigheden past. Voor de wereld van 'systemen' begint hij daarmee als hij 75 weken ofwel ruim 17 maanden oud is. Vergelijk jouw kind niet met een andere peuter. Ieder kind is uniek en zal andere dingen kiezen.

Kijk goed naar je peuter. Stel vast waar zijn belangstelling naar uitgaat. Je kunt nu al heel goed zien welke talenten en capaciteiten hij heeft, wat zijn sterke kanten zijn. Als je peuter bijvoorbeeld een sterke muzikale intelligentie heeft, dan wordt dat nu zeker duidelijk. In 'Ontdekkingslijst van de wereld van systemen' is ruimte om aan te kruisen wat je peuter in eerste instantie kiest. Zelf kun je er ook struinen om te zien of er systemen bij zijn waarvan je denkt dat je kind die ook zou kunnen gebruiken of leren.

Ontdekkingslijst
van de wereld van systemen

Dit zijn voorbeelden van vaardigheden die je peuter vanaf dit moment zou kunnen gaan vertonen. Even voor de duidelijkheid: je peuter doet niet alles uit deze lijst!

Invulinstructie:

Nu je peuter op het eind van de zogenoemde sensomotorische periode de tiende sprong in zijn mentale ontwikkeling heeft gemaakt, is het fundament voor zijn hele verdere ontwikkeling mentaal gezien gemaakt. Alles wat hij gaat leren in de rest van zijn leven vindt zijn fundament in de tien sprongen en de bijbehorende mogelijke mentale inzichten. Deze tiende sprong vormt als het ware de overkoepelende laag op alle voorgaande sprongen. De bovenste laag van de basis, waarop alles steunt wat nog gaat komen. Deze sprong heeft dan ook een enorme impact en zit best gecompliceerd in elkaar. Je zult merken dat de manier waarop kinderen omgaan met de uitwerking van de bijhorende vaardigheden volledig anders kan zijn. Unieke karakterverschillen zijn nog nooit zo duidelijk geweest. Daardoor is het invullen van de lijst best moeilijk omdat je nu veel meer dingen niet zult aankruisen en veel specifieker zult worden. Maar... we hebben je op weg geholpen door veel voorbeelden te geven van andere ouders met peuters in deze sprong. Grote kans dat jouw kind dit helemaal niet doet, maar door een aantal voorbeelden te lezen geven we je een zetje in de goede richting om je zo in staat te stellen zelf te observeren hoe jouw peuter omgaat met deze sprong. Lees daarom niet alleen de lijst regelmatig even door om te kijken waar je op moet letten, maar ook de voorbeelden die we eerder hebben gegeven in de vorm van quotes van ouders. Je zult merken dat je veel meer aan je eigen peuter zult gaan ontdekken!

Deze sprong maakte jij op:
Op   brak het zonnetje weer door, en nu, aan het eind van deze sprong, zie ik dat je deze nieuwe dingen kunt.

HET GEWETEN datum:

☐ Je schrikt en zegt hard 'nee' als ik je betrap op iets waarvan je doorhebt dat het eigenlijk niet mag.

☐ Je daagt me uit door iets te doen wat niet mag.

☐ Je kopieert gedrag van de tv.

☐ Je bent gekwetst en in de war als ik je onterecht iets verbied.

☐ Je kunt nu 'liegen'.

☐ Je test graag uit waar de grenzen van verschillende mensen liggen… Dat klinkt negatief, maar dat is het niet. Het hoort bij een gezonde ontwikkeling; net als het feit dat ik jou natuurlijk wel die grenzen aangeef. Daar heb je immers behoefte aan.

Een voorbeeld van hoe jij grenzen test:

ZELFBEGRIP datum:

☐ Ik merk dat je het begrip 'ik' kent.

☐ Je hebt controle over je lichaam en realiseert je dat het echt jóúw lichaam is.

☐ Je wilt zélf iets doen.

☐ Je hebt een eigen wil.

☐ Je kunt en wilt zélf beslissingen nemen

☐ Je wilt… macht. En dat is niet negatief bedoeld, maar het hoort bij een gezonde ontwikkeling van een flink portie zelfbegrip.

Zo merkte ik bijvoorbeeld dat jij een groeiend 'zelfbegrip' hebt:

UIT HET OOG MAAR NIET UIT HET HART   datum:

☐ Je verstopt je en wilt gevonden worden.

☐ Je zoekt nu echt iemand. Je kijkt niet alleen op de plaats waar je die persoon voor het laatst zag, maar overal.

IK EN JIJ   datum:

☐ Je snapt dat papa en mama andere, aparte personen zijn.

☐ Je brengt overeenkomsten en verschillen tussen mensen feilloos in kaart.

☐ Je wilt de hele tijd bevestigd worden in je 'ik-zijn'.

☐ Je kunt je in iemand anders verplaatsen. Dit is echt een enorme doorbraak, want hierdoor kun je op een heel andere manier met anderen omgaan.

☐ Je kunt beseffen dat een ander kindje iets anders wil en dat andere mensen iets anders leuk kunnen vinden dan jij.

☐ Je kunt een ander troosten.

☐ Je houdt heel erg van pantomime en doet het zelf.

☐ Je fantasiespel komt nu echt van de grond. Bijvoorbeeld:

☐ Je gebruikt speeltjes alsof het autonoom handelende personen zijn die iets kunnen bewerkstelligen.

ANDERE LEVENDE WEZENS
- ☐ Je zwaait graag naar vogels en vliegtuigen in de lucht.
- ☐ Je onderzoekt hoe een plant of een   ruikt.
- ☐ Je voert graag de kippen of de
- ☐ Je hebt interesse voor heel kleine diertjes zoals bijen, mieren, lieveheersbeestjes, of
- ☐ Je wilt graag de planten water geven.

GEZIN   datum:
- ☐ Je snapt dat gezinsleden aparte personen zijn en ze toch bij elkaar horen.
- ☐ Je bent de hele dag met poppen en knuffeldieren in de weer. Je geeft ze te eten, legt ze op bed,
- ☐ Je snapt dat er naast jouw gezin andere gezinnen zijn met papa's, mama's, broertjes, en zusjes.

FAMILIE EN VRIENDEN   datum:
- ☐ Je snapt het verschil tussen je eigen familie en die van je vriendjes.
- ☐ Je weet precies wie bij wie hoort.
- ☐ Je wilt met opa en oma of   bellen.
- ☐ Je geeft aan dat je naar opa en oma of wilt door:

HUIS, BUURT EN DE WEG VINDEN

datum:

☐ Ik merk dat je al een goede plattegrond van de omgeving in je hoofd hebt. Je weet bijvoorbeeld welke kant het op is naar de   of de

☐ Je woet precies waar iets te vinden is, in huis of daarbuiten.

☐ Je herkent je eigen huis en dat van

☐ Je kunt precies wijzen hoe we naar de supermarkt moeten lopen.

☐ Je herkent dingen zelfs in een betrekkelijk vreemde omgeving.

EIGENDOM

datum:

☐ Als ik de was aan het sorteren ben, dan weet jij mij te vertellen van wie welk kledingstuk is.

☐ Je weet welke jas en tas bij welk kindje hoort.

☐ Je weet welk speelgoed van wie is en waar je niet aan mag komen.

☐ Je wilt je speelgoed niet delen met andere kindjes.

☐ Je verzamelt nu graag dingen. Ik mag die dingen absoluut niet weggooien.

☐ Je kunt niet tegen rommel. Het liefst zie je alles systematisch opgeruimd.

PUZZELS EN FRUTSELTJES
datum:

☐ Je kunt nu goed puzzelen. Je legt al puzzels met 7, 12 of hooguit 20 stukjes.

☐ Je bent motorisch veel verfijnder bezig. Dat zie ik bijvoorbeeld aan:

☐ Je vindt dozen met kleine gesorteerde dingen erg interessant. Dozen die jij graag onderzoekt zijn bijvoorbeeld:
  ☐ gereedschapsdoos
  ☐ doos met gesorteerde spijkers of kleurpotloden en dergelijke
  ☐ kralendoos
  ☐
  ☐

☐ Je let op de kleinste details. Bijvoorbeeld:
  ☐
  ☐
  ☐

EIGEN SPELLETJES BEDENKEN
datum:

☐ je verzint zelf een spelletje met eigen regels.

☐ Je verzint je eigen goocheltrucjes.

KUNST

datum:

☐ Je snapt dat speelgoed iets of iemand uit de echte wereld symboliseert.

☐ Je gaat heel andere tekeningen maken. Je heel grote krassen zijn vervangen door rondjes, vierkanten en

☐ Om je heel eerlijk te zeggen, ik herken ze nog niet als zodanig, maar jij vindt duidelijk dat je nu iets tekent en dat jouw tekening dat ook voorstelt. Je vertelt mij wat je tekent en je hebt gelijk: als jij vindt dat het een paard is, dan is het een paard! Je tekent graag:

☐

☐

☐

☐ Je vindt het ook leuk als ik samen met jou teken.

☐ Je kunt redelijk lang en vooral geconcentreerd naar muziek luisteren. Kinderen die dit nu al doen, uit pure interesse, hebben vaak een bijzondere band met muziek later in het leven.

☐ Je speelt graag met de volgende (speelgoed) instrumenten:

☐ elektronische piano

☐ trommel

☐

☐

☐ Je begint nu vaker 'constructies' te bouwen.

TIJDSBESEF   datum:

☐ Je herinnert je voorbije ervaringen. Bijvoorbeeld:

☐

☐

☐

☐ Je kunt 'voorspellen' wat er gaat gebeuren doordat er iets gebeurt of we iets aan het doen zijn.

☐ Je herinnert mij de hele dag aan beloftes die ik je gedaan heb. Bijvoorbeeld dat we naar   gaan.

☐ Je gaat dingen plannen in je hoofd, merk ik. Als ik die planning niet nakom doordat ik bijvoorbeeld iets vergeten ben, dan word je boos, en merk ik zelfs dat je je beledigd voelt.

☐ Soms herinner je je dingen die we gedaan hebben voor je ging slapen als je wakker wordt.

ELEMENTAIRE NATUURKUNDE   datum:

☐ Je dompelt soms dingen onder water die dan weerstand bieden, zoals een bal. Je experimenteert graag met dat gevoel van weerstand.

☐ Je vindt het leuk om, eindeloos, vloeistof van het ene glaasje naar het andere glaasje over te gieten.

☐ Je let nu op verschillende kleuren en zoekt soms echt specifiek bepaalde kleuren uit.

☐ Je vindt nieuwe dingen opeens een beetje eng. Bijvoorbeeld:

  ☐ de eerste keer sneeuw.

  ☐ een nieuwe elektrische tandenborstel.

  ☐

  ☐

  ☐

Lief en leed rond 75 weken ofwel ruim 17 maanden

☐ Je vindt andere experimenten of onderzoekjes leuk, namelijk:

datum:

ELEMENTAIRE BOUWKUNDE

datum:

☐ Je vindt het ongelooflijk leuk om naar bouwvakkers te kijken. Je bestudeert hoe ze

☐ Je wilt van alles uit de bouw nadoen:

    ☐ Je maakt 'cement' met zand en water.

    ☐ Je gaat 'stuken'.

    ☐

    ☐

☐ Je legt een simpel treinspoor.

☐ Je probeert kleine steentjes (van bijvoorbeeld Lego) op elkaar te klikken.

TAAL

datum:

☐ Je begrijpt erg veel van wat er gezegd wordt.

☐ Voor de kinderen die thuis tweetalig worden opgevoed: je kunt twee talen/taalsystemen van elkaar onderscheiden. Je voorkeur gaat uit naar de   taal. Soms negeer je de andere taal: wel/niet.

☐ Je gaat steeds meer woordjes zeggen.

☐ Je kunt losse woordjes combineren tot korte zinnetjes.

☐ Je doet geluiden van dieren na.

☐ Je mimet erg veel en weet met je handen en voeten alles na te doen.

☐ Je bent gek op boekjes. Je luistert korte verhaaltjes helemaal en geconcentreerd af.

Help, mijn peuter kan niet alles! Nee, natuurlijk niet, dat kan ook niet

De eerste fase (hangerigheid) van deze sprong is leeftijdsgebonden en voorspelbaar en begint zo rond de 71 weken. De meeste kinderen komen 75 weken na de uitgerekende datum in de tweede fase van deze sprong terecht. Het vermogen dat je peuter krijgt bij de sprong van systemen zet een hele reeks vaardigheden en activiteiten in gang. De leeftijd waarop je peuter deze vaardigheden en activiteiten voor het eerst laat zien, kan enorm verschillen per kind. Zo is het vermogen om systemen te herkennen noodzakelijk om de weg te kunnen wijzen naar de supermarkt of het park. Deze vaardigheid krijgt je kind ergens tussen de 75 weken tot vele maanden later. Het verschil tussen het mentaal kunnen (vermogen) en het daadwerkelijk doen (vaardigheid) is afhankelijk van de voorkeuren van je peuter, zijn behoefte aan experimenteren en van zijn lichamelijke ontwikkeling. Vaardigheden en activiteiten komen in *Oei, ik groei!* aan bod op de vroegst mogelijke leeftijd waarop kinderen het vermogen krijgen, maar dus niet noodzakelijkerwijze gaan doen, zodat je erop kunt letten en ze kunt herkennen. (Ze kunnen aanvankelijk heel onopvallend zijn.) Zo kun je reageren op de ontwikkeling van je peuter en hem erbij helpen. Alle peuters krijgen dus hetzelfde vermogen op dezelfde tijd, maar het verschilt wat ze er wanneer mee gaan doen. Dat maakt iedere peuter uniek.

De makkelijke periode:
de sprong is genomen

Rond 79 weken ofwel ruim 18 maanden zijn de meeste peuters weer wat makkelijker dan ze waren. Alhoewel hun ontluikende zelfbegrip met de hang naar eigen wil doordrijven en macht het er niet erg veel makkelijker op maakt. Maar dat is een ander soort lastig zijn. Het is niet lastig in de zin van de drie **H**'s: **H**uilerigheid, **H**angerigheid en **H**umeurigheid. Het is bij tijd en wijle gewoon knap irritant. Het is de kunst om erboven te staan. Gewoon tot tien tellen, bedenken dat je schatje toch fijn vooruitgang boekt en de zaak in goede banen leiden. Per slot van rekening is het nu heel goed mogelijk om je peuter (gedrags)regels bij te brengen en hem te leren dat de wereld niet per se om hem draait, dat hij ook rekening moet houden met anderen.

Het is goed om je te realiseren dat voor volwassenen denken en redeneren, ofwel logica, niet de hoogst bereikbare zaken zijn, zoals sommige mensen graag denken. Logica hoort thuis in de wereld van programma's en is ondergeschikt aan de werelden van principes en systemen. Wil je echt iets veranderen, dan moet je eerst je principes veranderen. En om je principes te veranderen, moet je eerst het betreffende systeem veranderen.

Het probleem is dat begrippen op het niveau van systemen bij volwassenen niet makkelijk te veranderen zijn. Dat komt deels doordat elke verandering op het niveau van systemen verreikende gevolgen heeft voor alle niveaus daaronder. En dat gaat niet zomaar zonder slag of stoot. De geschiedenis heeft geleerd dat er vaak revoluties of oorlogen mee gepaard gaan, met woorden of met wapens.

Begrippen op het niveau van systemen en principes worden makkelijker gevormd dan ze later veranderd kunnen worden. Kinderen pikken ze op uit hun omgeving en nemen ze over. Soms leggen volwassenen de nadruk op bepaalde principes en systeembegrippen. Dan is er uitdrukkelijk sprake van socialisatie en opvoeding.

Natuurlijk komt jouw peuter nog maar net kijken. Zijn wereldje is nog heel klein en dicht bij huis. Het duurt nog vele jaren, tot na de kindertijd, voordat hij iets heeft ontwikkeld wat wij volwassenen een wereldbeeld noemen, of een levensvisie. Maar het prille begin is er.

Hoe pril dit begin ook is, het is wel belangrijk en heeft verstrekkende gevolgen. Hier wordt onder andere een begin gemaakt met de gewetensvorming en het aanleren van waarden en normen. Als dat vanaf hier niet goed gaat, is het een paar jaar later al goed te merken. Als je het al je aandacht geeft, is dat een goede diepte-investering en bespaar je je kind, jezelf en iedereen om je kind heen een hoop ellende. Het belang van dit prille begin geldt natuurlijk ook voor al die andere gebieden uit de wereld van systemen. Of je kind nou dol is op muziek, graag bouwt, kletst, speelt met natuurkundige verschijnselen of controle uitoefent over zijn eigen lichaam, geef zijn aanstormende talenten een kans. Je zult versteld staan van het plezier dat je samen kunt beleven.

Slaap en sprongetjes

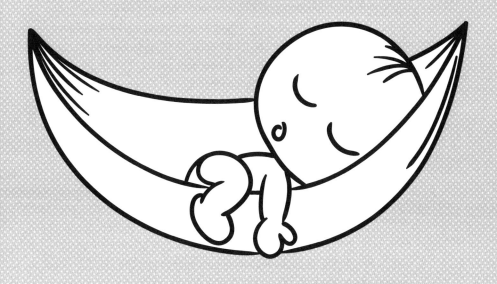

Inleiding

Slaap: vijf letters, maar wat voor enorme impact die slaap op je leven heeft, merk je pas goed als je een baby hebt gekregen... Niet voor niets hebben we ervoor gekozen om een heel hoofdstuk over slaap toe te voegen aan de bestseller *Oei, ik groei!*. Dagelijks krijgen we honderden mails van ouders van over de hele wereld, waarvan het merendeel over slaap gaat. Of beter gezegd: over het niet-slapen, kort slapen en onrustig slapen van hun baby. Vaders, moeders, broertjes en zusjes zullen het allemaal merken: komt er een baby, dan wordt hun slaappatroon verstoord. Het liefst zou je als kersverse ouder een mooie slaapoplossing willen krijgen: een soort magische formule waardoor je baby gaat slapen. Graag wil je een soort aftelkalender hebben: nog drie maanden en dan wordt het nachtleven beter... Je wilt weten wanneer je baby door gaat slapen. Je wilt weten op welke leeftijd je baby (eindelijk) een bepaald aantal uur achtereen slaapt. Als je het moeilijk hebt en onder de moeheid gebukt gaat, dan biedt zo'n aftelkalender hoop. We kunnen je nu alvast teleurstellen: zo'n rijtje met tijden en maanden is er niet. De magische formule om een baby in slaap te krijgen bestaat ook niet, niet als je je kind centraal hebt staan in ieder geval. Dit komt doordat:

1. een baby een andere slaapbehoefte heeft dan wij. En om alvast een tipje van de sluier op te lichten: de slaapbehoefte en slaapcyclus van een baby en die van ons verschillen als water en vuur, ze gaan niet zo goed samen;
2. een snelle oplossing zelden een goede langetermijnoplossing is;
3. een gemiddeld aantal uren gewoon niks zegt over jóúw baby in jóúw leefomstandigheden.

Voordat je na het lezen van deze 'spoiler' het gevoel krijgt dat er een bak water in je gezicht wordt gegooid: vrees niet, er is wel hoop en we hebben je ook zeker veel goed nieuws te vertellen. We hopen je inzicht te geven in het uitdagende, maar prachtige en gezonde slaappatroon van je baby. We geven je tips waarmee je je baby kunt helpen, zolang je baby daar maar open voor staat en je je baby hierin sturend laat zijn. Maar wat wij je echt mee willen geven is hoe belangrijk het is om de natuurlijke ontwikkeling van het slaapproces te waarderen, zonder daarbij te willen ingrijpen. Ook willen we je de relatie tussen slaap en sprongen laten zien, waardoor in één keer heel veel slaap-puzzelstukjes op hun plek zullen vallen. Hierbij geven we je inzicht in de slaapontwikkeling van je baby, net als we in de rest van het boek doen voor de mentale ontwikkeling van je baby. Met die inzichten kun jij de juiste keuze voor jóúw baby, jezelf én je gezin maken. Wij hopen jou met deze slaapinformatie te 'empoweren' om zo je eigen unieke keuzes te maken.

Slaap en wij: een ideale combinatie

Weinig volwassenen zonder kinderen slapen echt genoeg uren, ook al weten ze dat het belangrijk voor hen is. Iemand die genoeg slaapt ziet er beter uit, is vaak slanker (!), kan zich beter concentreren, is gelukkiger, is gezonder en zo kunnen we nog wel even doorgaan. Toch is er iets in ons dat ons zelden op dagelijkse basis die rust gunt. Simpelweg omdat we er ook best goed tegenaan kunnen als we een kleine roofbouw op ons slaapbehoeftige lichaam plegen. Eigenlijk hebben wij minimaal zo'n zeven tot acht uur slaap nodig, en soms zelfs nog meer. We hebben het dan natuurlijk over aaneengesloten slaapuren. Je voelt hem al aankomen…

Van slaapproblemen naar 'anders' slapen

In dit hoofdstuk hebben we het vaak over 'anders' slapen. Ja, we snappen dat het in de dagelijkse praktijk gewoon over de slaapproblemen van je baby gaat, maar zoals je zult lezen heeft je baby meestal geen probleem, maar hebben wij, volwassenen, dat. We begrijpen echt de frustratie die je baby's 'slaapproblemen' teweegbrengen, maar willen het geen problemen noemen. Het is immers niet fair naar een baby toe om zijn volledig normale slaapgedrag als probleemgedrag te betitelen. Daarom hebben we het over 'anders' slapen.

Slaap en je baby: ook een ideale combinatie

Je baby heeft, net als wij, behoefte aan slaap. Zonder genoeg slaap ontwikkelt hij zich fysiek, emotioneel en mentaal minder goed. De hoeveelheid slaap die je baby nodig heeft, hangt af van zijn leeftijd en van zijn persoon. Sommige kinderen hebben nou eenmaal veel meer slaap nodig dan andere, net als volwassenen overigens. Maar één ding is zeker: het slaapritme van een baby is sneller, de slaapcyclus is korter – en daarmee is de slaapbehoefte heel anders dan die van een volwassene. Als een baby dus na een paar uur wakker is en dan weer in slaap valt, weer wakker is en dan weer in slaap valt, heeft hij een perfecte slaap gehad, als je puur en alleen naar zijn behoeftes kijkt! Als volwassene ben je dan snel geneigd om te denken dat je kind te weinig slaap heeft gehad en dat het niet-slapen dus directe, negatieve gevolgen voor zijn ontwikkeling heeft. Dat hoeft dus zeker niet zo te zijn: de gedachte dat je baby een probleem heeft, ontstaat doordat wij als volwassenen onze slaapbehoefte en ons slaapritme projecteren op een baby, en dat is onterecht.

Jouw slaap en je baby's slaap: een minder goede match

Je baby en jij hebben dus andere slaapbehoeftes en die botsen. Meestal ben jij (gelukkig) degene die daaronder lijdt, en niet je baby. Je baby's slaapbehoefte bepaalt indirect vaak jouw slaapritme, en dat kan knap lastig zijn. Je kind vindt het niet erg (sterker nog, het is normaal) om drie keer per nacht wakker te worden. Jij moet echter je bed uit, bent uit je slaapcyclus, moet weer in slaap komen, en bent in de ochtend helemaal brak. Daar komt dan nog eens bij dat die ochtend vroeger begint dan hij deed in de tijd dat je nog geen ouder was. Heb je ook nog eens een ouder kindje dat eveneens nog 's nachts wakker wordt, dan heb je te maken met drie verschillende slaapritmes, slaapcycli en slaapbehoeftes en wordt het nog een stukje lastiger. Voor jou en je partner dan, vaak niet zozeer voor je kinderen. Dat is op zich al wel een geruststellende boodschap, maar toch is het ook weer niet zo simpel. Als wij niet genoeg slapen, dan worden we na een tijdje chagrijnig, geïrriteerd, kortaf, kortom: intens moe. Zo moe dat het je dagelijkse leven gaat beïnvloeden op een negatieve manier. Dat moet je natuurlijk proberen te voorkomen, of in ieder geval minimaliseren. Door het slaapgedrag van je baby te begrijpen, te weten wat je te wachten staat en te weten wat je kunt doen om het jezelf makkelijker te maken, voorkom je echte slaapproblemen.

Goed om te weten

90 procent van de ouders heeft moeite met slapen sinds ze een baby hebben. Het ligt niet aan jou. Het ligt niet aan je baby. Je baby's slaapbehoeftes en die van jou botsen van nature.

(Niet) slapen is pas een probleem als jij, je gezin of je baby ernstig lijdt onder het slaapgebrek. Dan moet je hulp inschakelen.

Hoe ouder je baby wordt, des te meer jullie slaapbehoeftes overeenstemmen. En bedenk: tegen de tijd dat ze puber zijn, dan krijg je ze het bed 's ochtends niet meer uit!

Af en toe is het tijd voor een realitycheck: je overleeft deze fase echt. Vóór jou zijn er talloze generaties ouders en baby's geweest en die hebben het ook overleefd. Dames hebben alleen de luxe van make-up en camouflage tegenwoordig. Sorry, heren!

Dag-nachtritmes en slaap-waakritme

Om goed te begrijpen wat het slapen van je baby inhoudt, moet je ook weten wat 'slapen' is. Want slapen is veel meer dan even je ogen dichtdoen en loslaten: slapen is een zeer ingewikkeld proces dat onze gezondheid en ontwikkeling direct beïnvloedt. Om te slapen op de manier waarop wij volwassenen dat doen, is er een gedeelte in de hersenen nodig dat bij baby's nog niet volledig ontwikkeld is, en daar zit nou precies het 'probleem'…

Als wij aan het dag-nachtritme denken, dan denken we automatisch aan slapen en wakker worden. Toch is dat slaap-waakritme slechts een van de vele dag-nachtritmes! Midden in de hersenen zit een gedeelte dat alle vormen van dag-nachtritme regelt. Dit gedeelte staat in verbinding met de ogen en neemt dus zo waar of er licht is of niet, of het dag is of nacht.

Voorbeelden van dag-nachtritmes bij volwassenen zijn:

- verandering van de hartslagsnelheid gedurende de dag en nacht (hoger overdag, lager in de nacht);
- verandering van de lichaamstemperatuur overdag en 's nachts (gaat iets naar beneden als de nacht aanbreekt);
- verandering van de hoeveelheid urine die aangemaakt wordt (minder gedurende de nacht);
- aanmaak van het slaaphormoon in de nacht en daling van het stresshormoon in de nacht;
- verschil tussen dag en nacht in de hoeveelheid groeihormonen of testosteron die aangemaakt wordt;
- ... en last but not least: het slaap-waakritme.

Onze biologische klok: elke 24 uur even resetten!

Midden in de hersenen van volwassenen zit een gedeelte dat ten grondslag ligt aan al die verschillende dag-nachtritmes. Dat hersendeel wordt de 'biologische klok' genoemd en heeft van zichzelf, zonder invloed van buiten, een ritme met een op- en neergang (ofwel een 'oscillatie') van net geen 24 uur. Dit gedeelte staat in verbinding met de ogen, en neemt dus zo waar of er licht is of niet, of het dag is of nacht. En dat is maar goed ook, want als de biologische klok aan zijn lot werd overgelaten, dan ging die steeds verder afwijken van de licht-donkercyclus op aarde, die exact 24 uur duurt. Nu wordt de biologische klok ieder etmaal 'gereset' en blijft zo synchroon lopen met de licht-donkercyclus op aarde.

Melatonine: het slaaphormoon

Een van de dag-nachtritmes bij volwassenen betreft de aanmaak van melatonine, ook wel het 'slaaphormoon' genaamd. Je hersenen (de pijnappelklier) gaan deze aanmaken zodra het donker wordt. En ook hierbij geldt... als je baby geboren wordt, kan hij deze stof nog niet aanmaken! Andere stoffen maakt je lichaam juist minder aan als je gaat slapen, bijvoorbeeld cortisol. Cortisol is een stresshormoon waardoor je onder andere alert bent. Zodra je die minder aanmaakt, ga je dus vanzelf meer ontspannen en dus zorgt de verlaging van dit hormoon ervoor dat je makkelijker in slaap komt en blijft.

De biologische klok en prematuur geboren baby's

Dat de biologische klok halverwege de zwangerschap wordt aangelegd, is belangrijk om te weten voor echt veel te vroeg geboren baby's. Omdat de grondslag van dag-nachtritmes al in bepaalde vorm is aangelegd en de ogen wellicht al in verbinding staan met de biologische klok, zouden prematuur geboren baby's eerder dan volgroeide baby's een bepaalde vorm van een dag- nachtritme kunnen krijgen. Juist hierdoor is er nu veel discussie of het wel of niet beter is voor prematuur geboren baby's om snel aan het licht en donker van de dag en de nacht te wennen.

Kortom, om lekker lang door te slapen heb je onder andere een slaap-waakritme nodig en de aanmaak van bepaalde stoffen in de hersenen. 's Nachts als het donker is, ben je moe, en overdag als het licht is, dan ben je wakker. Je geeft je over, of je bent juist alert. Laat je pasgeboren baby dat slaap- waakritme en die hormoonhuishouding nou nog helemaal niet hebben… Je baby is dus biologisch gezien niet in staat een dag-nachtritme te hebben. Die wetenschap alleen al kan een enorme geruststelling zijn. Jij doet niks fout, je baby doet niks fout, het is gewoon biologisch onmogelijk tijdens de eerste weken tot maanden.

Een biologisch proces: het ontstaan van een slaap-waakritme

Nu is natuurlijk de vraag: wanneer heeft een kind dan een volgroeid slaap-waakritme met alle andere dag-nachtritmes erop en eraan? Daartoe hebben we de verschillende onderdelen van een volgroeid slaap-waakritme voor je op een rij gezet.

Zwangerschap

Je buikbaby zelf levert nog helemaal geen bijdrage aan een slaap-waakritme of andere dag-nachtritmes. De dag-nachtritmes die hij vertoont worden veroorzaakt door stoffen zoals melatonine die via het bloed van de moeder door de navelstreng zijn lichaam binnenkomen.

Halverwege de zwangerschap

De eerste aanleg van de biologische klok verschijnt in de hersenen van je baby, maar het is dan echt nog verre van compleet. Het lijkt erop dat de ogen al een verbinding hebben met het gedeelte in de hersenen dat je de biologische klok kunt noemen.

Pasgeboren baby

Na het doorknippen van de navelstreng komt er geen melatonine meer via het bloed van de moeder binnen, ook is er geen reserve, en is een baby nog niet in staat dit zelf aan te maken. Een pasgeboren baby vertoont nog helemaal geen dag-nachtritmes en het slaap-waakritme is dus chaotisch. Korte slaapjes, lange slaapjes, overdag, 's nachts; je baby slaapt wanneer het hem uitkomt. Het verschil tussen donker en licht heeft (nog) geen invloed op hem als het gaat om het aanmaken van slaaphormonen.

Geboorte tot 6 weken

Je baby verspreidt zijn slaapjes over de 24 uur van het etmaal. Je merkt dus geen verschil in de uren en tijden dat hij overdag of 's nachts slaapt. Hij laat zich nog totaal niet leiden door het wel of niet aanwezig zijn van licht of donker. Hij slaapt wanneer hij wil slapen.

1 week

Het dag-nachtritme van je baby's lichaamstemperatuur ontstaat. Dat merk je niet in de vorm van het slaap-waakritme, maar het is wel de eerste stap hiernaartoe. Om een goed slaap-waakritme te kunnen krijgen, heeft je baby namelijk eerst dit dag-nachtritme van de lichaamstemperatuur nodig. Je zou kunnen zeggen dat het dag-nachtritme van de lichaamstemperatuur de mal vormt waarin het slaap-waakritme gegoten wordt.

6 weken

Je baby krijgt nu de eerste grondbeginselen van een waakritme. Er is nog geen slaapritme. Het waakritme ontwikkelt zich dus eerder dan het slaapritme! Toch is het gehele proces van het ontstaan van een slaap-waakritme wel weer een stukje verder ontwikkeld. Ook hebben onderzoekers al een kleine concentratie van melatonine (de stof die een mens 's nachts aanmaakt om zo 's nachts te kunnen doorslapen) kunnen vinden bij baby's van 7 weken. Je kunt gaan merken dat de periodes van echt wakker zijn en de periodes van moe zijn een beetje beginnen samen te klonteren. Was het wakker of slaperig zijn eerst volledig chaotisch over de dag en nacht verdeeld, die chaotische korte momenten lijken nu wat meer aan elkaar te gaan zitten. Van een echt ritme is natuurlijk nog lang geen sprake, maar het proces is in gang gezet!

2 maanden

Je baby begint nu de allereerste voorlopers van een slaap-waakritme te ontwikkelen. Dat wil niet zeggen dat jij dat al meteen merkt, maar het is wel fijn om te weten; ook het nachtritme is biologisch gezien begonnen aan het ontwikkelingsproces! Verwacht geen wonderen, maar kijk naar de subtiele vooruitgangen als het gaat om het ontwikkelen van een gezond dag-nachtritme.

3 maanden

De tijd dat je baby overdag slaapt, wordt nog minder en de tijd dat je baby 's nachts slaapt, neemt toe. Onthoud altijd: het gaat nu alleen nog maar om het aantal minuten, de optelsom van tijd. Dit zegt dus niks over hoe vaak je baby wakker wordt. En al slaapt een baby zes uur (wat vrijwel nooit gebeurt), dan wil dat niet zeggen dat dat achter elkaar is. Kortom: je baby wordt een aantal keer wakker en dat is heel normaal op deze leeftijd. Op biochemisch niveau kun je nu pas een dag- én nachtritme meten als het gaat om de aanmaak van melatonine.

3-6 maanden

Er begint zich steeds meer een patroon te ontwikkelen in de aanmaak van melatonine in de nacht. Ook is er vanaf nu een verschil in cortisolniveaus te meten tijdens de nacht en overdag. Vanaf 15 weken zul je echt merken dat je baby een duidelijk slaappatroon over het etmaal heen heeft. Je baby heeft vrij vaste uren overdag en vrij vaste uren 's nachts waarop hij slaapt. Je zult ook merken dat het nieuw verkregen ritme toen hij 3 maanden was, bruut verstoord wordt als hij zijn vierde sprongetje ingaat met ongeveer 4 maanden. Los van die (tijdelijke) verstoring, zie pagina 131, is het fijn om te merken dat je baby een ritme begint te krijgen. Let wel, dit geldt voor het merendeel van de baby's, maar... iedere baby is uniek en er is niks aan de hand als jouw baby nog geen vastere slaap- en waakuren heeft.

Eigenlijk kun je hier twee belangrijke dingen van leren. Ten eerste, een pasgeboren baby kan niet een nacht doorslapen. Hij heeft gewoon nog geen enkel dag-nachtritme, dus het is biologisch gezien onmogelijk. Ten tweede, van alle verschillende vormen van dag-nachtritmes (verschil in lichaamstemperatuur, verschil in hartslagsnelheid, verschil in urineaanmaak, verschil in alertheid enzovoort) ontwikkelt het slaap-waakritme – daar waar het ouders vaak om gaat – zich als laatste. Je baby heeft dus al vormen van dag-nachtritmes ver voordat wij dat in de vorm van slaap merken.

Als de dag-nachtritmes aanwezig zijn: slaapt je baby dan door 's nachts?

Nee, zo simpel ligt het gewoon niet. Ook al is het slaap-waakritme op een gegeven moment goed aanwezig, iedere baby is anders en iedere baby slaapt anders. De een krijgt zichzelf in slaap zonder jou wakker te maken. Deze baby heeft jou niet nodig als hij even tussendoor wakker wordt 's nachts. De andere baby slaapt pas lekker als hij de hele tijd bij je is. Waarom is dit dan goed om te weten? Omdat je zo inziet dat alle rijtjes met tijden en gemiddelden gewoon geen zin hebben en je van een jonge baby niet kunt verwachten dat hij de nacht doorslaapt. Rijtjes met gemiddelden en tijden werken eerder frustrerend dan geruststellend, en je zou zelfs kunnen zeggen dat ze niet echt eerlijk en respectvol naar je baby zijn. Dat soort rijtjes kunnen immers suggereren dat jouw baby buiten de marge valt en dus 'niet goed' is. En dat klopt natuurlijk niet.

Baby's slapen anders dan wij doen

Niet alleen het dag-nachtritme van baby's is anders dan dat van ons, er zijn ook talloze verschillen tussen de manier waarop wij slapen en de manier waarop je baby slaapt. Een van de belangrijke verschillen is de slaapcyclus van je baby. De verschillen die deze vertoont met die van ons zijn er niet voor niets: het zijn biologische voordelen voor je baby en ze helpen hem te overleven. Kortom, je wilt de slaapcyclus dus niet veranderen, ook al betekent dit dat je baby vaker dan wij in de nacht wakker wordt. Toch is het goed om de achtergrond van de slaapcyclus te snappen. Je krijgt begrip voor het slaapgedrag van je baby én… je weet dan wanneer je hem neer kunt leggen, of de kamer uit kunt gaan, zonder dat hij weer wakker wordt en je weer van voren af aan kunt beginnen. De grootste verschillen in de manier van slapen zitten hem in de slaapcyclus en de fases van het slapen.

Non-rem

Ieder mens kent grofweg twee soorten slaap: de non-remslaap (Non Rapid Eye Movement) en de remslaap (Rapid Eye Movement).

De non-remslaap is de rustige slaap. Hierin zijn we niet op een bijzondere manier de hersenen aan het stimuleren, we zijn niet druk bezig dingen te verwerken. Nee: we zijn gewoon heel diep aan het rusten. Toch zijn ook weer niet alle fases van de non-remslaap even diep. Je kind kent drie verschillende non-remslaapfases.

Non-remslaapfase 1
In deze fase slaapt iemand heel licht. Je kunt het bijna een fase van heel intense ontspanning of loomheid noemen. De ogen zijn wel dicht, maar het is enorm makkelijk om wakker te worden vanuit deze fase. Bij jezelf kun je deze fase herkennen aan het dichtvallen van je ogen, als je bijvoorbeeld wegdoezelt wanneer je een film zit te kijken. Het is eigenlijk de fase die net tussen wakker en slaap in zit, maar meer naar het slapen neigt.

Non-remslaapfase 2
Het lichaam begint in deze fase in de 'slaapstand' te komen. Het hart gaat langzamer kloppen, de lichaamstemperatuur begint zachtjes te dalen en de spieren beginnen nog verder te ontspannen.

Non-remslaapfase 3
Dit is de fase van het echt diepe slapen. In deze fase is het moeilijk om wakker te worden. Het lichaam ontspant zich helemaal en de lichaamstemperatuur en de hartslag zijn aanmerkelijk lager. Deze fase wordt gevolgd door de remslaap.

Mensen die slaapwandelen of praten in hun slaap verkeren in het begin van fase 3 van de non-remslaap. Nachtmerries en nachtangsten komen juist voor aan het eind van non-remslaapfase 3. Kortom: in de fase dat een lichaam het diepst rust, kan er nog van alles gebeuren!

Remslaap en sprongetjes

Tijdens een sprongetje slapen de meeste baby's niet zo goed als ze normaal slapen. Ze worden van het minste of geringste wakker. Ouders geven aan hun baby niet neer te durven leggen, want dan wordt hij toch weer wakker en begint alles weer van voren af aan. Baby's lijken tijdens een sprongetje soms niet in de rustige diepe slaap te komen. Het zou goed kunnen dat baby's tijdens de sprongetjes een relatief langere periode in remslaap meemaken om zo nieuwe hersenconnecties aan te kunnen maken. Geen wonder dat je kind dan van het minste of geringste wakker wordt: hij is immers in de remslaap en tijdens die slaap wordt ieder mens makkelijk wakker. Geef je kind dus de kans om, juist tijdens de sprongetjes, lekker die extra periodes van remslaap te pakken. Wil hij dat alleen maar vanuit de vertrouwde ouderschoot doen, geef hem dan die kans. Het is verleidelijk om hem even neer te willen leggen, even iets af te maken wat je al zo lang nog moest doen, maar neem nu gewoon even een boek erbij. Als je kind dan relaxter wakker wordt omdat hij de sprongetjes makkelijker kan verwerken met die oppervlakkige remslaap-slaapjes, heeft híj het niet alleen makkelijker, maar jij en je hele gezin uiteindelijk ook.

Baby's: twee keer zo lang actieve slaap!

De remslaap wordt ook wel de 'actieve slaap' genoemd, en eigenlijk verklaart dat alles. Tijdens deze fase slaapt een mens licht en wordt gemakkelijk wakker. Je hersenen zijn actief dingen aan het verwerken, aan het leren. Als je naar de ogen zou kijken, zou je zien hoe actief: de ogen maken heel snelle bewegingen, zo snel dat je het als je wakker bent niet eens na zou kunnen doen. Je snapt meteen de naam van deze slaapfase: Rapid Eye Movement. Nog gekker is dat de rest van je lichaam wel volledig in rust is. De activiteit zit hem dus echt in je hoofd op dat moment. Bij baby's is dat niet anders. Soms kun je zelfs de ogen zien bewegen, zo actief is je baby alles aan het verwerken in deze slaap!

Rem: extreem belangrijk voor een goede ontwikkeling!

Vroeger dachten we dat de remslaap eigenlijk alleen maar belangrijk was voor het verwerken van je dag in je dromen. Nu is er steeds meer onderzoek dat heel andere voordelen – cruciale voordelen – van de remslaap bij

Goed om te weten

Er bestaan hersenconnecties waarvan de aanleg onafhankelijk is van activiteit of ervaring en hersenconnecties waarvan de aanleg daar juist wel van afhankelijk is. Of simpeler gezegd: voor de ene moet je wat doen of meemaken (de afhankelijke variant) en voor de andere hoef je helemaal niets te doen (de onafhankelijke variant). Een sprongetje in de mentale ontwikkeling is een voorbeeld van de onafhankelijke variant. Je baby maakt een sprongetje, of hij of jij dat nou wil of niet, en ze komen niet eerder of later, hoe je dat ook probeert. Je hoeft er dus niks voor te doen, die hersenconnecties ontstaan spontaan en daarmee komt dat nieuwe waarnemingsvermogen.

baby's aantoont. Tijdens de remslaap worden de neuronen in de hersenen namelijk extra gestimuleerd. De bloedstroom naar de hersenen verdubbelt zelfs bijna in de remslaap! Deze stimulatie zou weleens essentieel kunnen zijn bij de aanmaak van nieuwe hersenconnecties. De remslaap zou dus de ontwikkeling van de hersenen enorm beïnvloeden!

Wist je dat...

Tijdens de remslaap is er met name meer bloedtoevoer naar het gedeelte van de hersenen dat het automatisch ademhalen stimuleert.

Van die spontaan ontstane hersenconnecties wordt een overdaad aangemaakt. Als je er niets mee doet, verdwijnen ze weer. Maar... de connecties die wel gebruikt worden, blijven. Dus met de juiste stimulans behoudt je baby de aanmaak van die vele hersenconnecties. Hier gaat het gezegde op: 'Use it or loose it'. Als je als ouder inspeelt op de sprongetjes, de spelletjes speelt waardoor hij de sprongetjes en de bijhorende vaardigheden nog beter onder de knie krijgt, dan behoudt je kind zo veel mogelijk hersenconnecties. Die zijn dan van de afhankelijke variant. Die is immers afhankelijk van de activiteiten van je kind en de ervaringen die hij opdoet. Goed nieuws dus: speel in op de sprongetjes en behoud zo veel mogelijk hersenconnecties! Helemaal goed nieuws als je bedenkt dat de aanmaak van hersenconnecties juist in die eerste twee jaar zo cruciaal zijn.

Non-rem + rem = slaapcyclus

En nu komt het eerste gedeelte waar je als ouder ook echt 'iets mee kunt doen'. Als je de theorie hiervan snapt en de tijd neemt om jouw baby's slaapcyclus te leren kennen, dan weet je vanaf dat moment wanneer je hem neer kunt leggen zonder dat hij wakker wordt. Je weet dan wanneer het 'veilig is' de kamer uit te gaan. De slaapcyclus is niet meer dan de non-remslaap + remslaap achter elkaar. Als die twee zijn geweest, dan begint een mens weer aan de non-rem, vervolgens komt de rem (dus de tweede cyclus), dan weer de non-rem, dan weer de rem (de derde cyclus), tot iemand wakker wordt.

Verschil slaapcyclus baby en volwassene

Ook al maken zowel baby's als volwassenen dezelfde slaapcyclus door, de tijdsduur verschilt enorm. Daar waar een pasgeboren baby een slaapcyclus van zo'n 40 minuten heeft en een paar maanden oude baby (tot een maand of 9) een cyclus van 50-60 minuten, heeft een volwassene er een van 120 minuten. Bedenk ook dat de verhouding non-rem en rem volledig anders is bij baby's dan bij volwassenen; baby's spenderen immers meer dan twee keer zo veel tijd in hun remslaap en veel minder in de non-remslaap.

Zelfs kinderen verschillen nog van volwassenen in de slaapcyclus

De verandering van de slaapcyclus is een geleidelijk proces. Sterker nog, het duurt jaren voordat de slaapcyclus van je kind op die van jou lijkt. Pas als kinderen de schoolgaande leeftijd bereiken, hebben ze een slaapcyclus die bij die van ons in de buurt komt en dan zo'n 90 tot 100 minuten duurt. Ook het verschil in de hoeveelheid minuten die iemand in non-rem- en remslaap spendeert, verdwijnt niet als de babytijd voorbij is. Zelfs tegen de tijd dat je kind drie jaar is spendeert hij nog 50 procent van de tijd in de remslaap, terwijl wij slechts 20 procent van de tijd doorbrengen in de remslaap. Je ziet dus: slapen is niet iets wat je even 'fikst' in de babytijd. Het kost heel veel tijd voordat kinderen slapen op de manier waarop wij dat doen. En dat is maar goed ook, want het anders slapen van je baby is goed voor hem. Het heeft overlevingsvoordelen en maakt hem gezond en sterk.

Conclusies

- Je baby wordt makkelijk wakker als hij in de remslaap zit en nét aan het begin van de non-remslaap.
- Je baby brengt bijna twee keer zo veel tijd door in de remslaap vergeleken met volwassenen.
- Het totaal van een dag-nachtritme is meer dan alleen het wakker zijn of slapen. De rest van het lichaam doet ook mee. Zo daalt bijvoorbeeld de lichaamstemperatuur tijdens de slaap, gaat het hart rustiger kloppen, wordt er minder urine aangemaakt, dalen de stresshormonen, maar is er meer bloedtoevoer naar de hersenen tijdens de remslaap.
- De non-remslaap (niet-actieve slaap) kent drie fases.
- Tijdens fase 3 van de non-remslaap ontspant het lichaam steeds meer, daalt de bloeddruk en de lichaamstemperatuur; je baby wordt minder snel wakker tijdens deze fase. In fase 3 slaapt een kind heel diep; alles ontspant en hij wordt niet makkelijk wakker.
- Non-rem + rem = slaapcyclus.
- De slaapcyclus duurt bij baby's veel korter dan bij volwassenen.
- Tijdens de nacht maak je meerdere slaapcyclussen mee.
- Aan het eind van een slaapcyclus word je wakker of begint er een nieuwe slaapcyclus.

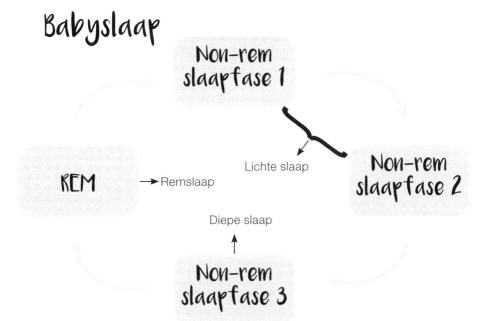

Inhoudelijk
- Je slaapt heel lichtjes.
- Je ogen zijn dicht.
- Het is heel makkelijk (extreem makkelijk) om wakker te worden.

Verschillen tussen baby en volwassene
- Deze fase duurt bij volwassenen veel korter dan bij baby's (slechts 2-4 procent van de slaaptijd).
- Bij volwassenen zien mensen dit vaak als loomheid of wegdoezelen op de bank. Baby's hebben heel vaak een momentje van non-remslaapfase 1.

Praktisch
- Een baby wordt makkelijk wakker, dus je hebt niet de tijd om hem neer te leggen of weg te sluipen.

Non-rem slaapfase 1

Remslaap

Inhoudelijk
- Er is sprake van actieve slaap.
- In deze fase droom je veel.
- Het lichaam is in rust, de ogen bewegen snel.
- Er vindt actieve stimulatie van de hersenen plaats.
- Er is veel aanmaak van hersenconnecties.
- De bloedtoevoer naar de hersenen verdubbelt!

Verschillen tussen baby en volwassene
- Een baby bevindt zich tweemaal zo lang in remslaap.
- Bij baby's zie je de ogen snel bewegen onder het ooglid door.

Praktisch
- Remslaap helpt bij het verwerken van sprongetjes.
- Lijkt je baby langer en vaker korte remslaapjes te doen tijdens een sprongetje? Dat is heel normaal en juist goed voor hem. Probeer hem dus niet geforceerd langer of dieper te laten slapen.
- Je baby wordt makkelijk wakker, dus dit is niet de tijd om hem neer te leggen of weg te sluipen.

Inhoudelijk
- Het lichaam ontspant verder, voelt slapper aan.
- Het hart gaat langzamer kloppen.
- De lichaamstemperatuur daalt verder.

Verschillen tussen baby en volwassene
- Een volwassene brengt 45-55 procent van de tijd door in deze fase, een baby veel minder.
- Hoe ouder een kind wordt, hoe meer tijd hij slaapt in deze fase en hoe minder in de remfase.

Praktisch
- Test of je baby al diep genoeg slaapt om hem neer te leggen of de kamer uit te gaan enzovoort door een armpje op te tillen en te laten 'vallen'. Ploft hij helemaal slap neer, dan zit je baby aan het eind van fase 2 of zelfs al in fase 3 en slaapt hij diep. Ploft de arm enigszins 'onder controle' neer, net niet helemaal loom, dan zit je baby nog in fase 2 en moet je heel voorzichtig doen als je hem neerlegt of de kamer uit gaat. Of je moet een paar minuten wachten tot fase 3 is aangebroken.

Non-rem slaapfase 2

Non-rem slaapfase 3

Inhoudelijk
- Je bent diep in slaap.
- Het hele lichaam ontspant.
- Praten in de slaap en slaapwandelen komen voor in het begin van deze fase.
- Mogelijke nachtmerries en 'night terrors' vinden plaats aan het eind van deze fase.
- Ook al ontspan je heel diep, deze fase duurt niet het langst.

Verschillen tussen baby en volwassene
- Volwassenen slapen dieper en langer in deze fase.

Praktisch
- Het is nu heel makkelijk om je baby neer te leggen, de kamer uit te gaan, enzovoort. Je baby verkeert in een diepe slaaptoestand.
- Deze fase begint ongeveer halverwege de gehele slaapcyclus van een baby.
- Na deze fase begint een nieuwe cyclus en wordt de slaap (als je baby niet wakker wordt) dus weer een lichte staat van slaap, houd daar rekening mee!

Tip: Breng je baby's slaapcyclus in kaart

Houd zelf de slaapcyclus van je baby bij. Als je regelmatig 'test' na hoeveel minuten je baby vast slaapt en na hoeveel minuten hij weer lichter slaapt en wakker wordt of weer doorslaapt, kun je daarop inspelen. Dan weet je wanneer je hem neer kunt leggen of even de kamer uit kunt gaan om iets te doen. Dan weet je na hoeveel minuten je even stilletjes aan moet doen en na hoeveel minuten je met een gerust hart bij wijze van spreken kunt gaan stofzuigen zonder dat je baby wakker wordt. Vergeet niet: per sprongetje komt er weer een ander ritme, dus je zult regelmatig zijn nieuwe cyclus en ritme uit moeten gaan vinden.

1. Schrijf de tijd op wanneer je baby zijn ogen sluit. Na hoeveel minuten lijkt zijn lichaam volledig ontspannen?
2. Doe (een paar keer) de 'armtest': pak voorzichtig een armpje op en laat dat 'vallen' (dat klinkt dramatischer dan het is!). Valt het als een pudding neer, dan is je baby in diepe slaap. Schrijf op na hoeveel minuten de diepe slaap intreedt. Valt de arm neer, maar nog gecontroleerd door zijn spieren, dus niet als een pudding, dan is hij nog niet in de diepe slaap.
3. Kijk regelmatig naar je baby's bewegingen. Begin je weer lichamelijke activiteit te zien, dan is hij uit zijn diepe slaap en slaapt hij weer lichter. In deze fase is het dus bij wijze van spreken erop of eronder: nog een slaapcyclus beginnen of wakker worden.
4. Herhaal dit en schrijf een dag of drie de tijden op: je zult zien dat je zo jouw baby's slaapcyclus kunt gaan voorspellen.

Let op, dit werkt nog niet bij baby's jonger dan 15 weken. En het is geen absolute voorspelling zoals bij het berekenen van de sprongetjes het geval is. Hiermee kun je slechts een beeld scheppen van jouw baby's ritme, zodat jij daar beter op in kunt spelen.

Wakker worden: voor de veiligheid van je baby?

Je zou verwachten dat wij zo gemaakt zijn dat de slaapcycli van ouders en baby's feilloos op elkaar afgestemd zijn, om zo een mooi harmonieuze start in het leven te maken. Niet dus. Maar waarom is dit verschil in slaapcyclus en slaapritme er dan? Het lijkt erop dat het regelmatig 's nachts wakker worden een soort veiligheidsvoordeel voor je baby is. Baby's zijn kwetsbaar, en hoe jonger ze zijn, hoe kwetsbaarder. Er zijn een aantal overlevingsredenen die kunnen verklaren waarom een baby een aantal keer in de nacht wakker wordt.

- Het maagje van je baby is nog enorm klein en de melk verteert vrij snel. Een baby heeft melk nodig om te overleven en omdat melk sneller verteert, heeft hij vaker een 'portie' nodig dan dat wij porties eten nodig hebben. Als een baby dus niet wakker zou worden, zou hij in die uren geen eten binnenkrijgen, wat niet goed is voor de groei. We hebben het nu natuurlijk over jonge baby's die nog geen vast voedsel binnenkrijgen. Vast voedsel, ook puree, is veel zwaarder om te verteren. Je zult dus merken dat een baby, zodra hij oud genoeg is en voor het eerst ook wat vast voedsel krijgt, minder vaak wakker wordt door honger.

- Ook het minder lang in een diepe slaap verkeren heeft veiligheidsvoordelen. Zo is het belangrijk dat een baby wakker wordt als er iets is wat hem hindert of iets wat zijn lichaampje kwaad zou kunnen doen. Denk hierbij aan 'simpele' dingen zoals een vieze luier. Als je baby een luier te lang aanheeft, kan hij last krijgen van de bijtende stoffen in de urine. Het is dus goed dat hij niet zo lang in de diepe slaap zit, zodat hij de irriterende luier niet te lang aanheeft, die hem schade kan toebrengen.

- Denk ook maar eens aan een vol neusje dat zijn ademhaling in de weg zou zitten. Aangezien de ademhaling nog niet zo goed gereguleerd is als die bij ons, is het belangrijk dat je baby makkelijk wakker kan worden als iets hem hindert in de slaap. Als je baby te lang in een diepe slaap zou verkeren, zou dit gevaarlijk kunnen zijn.

- Baby's lijken het beste te slapen als ze bij jou zijn en niet als ze helemaal alleen zijn. Ook dat lijkt een logische verklaring te hebben als je nadenkt over het feit dat een baby niet kan overleven zonder jou. Een baby is volledig afhankelijk van jou, en dat 'weet' hij. Natuurlijk niet bewust, maar dat is als een soort oerinstinct ingebakken. Bij jou is hij veilig, alleen is hij maar alleen. Het horen van je stem kan voldoende zijn, of het voelen van een hand. Hoeveel contact een baby wil om rustig te slapen hangt van de baby af en van zijn leeftijd. Hoe ouder, hoe minder de behoefte aan direct contact. Maar hier zijn geen richtlijnen voor. Veel (zelfbenoemde) slaapprofessionals zijn huiverig voor lichamelijk contact of het laten horen van stemmen, omdat ze geloven dat baby's dan nooit leren zichzelf in slaap te krijgen of houden. Toch laat de ervaring zien dat als je de natuur zijn gang laat gaan, een baby uit zichzelf steeds beter alleen kan zijn, zichzelf in slaap kan krijgen en zichzelf in slaap kan houden. Je kunt het namelijk ook anders zien: als een baby van jongs af aan merkt dat hij veilig is, dat jij er voor hem bent, dan wordt hij zelfverzekerder en dat leidt op lange termijn tot een heel solide staat van zelfverzekerdheid, waardoor hij zichzelf ook goed, en met een veilig gevoel, in slaap kan krijgen en houden.

- Een baby kan zijn lichaamstemperatuur nog niet op de manier regelen zoals wij volwassenen dat doen. Voor zijn eigen veiligheid is het dus belangrijk dat hij makkelijk wakker wordt als hij het te koud of te warm heeft. Maar let op, je baby voelt pas veel later dan wij of hij last krijgt van de kou of de warmte. Als je baby gaat huilen, is het eigenlijk al te laat. Daarom is het belangrijk dat je regelmatig controleert of hij het te warm of te koud heeft.

- Denk ook eens aan dingen die er mis kunnen gaan, zoals een teentje dat in een los lusje van een dekentje klem komt te zitten. Wij zouden het voelen, meteen de teen losmaken, enzovoort. Je baby 'pikt' veel meer en gaat niet meteen in protest. Als hij gaat huilen, doet het vaak al pijn. De tijdsspanne om de teen te redden en los te maken is dus al kleiner. Je moet er dan dus extra snel bij zijn en dat zou niet gaan als je baby niet wakker zou worden om met zijn gehuil aan te geven dat er iets mis is. Want – misschien ten overvloede – huilen is echt een teken van onbehagen: iets voelt er niet lekker. Een baby huilt nooit zonder reden. Wellicht vinden wij de reden als volwassene overdreven, maar voor je baby is de reden echt, en het gaat om hem, toch? Bij een afgekneld teentje is dat natuurlijk duidelijk, maar je niet prettig voelen is ook een reden. Een reden die voor hem heel reëel is, en waar wij dus met liefde mee om moeten gaan.

Deze opsomming is bedoeld om je gerust te stellen en je in te laten zien dat het 's nachts wakker worden van je baby voordelen heeft. Je moet het niet andersom gaan lezen en bang worden als je baby een keer lang en diep lijkt te slapen. Met al onze ervaring en die van duizenden kinderartsen over de hele wereld kunnen we zeggen: een baby lijkt op de een of andere manier zo voorgeprogrammeerd te zijn dat hij zelf aanvoelt wat het beste voor hem is. Voor alle natuurlijke ritmes lijkt er altijd een goede verklaring te zijn, een gezonde verklaring.

Om te onthouden

Niet alles wat je hoort is even waar: niet iedere ouder is even open over het slaapgedrag van hun baby. Sommige ouders doen het verhaal echt mooier voorkomen dan de realiteit. Ouders doen dit niet uit kwade wil, maar we leven in een maatschappij waarin het goed of slecht slapen van een baby vaak gezien wordt als bewijs van goed of slecht ouderschap. En ook daarbij kunnen we je oprecht vertellen: of je baby 'goed' of 'slecht' slaapt zegt meer over zijn persoonlijkheid en zijn leeftijd dan over jouw ouderschap!

Om heel erg te onthouden!

Laat dit je mantra worden, want dit is echt waar het om gaat: geen mens slaapt heel de nacht door. Ook jij niet. Nadat de slaapcyclus is afgerond, kom je even in het schemergebied tussen slapen en waken, maar ga je weer verder in een volgende slaapcyclus. Je baby is niet – let op: niet(!) – in staat de hele nacht door te slapen. Sommige baby's beginnen uit zichzelf weer aan een nieuwe slaapcyclus, maar dat betekent niet dat deze baby's de hele nacht doorslapen. Dat kán gewoon niet!

Er zijn steeds meer artsen en professionals die zich uitspreken tegen (bepaalde vormen van) slaaptrainingen die het doel hebben om je baby langer in een diepe slaap te krijgen dan waar je baby van nature behoefte aan heeft. Veel professionals stellen dat deze slaaptrainingen *'come at a price, and perhaps a risk'*. Je baby helpen de slaap te vatten waar hij op dat moment gewoon aan toe is, is natuurlijk aan alle kanten goed. Op die manier speel je op je baby in. Je schept de voorwaarden die hij nodig heeft om hem de gelegenheid te geven te doen waar hij behoefte aan heeft. Als je slaaptrainingen inzet om jouw probleem te verhelpen en bijna onnatuurlijk je kind te leren geforceerd te slapen, dan is dat niet in het voordeel van je baby. Je verstoort dan de natuurlijke processen en het helpt ook niet bij het opbouwen van een hechte band met je baby.

Slaap en sprongetjes

Zodra je baby een dag-nachtritme heeft ontwikkeld, zul je merken dat dit ritme en de manier waarop je baby slaapt, zullen veranderen tijdens een sprong. Daarbij moeten we opmerken dat er uitzonderingen zijn: er zijn baby's die heerlijk slapen tijdens een sprong. Maar dat zijn echt uitzonderingen. Het is ook niet zo gek dat een sprong je baby's slaap beïnvloedt: er gebeurt van alles in zijn koppie, hij gaat door een moeilijke fase en ondervindt stress. Genoeg ingrediënten om de slaap dus flink te beïnvloeden.

Slaap-'problemen': helaas niet alleen tijdens sprongetjes

Bij alle sprongen heeft je kind last van de drie H's: **H**uilerigheid, **H**angerigheid en **H**umeurigheid. Ook eet hij anders, drinkt hij anders uit de borst (meestal wil je baby veel vaker aan de borst) en slaapt hij anders (vaak lichter en oppervlakkiger). Als de sprong voorbij is, merk je dat je kind niet meer zo veel huilt, niet meer zo veel aan je hangt, niet meer zo humeurig is, weer beter eet en weer beter slaapt. Maar… wat betreft het slapen is het niet zo dat je baby weer perfect slaapt als het sprongetje voorbij is. Ja, je baby slaapt 'slechter' tijdens de moeilijke fase van een sprongetje, maar dat wil niet zeggen dat hij perfect slaapt als de makkelijke periode er is. Dit is ook een reden dat ouders zo veel moeilijkheden ervaren bij de slaap-'problemen'.

Slaap en de eerste drie sprongen

Omdat je baby in de eerste drie sprongen nog geen dag-nachtritme heeft, zul je merken dat het moeilijk is om vast te stellen dat het ritme door de sprong verstoord is. Hoe kun je immers een afwijking in ritme constateren als je nog geen ritme kent? Toch merk je tijdens deze sprongen wel verschil in het slapen van je baby. Met name in de dagslaapjes. Je baby slaapt korter, lichter, of juist langer! Sommige baby's gaan dus de hele tijd druk door in hun hoofdje om de wereld te leren kennen. Deze baby's slapen lichter en korter. De baby's die juist langer slapen nemen het ervan: er is al genoeg dat op hen afkomt en ze weten een goede balans op te bouwen met een goede portie slaap. Hoe jouw baby met deze sprongen omgaat, wordt mede beïnvloed door zijn karakter en de omstandigheden waarin hij verkeert. Van de ene kant heb jij hier dus geen invloed op (als het gaat om zijn karakter), maar aan de andere kant wél! Zo is het fijn voor je baby dat hij wel de kans krijgt te slapen. Dat klinkt overbodig om te zeggen, maar dat is het toch niet. Zo kun je tijdens een sprong een beetje extra rekening houden met het feit dat het nu snel te veel voor hem wordt en dat hij heel sterk openstaat voor alle prikkels om hem heen. Dus neem even de tijd, ga lekker rustig op de bank zitten of liggen met hem. Merk je dat je baby moe is? Overprikkel hem dan niet; geef hem de kans de slaap te pakken áls hij dat wil.

Slaapregressieperiodes? Ofwel: welkom bij sprong 4, 6 en 10

Veel mensen hebben het over slaapregressieperiodes: langere periodes waarin een kind ineens veel 'slechter' slaapt. Dat wij de term 'slechter' er niet aan willen koppelen is duidelijk, maar we snappen natuurlijk wel wat er bedoeld wordt. De periodes waarover mensen het hebben als ze het over slaapregressie hebben, komen niet uit de lucht vallen. Ze zijn goed te verklaren als je naar de sprongetjes kijkt… Alle sprongen zijn een stap vooruit voor je baby. Na het maken van een sprongetje kan hij complexere aspecten van de wereld waarnemen en begrijpt hij de wereld op een hoger niveau. Bij iedere sprong is hij mentaal weer in staat om dingen te kunnen gaan doen waarvoor hij vóór die sprong de mentale capaciteiten niet had. Sommige sprongen lijken echter nóg meer teweeg te brengen dan andere sprongen. Het zijn een soort 'overkoepelende' sprongen waardoor de voorafgaande sprongen allemaal nog beter worden geïntegreerd. Vergelijk het met een muur bouwen van bakstenen. Iedere steen is weer een stukje erbij, maar de steen die uiteindelijk boven de onderste stenen wordt geplaatst, is niet alleen een stukje van de muur erbij, maar houdt de rest in verband en stevig. Dit is een simplistische weergave, maar het maakt het geheel wel duidelijk. Drie keer raden welke sprongen dat zijn… bij sprong 4, 6 en 10, bij respectievelijk 4, 8 en 17 maanden. Deze worden door ouders wereldwijd, los van cultuur en religie, als lastigste sprongen ervaren, op alle manieren: niet alleen wat betreft Hangerigheid, Humeurigheid en Huilerigheid, maar ook wat betreft 'eten of de borst geven' en… slapen. Omdat het slaapritme op een dubbele manier invloed heeft (niet alleen op je baby, maar ook op jouw humeur), ervaren ouders deze met name als heel erg lastig in deze sprongen. Onthoud: slaapregressieperiodes (ook al is het woord heel ongelukkig gekozen) komen in tegenstelling tot wat je vaak leest, niet uit het niets en ze zijn er met een reden. Je baby heeft dus geen probleem dat opgelost moet worden, maar heeft je liefde en hulp nodig om de sprong door te komen. Zodra de sprong voorbij is, gaat het slapen een stuk beter.

Echter, het kan zijn dat je baby ook na de lastige fase van deze sprong nog wat meer slaapregressie heeft. Dit heeft te maken met twee andere redenen die invloed hebben op deze periodes van 'slechter' slapen. Ten eerste zijn de uitwerkingen van deze sprongen gigantisch. Je kind kan sinds de sprongen iets mentaal doen, maar gaat met de uitwerking ook daadwerkelijk zijn lichaam oefenen om datgene wat hij in zijn hoofd al kan, te doen. Dit varieert van het leren gebruiken van de handen (met name sprong 4), tot het leren kruipen of in heel enkele gevallen al de eerste stapjes zetten met sprong 6, en het leren rennen, klauteren en het uithalen van andere lichamelijke capriolen met sprong 10. De slaap van je kind wordt dus niet alleen door de mentale sprongetjes beïnvloed, maar daarna ook door de lichamelijke uitwerkingen. En ten tweede, alsof dat nog niet genoeg is, komt er ook nog eens de biologische kant aan te pas. Denk bijvoorbeeld aan het krijgen van tanden of kiezen. Kortom: je kind gaat nu eenmaal een aantal keer een periode in waarin hij een tijdje minder goed slaapt.

Voor alle baby's en ouders in sprong 4 en de weken daarna...
We draaien er niet omheen, van alle sprongen en slaapregressieperiodes wordt sprong 4 echt als meest intensieve ervaren. Slaapproblematiek, slaapvragen en slaapdrama's en wanhoop spannen dan de kroon. Onthoud: als jullie deze sprong gehad hebben, is het ergste achter de rug.

"Normaal gesproken sliep ze in zolang ik haar maar aanraakte. Nu ze in het vierde sprongetje zit, is dat echt niet meer genoeg. Ik moet ook tegen haar praten. Als ze me voelt en hoort, valt ze wel in slaap, al lukt het veel moeilijker dan normaal en slaapt ze minder goed."
Over Angelica, 17 weken

Slecht slapen... Is het sprongetje begonnen?

Van alle kenmerken van een sprongetje (Hangerigheid, Humeurigheid en Huilerigheid, vaker de borst willen, eenkenniger zijn, enzovoort) is er een die je vrijwel direct opmerkt als je kind een sprongetje ingaat, als een soort eerste signaal. Je snapt het al: 'slechter' slapen. Vanaf de vierde sprong, als er daadwerkelijk een dag-nachtritme is, kun je dat merken. Iedere sprong verder wordt dat steeds duidelijker omdat je kind een steeds vaster ritme ontwikkelt. Onthoud: je baby kan er niks aan doen dat hij vaker wakker wordt en hij vaker moet huilen of gewoon meer bij jou wil zijn. De nachten zijn zwaar: er is zo veel te verwerken! En de wereld is in zijn perceptie zo nieuw, anders, eng. Dus wil hij bij jou zijn, jij als ouder bent zijn houvast. Jij bent zijn veilige basis waar hij in moeilijke tijden op terug kan vallen.

Dagslaapjes en sprongetjes

Ook zul je vanaf de vierde sprong duidelijk gaan merken dat de dagslaapjes beïnvloed worden door de sprongetjes. Er komt zo veel op je baby af dat hij vaak korter en lichter slaapt of veel moeilijker in slaap komt. Dit komt aan de ene kant omdat hij zich wellicht geen rust gunt om alles te verwerken; er is immers zo veel te ontdekken. Aan de andere kant komt dat doordat er, vooral tijdens die lichte remslaapjes, extra veel bloed naar de hersenen wordt gepompt en extra veel hersenactiviteit is om zo goede hersenconnecties aan te leggen. Fijn voor de hersenen, maar dit biologische proces zorgt er wel voor dat hij actief gehouden wordt, wat invloed heeft op de dagslaapjes tijdens een sprongetje. Na een sprongetje kun je merken dat er een nieuw patroon in de dagslaapjes ontstaat. Dat gaat niet van de ene dag op de andere, maar geleidelijk. Tot er weer een nieuw sprongetje aankomt dat (tijdelijk) de dagslaapjes beïnvloedt.

Nachtmerries en nachtangst

Een goede dag- of nachtrust kan vreselijk verstoord worden door een nachtmerrie of een nachtangst. Over het algemeen is nachtangst iets wat meestal pas voorkomt met drie jaar, maar ook eerder kán voorkomen, soms al vanaf het tweede levensjaar. Een 'night terror' is een echte paniekaanval in de slaap. Je kind huilt, krijst, of kan zelfs slaan en is niet te troosten. Je kunt geen contact krijgen en wat je ook doet, het lijkt alleen maar erger te worden. Een nachtmerrie kan je baby al veel eerder krijgen, soms zelfs al met 4 maanden. Bij een nachtmerrie kun je wel contact krijgen en is je baby niet volledig buiten zinnen. Een ander verschil tussen deze twee is dat een kind zich een nachtmerrie wél kan herinneren de dag erna maar een 'night terror' niet. Daar kom je dan als het om je baby gaat bij het volgende probleem: de dag erna 'er even over praten' gaat natuurlijk niet. Hem vragen wat er aan de hand was ook niet. Dan kun je je knap moedeloos voelen. Vooral als je kind in een periode zit waarin hij vaker nachtmerries heeft.

"Hij begint gewoon te huilen in zijn slaap. Hij wordt niet wakker en huilt een tijdje, terwijl ik mijn hand op hem leg en hem sussende woordjes influister om hem te kalmeren. Dan houdt hij op met huilen zonder een moment wakker geworden te zijn."
Over Desmond, 23 weken

"Soms wordt mijn meisje intens gillend wakker. Ik spring letterlijk uit bed om haar op te pakken en te kalmeren. Meestal duurt het een paar minuten voordat ze haar ogen opent en beseft dat ze in mijn armen ligt. Dan kalmeert ze en valt weer in slaap. Soms haalt het echter allemaal niets uit. Dan lijkt het wel of ze niet wakker kan worden: met dichte ogen blijft ze maar gillen. Dan leg ik haar neer en aai zachtjes over haar wang, terwijl ik zachtjes haar naam roep, tot ze haar ogen opendoet en mij ziet."
Over Catherine, 22 weken

Nachtmerries en verlatingsangst

In de periode dat verlatingsangst een rol speelt, krijgen veel baby's meer nachtmerries. Verlatingsangst kun je niet voorkomen: het is een onderdeel van een normale ontwikkeling. Natuurlijk kun je er wel voor zorgen dat de angst zo min mogelijk intens is. Dat je kind zo makkelijk mogelijk door de

periode heen gaat waarin hij leert dat jij inderdaad weg kunt gaan, maar dat dit niet betekent dat je nooit meer terugkomt. Dit kun je doen door vanaf de sprong van relaties (als je baby ongeveer 6 maanden oud is) de spelletjes te spelen die we beschrijven op pagina 215. Door hem vanaf dat moment hierin te begeleiden, wordt de piek van verlatingsangst die tussen de 8 en 10 maanden ligt minder, en dit heeft ook invloed op de nachtmerries die een baby in die periode kan hebben. Helemaal voorkomen kun je het niet, en dat hoeft ook niet. Nachtmerries horen er helaas bij. En zolang je baby weet dat jij er voor hem bent, komt het allemaal goed.

"Onlangs bij het zevende sprongetje schreeuwde ze een keer in haar slaap, want toen we op de monitor keken bleek heel duidelijk dat ze niet wakker was."
Over Sarah, 46 weken

Wakker maken of niet?

Moet je je baby wakker maken tijdens een nachtmerrie? De meningen hierover verschillen, ook onder artsen, maar de meerderheid denkt toch dat je er het verstandigst aan doet om je baby te laten slapen als hij een nachtmerrie heeft. Je kunt een rustgevende hand liefjes op zijn hoofdje of buikje leggen of sussend tegen hem zeggen dat het goed is, maar dat is iets anders dan hem wakker maken. Je stelt hem dan gerust en probeert hem weer in de rustige fase van het slapen te helpen. Maar onderschat je intuïtie niet! Als jij denkt dat het zó erg is dat je hem beter even wakker kunt maken, dan moet je je intuïtie volgen. Uiteindelijk is de combinatie van jou en je baby uniek en moeten jullie samen uitvinden wat voor jullie het beste werkt.

"Ze schreeuwde het uit in haar slaap en ik zag gewoon de pijn en angst op haar gezicht. Dit heeft ze wel vaker gehad en iedere keer dat ik haar oppakte en kalmeerde, leek het alleen maar erger te worden, tot ze heel abrupt wakker werd – wat ook niet echt fijn aanvoelde. Nu laat ik haar liggen en praat ik alleen kalmerend tegen haar. Dat lijkt beter te werken. Ze blijft veel nachtmerries hebben, ook al is ze overdag altijd blij en vrolijk. Ik ben blij een manier te hebben gevonden die voor haar lijkt te werken."
Over Mindy, 37 weken

Om te onthouden

Nachtmerries komen het vaakst voor in tijden van stress, dus ook tijdens sprongetjes! Ze kunnen echter, al is het minder vaak, ook op dagen of in nachten voorkomen dat er geen stress is. Nachtmerries zijn normaal en geen teken dat jij iets fout hebt gedaan of er iets met je baby aan de hand is.

Nachtmerriefeitjes

Sommige ouders merken dat hun baby al een nachtmerrie heeft met 4 maanden. Tegen de tijd dat baby's in sprong 6 zitten (de tweede lastige slaapperiode, bekend als de tweede slaapregressieperiode) heeft ongeveer 40 procent van de baby's weleens een nachtmerrie. Bij sprong 10 (17 maanden) is dat al ruim de helft van het aantal baby's. Dit percentage groeit gestaag, want uiteindelijk hebben we allemaal weleens een nachtmerrie.

Van ouders voor ouders

Oké, je weet nu dat je baby nu eenmaal anders slaapt dan wij volwassenen en ja, dat kan echt uitputtend zijn. Aan zijn slapen kun je, en wil je, niks veranderen. Je baby slaapt op een andere manier en op andere tijden dan wij dat doen en dat doet hij om verschillende goede redenen. De oplossing zit hem dus vooral in het aanpassen van jóúw (slaap-)gedrag. Hier vind je een aantal tips van ouders voor ouders. Bij hen heeft dit geholpen, en wellicht werkt het voor jou ook. Kijk gewoon wat bij je past en probeer het eens uit. De moeite waard!

- Buitenlucht helpt! Ga regelmatig even een ommetje in je eentje maken. Bijvoorbeeld als je je baby hebt gevoed en er iemand is die even bij hem kan zijn. Frisse lucht doet wonderen, vooral als je erg moe bent.

- Doe een powernap als je partner thuis is. Een halfuurtje is vaak al genoeg om de batterij weer even op te laden.
- Ga om beurten eens een nacht in de logeerkamer slapen, of desnoods op de bank. Kolf af, en neem een nacht rust.
- Doe je baby eens overdag in bad. Meestal slaapt een kindje wat rustiger na een warm bad, en dat kun je ook overdag doen in plaats van alleen in de avond!
- Vraag om hulp. Dit is een belangrijke! Ook al is er niks mis met je baby, ook al is het heel normaal dat je moe bent, makkelijk is het niet. Iedereen die kinderen heeft, weet dit en zal echt graag helpen. Soms is een uurtje al genoeg. Even een lekkere douche nemen, een wandelingetje maken, sporten, even iets voor jezelf doen. Schaam je niet, echt iedereen zal het begrijpen!
- Sommige baby's vinden het fijn om ingebakerd te worden. Als je dit wilt proberen, moet je je goed laten informeren. Kies voor een goede doek en zoek filmpjes op waarin het duidelijk wordt voorgedaan.
- Voer co-slapen in. De meeste baby's slapen een stuk rustiger als ze bij hun ouders zijn. Bovendien hoef je je bed niet uit als je baby wakker wordt. Kies je voor co-slapen, doe het dan wel veilig. De University of Notre Dame (Indiana, USA) heeft een 'Behavioral sleep laboratory' en een website waar ze alle ins en outs rond co-sleeping beschrijven. Het is een goede bron voor informatie over dit onderwerp.
- Een draagdoek kan ook wonderen doen. Je baby voelt zich veilig dicht bij je en jij kunt ondertussen nog iets doen omdat je je handen vrij hebt. Je baby zal minder snel wakker worden en sneller weer in slaap komen omdat hij jou voelt.
- Eet gezond. Ja, suiker, koffie en energiedrankjes lijken een goede oplossing, maar echt alleen maar voor de heel korte termijn. Na het goede effect komt de dip en dan ben je dubbel zo moe. Dat soort dips

kun je nu niet aan, want je hebt al ingeteerd op je reserves. Gezond eten doet wonderen en je merkt het verschil in energie al heel snel. Eet veel volkorenproducten, groente en fruit.

- Een van de effectiefste tips is nog wel om ook overdag je rust te pakken. Gaat je baby slapen? Doe dan ook en tukje. Ja, dan kun je die paar dingetjes die je in je baby's slaaptijd wilde doen, even niet meer doen. Geen probleem, dan doe je ze gewoon later. Soms is de boel de boel laten echt verstandig. En weet je, met die hernieuwde energie van die extra dagslaapjes doe je de dingen die je moet doen daarna veel sneller!

"Bij mijn eerste baby ben ik ooit even helemaal ingestort. Hysterisch geworden tegen mijn man, schreeuwen, janken, ik zat er compleet doorheen. Nu, bij baby nummer twee, zijn we gaan co-slapen. Ja, ik ben nog steeds moe, maar gelukkig nooit meer zo moe dat ik er zo doorheen zat."

Over Jonas (3½ jaar) en Saar (6 maanden)

Dus: slaapt hij al door? De mijne slaapt heerlijk!

We hopen dat je meer inzicht in het normale, natuurlijke patroon van je baby en zijn slaap hebt gekregen. We hopen dat je snapt dat we geen kant-en-klare 'quick-fix' antwoorden kunnen geven en dat dit ook niet goed zou zijn voor je baby. We hopen dat deze informatie je sterkt, en je helpt om je niet gek te laten maken door opmerkingen van anderen.

Vertrouw op jezelf, vertrouw op je baby en op jullie samenspel. Geef jezelf de ruimte om te accepteren dat je gewoon samen door deze fase heen moet en dat het uiteindelijk allemaal goed komt. Probeer de tips eens uit die bij andere ouders geholpen hebben. En... durf hulp te vragen. Van vrienden of familie, maar ook van artsen als je daar behoefte aan hebt.

Als je dit hebt gelezen, vraag je je af wie dat Engelse spreekwoord heeft bedacht:

'Sleep like a baby'???

Nawoord

Alle ouders zitten regelmatig met een baby die 'papa of mama tankt', die huilerig, chagrijnig, hangerig, kortom lastig is. Ze staan niet alleen met hun probleem. Al hun 'collega's' hadden en hebben daar op dezelfde tijden mee te maken. En iedereen vergat en vergeet dit snel en graag als zo'n fase voorbij is. Iedereen bagatelliseert de ellende die hij meemaakte nadat de zon weer is doorgebroken.

Als ouders beseffen dat het lastige gedrag van hun kind, en de zorgen en ergernis die ouders daar bij tijd en wijle bij ervaren, normale en gezonde onderdelen zijn van zelfstandig worden, maakt dat hen sterker, zekerder. Ze weten dat bij een baby geen gebruiksaanwijzing voor zijn opvoeding wordt meegeleverd. Iedere baby 'verkent' na iedere sprong de mogelijkheden van de nieuwe wereld en maakt zijn eigen keuzes, en het enige wat je kunt doen is hem daarbij helpen. Zijn ouders weten ook dat alleen degenen die hem het best kennen, hem goed kunnen helpen. Zij zijn de experts bij uitstek. Wat zij daarbij goed kunnen gebruiken is informatie over wat zich bij iedere sprong in het hoofd van hun baby afspeelt. Die informatie hebben wij in dit boek gegeven. Daarmee is het makkelijker begrip op te brengen voor de baby en hem te steunen. In het project 'Hordenlopen' en het gelijknamige boek hebben we aangetoond dat dit erg veel uitmaakt voor de ouders en voor de latere ontwikkeling van een baby. Die heb je dus gedeeltelijk zelf in de hand. Degene die voor een baby zorgt, weet het best wat die baby nodig heeft. En niet de familie, buren en vrienden. Hun kind kan immers totaal anders (geweest) zijn. Wij hebben dat in dit boek duidelijk gemaakt, en hopen dat ouders zelfbewust en weerbaar durven zijn en immuun voor tegenstrijdige en ongevraagde adviezen.

We hebben laten zien dat iedere baby in zijn eerste twintig maanden – de zogenoemde sensomotorische periode – tien keer opnieuw 'geboren' werd. Tien keer stond zijn bekende wereld op zijn kop. Tien keer was hij van slag en deed hij alles wat in zijn vermogen lag om aan 'papa of mama te hangen'. Tien keer keerde hij terug naar zijn veilige basis, en laadde hij zich daar als het ware op voor hij de volgende sprong in zijn ontwikkeling ging maken.

Natuurlijk is je baby daar nu niet klaar mee. Onderzoek naar de ontwikkeling van hersengolven (eeg) bij kinderen van anderhalf tot zestien jaar heeft bijvoorbeeld uitgewezen dat plotseling belangrijke veranderingen optreden in die hersengolven op de overgang tussen welbekende vervolgperioden in de mentale ontwikkeling. Het begin van de puberteit is zo'n sprong op latere leeftijd. Lang heeft men gedacht dat de puberteit in gang gezet werd door het opspelen van de hormonen. Maar nog niet zo lang geleden is ontdekt dat ook bij het begin van de puberteit plotselinge, drastische hersenveranderingen een rol spelen. Dit zijn niet alleen veranderingen in hersengolven, maar er is ook een plotselinge toename in de omvang van bepaalde onderdelen van de hersenen. Ook dan betreden jongeren een nieuwe ervaringswereld en krijgen ze een nieuw waarnemingsvermogen en inzicht die ze zich met geen mogelijkheid eerder eigen konden maken. Pubers geven dat natuurlijk niet graag toe, want ze voelen zich al heel wat. Net als dat voor de baby's gold. Voordat een kind op eigen benen staat, zal zich dit nog een aantal keren herhalen. Er zijn zelfs aanwijzingen dat volwassenen hier ook nog mee te maken krijgen.

'Mensen worden niet eens en voor altijd geboren op de dag dat hun moeder ze op de wereld zet, maar (...) het leven dwingt ze om zelf keer op keer een nieuwe wereld te betreden.'

(Vrij vertaald uit: *Love in the Time of Cholera* **van Gabriel García Márquez, 1988, Penguin, blz. 165.)**

Aanvullende leeslijst

Lezers die meer willen weten over de wetenschappelijke literatuur waarop het boek *Oei, ik groei!* is gebaseerd, kunnen de volgende bronnen raadplegen.

Bell, M., & Wolfe, C.D. (2004). Emotion and cognition: An intricately bound developmental process. *Child Development*, 75, 366-370.

Bever, T.G. (1982). *Regressions in mental development: Basic phenomena and theories*. Hillsdale, NJ: Erlbaum.

Cools, A.R. (1985). Brain and behavior: Hierarchy of feedback systems and control of input. In P.P.G. Bateson & P.H. Klopfer (Eds.), *Perspectives in Ethology* (pp. 109-168). New York: Plenum.

Feldman, D.H. & Benjamin, A.C. (2004). Going backward to go forward: The critical role of regressive moment in cognitive development. *Journal of Cognition and Development*, 5(1), 97-102.

Heimann, M. (Ed.) (2003). *Regression periods in human infancy*. Mahwah, New Jersey: Erlbaum.

Horwich, R.H. (1974). Regressive periods in primate behavioral development with reference to other mammals. *Primates, 15*, 141-149.

MacLaughlin, S. (2016). New Infant Sleep Recommendations and Strategies, www.zerotothree.org. 16-2-2017.

McKay, P. (2014). The myth of baby sleep regressions – what's really happening to your baby's sleep?, www.pinkymckay.com. 5-3-2017.

Ockwell-Smith, S. (2015). The Gentle Sleep Book: For calm babies, toddlers and pre-schoolers, *Piatkus*, 5-3-2015.

Plooij, F. (1978). Some basic traits of language in wild chimpanzees? In A. Lock (Ed.), *Action, gesture and symbol: The emergence of language* (pp. 111-131). London: Academic Press.

Plooij, F. (1979). How wild chimpanzee babies trigger the onset of mother-infant play and what the mother makes of it. In M. Bullowa (Ed.), *Before speech: the beginning of interpersonal communication* (pp. 223-243). Cambridge, England: Cambridge University Press.

Plooij, F. (1984). *The behavioral development of free-living chimpanzee babies and infants*. Norwood, N.J.: Ablex.

Plooij, F. (1987). Infant-ape behavioral development, the control of perception, types of learning and symbolism. In J. Montangero (Ed.), *Symbolism and Knowledge* (pp. 35-64). Geneva: Archives Jean Piaget Foundation.

Plooij, F. (1990). Developmental psychology: Developmental stages as successive reorganizations of the hierarchy. In R.J. Robertson (Ed.), *Introduction to modern psychology: The control-theory view* (pp. 123-133).

Gravel Switch, Kentucky: The Control Systems Group, Inc. distributed by Benchmark Publ., Bloomfield NJ.

Plooij, F.X. (2003). The trilogy of mind. In M. Heimann (Ed.), *Regression periods in human infancy* (pp. 185-205). Mahwah, NJ: Erlbaum.

Plooij, F.X. (2010). The 4 WHY's of age-linked regression periods in infancy. In Barry M. Lester & Joshua D. Sparrow (Eds.), *Nurturing Children and Families: Building on the Legacy of T. Berry Brazelton* (pp. 107-119). Malden, MA: Wiley-Blackwell.

Plooij, F., & Van de Rijt-Plooij, H. (1989). Vulnerable periods during infancy: Hierarchically reorganized systems control, stress and disease. *Ethology and Sociobiology, 10,* 279-296.

Plooij, F., & Van de Rijt-Plooij, H. (1990). Developmental transitions as successive reorganizations of a control hierarchy. *American Behavioral Scientist, 34,* 67-80.

Plooij, F., & Van de Rijt-Plooij, H. (1994). Vulnerable periods during infancy: Regression, transition, and conflict. In J. Richer (Ed.), *The clinical application of ethology and attachment theory* (pp. 25-35). London: Association for Child Psychology and Psychiatry.

Plooij, F., & van de Rijt-Plooij, H. (1994). Learning by instincts, developmental transitions, and the roots of culture in infancy. In R.A. Gardner, B.T. Gardner, B. Chiarelli, & F. X. Plooij (Eds.), *The ethological roots of culture* (pp. 357-373). Dordrecht: Kluwer Academic Publishers.

Plooij, F., & Van de Rijt-Plooij, H. (2003). The effects of sources of 'noise' on direct observation measures of regression periods: Case studies of four infants' adaptations to special parental conditions. In M. Heimann (Ed.), *Regression periods in human infancy* (pp. 57-80). Mahwah, NJ: Erlbaum.

Plooij, F., Van de Rijt-Plooij, H.H.C., Van der Stelt, J.M., Van Es, B., & Helmers, R. (2003). Illness-peaks during infancy and regression periods. In M. Heimann (Ed.), *Regression periods in human infancy* (pp. 81- 95). Mahwah, NJ: Erlbaum.

Plooij, F. X., Van de Rijt-Plooij, H., & Helmers, R. (2003). Multimodal distribution of SIDS and regression periods. In M. Heimann (Ed.), *Regression periods in human infancy* (pp. 97-106). Mahwah, NJ: Erlbaum.

Powers, William T. (1973). *Behavior: The control of perception.* Chicago: Aldine. Second edition (2005), revised and expanded, Bloomfield NJ: Benchmark Publications.

Sadurni, M., & Rostan, C. (2003). Reflections on regression periods in the development of Catalan infants. In M. Heimann (Ed.), *Regression periods in human infancy* (pp. 7-22). Mahwah, NJ: Erlbaum.

Sadurni, M., Burriel, M.P., & Plooij, F. X. (2010). The temporal relation between regression and transition periods in early infancy. *The Spanish Journal of Psychology,* 13(1), 112-126.

Schwab, K., Groh, T., Schwab, M., & Witte, H. (2009). Nonlinear analysis and modeling of cortical activation and deactivation patterns in the immature fetal electrocorticogram. *Chaos: An Interdisciplinary Journal of Nonlinear Science, 19(1),* 015111-015118. doi:10.1063/1.3100546

Sears, (2016). 8 Infant Sleep Facts Every Parent Should Know, www. askdrsears.com. 19-12-2016.

Seehagen, S., Konrad, C., Herbert, J.S., & Schneider, S. (2015). Timely sleep facilitates declarative memory consolidation in infants. *Proceedings of the National Academy of Sciences,* 112(5), 1625-1629. doi:10.1073/pnas.1414000112

St. James-Roberts, I., Roberts, M., Hovish, K., & Owen, C. (2015). Video Evidence That London Infants Can Resettle Themselves Back to Sleep After Waking in the Night, as well as Sleep for Long Periods, by 3 Months of Age. *Journal of Developmental & Behavioral Pediatrics, 36 (5)*: 324 DOI: 10.1097/DBP.0000000000000166

Trevarthen, C. & Aitken, K. (2003). Regulation of brain development and age-related changes in infants' motives: The developmental function of regressive periods. In M. Heimann (Ed.), *Regression periods in human infancy* (pp. 107-184). Mahwah, NJ: Erlbaum.

Van de Rijt-Plooij, H., & Plooij, F. (1987). Growing independence, conflict and learning in mother-infant relations in free-ranging chimpanzees. *Behaviour, 101,* 1-86.

Van de Rijt-Plooij, H., & Plooij, F. (1988). Mother-infant relations, conflict, stress and illness among free-ranging chimpanzees. *Developmental Medicine and Child Neurology, 30,* 306-315.

Van de Rijt-Plooij, H., & Plooij, F. (1992). Infantile regressions: Disorganization and the onset of transition periods. *Journal of Reproductive and Infant Psychology, 10,* 129-149.

Van de Rijt-Plooij, H., & Plooij, F. (1993). Distinct periods of mother-infant conflict in normal development: Sources of progress and germs of pathology. *Journal of Child Psychology and Psychiatry, 34,* 229-245.

Van de Rijt-Plooij, H., Van der Stelt, J., & Plooij, F. (1996). *Hordenlopen. Een preventieve oudercursus voor de eerste anderhalf jaar.* Lisse: Swets & Zeitlinger.

Woolmore, A., & Richer, J. (2003). Detecting infant regression periods: weak signals in a noisy environment. In M. Heimann (Ed.), *Regression periods in human infancy* (pp. 23-39). Mahwah, NJ: Erlbaum.

www.pctweb.org

Deze website geeft meer informatie over de 'Perceptual Control Theory' (PCT) betreffende het functioneren van het centrale zenuwstelsel.

Register

A

Aaien   34, 36, 50
Aandacht   67-68, 100, 132, 186, 190, 235, 273, 277, 282, 312, 356-357
Aankleden   237, 257, 276, 293, 303, 323-324
Aanmoedigen, zie: Prijzen
Aanraken   34, 114, 133, 185, 234, 351
Aantal (één, meer dan één)   248
Aanvoelen, zie: Voelen
Aanwijzen   284, 290, 294, 298, 371
Activity center   146
Afleren van gewoontes   331
Afstand (tussen de baby en ouders, anderen)   182, 193, 208-210
Afwas doen   319, 336, 345
Agressief gedrag (van de baby)   379-380
Angsten, 'Rare angsten'   254, 292, 334, 354, 367, 388, 448, 473
Armtest (bij slaap)   480

B

Babbelen   81, 328
Babyproof maken   149, 200, 252, 333
Bad   86, 117, 216, 335, 491
Begin Sprong (Invullijsten), zie: Invullijsten
Bang zijn, zie: Angsten
Behendigheid   368-371
Beleefd zijn   363
Benoemen   202, 252, 284, 289-290, 294
Beslissingsvermogen   424
Bevestigen, ja-zeggen   383
Bezitterigheid, 'mijn en dijn', Bezitsdrang   380-381, 411
Bibberen   38, 41
Biologische klok   468-470, 472

Bloot zijn   85, 111, 115, 146, 422

Boekjes, Plaatjes kijken   144, 151, 203, 217, 257, 327, 371

Boodschappen (uitpakken, opruimen)   336

Borstvoeding   11, 51-52, 55, 68, 100, 133-134, 179, 241, 273, 281-282, 314, 319, 354, 491

Bouwen   198, 308, 320, 332, 376, 438-439, 442-443

Box   68, 83-84, 95, 133, 194, 305-306, 359

Brabbelen   112, 140, 144, 150, 202, 290

Buiten, Naar, Buitenleven   242, 252, 256, 268, 320-321, 360, 368-369, 404, 411490

Buurt   433-434, 456

Categorieën, Sprong [=6] van, Indeling in categorieën   231-267, 283

Chimpansees   13-14

Communiceren   297

Concentratievermogen   60

Consequente aanpak   255, 360, 416

Conversatie   323, 328, zie ook: Gesprekje

Cools, Lex   14

Corrigeren   213, 359, 388-389, 398

Cortisol (stresshormoon)   468, 471

Co-slapen   491

Dansen   203

Darmkrampjes   71, 190

Dieren   219, 243-245, 263, 284, 325, 371, 430

Doelgericht(er) bewegen   107, 283

Doen alsof (spelletje)   252-253, 323, 326-327, 429

Draagdoek   48, 350, 491

Dragen (van de baby)   52, 209

Drammen   241, 359-360, 367, 376, 398

Dreumes   308-309, 348-350

Driftbuien, driftig   309, 312, 316-319, 321, 345, 357, 377, 409

Dromen   309, 313, 355, 474

Duimzuigen   68, 99, 101, 188

Dwingen   192, 212, 292

E

Eenkennigheid   99-100, 131-132, 185, 234, 270, 272, 309, 311, 351
Eigen ik   42, 410, 418, 427
Eigen wil   152, 183, 360, 362, 376-379, 400, 418, 423, 425, 461
Eigendom (van de baby)   434-435, 456
Eisen stellen   28, 77, 151, 211, 253, 289, 330, 388
Emoties (tonen, manipuleren van, oefenen met)   179, 252, 265, 367-368, 374, 381, 392, 404
Ergeren (van ouders), zie: Irritaties
Ervaring   54, 98, 172, 243, 267, 348, 416, 431, 475
Eten, Voedsel, Niet eten, Eetgedrag   133, 148, 187, 192-193, 212-213, 238, 276, 283, 288, 292, 304, 314, 320, 324-325, 355
Evenwicht bewaren   195, 204-205, 217
Experimenteren   130, 243, 247, 286-287, 305, 324, 345, 367-370, 374, 376 383, 387, 404, 413, 461
Extravert – introvert   176

F

Faciliterend ouderschap   173-174
Familie   432, 455
Fantasie(wereld), Fantasie spelletjes   326, 408, 411, 429, 438
Fase, zie: Moeilijke fase, Nieuwe-dingenfase
Favoriete speelgoed (Invullijst), zie: Invullijsten
Fietsen   257
Flessenbaby's   100, 133
Fluisteren   217
Frustratie   26, 174, 288, 290, 376, 420, 423
Futloos   134, 187

G

Gebaren snappen, maken   201-203, 283, 295, 302, 328
Gebeurtenissen, Sprong [=4] van (experimenteren met Gebeurtenissen)   129-168, 170, 308
Gebit   191
Geduld, Ongeduld   152-153, 183, 214, 276, 359
Gehoor   40, 59, 139-140

Gehoorzaamheid   382

Gek doen   392, 449

Geluid, Geluiden   40, 43, 47, 59, 93, 107, 146, 148, 194, 199, 217, 299, 337, 371

Geluiden maken, Geluidentaal   14, 59, 66, 81, 101, 107, 112, 140, 150, 257, 291

Gesprek(je) voeren   59, 85, 111-112, 262

Gevaar   287, 292, 334, 420, 423, 481

Gevoel   41, 47, 139, 176, 377, 481

Geweten   410, 416-417, 453, 462

Gezichtsvermogen, kijken   39, 58, 61, 78-79, 143, 148

Gezin   405, 411, 431-432, 455

Glimlach (Eerste)   46, 56

Goedkeuren, zie: Prijzen

Goodall, Jane   13

Gooien, (met speelgoed, etc.), omgooien   198

Grapjes maken   381-383, 391, 404

Grenzen stellen   388, 417

Grijpen, graaien   76, 80, 113-114, 139, 153, 173

Grijpreflex   44

Groeihormoon   468

Groeischokken   19

H

H's, De drie H's (Huilerigheid, Hangerigheid, Humeurigheid)   21, 25, 67, 99, 131, 170, 176, 183, 212, 233, 271, 309-310, 349-350, 359 , 405-406, 461

Handen (spelen met eigen)   79-80

Hangerigheid   21, 66, 75, 98-99, 183, 192-193, 212, 232, 234, 270, 270, 308-309, 493

Hebzucht   136

Helpen (door de opvoeder)   31, 58, 75-78, 83, 111, 143-144, 246, 385

Helpen (door de baby)   293, 302, 322, 330, 336, 386

Herinneren   47, 291, 411, 440, 487

Herkennen (door de baby)   37, 65, 140-141, 247, 263-265, 267, 291, 411, 432-433, 460

Hersenrijping, ontwikkeling   21, 23, 30, 76, 141, 166, 232, 244, 366, 414, 467, 470, 474-476, 494

Hersenwerk (over hersenwerking)   55, 76, 107, 141, 244, 366, 414

Hiërarchie   14

Hikken 38
Hinde, Robert 14
Honger 42, 50-51, 76, 388, 480
Hoofdomvang 55, 76, 107, 141, 232, 243
Hoogbegaafd 82, 333
Hormoonhuishouding 469
Huilen 18, 21, 38, 42, 44-45, 50, 52, 57, 67, 69, 71-72, 74, 83, 99, 103, 131, 137, 168, 183, 208, 212, 234, 482
Huis (eigen huis) 433, 456
Hulp vragen (door de baby) 384
Humeurigheid, Wisselend humeur 21, 131, 134, 270, 274, 309, 312, 353; zie ook: H's, De drie
Humor 360, 381-382, 408

I

IJdelheid 411
Ik 418, 424-435; zie ook: Zelfbegrip, Eigen wil
Imitatie, Imitatiespelletjes, Imitatiegedrag 258, 302, 372-374, 417, 428
Inspraak 375, 378, 403
Intelligentie 158, 175, 244, 451
Intentie 171, 178, 221, 339, 385
Intonatie, toonhoogte van stem 140
Invullijsten
 - Invullijst: **Bij begin Sprong** 70 [Sprong 2], 102 [Sprong 3], 135 [Sprong 4], 189 [Sprong 5], 239 [Sprong 6], 279 [Sprong 7], 317 [Sprong 8], 358 [Sprong 9] 407 [Sprong 10], 445 [Sprong 10]
 - Invullijst: **Speltoppers van de baby** 85-86 [Sprong 2], 117-119 [Sprong 3], 155-156 [Sprong 4], 215-219 [Sprong 5], 256-259 [Sprong 6], 293-295 [Sprong 7], 335-337 [Sprong 8], 390-393 [Sprong 9], 449 [Sprong 10]
 - Invullijst: **Favoriete speelgoed** 87 [Sprong 2], 119 [Sprong 3], 157 [Sprong 4], 220 [Sprong 5], 260 [Sprong 6], 296 [Sprong 7], 338 [Sprong 8], 393 [Sprong 9] 450 [Sprong 10]
 - Invullijst: Ontdekkingslijst 62-63 [Sprong 1], 88-94 [Sprong 2], 120-124 [Sprong 3], 158-160, 162-166 [Sprong 4], 221-228 [Sprong 5], 262-266 [Sprong 6], 298-304 [Sprong 7], 339-344 [Sprong 8] 394-401 [Sprong 9], 452-460 [Sprong 10]
Irritaties (van ouders), ruzies 26, 71-72, 136-137, 190, 192, 211-212, 233, 240-242, 271, 280-282, 309, 318-319, 359-360, 406-408

J

Ja zeggen, zie: Bevestigen

Jaloers zijn   235, 270, 274, 309, 312, 352

Jongens, zie: Verschillen

K

Karakter (van de baby)   172-173

Karweitjes   336

Keuzes (die de baby maakt, moet maken)   172-173, 297, 320, 339, 361,
    365, 399, 427, 451, 493

Kiekeboe-spelletjes   209, 215

Kietelen   60

Kiezen, zie: Keuzes

Kijken, zie: Gezichtsvermogen

Kinderboerderij   219

Kinderdagverblijf, Kinderopvang   179, 306, 352

Kletsen, zie: Babbelen

Klimmen   251

Knopjes   256

Knuffel   46, 183, 188, 199, 309, 316, 335, 356 382

Knuffelen   35-38, 47-48, 55, 74, 112, 143, 152, 236, 277, 312, 314, 316,
    356

Koppelen   283-284, 299

Kraaien, zie: Lachen

Kraamtijd   35-48

Kruipen, kruipbewegingen   140, 144-146, 175, 207, 234, 251

L

Lachen, Kraaien   60, 68, 72, 113, 150, 195, 277, 381

Leren   31, 37, 74, 82, 173-174, 205, 388

Lichaamsbeheersing (coördinatie, controle)   76, 195, 206-207, 368, 395,
    399, 418-419

Lichaamscontact   41, 47-48, 50, 52, 67, 74, 133, 186, 235, 270, 273,
    310-311, 351, 481

Lichaamstaal   38, 165

Lichaamstemperatuur   468, 470, 472-473, 477, 479, 482

Liedjes, zie: Muziek

Liegen 452

Lopen 170, 175, 205-206, 227, 288, 297, 367

Luiers 406

Luisteren 37, 93, 122, 147, 164, 213, 224, 328

Macht, Machtsstrijd 152, 418, 425, 461

Makkelijke periode 28, 30 , 64 [Sprong 1], 95-96 [Sprong 2], 126-127 [Sprong 3], 167-168 [Sprong 4], 229-230 [Sprong 5], 268 [Sprong 6], 305-306 [Sprong 7], 345-346 [Sprong 8], 402 [Sprong 9] 461-462 [Sprong 10]

Massage 41, 48

Meisjes, zie: Verschillen

Melatonine (slaaphormoon) 468-471

Mijn en dijn, zie: Bezitterigheid

Mishandeling 73, 104-105, 137, 213, 282, 359

Moeilijke fase, lastige fase 21-22, 24-25, 30, 50-51 [Sprong 1], 67-69 [Sprong 2], 99-101 [Sprong 3], 131-134 [Sprong 4], 179, 183-188 [Sprong 5], 232-238 [Sprong 6], 270-278 [Sprong 7], 309-316 [Sprong 8], 349-357 [Sprong 9], 406-409 [Sprong 10]

Moro-reflex 44

Motorische vaardigheden 170, 175-176, 297, 301, 368

Muziek, Liedjes, Zingen 45, 141, 148, 194, 203-204, 217, 259, 295, 328-329, 411, 438

Nachtangst 487-488

Nachtmerries 185, 233, 236, 275, 309, 313, 354, 473, 487-488, 490

Natuurkundige verschijnselen 363, 413, 441-442

Nee zeggen, zie: Ontkennen

Nieuwe-dingenfase 26, 30, 60-61 [Sprong 1], 77-78 [Sprong 2], 111-113 [Sprong 3], 143-146 [Sprong 4], 197-206 [Sprong 5], 247-254 [Sprong 6], 286-292 [Sprong 7], 323-329 [Sprong 8], 367-388 [Sprong 9], 416-447 [Sprong 10]

Non-remslaap, zie: Remslaap

Normen en waarden 410, 413, 417, 434, 462

O

Oefenen   32, 111, 143, 146, 150, 178, 367-369, 374, 416

Oefeningen (voor ouders)   32, 55 [Sprong 1], 61 [Sprong 1], 84 [Sprong 2], 108-110 [Sprong 3], 125 [Sprong 3], 142 [Sprong 4], 161 [Sprong 4], 196 [Sprong 5], 246 [Sprong 6], 267 [Sprong 6], 285 [Sprong 7], 322 [Sprong 8], 415 [Sprong 10]

Omgooien, zie: Gooien

Omrollen   116, 140, 144

Onderhandelen   211, 382

Onderzoeken   111, 115, 139, 147, 149, 247, 249-251, 332

Ondeugendheid   278, 315, 318, 357, 423

Ongeduld, zie: Geduld

Ontdekken   27, 79, 143, 147, 243, 247, 249 , 251, 376, 416

Ontdekkingslijst (Invullijst), zie: Invul-lijsten

Ontkennen, nee-zeggen   383

Opeenvolging, Sprong [=7] van, Volgorde van handelingen   279-306, 308, 348

Oppas, oppasbaby   179, 208, 289

Opruimen   319, 336, 367, 436

Optrekken, optrekspelletjes   81, 86

Opvoeding   462

Overdreven lief   233, 236, 270, 274, 277, 312, 315, 356

P

Pakken   75, 80, 139, 173

Pantomime   428

Patronen (doorbreken van)   79

Patronen (herkennen, doorbreken van)   12, 30, 75-76, 79, 141, 173, 175, 195, 244

Patronen, Sprong [=2] van   65-96

Piemel   410, 418, 426

Pijn doen (door baby's)   152, 154, 388

Plaatjes kijken, zie: Boekjes

Plannen   103-104, 320, 361, 375

Powers, William T.   14

Praten, spraak   112, 151, 201-202, 217, 258, 290-291, 327, 371, 411-412, 443-447

Prematuur geboren baby's 469
Prijzen, goedkeuren, aanmoedigen 111-112, 140, 144, 167, 174, 178, 197, 201-202, 210, 217, 229, 289
Principes, Sprong [=9] van 347-402, 410
Proeven 20, 139, 148, 243
Programma's, Sprong [=8] van, Netwerk van mogelijke opeenvolgingen 307-346, 361, 404
Pubertijd 174-175
Puzzels 437, 457
Pylorus stenosis 54

Reflexen 43-44, 76
Regels leren 152, 211, 282, 367, 381, 388-389, 404, 417, 434, 461
Regressie, Regressieperiode 14, 15, 21-22, 75, 100, 103, 133, 183, 238, 276, 281, 350, 355, 485-486
Relaties, Sprong [=5] van, Relaties tussen dingen begrijpen 181-230, 193-198, 247
Remslaap 473-479
Reukvermogen, Ruiken 20, 36, 40, 45, 139
Rijping 54; zie ook Hersenrijping
Roekeloosheid 368, 386-387
Rolwisseling 259
Rommel (maken) 270, 436
Routine(s) 348
Ruzies, zie: Irritaties

S

Samenwerken 195, 385, 404
Scheel kijken 37
Schudden, slaan van baby 104, 137, 213, zie ook: Mishandeling
Sensaties, Sprong [=1] van 49-64
Sensomotorische periode 493
Slaap en sprongen 463-492
Slaap, Verschillen tussen ouders en baby's 465-467, 476-480
Slaaphormoon 468, 470-471
Slaapritme 468
Slaaptraining 482

Slapen (slaapproblemen, slaaptijden, slaapcyclus) 69, 100, 131, 184-185,
    236, 274-275, 309, 312-313, 354, 467-492
Slijmen 381, zie ook: Overdreven lief
Slikken, slikbewegingen 107, 212
Slopen (kapotmaken) 199, 270
Smaak(vermogen) 41, 79
Socialisatie 396, 399, 411-413, 461-462
Spartelen 115
Speelgoed, Favoriete (Invullijst), zie: Invullijsten
Speelgoed, Speeltjes 119, 146-147, 197, 199, 282, 323, 325, 362,
    437-438
Speen 54, 78, 100, 388
Spelen, Spelletjes 78, 82-84, 111, 116-119, 151, 155-156, 215-219,
    248-251, 256, 301, 323-327, 331, 390-393, 437-438
Speltoppers (Invullijst), zie: Invullijsten
Spiegel 213, 253, 257-258, 293
Spijsvertering 47, 54
Spraak, zie: Praten
Sprong, Begin (Invullijsten), zie: Invullijsten
Sprongen (in mentale ontwikkeling) 14-15, 18-32, 136, 170-172, 176-180,
    475-476, 493
Sprongenschema 22-26, 60
Spronggedrag 56, 61, 64, 71, 170
Spugen (overgeven) 54
Staan 81-82, 107, 195, 205
Staren 187, 275, 237, 313-314, 355, 442
Stem (van ouders), Stemherkenning 37-38, 40, 45, 51, 59, 85-86, 112,
    140-141, 154
Stem, Stembanden 75, 77, 80-81, 106-107, 111-113, 138, 150
Stemming(swisselingen) 53, 81, 134, 274, 353
Stofwisseling 54-55, 232, 243
Strategie(ën) 363-365, 367, 398
Stress, Stresshormoon 57, 171, 179-180, 477, 468, 483, 490
Symboolfunctie 438
Systemen, Sprong [=10] van, Toepassen van principes 403-462

T

Taal , Taalspelletjes 257, 299, 359, 371, 411-412, 414, 443-447, 460
Talenten (ontwikkelen van) 451, 461-462

Tanden (doorkomen)   19, 190-191, 240, 486
Tanden (poetsen)   258, 294, 304
Tanken ('Papa en mama ---')   272, 310, 349, 356, 405, 493
Tekenen   178, 288, 411, 438-440
Televisie (kijken)   112, 327, 372, 380
Tepel (bijten in)   41, 43, 68, 78, 100, 133, 355
Terugval, zie: Regressie
Tijd, Tijdsbesef   411, 441, 459
Tinbergen, Niko   13
Tips   20, 125, 53, 64, 74, 101, 132, 166, 173, 175, 185, 480
Traplopen   287-288
Troosten   36, 53, 56-57, 67, 71-72, 177, 188, 411
Tweelingen   366

Uitdagen(d)   174, 207, 289
Uitgerekende datum van geboorte   23, 172

Vader(s)   11
Vader-zoon; vader-dochter   329
Veiligheid   25, 52, 481-482
Verbieden   213-214, 289
Verhaaltje   323, 327-328
Verjaardag   308, 380
Verlatingsangst   488-489
Verplaatsen in een ander   411
Verschillen in leeftijd (waarop een sprong plaatsvindt)   177
Verschillen tussen jongens en meisjes   116, 187, 210-211, 377
Verschonen   50, 183, 188, 233, 237, 241, 270, 481
Verstoppen (spelletje)   150, 215-216, 253, 259, 295, 302, 337
Vervelen   45, 75, 79, 82, 168
Verwennen   56, 72, 75, 137
Verzorgen   46, 323
Vloeiende overgangen, Sprong [=3] van de   97-128, 139, 141
Voedsel, zie: eten
Voelen, aanvoelen   36-37, 81, 114, 147, 243 250, 281
Volgorde (van handelingen), zie: Opeenvolgingen

Voorgeprogrammeerd (baby's) 482
Vooruitdenken 361, 367-368, 375
Vormen, Verschillende 249
Vreugdekreetjes 113
Vrienden(kring) 432-433, 455

Waarden, zie: Normen
Waarnemen 19, 38, 75, 139, 143, 147, 150, 195, 203, 206, 211, 243, 245, 261, 283, 287, 321, 339, 416, 418-419
Waarnemingsvermogen 18, 20, 26, 30, 141, 143, 158, 475
Wakker maken 489
Week 0 34-48
Week 0-6 470
Week 0-84 24
Week 1 470
Week 3 55
Week 4 50, 54-55
Week 5 [Sprong 1] 26, 49-64
Week 6 470-471
Week 7-9 66, 76
Week 8 [Sprong 2] 26, 65-96
Week 9 471
Week 10 95, 107
Week 11 98, 107
Week 12 [Sprong 3] 26, 97-128
Week 13 126, 471
Week 13-27 471-472
Week 15-18 141, 488, 490
Week 18-20 130
Week 19 [Sprong 4] 26, 129-168, 485-487
Week 21 167
Week 22-26 183
Week 23 114, 183
Week 25-27 182
Week 26 [Sprong 5] 26, 114, 181-230
Week 29 183, 208, 212
Week 31 229
Week 32-37 232

Week 34   232, 267
Week 36-40   232
Week 37 [Sprong 6]   26, 231-268, 485
Week 37-42   261
Week 39   268
Week 40-44   270, 305
Week 42   270
Week 44-48   270
Week 46 [Sprong 7]   26, 269-306
Week 49   305
Week 49-53   308, 345
Week 53-57   308
Week 54-60   339
Week 55 [Sprong 8]   26, 307-346
Week 58   345
Week 59-63   349
Week 64 [Sprong 9]   26, 347-402, 485
Week 66   402
Week 69-104   414
Week 71   405, 461
Week 73 (16½ maanden)   380
Week 75 (17 maanden) [Sprong 10]   26, 403-462
Week 75-96 (17-22 maanden)   443
Week 79 (16 maanden)   461
Week 93 (21 maanden
Wereld van categorieën   243—245
   [Sprong 6]
Wereld van gebeurtenissen   139-141 [Sprong 4]
Wereld van patronen   75-76 [Sprong 2]
Wereld van principes   361-366
   [Sprong 9]
Wereld van programma's   320-321
   [Sprong 8]
Wereld van relaties   193-195 [Sprong 5]
Wereld van sensaties   60-61 [Sprong 1]
Wereld van systemen   410-414, 451 [Sprong 10]
Wereld van vloeiende overgangen   106-107 [Sprong 3]
Wereld van opeenvolgingen   283-284 [Sprong 7]
Wereldbeeld   461, 412
Whimper-geluiden   14
Wipstoel   68, 133

Woorden snappen, gebruiken   201-203
Woordenschat   443

Zelf doen (door de baby)   287-289, 360, 420-421
Zelfbegrip, Zelfbewustzijn   410, 418, 453, 461
Zelfstandigheid   14, 28, 75, 350 , 421
Zelfvertrouwen   28, 31, 37, 57, 174, 481
Ziek zijn   22, 71, 103, 180,191
Zindelijkheid   422
Zingen, zie: Muziek
Zintuigen (groei van)   39, 42, 50, 54-56, 60, 76
Zitten (op schoot)   68, 131, 149, 161, 183, 195, 204, 235, 273, 350
Zoek-spelletjes   144, 150, 302
Zorgen (over de baby)   18, 22, 57, 67, 71, 75, 101, 105, 135, 190, 194, 240, 280, 318, 493
Zuigreflex   43
Zwangerschap   469-470
Zwemmen   219